Einführung in die empirische Wirtschaftsforschung

Probleme, Methoden und Anwendungen

Von
Universitätsprofessor
Dr. Olaf Hübler

R. Oldenbourg Verlag München Wien

Bibliografische Information Der Deutschen Bibliothek

Die Deutsche Bibliothek verzeichnet diese Publikation in der Deutschen
Nationalbibliografie; detaillierte bibliografische Daten sind im Internet
über <http://dnb.ddb.de> abrufbar.

© 2005 Oldenbourg Wissenschaftsverlag GmbH
Rosenheimer Straße 145, D-81671 München
Telefon: (089) 45051-0
www.oldenbourg-verlag.de

Das Werk einschließlich aller Abbildungen ist urheberrechtlich geschützt. Jede Verwertung
außerhalb der Grenzen des Urheberrechtsgesetzes ist ohne Zustimmung des Verlages unzulässig und strafbar. Das gilt insbesondere für Vervielfältigungen, Übersetzungen, Mikroverfilmungen und die Einspeicherung und Bearbeitung in elektronischen Systemen.

Gedruckt auf säure- und chlorfreiem Papier
Gesamtherstellung: Druckhaus „Thomas Müntzer" GmbH, Bad Langensalza

ISBN 3-486-57747-6

Vorwort

Empirische Wirtschaftsforschung wird an deutschen Hochschulen, an wirtschaftswissenschaftlichen Fachbereichen immer noch gegenüber der rein theoretischen Analyse deutlich vernachlässigt. Amerikanische Ökonomen, die in Deutschland lehren, haben diese Schieflage beklagt und Besserung verlangt (FAZ 6.2.2001). Auch der Wissenschaftsrat spricht sich dezidiert für eine Stärkung der empirischen Wirtschaftswissenschaften aus. Die Entstehung, Interpretation und vor allem die Auswertung ökonomischer Informationen mit Hilfe statistisch-ökonometrischer Methoden besitzt bisher einen zu geringen Stellenwert in der akademischen Ausbildung. Wenn der empirischen Wirtschaftsforschung aber eine größere Bedeutung in der Lehre zukommen soll, dann werden für die Studenten Arbeitsunterlagen benötigt, die diesem Umstand Rechnung tragen. Diese Monographie will hierzu einen Beitrag leisten.

Das Buch ist für Leser gedacht, die das Grundstudium der Wirtschaftswissenschaften ganz oder weitgehend abgeschlossen haben, die sowohl mit den Grundlagen der Wirtschaftstheorie als auch der Statistik vertraut sind. Es ist zur Begleitung einer einführenden Veranstaltung in die empirische Wirtschaftsforschung geschrieben worden und wurde seit 1999 an der wirtschaftswissenschaftlichen Fakultät der Universität Hannover mehrfach erprobt. Einzelne empirische und methodische Aspekte werden in mehreren Stufen eingeführt. Dies bedeutet, auf verschiedenem Abstraktionsniveau werden die gleichen Problemstellungen behandelt. In einer Art Sickerwerbung wird versucht, das Umfeld der empirischen Wirtschaftsforschung einzuführen.

Im Teil 1 „Grundlagen" steht mehr die verbale Argumentation im Vordergrund, ohne dass schon befriedigende Lösungen angeboten werden. Vielmehr geht es darum, auf Problemstellungen aufmerksam zu machen. Dabei kann es vorkommen, dass auf einige wenige Begriffe Bezug genommen wird, die systematisch erst im Teil 2 erläutert werden, die aber zumindest in der Grundbedeutung bekannt sein sollten, wenn das an deutschen Universitäten übliche Programm statistischer Grundausbildung absolviert worden ist. Im zweiten Teil steht das klassische Regressionsmodell im Mittelpunkt der Diskussion. Damit werden einerseits Lösungen für die im ersten Teil angesprochenen Probleme angeboten, allerdings nur unter vergleichsweise restriktiven Bedingungen. Dies bedeutet gegenüber dem Grundlagenteil eine stärkere Abkehr von realen Geschehnissen. Andererseits dient dieses Modell als Referenzmodell für alle Erweiterungen. Im Teil 3 werden einige strenge Annahmen aus Teil 2 aufgehoben und realistischere Ansätze präsentiert.

Herrn Dipl.-Volkswirt Martin Weigert und dem Oldenbourg-Verlag danke ich für die gute Zusammenarbeit.

Hannover   Olaf Hübler

Inhaltsverzeichnis

1	**Grundlagen**	1
1.1	Einführung: Definitionen und Aufgaben	1
1.2	Phasen des empirischen Arbeitens und Gefahren	10
1.2.1	Dateneingabe	10
1.2.2	Deskriptive Auswertung	12
1.2.3	Induktive Auswertung	14
1.2.4	Gefahren und Manipulationsmöglichkeiten	14
1.3	Modellspezifikation	16
1.3.1	Problemformulierung	16
1.3.2	Formen ökonometrischer Beziehungen	18
1.3.3	Hypothesenfindung	22
1.3.4	Variablenwahl und Messung	22
1.3.5	Funktionstypen	26
1.3.6	Störgrößen	30
1.4	Daten	37
1.4.1	Anforderungen	37
1.4.2	Datengewinnung	41
1.4.3	Datenaufbereitung	48
1.5	Software: Grundlegende Elemente	54
1.5.1	SHAZAM	54
1.5.2	STATA	61
2	**Klassisches Regressionsmodell**	**67**
2.1	Lineares Modell und Modellannahmen	67
2.2	Koeffizientenschätzung und Eigenschaften	69
2.2.1	Koeffizientenschätzung	69
2.2.2	Koeffizienteninterpretation	74
2.2.3	Variablentransformation	84
2.2.4	Umkehrregression	90
2.2.5	Eigenschaften der Schätzfunktionen	93
2.3	Konfidenzintervalle und Tests	104
2.3.1	Zweivariablenmodell	104
2.3.2	Gemeinsamer Konfidenzbereich für a und b	108
2.3.3	Multiples Modell	111

2.3.4	Test auf Signifikanz aller Koeffizienten	115
2.4	Annahmenüberprüfung und Anpassungsgüte	119
2.4.1	Normal-Plots und Tests auf Normalverteilung	119
2.4.2	Erwartungswert der Störgrößen	122
2.4.3	Unkorreliertheit zwischen Regressor und Störgröße	122
2.4.4	Konstante Störgrößenvarianzen	123
2.4.5	Keine Autokorrelation	127
2.4.6	Stabilitätskontrolle	130
2.4.7	Anpassungsgüte des Modells	139
2.5	Modellbildung und Spezifikationstests	148
2.5.1	Grundprinzipien	148
2.5.2	Ökonomische Plausibilitätstests und statistische Absicherung	151
2.6	Wirtschaftspolitische Effekte und Prognosen	161
2.6.1	Wirkung wirtschaftspolitischer Instrumente	161
2.6.2	Prognose	164
3	**Erweiterungen des Regressionsmodells**	**171**
3.1	Modifikationen der Basisannahmen	171
3.2	Verallgemeinerte lineare Modelle	172
3.3	Mehrgleichungsmodelle	181
3.3.1	Unverbundene Regressionsbeziehungen	181
3.3.2	Scheinbar unverbundene Regressionsgleichungen	182
3.3.3	Simultane Gleichungssysteme	187
3.4	Modelle mit nichtnormalverteilten Störgrößen	202
3.4.1	Möglichkeiten bei nichtnormalverteilten Störgrößen	202
3.4.2	Robuste Schätzer	203
3.5	Nichtlineare Modelle	211
3.5.1	Parameterschätzung nichtlinearer Modelle	212
3.5.2	Verfahren zur numerischen Optimierung	213
3.5.3	Stückweise Regression	214
3.5.4	Kernschätzer	216
3.5.5	Regressionssplines	219
3.5.6	Kubische Glättungssplines	220
3.5.7	Lokalgewichtete Glättungslinien	221
3.5.8	Additive Modelle	222
3.6	Modelle mit diskreten und zensierten Variablen	225
3.6.1	Qualitative exogene Variablen	225
3.6.2	Qualitative endogene Variablen	230
3.6.3	Zähldaten, multinomiale und zensierte Variablen	235
3.7	Dynamische Modelle	241
3.7.1	Verzögerte exogene Variablen	241
3.7.2	Verzögerte endogene Variablen	244

3.7.3	Verzögerte Störgrößen	250
3.7.4	Mehrgleichungsmodelle mit verzögerten Variablen	256
3.7.5	Dynamische Modelle mit nichtstationären Variablen	259
3.8	Paneldatenmodelle	268
3.8.1	Gepoolte Schätzungen	268
3.8.2	Zeitinvariante unbeobachtete individuelle Heterogenität	271
3.9	Datenprobleme	280
3.9.1	Gruppierte Daten	280
3.9.2	Multikollinearität	283
3.9.3	Regressionsdiagnostik: Einflussreiche Beobachtungen und Ausreißer	286
3.9.4	Fehler in den Variablen	294
3.9.5	Fehlende Werte	301

Literaturverzeichnis   **309**

Index   **317**

1 Grundlagen

1.1 Einführung: Definitionen und Aufgaben

In einer zunehmend komplexer werdenden Welt, geprägt durch Stichworte wie Globalisierung und Flexibilisierung, steigt der Bedarf an strukturierter Information. Die Empirie gewinnt erheblich an Bedeutung. (Wirtschafts-)Politiker, Unternehmer, Manager, Medien, Verbands- und Interessensvertreter sind verstärkt auf Fakten angewiesen, die ihnen bei ihren Entscheidungen helfen. Der universitäre Bereich ist diesem Bedürfnis zumindest in Deutschland lange Zeit nicht hinreichend nachgekommen. In der Lehre waren empirische Veranstaltungen eher die Ausnahme. Das führte dann auch dazu, dass ein Großteil der Studenten der Wirtschaftswissenschaften wissenschaftliche Beiträge in international führenden Zeitschriften nicht mehr verstehen konnten, da hier die Empirie mit ihren Methoden schon lange Einzug gehalten hat. Einfache Auszählungen an Beiträgen ergeben, dass mehr als die Hälfte wirtschaftswissenschaftlicher Publikationen (auch) empirisch ausgerichtet ist.

Aufgrund dieser beiden Entwicklungen lässt sich ein Umdenken im akademischen Unterricht ökonomischer Fachbereiche feststellen. Der Empirie wird ein breiterer Raum eingeräumt. Empirische Wirtschaftsforschung etabliert sich langsam als Pflichtveranstaltung zumindest für den volkswirtschaftlichen Bereich. Dabei kann es nicht nur darum gehen, Fakten, wie sie z.B. in der traditionellen Wirtschaftsstatistik im Vordergrund stehen, zu präsentieren. Methoden, durch die ein besseres Verständnis und neue Erkenntnisse über die nackten Zahlen hinausgehend erreicht werden sollen, sind zu vermitteln.

Das zentrale Gebiet der empirischen Wirtschaftsforschung ist die Ökonometrie. Der Begriff setzt sich aus den beiden griechischen Worten "oikonomia" und "metron" zusammen. Bisher fehlt es noch an geeigneten Lehrbüchern zur empirischen Wirtschaftsforschung im deutschsprachigen Raum. Aus neuerer Zeit sind hier lediglich Moosmüller (2004) und Winker (1997) zu nennen. Gegenüber Textbüchern zur Ökonometrie muss eine in die Tiefe gehende Ableitung der Methoden zugunsten einer mehr auf das Verständnis und die Interpretation der Methoden und Ergebnisse abzielenden Darstellung geopfert werden. Es ist deutlich zu machen, dass ein erfolgreicher Umgang mit Methoden nicht in erster Linie ein Handwerk ist, sondern eine Kunst. Chow(1983, p.1) betont: "The formulation of an econometric model is an art, just as using knowledge of architecture to design a building is an art".

Außerdem ist den Daten und Anwendungen ein breiterer Raum zu widmen. Das heißt aber nicht, dass auf die formale Darstellung verzichtet werden kann. Die Akzente sind lediglich zu verschieben. Die Ökonometrie mit ihren in den letzten Jahren erzielten Fortschritten im Bereich der Methodik, aber auch der Anwendung bleibt der Kern. Geht man von einer traditionellen Definition der Ökonometrie aus, wie sie z.B. Samuelson, Koopmans und Stone (1954) liefern, dann werden auch die heute noch zentralen Aspekte der Ökonometrie und der empirischen Wirtschaftsforschung angesprochen: "...econometrics may be defined as the quantitative analysis of actual economic phenomena based on the concurrent development of theory and observation, related by appropriated methods of inference." Dabei wird ein Bereich, der vor 50 Jahren noch in den Kinderschuhen steckte, allerdings völlig ausgeblendet, die Verarbeitung und Auswertung von Daten mit Hilfe von Computern. Die stürmische Entwicklung auf diesem Gebiet hat ganz wesentlich mit dazu beigetragen, dass die angewandte Statistik in allen Bereichen der Wissenschaft und in den Medien Einzug gehalten hat. Es ist uns heute möglich, in Sekundenschnelle empirische Ergebnisse auf dem Bildschirm zu präsentieren und in anschaulicher graphischer Form sichtbar zu machen.

Letztlich lässt sich sagen, dass empirische Wirtschaftsforschung heute auf fünf Säulen ruht:

Teilgebiete finden sich auch in anderer Abgrenzung und Zusammensetzung. Die Wirtschaftsstatistik z.B. konzentriert sich auf die Datenerhebung und -vermittlung, wobei die erhobenen Merkmale in ihrer Messung vor allem von der Wirtschaftstheorie geprägt werden. Die Verbindung von Statistik und Mathematik führt zur mathematischen Statistik, bei der erstens ökonomische Inhalte keinen wesentlichen Stellenwert haben. Und zweitens sind generell systematische Einflüsse weniger als stochastische Gegenstand der Methoden. In die mathematische Wirtschaftstheorie fließen Elemente der Wirtschaftstheorie und der Mathematik ein. Daten sind dabei bestenfalls von untergeordneter Bedeutung. Die empirische Wirtschaftsforschung versucht Empirie, Theorie und Methodik miteinander zu verbinden und in einem ausgewogenen Verhältnis zu präsentieren. Weder ein "measurement without theory" noch eine an der Empirie vorbeientwickelte weltfremde Theorie, die immunisiert ist gegenüber jeglicher Falsifikation, kann das angestrebte Ziel sein. Vorbild sollte sicherlich auch nicht die nachstehende, ironisch gemeinte erste Einführung in die Ökonometrie sein.

Eine erste Einführung in die Ökonometrie[1]

Jeder angehende Ökonometriker muss früh lernen, dass es niemals von gutem Geschmack zeugt, die Summe zweier Mengen in der Form

$$1 + 1 = 2 \tag{1.1}$$

zu präsentieren. Jeder Student der Wirtschaftswissenschaften weiß, dass

$$1 = \ln e \tag{1.2}$$

und

$$1 = \sin^2 q + \cos^2 q \tag{1.3}$$

gilt. Auch ist es für den einsichtigen Leser offensichtlich, dass

$$2 = \sum_{n=0}^{\infty} \frac{1}{2^n}. \tag{1.4}$$

Daher lässt sich die Gleichung (1.1) viel wissenschaftlicher ausdrücken durch

$$\ln e + (\sin^2 q + \cos^2 q) = \sum_{n=0}^{\infty} \frac{1}{2^n}. \tag{1.5}$$

Unmittelbar plausibel erscheint die Beziehung

$$1 = cosh\, p\sqrt{1 - tanh^2 p}. \tag{1.6}$$

Da auch

$$e = \lim_{\delta \to \infty} (1 + \frac{1}{\delta})^\delta \tag{1.7}$$

eine Trivialität ist, kann Gleichung (1.5) weiter vereinfacht werden zu

$$\ln[\lim_{\delta \to \infty} (1 + \frac{1}{\delta})^\delta] + (\sin^2 q + \cos^2 q)$$
$$= \sum_{n=0}^{\infty} \frac{cosh\, p\sqrt{1 - tanh^2 p}}{2^n}. \tag{1.8}$$

Wenn wir weiterhin

$$0! = 1 \tag{1.9}$$

beachten und uns in Erinnerung rufen, dass die Inverse der transponierten Matrix gleich der transponierten Inversen ist, können wir uns auch aus der Beschränkung des eindimensionalen Raumes befreien.

Dann ist
$$(X')^{-1} - (X^{-1})' = 0. \tag{1.10}$$

Die Kombination von Gleichung (1.9) und Gleichung (1.10) ergibt

$$[(X')^{-1} - (X^{-1})']! = 1, \tag{1.11}$$

die, eingesetzt in Gleichung (1.8), unseren Ausdruck vereinfacht zu

$$\ln\{\lim_{\delta \to \infty} \{[(X')^{-1} - (X^{-1})'] + \frac{1}{\delta}\}^\delta\} + (\sin^2 q + \cos^2 q)$$
$$= \sum_{n=0}^{\infty} \frac{\cosh p \sqrt{1 - \tanh^2 p}}{2^n}. \tag{1.12}$$

An dieser Stelle sollte es offensichtlich sein, dass die Gleichung (1.12) viel klarer und leichter zu verstehen ist als Gleichung (1.1). Andere Methoden von ähnlichem Charakter könnten auch benutzt werden, um die Gleichung (1.1) zu vereinfachen. Diese werden aber dem jungen Ökonometriker sofort ins Auge fallen, wenn er einmal die grundlegenden Prinzipien erfasst hat.

John J. Siegfried, University of Wisconsin

1) An der Ausarbeitung dieser Studie war niemand beteiligt. Der Autor würde sich gern auf einen unbekannten, aber scharfsinnigen Autor berufen.
Dies ist eine Übersetzung aus: The Journal of Political Economy, No.6 (Nov./Dez.), 1970.

Bei einigen Fragestellungen und Methoden besteht keine Einigkeit darüber, ob sie im Rahmen der empirischen Wirtschaftsforschung zu behandeln sind. In dieser Darstellung wird darauf verzichtet, die Gewinnung von Daten und Informationen ins Zentrum zu stellen, sondern die Auswertung ist Hauptgegenstand. Verfahren der qualitativen Sozialforschung, die z.B. auf biographische Methoden, Fallanalysen, symbolischen Interaktionismus oder problemzentrierte offene Interviews abstellen, werden vernachlässigt. Schnell, Hill und Esser (1995) mit ihren Methoden der empirischen Sozialforschung sind hier als ergänzende Quelle zu nennen. Unberücksichtigt bleiben aber auch deskriptive statistische Verfahren und Input-Output-Analyse. Andere multivariate Ansätze, d.h. Faktorenanalyse, Clusteranalyse, multidimensionales Skalieren, Conjoint-Analyse, wie sie u.a. von Backhaus, Erichsen, Plinke und Weiber (2000) oder Fahrmeir, Hamerle und Tutz (1996) dargestellt werden, finden sich hier nicht.

Vielmehr geht es darum, aktuelle wirtschafts- und unternehmenspolitische Fragestellungen aufzunehmen, Determinanten und Auswirkungen ökonomisch relevanter Tatbestände empirisch mit geeigneten Methoden zu analysieren.

Beispiele:

- Wie wirkt sich die Steuerreform auf den privaten Konsum aus? Welche Bedeutung kommt in diesem Zusammenhang der Entwicklung des EURO und der amerikanischen Konjunktur zu?

- Welchen Einfluss haben Überstunden auf den Umfang der Neueinstellungen? Muss bei der Erfassung betrieblicher Effekte berücksichtigt werden, ob flexible Arbeitszeiten oder Arbeitszeitkonten existieren?

- Wovon hängt es ab, ob Betriebe von der Möglichkeit Gebrauch machen, ausländische Computerexperten einzustellen, und welche Auswirkungen sind auf die Entwicklung des einheimischen Potenzials an Computerfachleuten zu erwarten?

- Wirkt ein Betriebsrat eher hemmend oder eher unterstützend bei Investitionsentscheidungen? Wie ist die Bedeutung für die Lohnhöhe, die Produktivität und die Gewinne? Lassen sich allgemeine Aussagen treffen oder hängen die Wirkungen z.B. von der Betriebsgröße und der Tarifbindung ab?

- Welche Zusammenhänge lassen sich empirisch zwischen Aktienkursen und den Kursen festverzinslicher Wertpapiere ausmachen? ⋄

Die **Aufgaben der empirischen Wirtschaftsforschung** lassen sich nach klassischer Auffassung vor allem durch sechs Kernpunkte beschreiben:

(i) explorative Datenanalyse

(ii) Widerlegung oder Bestätigung von Theorien

(iii) Generierung von Hypothesen

(iv) Prognosen

(v) wirtschaftspolitische Entscheidungshilfen

(vi) Entwicklung adäquater Methoden

Jede empirische Untersuchung sollte nach der Erhebung mit einer Deskription der Daten beginnen. Dies ist nicht beschränkt auf Graphiken und Tabellen. Vielmehr sind bisweilen sehr komplexe Methoden zu verwenden. Daher wird von explorativer und nicht einfach nur von deskriptiver Datenanalyse gesprochen. Ziel ist, einen tiefergehenden ersten Eindruck über das vorhandene Datenmaterial zu gewinnen. Nur so wird die Gefahr reduziert, dass Datenfehler oder einzelne außergewöhnliche Beobachtungen übersehen werden, die das spätere ökonometrische Ergebnis ganz wesentlich beeinflussen können. Bleibt der empirische Wirtschaftsforscher ignorant gegenüber den Daten, dann führen ihn erzielte Schätz- und Testergebnisse möglicherweise in die Irre. Es kommt zur Fehlinterpretation.

Die Widerlegung von Theorien gehört im Sinne der Popperschen Wissenschaftstheorie zu den klassischen Aufgaben jeder empirischen Analyse. Demgegenüber ruft der rein empiristisch orientierte Ansatz nach Bestätigung von Theorien. Genau genommen ist beides nur bedingt möglich. Es lässt sich jeweils nur für einen mehr oder weniger kurz- bis mittelfristigen Zeitrahmen, in dem die Randbedingungen einigermaßen stabil sind, aufzeigen, ob Theorie und Empirie kompatibel sind. Ist dies nicht der Fall, dann können mindestens drei Gründe dafür verantwortlich sein:

- Die Daten entsprachen nicht den Bedingungen, die der Theorie zugrunde liegen.

- Die Methoden waren nicht angemessen, die gestellte Frage vernünftig zu untersuchen und zu beantworten.

- Die Theorie ist falsch.

Möglich ist jedoch, dass die Abweichungen zwischen Theorie und Empirie lediglich zufälliger Natur sind. Schlechte Prognosen ziehen nicht notwendigerweise ein sofortiges Verwerfen der Theorie nach sich. Solange kein besserer Ansatz existiert, sollte der bestehende beibehalten werden. Wenn das empirische Resultat mit den Hypothesen vereinbar ist, kann dies kurzfristig als Bestätigung gewertet werden. Denkbar ist aber auch, dass die Verwendung falscher Methoden oder unzureichender Daten Ursache für das erzielte Ergebnis ist. Daher erscheint es stets angeraten, mit mehreren Methoden und Datensätzen die nachzuprüfende Beziehung zu untersuchen. Wenn es jedoch, wie unter (vi) nahegelegt, nur eine theorieadäquate Methode gibt – was keineswegs als sicher gelten kann -, dann werden die Möglichkeiten, zuverlässige Aussagen über die Korrektheit der vermuteten Beziehung zu erhalten, eingeschränkt. Zudem ist die Forderung nach theorieadäquaten Methoden häufig nur schwer zu realisieren. Angenommen, es soll die marginale Konsumneigung geschätzt werden, dann wird aufgrund theoretischer Argumentation von folgender Konsumfunktion ausgegangen:

$$C = c_0 + cY_v.$$

Wird nicht das verfügbare Einkommen (Y_v), sondern das Bruttoeinkommen (Y) als Bestimmungsgröße für den Konsum (C) herangezogen, dann führt die Koeffizientenschätzung C=f(Y) nicht zur marginalen Konsumneigung c, sondern zu $c(1-t)$ wegen

$$\begin{aligned}Y_v &= Y - T = Y - tY \\ &= (1-t)Y.\end{aligned}$$

Die Theorie besagt, dass der Konsum vom verfügbaren Einkommen abhängt. Steht nur das Bruttoeinkommen für eine empirische Untersuchung zur Verfügung, so muss die Methodik darauf ausgerichtet sein, die eigentlich interessierende marginale Konsumneigung vom Steuersatz t zu trennen. Außerdem ist zu beachten, dass die zu erklärende Variable C definitionsgemäß ein Teil von Y ist. Hieraus resultieren Probleme, die an späterer Stelle erläutert werden.

Als weiteres Beispiel sei folgendes genannt: Aus unternehmenstheoretischer Sicht ist die Grundeinstellung des Managements, dessen Credo, das sich z.B. in einer risikoaversen oder risikofreudigen Einstellung äußern kann, für Investitionsentscheidungen ganz wesentlich, lässt sich empirisch jedoch schwer fassen. Daher muss nach Methoden gesucht werden, diesen Faktor auf indirektem Weg zu berücksichtigen. Wenn man davon ausgehen kann, dass die Grundeinstellung eines Unternehmens über einen längeren Zeitraum konstant bleibt, dann lässt sich mit Hilfe von Methoden zur Paneldatenanalyse diese unbeobachtete Heterogenität in die empirische Analyse einbeziehen.

1.1 Einführung: Definitionen und Aufgaben

Weiterhin ist die Datenadäquanz von Methoden zu beachten, wie folgendes Beispiel verdeutlicht. Angenommen, der Einfluss verschiedener betrieblicher und individueller Merkmale x und vor allem des Lohnes w auf die Arbeitszeit (AZ) soll untersucht werden:

$$AZ = f(x, w),$$

wobei AZ in Stunden gemessen wird oder nur zwischen Voll- und Teilzeitarbeit getrennt wird. Für eine Untersuchung mögen Stundenangaben und für eine andere Untersuchung nur die Unterscheidung, ob voll- oder teilzeitgearbeitet wird, zur Verfügung stehen. Dann sollte nicht für beide Schätzungen die gleiche Methodik verwendet werden. Wird die für den Datensatz mit Stundenangaben beste Methode auch für den zweiten Datensatz herangezogen, dann bleibt unberücksichtigt, dass nur zwischen zwei Ausprägungen unterschieden werden kann. Kommt dagegen eine Methode bei beiden zur Anwendung, die diesen Umstand einbezieht, dann muss im ersten Fall zunächst zusammengefasst werden. Z.B. alle Personen mit höchstens 20 Stunden pro Woche gelten als teilzeitbeschäftigt. Dies bedeutet einen Informationsverlust.

Die Modellierung ökonomischer Beziehungen sollte außerdem so erfolgen, dass Entscheidungen zugelassen sind, dass zwischen verschiedenen Theorien zu separieren ist. Will man z.B. wissen, ob für das Einkommen (Y) mehr die Schulausbildung (S) oder mehr das spezifische Wissen über einen Betrieb ausschlaggebend ist, ausgedrückt durch die Betriebszugehörigkeitsdauer (TEN- tenure), dann wäre es nicht sinnvoll, getrennt den Einfluss von S und TEN zu bestimmen, um danach die beiden Koeffizienten miteinander zu vergleichen, da die Theorie, hier die Arbeitsökonomik, Zusammenhänge zwischen S und TEN herausarbeitet. Auch die Empirie zeigt, dass bei Beschäftigten mit guter Schulausbildung die Wahrscheinlichkeit einer langen Betriebszugehörigkeit steigt. Es sind also nicht

$$Y = f(S)$$
$$Y = f(TEN)$$

getrennt zu analysieren, sondern

$$Y = f(S, TEN)$$

oder

$$Y = b_0 + b_1 S + b_2 TEN.$$

Neuere Entwicklungen und spezielle Überlegungen lassen Zweifel an der Tragfähigkeit der traditionellen Aufgabenstellung für die empirische Wirtschaftsforschung aufkommen. Insbesondere bei der Konfrontation der Theorie mit der Empirie, aber auch bei der Prognose hat die Vergangenheit die Grenzen ökonometrischer Analysen und Anwendungen offenbart. Aus dieser Erkenntnis resultiert ein Zurückschrauben der Ansprüche. Vor allem drei **Grundphilosophien**, die sich von dem traditionellen Ansatz unterscheiden, lassen sich ausmachen

- Hendrys General-to-Specific-Ansatz

- Leamers Sensitivitätsansatz

- Sims' vektorautoregressiver Ansatz.

In allen drei Fällen werden die Möglichkeiten, Kausalitäten und strukturelle Zusammenhänge aufzudecken, pessimistischer eingeschätzt als früher. Trotz allem gehen alle drei nicht so weit wie Summers (1991), der der empirischen Wirtschaftsforschung fast jede Legitimität abspricht. Er erklärt inhaltlich weite Bereiche der angewandten Ökonometrie praktisch und theoretisch für wirkungslos. Wo die Kausalität eindeutig ist, sind, so Summers, die Methoden überflüssig, wo sie umstritten ist, vermögen die Methoden ihrer strengen Annahmen wegen keinen erklärenden Beitrag zu leisten. Hendry (1980) argumentiert, die Theorie kann nur wenig weiterhelfen. Sie liefert lediglich ein Grundraster dafür, was an Einflüssen beim realen Wirtschaftgeschehen wirksam werden kann. Der Statistik, insbesondere dem Testen, kommt dann die Aufgabe zu, zwischen wichtigen und unwichtigen Einflüssen zu separieren, den ursprünglich weiten Rahmen an Determinanten auf ganz wenige wesentliche Bestimmungsfaktoren zu reduzieren. Leamer (1978) misst demgegenüber der Theorie eine wichtigere Rolle bei. Die Kernvariablen liefert die zu untersuchende Theorie. Anliegen ist, nicht nur die danach postulierten Determinanten zu berücksichtigen, sondern den Untersuchungsrahmen in verschiedenen Zusammensetzungen um zweifelhafte Variablen zu erweitern, die aufgrund anderer theoretischer oder früherer empirischer Untersuchungen bedeutsam sind oder waren. Damit soll festgestellt werden, wie sensibel die ermittelten Effekte der Kernvariablen auf Veränderungen der Rahmenbedingungen reagieren, in welchem Unsicherheitsbereich sich die erwarteten Einflüsse bewegen oder wie fragil sich das theoretische Beziehungsgeflecht empirisch gestaltet. Je weniger die Einflüsse der zentralen Determinanten auf die zu erklärende Variable vom Umfeld weiterer Kontrollvariablen beeinflusst werden, um so tragfähiger ist die Spezifikation mit den Kernvariablen einzustufen. Sims (1980) resigniert fast vollständig, was das Aufdecken kausal-struktureller Beziehungen betrifft. Er schlägt daher vor, die gegenwärtige und zukünftige Entwicklung einzelner ökonomischer Variablen durch die eigene vergangene Entwicklung und die der anderen, im System für wichtig gehaltenen Variablen statistisch zu erklären. Es wird letztlich nicht mehr zwischen erklärenden und zu erklärenden Variablen unterschieden.

Gegen die neueren Grundansätze empirischen Vorgehens ist vor allem vorzubringen, dass sie zu wenig theorieorientiert sind. Koopmans (1947) hat ein Vorgehen, das "measurement without theory" betreibt, scharf verurteilt. Versucht werden sollte, Elemente aus allen vier Ansätzen miteinander zu verbinden und sich stufenweise an eine sowohl theoretisch als auch empirisch befriedigende Spezifikation heranzutasten, überflüssige und falsche Determinanten zu entfernen, den Ansatz so einfach wie möglich zu halten, ihn auf die Kerneinflüsse zu reduzieren.

Literaturhinweise:
Eine Abgrenzung des Stoffes, Definitionen und die Beschreibung der Aufgaben finden sich in jedem Lehrbuch zur Ökonometrie oder zur empirischen Wirtschaftsforschung in

mehr oder weniger ausführlicher Form. Genannt seien hier: Greene (2003, Chapter 1), Griffiths, Hill und Judge (1993, Chapter 1), Hill, Griffiths und Judge (1997, Chapter 1), Hübler (1989, Kapitel 1), Moosmüller (2004, Kapitel 1.1) und Winker (1997, Kapitel 1). Wer eine kurze Beschreibung zu einzelnen ökonometrischen Stichworten sucht, kann sich bei Darnell (1994) informieren. Anzumerken ist, dass sich die jeweils am Ende eines Kapitels aufgeführten Literaturhinweise ausschließlich auf Lehrbücher oder vereinzelt auf andere Monographien beziehen und dass sich die Hinweise auf methodische Darstellungen beschränken. Als weiterführende anwendungsorientierte Literatur sind besonders Berndt (1991), Franz, Ramser und Stadler (2003) oder Hansen (1993) zu empfehlen.

1.2 Phasen des empirischen Arbeitens und Gefahren

Einteilen lässt sich die empirische Arbeit in verschiedene Phasen. Zunächst ist die Erhebung zu planen und durchzuführen, um danach Auswertungen auf deskriptiver und analytisch-induktiver Ebene vorzunehmen.

Bei der **Planung und Durchführung** der Erhebung ist auf folgende Elemente zu achten, um mögliche Fehler zu vermeiden, die sich auch bei den späteren Auswertungen unangenehm bemerkbar machen:

- Formulierung der Fragen;
- Art der Erhebung: mündlich, telefonisch oder schriftlich;
- Auswahl der Merkmals(Beobachtungs)träger: Personen, Haushalte, Gebäude, Unternehmen, Regionen, Länder;
- Messung der Merkmale.

Da dieser Bereich im Folgenden nicht weiter erörtert wird, sei auf Bücher wie Bühner (2003) und Krug, Nourney, Schmidt (1994) verwiesen, die diese Problemstellung behandeln.

1.2.1 Dateneingabe

Sobald die Erhebung vorliegt, sind die Informationen auf Datenträger zu bringen. Für das empirische Arbeiten ist die Beachtung einiger Grundregeln beim Speichern der Daten ganz hilfreich. Ob dies auf Diskette, USB-Stick, CD, Festplatte oder andere Medien erfolgt, ist vergleichsweise belanglos. Die Größe des Datensatzes kann ein Abspeichern auf Disketten jedoch als wenig sinnvoll erscheinen lassen, zumal die Verarbeitung direkt von der Diskette deutlich langsamer erfolgt als z.B. von der Festplatte.

Die nächste Frage ist, in welcher Form die Daten einzugeben sind. Hierbei sind mehrere Entscheidungen zu treffen:

- Speichern als systemfreie oder systemgebundene Datei?
- Formatiert oder unformatiert?
- Zeilen- oder spaltenweise Eingabe der Daten?
- Bei fehlenden Werten die Felder freilassen (blank) oder spezifische Werte dafür angeben, z.B. 0, -1, -999 (Systemmissings)?
- Vergabe der Variablennamen: fortlaufende Namen wie V1,...,VK oder Akronyme wie BIP oder sprechende Namen wie EINKOMMEN?

Viel hängt davon ab, welche Software verwendet werden soll – vgl. Kapitel 1.5. Hierfür ist zunächst die Frage von Bedeutung, welche Methoden zur Auswertung der Daten kommen sollen, welche Programme zur Verfügung stehen und womit der Nutzer umgehen kann. Da die meisten Ökonometrieprogrammpakete heute eine große Schnittmenge aufweisen, ist es nicht nötig, sich eine größere Anzahl von Programmen einzuarbeiten. Aber zwei bis drei erscheinen ganz sinnvoll. Will man zwischen verschiedenen Programmen hin- und herspringen, ist eine systemabhängige Speicherung nicht unbedingt anzuraten. In der Zwischenzeit gibt es jedoch die Möglichkeit, von einer systemabhängigen Datei in eine andere zu transformieren. Besonders geeignet ist hierfür STAT/TRANSFER – vgl. www.stattransfer.com.

Formatierte Daten lassen sich schneller verarbeiten als formatfreie. Der Vorteil ist heute jedoch in den meisten Fällen nicht mehr von Bedeutung. Liegt eine systemungebundene Datei vor und will man sich die Individualdaten ansehen, um z.B. nach Eingabefehlern zu suchen, so spricht einiges für die übersichtlichere formatgebundene, durch Blanks getrennte Eingabe der Beobachtungen.

Ob zunächst alle Beobachtungen einer Variablen und nachfolgend entsprechend die anderen Variablen eingegeben werden oder die spaltenweise Eingabe der Variablen präferiert wird, ist häufig auch nur eine Geschmacksfrage, da die Programmpakete üblicherweise das spalten- und zeilenweise Einlesen der Daten gestatten. Ist allerdings daran gedacht, den Datensatz später zu aktualisieren, besitzt die zeilenweise Eingabe der Beobachtungen den Vorteil, dass alle Werte der neuen Periode direkt an den bisherigen Datensatz in einer neuen Zeile hinzugefügt werden können.

Felder frei zu lassen, wenn keine Beobachtungen vorliegen, ist intuitiv das naheliegende Vorgehen. Da man jedoch nicht immer fehlende Werte (missing values) bei Auswertungen außer Acht lässt - vgl. Kapitel 3.9.5 -, kann es vorteilhaft sein, spezielle Werte zu vergeben. Diese sind aber so zu wählen, dass kein realisierbarer Wert damit übereinstimmt. Die meisten Programmpakete legen systembedingte Missing Values fest, bei denen der Nutzer auf letzteres Problem nicht zu achten hat. Legt der Nutzer jedoch selbst einen speziellen Wert für fehlende Beobachtungen fest und wird bei Auswertungen nicht stets darauf geachtet, durch einen SELECT-Befehl die fehlenden Werte auszuschließen, dann behandelt das Programm die Missing Values wie jeden anderen Wert. Hieraus können erhebliche Fehler bei den Ergebnissen resultieren.

Bei der Vergabe der Variablennamen ist, wie bereits erwähnt, zwischen drei Formen zu unterscheiden
- sprechende Namen
- Akronyme
- fortlaufende Symbole.

Bei sprechenden Namen wie z.B. SCHULE kann sich jeder Nutzer sofort ein Bild über den Inhalt der Variablen machen. Die Gefahr besteht allerdings, dass sich dann niemand mehr bemüht nachzuschlagen, wie die genaue Messung aussieht und dies kann zu Interpretationsfehlern führen. Akronyme, die sich als Abkürzung eines längeren Namens, meist aus mehreren Worten bestehend, ergeben, erscheinen sinnvoll, wenn diese Form der Beschreibung bereits allgemein bekannt ist. Andernfalls unterscheiden sie sich nicht von fortlaufenden Symbolen wie $x_1, ..., x_K$. Ein Vorteil von $x_1, ..., x_K$ liegt dann noch darin, dass beim interaktiven Arbeiten diese Variablennamen schneller einzugeben sind als andere. Welche Inhalte sich dahinter verbergen, ist aber zunächst unklar. Daher ist das Anlegen einer Variablenliste, die neben der genauen Variablenbeschreibung (Abgrenzung) deskriptive Statistiken – vgl. Kapitel 1.2.2 – enthalten sollte, noch wichtiger als in anderen Fällen.

Sich allein auf interaktives Rechnen zu beschränken, erscheint wenig zweckmäßig. Es ist nur zu empfehlen, wenn man sich einen ersten Überblick über die Daten und mögliche Ergebnisse verschaffen möchte. Ansonsten ist das Arbeiten mit Kommandofiles zu präferieren, die sich meist schnell modifizieren und aktualisieren lassen. Somit ist dieses Vorgehen auf Dauer zeitsparend.

1.2.2 Deskriptive Auswertung

Vorrangiges Ziel der deskriptiven Datenauswertung ist die Informationsverdichtung. Die Unübersichtlichkeit vieler Beobachtungen soll in eine klare, einfache, für jedermann verständliche Form gebracht werden. Verschiedene Stilmittel stehen hierfür zur Verfügung:

Graphische Darstellung. Die Statistik bietet eine ganze Reihe an graphischen Auswertungsmöglichkeiten. Insbesondere durch die Entwicklung der Computer hat sich das Spektrum erheblich erweitert. Aber nicht jede technische Verbesserung sollte genutzt werden. Nur wenn dadurch mehr Klarheit erzielt wird, wenn Missverständnisse bei der Interpretation vermieden werden, ist eine neue Form der Darstellung einer alten vorzuziehen. Wenn z.B. die folgende Darstellungsform gewählt wird, dann ist a priori nicht klar, ob jeweils die Grundlinie oder die Fläche die Unterschiede zum Ausdruck bringen soll.

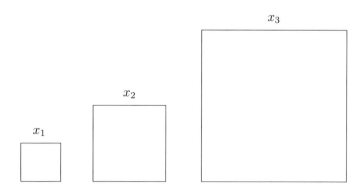

Ebenso tragen dreidimensionale Darstellungen, die aus ästhetischer Sicht sehr ansprechend sein können, keineswegs immer zur Klarheit bei. Verwirrend wirkt häufig auch, wenn Funktionen mit unterschiedlicher Skaleneinteilung gemeinsam in einem Bild eingezeichnet werden, selbst wenn die unterschiedlichen Skalen auf zwei Achsen zum Ausdruck kommen. Krämer(1994) demonstriert sehr klar, welche Merkmale gute Abbildungen aufweisen sollten.

Tabellarische Beschreibung. Während die graphische Darstellung auf den ersten Blick das Wesentliche einer statistischen Erhebung deutlich machen soll, werden in einer Tabelle die zusammengefassten Ergebnisse genauer wiedergegeben. Möglich ist hier eine Häufigkeitsverteilung für ein oder zwei Merkmale. Wenn drei- und höherdimensionale Häufigkeitsverteilungen in einer Tabelle präsentiert werden, ist diese Form der Auswertung schnell unübersichtlich. Daher sollten in diesem Fall verschiedene zweidimensionale Verteilungen nebeneinander bevorzugt werden. Mehrdimensionale Zusammenhänge können besser durch Schätzungen multivariater Beziehungen erfasst werden.

Verbale Beschreibung. Allgemein lässt sich diese Form der deskriptiven Auswertung z.B. wie folgt beschreiben: X ist größer als Y oder $a\%$ in A haben mehr von Merkmal X als von Merkmal Y. Häufig dient die verbale Beschreibung als Lesehilfe, zur Interpretation und als Ergänzung für die graphische oder tabellarische Darstellung. Zu achten ist auf eine klare, unmissverständliche, wertfreie Ausdrucksweise. Sätze wie "Unter den älteren Befragten hat niemals keine Person ein nichtkorrekte Antwort gegeben", sollten vermieden werden. Doppelte Verneinungen führen leicht zur Fehlinterpretation. Im vorliegenden Fall wäre besser "Alle älteren Befragten haben eine falsche Antwort gegeben." Bei der verbalen Beschreibung muss deutlich werden, ob es sich lediglich um eine andere Form eines bereits angezeigten Gegenstandes handelt. In diesem Fall ist z.B. genau auf die Zeile oder Spalte einer Tabelle zu verweisen, in der das Ergebnis zu finden ist. Liegt darüber hinausgehend eine Interpretation vor, so muss auch dies angezeigt und erläutert werden.

Beispiel: Überstunden in Deutschland und Großbritannien
Ein Vergleich zwischen Deutschland und Großbritannien zeigt, dass die bezahlten Überstunden im Vereinigten Königreich im Durchschnitt fast doppelt so hoch liegen wie in Deutschland, wenn nur auf die Arbeitskräfte mit Überstunden abgestellt wird. Auch bei den unbezahlten Arbeitsstunden liegt Deutschland aufgrund der Angaben des Sozioökonomischen Panels (GSOEP) mit im Durchschnitt 6,42 Stunden pro Woche bei der Gruppe derjenigen, die unbezahlte Arbeit im Beruf leisten, deutlich unter der Vergleichszahl in Großbritannien, die aus dem Labour Force Survey (LFS) stammt (8,46 Stunden). Der Abstand ist jedoch geringer. Dies zeigt eine Untersuchung für das Jahr 1993 (Bell, Gaj, Hart, Hübler, Schwerdt 2001, Tabelle 1, S. 13). ⋄

Indikatoren. Maßzahlen, das heißt vor allem Lokalisations- und Streuungsmaße, die versuchen durch eine Zahl den Kern einer statistischen Erhebung hervorzuheben, sind ein übliches Mittel zur Beschreibung empirischer Sachverhalte. Jede Auswertung sollte mit diesem Instrument beginnen. Sie liefert Anhaltspunkte dafür, ob sich einzelne Erhebungsmerkmale in einem plausiblen Wertebereich befinden. Was plausibel ist, wird durch die Erfahrung aus früheren Erhebungen bestimmt. Aber auch auf logische Konsistenz ist zu prüfen. Wenn z.B. der Umsatz, die Wertschöpfung und der Gewinn von Betrieben erhoben wird, dann ist a priori zu erwarten, dass der Umsatz die Wertschöpfung übersteigt. Sollten sich unplausible Resultate ergeben, muss, bevor an eine weitergehende analytische Auswertung gedacht werden kann, überprüft werden, ob Erhebungs- oder Kodierungsfehler vorliegen. Ist das nicht der Fall, dann sollte nach Gründen gesucht werden, warum das vorliegende Ergebnis von den bisherigen so deutlich abweicht. Sind es einzelne Beobachtungen oder ist ab einem bestimmten Zeitpunkt eine generelle Veränderung festzustellen?

1.2.3 Induktive Auswertung

Erst wenn man relativ sicher ist, dass keine Datenfehler mehr vorliegen, kann mit einer weiterführenden Auswertung begonnen werden. Folgende Aufgaben gilt es dann zu erledigen:

- Konfrontation des Datenmaterials mit den Hypothesen;

- Aussagen über die Grundgesamtheit (GG) aufgrund der Teilgesamtheit (TG);

- Schließen von einer oder mehreren Determinanten auf eine andere Größe;

- Prognose.

Damit ist der Kreis zu den Aufgaben der empirischen Wirtschaftsforschung wieder geschlossen.

1.2.4 Gefahren und Manipulationsmöglichkeiten

Bevor auf die einzelnen Elementen und Methoden der empirischen Wirtschaftsforschung näher eingegangen wird, ist auf Gefahren hinzuweisen, die auf jeder Stufe des empirischen Arbeitens lauern. Wer sich dieser Probleme nicht bewusst ist, für den führt empirisches Arbeiten leicht in die Irre. Vorliegende Ergebnisse werden kausal interpretiert, obwohl eine fehlerhafte Anlage der Untersuchung und nicht der vermeintlicher Wirkungsmechanismus das Ergebnis hervorgebracht hat. Ein hierzu passendes und nettes Beispiel ist folgender Ausspruch von Larry Lorenzoni, einem Pastor aus San Francisco: "Birthdays are good for you. Statistics show that people who have the most birthdays live the longest".

Unwissenheit oder bewusste Verfälschung sind die Hauptgründe dafür, dass die besten Methoden bisweilen wertlos werden. Probleme können auf folgenden Ebenen auftreten:

— Manipulation bei der Fragestellung

— unverständliche, undifferenzierte oder mehrdeutige Fragen

— Ausklammerung wichtiger Antwortmöglichkeiten

— Manipulation bei der Erhebung

— Probleme durch systematisch verzerrte, zu geringe Anwortquoten

— Manipulation der Auswertung durch Datenunterdrückung

— fehlerhafte Interpretation graphischer Darstellungen, die durch einen verzerrten oder ungleichen Maßstab verschiedener Merkmale hervorgerufen wird, wie die folgende Graphik zwischen Umsatz (U) und Werbungskosten (WK) zeigt.

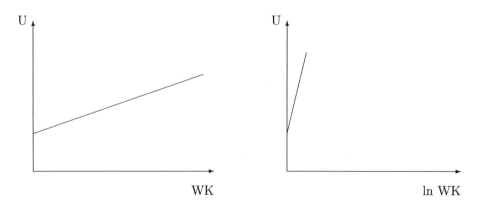

— Fehlinterpretation der Ergebnisse

Beispiel: Kartoffelverbrauch pro Kopf und Energieverbrauch pro Kopf weisen im Zeitablauf einen statistisch nichtlinearen negativen Zusammenhang auf. Hier auf kausale Zusammenhänge in der einen oder anderen Richtung zu schließen, wäre absolut nicht angebracht. ◇

— Datenmissbrauch

Zahlreiche Beispiele, die die Gefahren beim empirischen Arbeiten veutlichen, finden sich bei Huff – How to Lie with Statistics, 1973 – und Krämer – So lügt man mit Statistik, 2000. Bei jeder empirischen Untersuchung ist eine gesunde Grundskepsis angebracht, die sich etwas übertrieben durch folgende Volksweisheiten zur Statistik beschreiben lässt:

(1) Nichts lügt so sehr wie die Statistik.

(2) Steigerung: Notlüge, gemeine Lüge, Statistik

(3) Trau keiner Statistik, die du nicht selbst gefälscht hast.

Literaturhinweise:
Ausführlich diskutiert werden die Phasen des empirischen Arbeitens in Lehrbüchern zur statistischen Grundausbildung. Exemplarisch seien hier Bamberg und Baur (2002), Fahrmeir, Künstler, Pigeot und Tutz (2003) sowie Mosler und Schmid (2005) genannt. Die Ausführungen konzentrieren sich dort auf statistische Auswertungen. Fragen der Datenerhebung behandeln Bücher zur Wirtschaftsstatistik, so z.B. von der Lippe (1996), oder zu Methoden der empirischen Sozialforschung, wie Schnell, Hill und Esser (1995). Gefahren, die mit der Statistik verbunden sind, und Manipulationsmöglichkeiten beschreibt Krämer (2000) sehr anschaulich.

1.3 Modellspezifikation

Die empirische Arbeit beginnt, nachdem das Problemfeld umrissen ist, mit zumindest groben Überlegungen, was untersucht werden soll, welche Modelle in welcher Ausgestaltung dem Untersuchungsgegenstand angemessen sind. Wird hierauf verzichtet und gleich an die Erhebung der Daten gegangen, stellt sich meist heraus, dass das, was vorhanden ist, letztlich nicht den Ansprüchen genügt. Nacherhebungen sind teuer oder gar nicht realisierbar.

1.3.1 Problemformulierung

Wenn die Determinanten einer zu erklärenden ökonomischen Größe analysiert werden sollen, ist bei den meisten empirischen Untersuchungen zunächst zu entscheiden, ob möglichst viele Beziehungen und Variablen Eingang in die Untersuchung finden sollen oder ob eine Beschränkung auf wenige Beziehungen oder gar nur auf zwei Kernvariablen vorzuziehen ist. Mit beiden Ansätzen sind Vor- und Nachteile verbunden.

Beispiel: Arbeitsangebot

Das Arbeitsangebot L^S kann z.B. durch folgendes Beziehungsgeflecht bestimmt werden. Ausgangsgleichung bildet:

$$L^S = f(W, FB, AZG, L^D, ALT, SEX, FAM),$$

wobei W - Lohn, FB - Fringe Benefits, nichtpekuniäre Arbeitsplatzeigenschaften; AZG - Arbeitszeitgestaltung, L^D - Arbeitsnachfrage, ALT - Alter, SEX - Geschlecht, FAM - Familienstand. Ob es sich lohnt, Arbeit anzubieten, hängt von der Arbeitsnachfrage ab. Diese Größe ist selbst wiederum nicht exogen vorgegeben, sondern wird z.B. durch folgenden funktionalen Zusammenhang bestimmt:

$$L^D = f(\hat{Y}, \frac{Y}{L}, EW, \frac{AL}{AL+B}, \ldots),$$

wobei $\hat{Y}$ - Wachstumsrate des Einkommens, Y/L - Arbeitsproduktivität, EW - Erwartungen über zukünftige Produktnachfrage, AL - Zahl der Arbeitslosen, B - Zahl der Beschäftigten. Abgesehen davon, dass die Messung der einzelnen Bestimmungsgrößen so noch nicht geklärt ist, kann der nächste Schritt darin bestehen, die Erwartungen zu modellieren:

$$EW = f(\hat{Y}_{t-1}, \hat{Y}_{t-2}, RB)$$

mit RB als Rahmenbedingungen wie z.B. investitionsfreundliches Klima. Eine Ausweitung dieses Beziehungsgeflechtes lässt sich problemlos sachlich begründen. Die Frage heißt dann nicht nur, wie weit sollen Einflüsse zurückverfolgt werden ($\hat{Y}_{t-1}, \hat{Y}_{t-2}, \ldots$), sondern es ist zu entscheiden, ob nicht die ganz einfache Beziehung

$$L^S = f(W) = a + bW$$

das Wesentliche für das Arbeitsangebotes bereits zum Ausdruck bringt. ⋄

Generell ist bei der Entscheidung, ob eine komplexe oder einfache Modellierung den Vorzug erhalten soll, zu beachten:

- Je komplexer der Ansatz ist, um so realistischer ist (sollte) das Modell (sein), um so instabiler ist jedoch der Ansatz. Bereits geringfügige Veränderungen bei der Anzahl der Beobachtungen oder der Messung der aufgenommenen Variablen können zentrale Zusammenhänge erheblich verändern.

- Je einfacher der Ansatz ist, um so leichter handhabbar ist das Modell, um so eher lassen sich die Daten erfassen, um so billiger ist die Analyse, um so wahrscheinlicher ist es, dass erfassbare Daten eingehen, um so wichtiger sind aber Überlegungen, welches die relevanten Einflüsse sind.

- Der Informationsgehalt eines Modelles ist um so größer, je allgemeiner, universeller der Ansatz formuliert ist und je genauer die Schlussfolgerung ist.

- Je weniger spezifisch ein Modell formuliert wird, um so größer ist die Gefahr, dass es empirisch nicht zu widerlegen ist.

Das Einfachheitpostulat, das z.B. von Mies van der Rohe in der Architektur nachdrücklich vertreten wurde "Less is more", findet sich ebenso als Forderung in der ökonometrischen Literatur (Hayo 1997, S. 266ff). Eine sparsame Parametrisierung (parsimonious specification – Hendry 1995, S. 511ff) wird angestrebt.

Wenn z.B. argumentiert wird, das individuelle Arbeitsangebot hängt von den Möglichkeiten ab, die Arbeitszeit flexibel zu gestalten, dann ist schnell die Verbindung zur Technologie und zur betrieblichen Organisation hergestellt.

L^s — Möglichkeiten an Arbeitszeiten (TZ, VZ)
|
Technologie, Organisation

Die Frage ist jedoch, ob es sich dabei um Determinanten des Arbeitsangebotes handelt. Je komplexer die Modellierung gewählt wird, um so größer ist die Nähe zu der unverbindlichen Aussage: "Alles hängt von Allem ab." Die praktische Entscheidung, wie tief die Berücksichtigung indirekter Einflüsse gehen soll, fällt häufig sehr schwer. Unpässlichkeit des US-Notenbankpräsidenten führt unter Umständen zu unbedachten Äußerungen und daraus folgen möglicherweise kurzfristig ganz erhebliche Auswirkungen auf die Aktienkurse. Soll dieser Umstand systematisch bei Analyse der Aktienkurse berücksichtigt werden? Prinzipiell sollten aber auf jeden Fall

- Scheineinflüsse eliminiert
- instabile Zusammenhänge vermieden

werden. In vielen Fällen lässt sich sofort sagen, dass ein möglicherweise statistisch durchaus gesicherter Zusammenhang kausal bedeutungslos ist. So wird niemand auf die Idee kommen, aus der durchaus nachweisbaren Verknüpfung zwischen der Zahl der Geburten und der Zahl der Störche darauf zu schließen, dass der Klapperstorch die Kinder bringt. Auch wird man nicht vermuten, dass Krebserkrankungen dazu beitragen, dass Frauen mehr am Arbeitsleben teilnehmen, nur weil sich in den letzten 50 Jahren die Partizipationsquote der Frauen und die Zahl der Krebserkrankungen erhöht haben. Das Ergebnis, dass intelligente Frauen länger leben, ein vom Max-Planck-Institut für demografische Forschung (Rostock) veröffentlichtes Forschungsresultat, ist von der kausalen Seite her nicht eindeutig zu interpretieren (vgl. Interview Süddeutsche Zeitung vom 4.10.2000).

Die Verwendung von Scheineinflüssen, die kausal ohne Bedeutung sind, muss für die empirische Analyse nicht prinzipiell schädlich sein. Wenn sich starke, statistisch wirksame Zusammenhänge ergeben, dann kann es für eine gute Prognose bisweilen besser sein, solche Bestimmungsgrößen zu verwenden als durch die Theorie gut abgesicherte Determinanten. Instabile Einflussfaktoren sind dagegen insbesondere für längerfristige Vorhersagen schädlich. Sie mögen kurzfristig wesentliche Bestimmungsgrößen überlagern, sind jedoch dauerhaft ohne Bedeutung oder unterliegen in ihren Wirkungen starken Schwankungen. Herrscht z.B. am Aktienmarkt ein allgemein freundliches Klima mit aufwärts gerichteter Aktienkurstendenz, dann führt nahezu jede positive Meldung zu einem Anstieg der Kurse. Bei einer Baisse können selbst positive Meldungen über eine Unternehmensentwicklung zu einer Verstärkung des Abwärtskurses führen, wenn die Anleger einen noch besseren Abschluss erwartet haben.

1.3.2 Formen ökonometrischer Beziehungen

In der empirischen Wirtschaftsforschung werden vier grundlegende Beziehungen unterschieden:

(1) Verhaltensbeziehung
(2) technologische Beziehung
(3) Definitionsbeziehung
(4) institutionelle Beziehung.

Im Zentrum stehen Verhaltensgleichungen. Verhalten wird dabei bisweilen sehr weit ausgelegt und häufig werden die Beziehungen vom Typ (1) und (2) zusammengefasst. Als Beispiele für die vier Typen lassen sich nennen:

- Verhaltensbeziehungen

    In der Keynes'schen Konsumfunktion wird der private Verbrauch C in Abhängigkeit vom verfügbaren Einkommen Y_v modelliert. In der allgemeinen Beziehung wird von einem nicht weiter spezifizierten funktionalen Zusammenhang ausgegangen:
    $$C = C(Y_v); \quad \frac{dC}{dY} > 0.$$
    In der üblichen Textbuchversion führt dies zu einem linearen Zusammenhang:
    $$C = c_0 + c_1 Y_v.$$

In beiden Fällen ist aus ökonometrischer Sicht die Schätzung der marginalen Konsumneigung von Interesse. Dabei kann nicht davon ausgegangen werden, dass bei individuellen Konsumfunktionen der postulierte funktionale Zusammenhang für jedes Wirtschaftssubjekt exakt gilt. Und bei gesamtwirtschaftlichen Konsumfunktionen tritt zusätzlich ein Gewichtungsproblem bei der Aggregation auf. Auf beide Probleme ist an späterer Stelle einzugehen.

- Technologische Beziehungen

  Die Produktionstheorie formuliert verschiedene Produktionsfunktionen wie z.B. Cobb-Douglas-, CES- oder Translog-Funktion. Hierbei sollen typische Verbindungen zwischen Input- und Outputfaktoren erfasst werden. Die Theorie sagt dabei nichts über den numerischen Zusammenhang zwischen Kapital und Output auf der einen Seite sowie Arbeit und Produktionsergebnis auf der anderen Seite, bestenfalls etwas über die Größenordnung der partiellen Produktionselastizitäten. Die Aufgabe der Empirie besteht darin, diese Elastizitäten numerisch zu ermitteln, auf Basis eines vorgegebenen Datenmaterials zu schätzen. Werden zur Schätzung volkswirtschaftliche Daten oder Betriebsdaten verwendet, dann handelt es sich nur um stilisierte Formen von Produktionszusammenhängen. Ähnlich wie bei der gesamtwirtschaftlichen Konsumfunktion treten Aggregationsprobleme auf. Aber selbst wenn aus betriebswirtschaftlicher Sicht Gutenbergsche Verbrauchsfunktionen analysiert werden, ist dies nur eine mehr oder weniger gute Annäherung an tatsächliche Produktionsbeziehungen. Es sind immer noch weitere Einflussfaktoren wirksam, so dass auch die Verbrauchsfunktionen nur im Durchschnitt Gültigkeit besitzen, wie z.B. auch der Zusammenhang zwischen Benzinverbrauch und Geschwindigkeit bei einem Auto Schwankungen unterliegt. Straßenbelag und Witterungsverhältnisse spielen eine Rolle. Dass bei Aggregation zu einer einheitlichen betrieblichen oder gar gesamtwirtschaftlichen Produktionsfunktion der technologische Charakter der Produktionsfunktion immer weiter in den Hintergrund tritt, ist evident. Verändern sich die Produktionsanteile verschiedener Produktionsprozesse in einem Unternehmen, dann hat dies Auswirkungen auf die geschätzten partiellen Produktionselastizitäten. Angenommen, ein Betrieb lasse sich durch zwei Produktionsprozesse der Art

  $$Q_1 = \beta_1 L_1^{\alpha_1} \cdot K_1^{1-\alpha_1}; \quad Q_2 = \beta_2 L_2^{\alpha_2} \cdot K_2^{1-\alpha_2}$$

  beschreiben, wobei α die Produktionselastizität der Arbeit ist, dann führt eine Verlagerung der Produktion von Prozess 2 zu Prozess 1 zu einer Erhöhung von γ in

  $$Q = \gamma Q_1 + (1-\gamma) Q_2$$

  und daraus ergibt sich eine Veränderung der Produktionselastizität der Arbeit für den Gesamtbetrieb (α), die sich zusammensetzt aus den Produktionselastizitäten der beiden Prozesse (α_1, α_2) und dem Anteil von Prozess 1 an der Gesamtproduktion (γ). Bei einer etwas anderen Modellierung lässt sich dieser Effekt genauer angeben. Wird der Gesamtoutput nicht additiv, sondern multiplikativ gebildet

$$Q = Q_1^\gamma \cdot Q_2^{1-\gamma}$$

und entsprechendes auch für die Inputfaktoren unterstellt

$$L = L_1^{\delta_1} \cdot L_2^{1-\delta_1}$$
$$K = K_1^{\delta_2} \cdot K_2^{1-\delta_2},$$

so folgt

$$\begin{aligned} lnQ &= \gamma ln\beta_1 + (1-\gamma)ln\beta_2 \\ &\quad + \gamma\alpha_1 lnL_1 + (1-\gamma)\alpha_2 lnL_2 \\ &\quad + \gamma(1-\alpha_1)lnK_1 + (1-\gamma)(1-\alpha_2)lnK_2 \\ &=: \tilde{\beta}_0 + \tilde{\beta}_1 lnL + \tilde{\beta}_2 lnK, \end{aligned}$$

wobei

$$\tilde{\beta}_1 lnL = \tilde{\beta}_1 \delta_1 lnL_1 + \tilde{\beta}_1(1-\delta_1)lnL_2$$
$$\tilde{\beta}_2 lnK = \tilde{\beta}_2 \delta_2 lnK_1 + \tilde{\beta}_2(1-\delta_2)lnK_2,$$

so dass

$$\tilde{\beta}_1 = \frac{\gamma\alpha_1}{\delta_1} = \frac{(1-\gamma)\alpha_2}{1-\delta_1}$$
$$\tilde{\beta}_2 = \frac{\gamma(1-\alpha_1)}{\delta_2} = \frac{(1-\gamma)(1-\alpha_2)}{1-\delta_2}$$

sowie

$$\frac{\delta_1}{1-\delta_1} = \frac{\gamma\alpha_1}{(1-\gamma)\alpha_2} \quad und \quad \frac{\delta_2}{1-\delta_2} = \frac{\gamma(1-\alpha_1)}{(1-\gamma)(1-\alpha_2)}$$

folgen muss. Die „Elastizitäten des Gesamtbetriebes" $\tilde{\beta}_1$ und $\tilde{\beta}_2$ setzen sich aus den Aggregationsparametern γ, δ_1 und δ_2 sowie den partiellen Produktionselastizitäten α_1 und α_2 zusammen. Wenn γ steigt, also der Produktionsprozess 1 relativ gegenüber 2 an Bedeutung gewinnt, dann ist damit eine Vergrößerung von $\tilde{\beta}_1\delta_1$ verbunden. Diese kann sich in einer proportionalen Erhöhung von δ_1 auswirken. Dann sind damit keine Effekte auf die „Elastizität der Arbeit für den Gesamtbetrieb" ($\tilde{\beta}_1$) verbunden. Wird von $+\Delta\delta_1 = 0$ ausgegangen, so folgt aus den oben nach $\tilde{\beta}_1$ und $\tilde{\beta}_2$ aufgelösten Beziehungen

$$\delta_1 = const. = \frac{\gamma \cdot \alpha_1}{\tilde{\beta}_1} = 1 - \frac{1-\gamma}{\tilde{\beta}_1}\alpha_2$$

und somit

$$\tilde{\beta}_1 = \gamma\alpha_1 + (1-\gamma)\alpha_2.$$

Der marginale Effekt von γ auf $\tilde{\beta}_1$ ist dementsprechend positiv, wenn

$$\partial\tilde{\beta}_1/\partial\gamma = \alpha_1 - \alpha_2 > 0.$$

Der Effekt von γ auf $\tilde{\beta}_2$ ist bei $\alpha_1 - \alpha_2 > 0$ umgekehrt, wenn von $+\Delta\delta_2 = 0$ ausgegangen wird. Strukturänderungen, d.h. Verschiebungen in den Anteilswerten der Produktionsprozesse, wirken sich demnach auch auf $\tilde{\beta}_1$ und $\tilde{\beta}_2$ aus wie Veränderungen der partiellen Produktionselastizitäten der einzelnen Produktionsprozesse.

- Definitionsbeziehungen

$$\begin{array}{cc} S = I, & Y = C \quad + \quad I \\ & \uparrow \qquad \searrow \\ & C = C(Y) \quad I = I(Y, i) \end{array}$$

Ex post stimmen Sparvolumen (S) und Investitionen (I) in einer geschlossenen Volkswirtschaft ohne staatliche Aktivität überein oder das Einkommen (Y) lässt sich von der Einkommensverwendungsseite in Konsum (C) und Investitionen aufspalten. Aus ökonometrischer Sicht ist diese Definition zunächst völlig uninteressant, da weder Parameter zu schätzen sind, noch eine Hypothese zu testen ist. Bedeutsam wird diese Identität erst im Zusammenhang mit anderen Beziehungen, wie dies in dem angegebenen Beispiel durch die Konsum- und Investitionenfunktion angedeutet wird. Zumindest ist an dieser Stelle aber schon zu erkennen, dass die Verbindung von Definitions- und Verhaltensgleichung dazu führt, dass eine Größe Y zum Teil durch sich selbst erklärt wird. Und daraus folgen Schätzprobleme.

- Institutionelle Beziehungen

Unter Institutionen werden staatliche Einrichtungen, Interessengruppen mit ihren Einflussmöglichkeiten auf das Wirtschaftsgeschehen, gesetzliche Vorschriften und vertraglich geregelte Vereinbarungen verstanden. Sie erfahren in der theoretischen und empirischen ökonomischen Analyse immer noch zu wenig Aufmerksamkeit. Konkrete Beispiele für institutionell festgelegte Größen bei empirischen Untersuchungen sind: Steuersätze, Lohnsätze, Subventionssätze, Sozialversicherungsbeiträge, Höhe des Kindergeldes, des Wohngeldes oder Gebühren. Ähnlich wie die Definitionsgleichungen sind die institutionellen Beziehungen aus ökonometrischer Sicht zunächst vergleichsweise uninteressant. Wenn es sich wie in den Beispielen um Steuer- oder Subventionssätze handelt, dann sind diese vorgegeben, gesetzlich festgelegt oder ausgehandelt worden. Es bedarf keiner Schätzung. Dies ist allerdings nur vordergründig richtig. Wenn je nach Tatbestand unterschiedliche

Steuersätze möglich sind bzw. wenn es im Zeitablauf zu Änderungen des Steuersatzes gekommen ist, dann kann ein durchschnittlicher Steuersatz geschätzt werden. Oder wenn Steuern hinterzogen werden, dann lässt sich der effektive Steuersatz ermitteln.

1.3.3 Hypothesenfindung

Insbesondere bei den Verhaltensgleichungen ist von Bedeutung, wie diese zu gewinnen sind. Zwei wesentliche Formen sind zu unterscheiden, auch wenn in der Praxis eine strenge Trennung häufig nur schwer vorzunehmen ist. Hypothesen werden formuliert aufgrund:

- vorhandener Beobachtungen aus inhaltlich ähnlichen Untersuchungen, anderen Regionen oder früheren Perioden;
- theoretisch abgeleiteter Zusammenhänge.

Wichtig ist, die Hypothesen vor der Datenerfassung und -aufbereitung zu formulieren, wenn das Ziel verfolgt wird, eine Theorie zu bestätigen oder zu verwerfen. Andernfalls lässt sich nicht ausschließen, dass die Hypothesen aufgrund der vorhandenen Daten gebildet werden. In diesem Fall sind Hypothesen und Daten stets im Einklang miteinander. Wenn die Hypothesengenerierung im Vordergrund der Empirie steht, dann kann die Überprüfung erst anhand eines anderen Datensatzes erfolgen.

1.3.4 Variablenwahl und Messung

Wenn das Problem geklärt ist, ob einem komplexen oder einem einfachen Ansatz der Vorzug gegeben werden soll, wenn klar ist, welche Typen an ökonometrischen Beziehungen in eine empirische Untersuchung einfließen sollen, bleibt immer noch die Frage, wie die einzelnen Variablen zu messen sind. Unterschieden werden

(i) quantitativ

(ii) intensitätsmäßig

(iii) qualitativ

gemessene Variablen, deren Messniveau kardinal, ordinal bzw. nominal ist. Der grundlegende Unterschied zwischen diesen Arten besteht im Informationsniveau, das von (i)–(iii) abfallend ist. Bei quantitativen Merkmalen ist die Rangordnung und der Abstand zwischen den Ausprägungen klar definiert. Bei ordinal gemessenen Variablen ist nur eine Rangordnung eindeutig erkennbar, während nominale Merkmale selbst diese Information nicht enthalten. Zumindest existieren keine allgemein anerkannten Rangordnungen.

Beispiele:

kardinal: Haushaltsgröße; Alter; Einkommen
ordinal :   warm/kalt; gut/schlecht; hoch/mittel/niedrig
nominal :   weiblich/männlich; Wirtschaftsbereich; Beruf ⋄

1.3 Modellspezifikation

Quantitative Variablen lassen sich in stetige und diskrete unterteilen. Für letztere existiert nur eine endliche Anzahl an Ausprägungen. So kann z.B. die Haushaltsgröße nur die Werte 1,2,3,... annehmen. Bei Größen, die in DM-, Euro- oder allgemein in Währungsbeträgen gemessen werden, spricht man bisweilen von quasi-stetigen Merkmalen. Bedingt durch die Währungseinheiten besteht eine größere Nähe zu den diskreten Merkmalen. Rein rechnerisch kann jedoch beliebig unterteilt werden, wie schon das Verhältnis von DM zu Euro mit 1,95583 deutlich macht. Bei nominal gemessenen Variablen können häufbare oder disjunkte Merkmale auftreten. Im ersten Fall besteht die Möglichkeit, dass ein Beobachtungsträger mehr als eine Ausprägung dieses Merkmals aufweist, z.B. beim Beruf kann ein Erwerbstätiger einen anderen Beruf ausüben als er erlernt hat. Bei disjunkten Merkmalen kann jeder Beobachtungsträger nur eine Ausprägung besitzen. Eine Person kann nicht sowohl weiblichen als auch männlichen Geschlechts sein.

Im Zentrum ökonometrisch-empirischer Analyse stehen traditionell quantitative Merkmale. Allerdings ist in den letzten 30 Jahren eine deutliche Hinwendung zu ordinal und nominal gemessenen Variablen zu beobachten, wobei eher für letztere als für erstere die Methodenentwicklung vorangeschritten ist. In der Praxis werden ordinale Merkmale häufig wie nominale Merkmale behandelt. Daraus resultiert ein Informationsverlust, da ein Merkmal mit einem höheren Informationsniveau – die Ordnung der Ausprägungen ist vorgegeben – in ein Merkmal mit geringerem Informationsniveau transformiert wird. Diese Form der Transformation kann stets vollzogen werden. Der umgekehrte Vorgang ist kaum möglich, auch wenn versucht wird, nominale Merkmale zu kardinalisieren. Das geschieht üblicherweise dadurch, dass bei einem nominalen Merkmal mit zwei Ausprägungen, z. B. Geschlecht (weiblich - x_1, männlich - x_2) folgende Zuordnung vorgenommen wird:

Merkmal →	x_1	x_2
	1	0
Beobachtungen	1	0
	0	1

Bernoulliverteilte Zufallsvariablen bilden die Grundlage. Oder anders ausgedrückt, Dummy-Variable (D) bzw. [0,1]-Variable stellen die Operationalisierung qualitativer Variablen mit zwei Ausprägungen dar. Zu beachten ist der Zusammenhang zwischen x_1 und x_2:

$$-1(x_1 - 1) = x_2.$$

Als weitere Unterscheidungen bei Variablen finden sich in der empirischen Wirtschaftsforschung

- verzögerte und unverzögerte Variablen

    Mit **Lags**, d.h. verzögerten Variablen, lässt sich berücksichtigen, dass Wirkungen häufig erst nach einer gewissen Zeit eintreten. Sie sind die Grundlage aller dynamischen Analysen und damit unerlässlich in der empirischen Wirtschaftsforschung. Wenn z.B. die folgende allgemeine Funktion

    $$y_t = f(x_t, x_{t-1}, x_{t-2}...)$$

notiert wird, dann heißt dies, es soll untersucht werden, ob der Zustand der Variablen y in Periode t durch die Entwicklung der Variablen x in der Vergangenheit, in den Perioden $t-1$, $t-2$ usw. geprägt wurde. Aber auch verzögerte endogene Variablen können zur Erklärung herangezogen werden. Dies bedeutet, in y_{t-1} wird die gesamte Vorgeschichte der Entwicklung von y in einem Wert zusammengefasst. Aus theoretischer Sicht lässt sich die Erklärung einer Variablen y durch sich selbst häufig mit Anpassungs-, Erwartungs- und Gewöhnungseffekten begründen. Das Gegenstück zu Lags sind **Leads**. Sie spielen bei der Berücksichtigung von Erwartungen eine wichtige Rolle. Heutige Investitionsentscheidungen (I_t) hängen z.B. von der erwarteten Nachfrage in den zukünftigen Perioden ab $(D_{t+1}, D_{t+2}, \cdots)$.

- absolute, relative und prozentuale Größen, Indexzahlen

  Absolute Angaben bilden die häufigste Form bei empirischen Analysen, obwohl **relative** oder **prozentuale Werte** auf den ersten Blick meist aussagefähiger sind. Ein eingeschränkter Wertebereich zwischen [0;1] oder [0;100] ist überschaubarer. Wenn jedoch solche Variablen erklärt werden sollen, ist sicherzustellen, dass Prognosen dann auch tatsächlich auf diesen Bereich beschränkt bleiben. **Indexzahlen** gewinnen dann an Bedeutung, sind dann zu verwenden, wenn nicht nur ein Gut in seiner Entwicklung erklärt werden soll, sondern ein ganzes Bündel. Dann bedarf es einer Zusammenfassung verschiedener Gütermengen, gemessen in zum Teil ganz unterschiedlichen Einheiten. Um diese vergleichbar zu machen, erfolgt eine Bewertung in Preisen zu einer Basis- oder Berichtsperiode.

- Bestands- und Veränderungsgrößen

  Die Nutzung beider Formen mag überflüssig erscheinen, da Veränderungen der Bestandsgrößen Stromgrößen entsprechen. Aus Einkommen (Y) wird zum Teil Vermögen (V) gebildet, Investitionen (I) sind der Baustein für neues Kapital (K). Mit Stromgrößen lassen sich kurzfristige Entwicklungen besser einfangen. Bei den Bestandsgrößen kommen diese Bewegungen weniger deutlich zum Ausdruck. Aus praktischen Erwägungen wird auch für langfristige Analysen zum Teil ersatzweise auf Veränderungsgrößen zurückgegriffen. Bestandsgrößen wie das Kapital stehen nicht immer zur Verfügung. Die Erhebung und Bewertung bereitet Schwierigkeiten. Formal ist die Entscheidung zu treffen, ob eine Variable x in Niveaus oder Differenzen Δx zu messen ist. Daneben wird in der empirischen Wirtschaftsforschung häufig von der Möglichkeit Gebrauch gemacht, Größen in logarithmischer Form zu messen.

	linear	logarithmisch
Niveau	x	lnx
Differenzen	Δ x dx	Δ lnx dlnx

Auch wenn sich in der angewandten empirischen Wirtschaftsforschung meist keine Begründung findet, sondern fast schon routinemäßig sowohl erklärende als auch zu erklärende Variablen in logarithmischer Form gemessen werden, ist diese Wahl nicht willkürlich. Erstens entsprechen die Differenzen (Δlnx) oder Differentiale logarithmischer Größen (dlnx) den Wachstumsraten, da

$$\frac{dlnx}{dx} = \frac{1}{x}.$$

Diese Form der Messung ist für kurzfristige Untersuchungen und Wachstumsanalysen angemessen. Zweitens liefert die Verwendung logarithmischer Variablen eine alternative und häufig gegenüber dem Niveauansatz bevorzugte Erfassung von Wirkungen. Hierauf wird im nächsten Kapitel bei der Interpretation geschätzter Koeffizienten einzugehen sein. Und schließlich drittens, aus statistischer Sicht führen logarithmische Variablen in vielen Fällen zu befriedigenderen Ergebnissen. Die Anpassung an die Daten ist besser. Ein Beispiel liefern Heckman und Polachek (1974).

Alle vier Messkonzepte in der voranstehenden Tabelle sind als Spezialfälle einer Produktionsfunktion sinnvoll. Aus

$$Q = f(K, L)$$

mit Q - Output, K - Kapital, L - Arbeit lässt sich erstens eine lineare Funktion formulieren

$$Q = a_0 + a_1 K + a_2 L.$$

Ein zweiter Spezialfall ist eine Cobb-Douglas-Produktionsfunktion

$$Q = bK^{b_1} L^{b_2}.$$

Nach Logarithmierung erhält man

$$lnQ = b_0 + b_1 lnK + b_2 lnL$$

mit $b_0 = lnb$. Über das totale Differential der allgemeinen Funktion folgt drittens

$$dQ = \frac{\partial f}{\partial K} dK + \frac{\partial f}{\partial L} dL =: c_1 dK + c_2 dL.$$

Und viertens kann diese letzte Beziehung in Wachstumsraten formuliert werden

$$\frac{dQ}{Q} = \frac{\partial f}{\partial K} \frac{K}{Q} \cdot \frac{dK}{K} + \frac{\partial f}{\partial L} \frac{L}{Q} \cdot \frac{dL}{L} =: d_1 \frac{dK}{K} + d_2 \frac{dL}{L} = d_1 dlnK + d_2 dlnL.$$

Die Notation von Wachstumsraten in Logarithmen statt der reinen Wachstumsraten hat einen Vorteil, und zwar gilt

$$ln\frac{K_t - K_{t-1}}{K_{t-1}} + ln\frac{K_{t-1} - K_{t-2}}{K_{t-2}} = ln\frac{K_t - K_{t-2}}{K_{t-2}},$$

die Wachstumsraten selbst lassen sich jedoch nicht addieren

$$\frac{K_t - K_{t-1}}{K_{t-1}} + \frac{K_{t-1} - K_{t-2}}{K_{t-2}} \neq \frac{K_t - K_{t-2}}{K_{t-2}}.$$

Nur in Ausnahmefällen basiert die Entscheidung für lnx und damit gegen x auf Basis theoretischer Ansätze. Ein solches Beispiel ist die Einkommensfunktion, die in ihrer heute üblichen Spezifikation auf Mincer (1974) zurückgeht, der einen logarithmischen Ansatz ableitet. Statt eine Variable in logarithmischer Form auszudrücken, kann auch die zweite, dritte oder noch höhere Potenz $(x^2, x^3, ..., x^k)$ verwendet werden. Überlegungen dieser Art führen ebenso in Richtung nichtlinearer Beziehungen. Es können auch Differenzen von x^2 betrachtet werden: $\Delta(x_t^2) = x_t^2 - x_{t-1}^2$. Hierbei ist zu beachten, dass sich diese Schreibweise von $(\Delta x_t)^2 = (x_t - x_{t-1})^2 = x_t^2 - 2x_t x_{t-1} + x_{t-1}^2$ als auch von $\Delta^2 x_t = (x_t - x_{t-1}) - (x_{t-1} - x_{t-2}) = x_t - 2x_{t-1} + x_{t-2}$ unterscheidet. Letzteres bedeutet die Differenz von Differenzen, eine bei Evaluationsstudien wirtschaftspolitischer Maßnahmen häufig verwendete Form. Angemerkt sei, dass dies jedoch nicht identisch ist mit der um zwei statt nur einer Periode verzögerten Differenz $x_t - x_{t-2} \neq \Delta^2 x_t$. Auch die ersten und zweiten Ableitungen von y nach x (dy/dx und $d^2y/dx^2 = d(\frac{dy}{dx})/dx$) können in ökonometrischen Ansätzen substanziell von Bedeutung sein. Wenn z.B. y eine Wegstrecke angibt und x die Zeit darstellt, dann ist die erste Ableitung die Geschwindigkeit und mit der zweiten Ableitung wird die Beschleunigung beschrieben. Beide Größen tauchen bisweilen als Determinanten oder zu bestimmende Größen in empirischen Untersuchungen auf.

1.3.5 Funktionstypen

Die angewandte Ökonometrie nutzt bisher ganz überwiegend lineare Ansätze. Was spricht für diesen Funktionstyp?

- Modelltypen dieser Art sind einfacher handhabbar als nichtlineare.

- Eine Linearisierung nichtlinearer Funktionen ist in vielen Fällen möglich.

- Im Allgemeinen kann die Theorie keine exakten Aussagen über den Funktionstyp treffen.

Häufig wird aus der Theorie oder bereits aufgrund von Intuition klar, dass Sättigungsgrenzen existieren, die zwangsläufig zu einer nichtlinearen Betrachtungsweise führen. Die nachstehenden Abbildungen zeigen hierfür zwei Möglichkeiten auf. Entweder wird der Zuwachs abrupt gestoppt oder er nimmt stetig ab.

Zu fragen ist, wo überall Nichtlinearitäten in einem Modell auftreten können. Allgemein gibt es drei Ansatzpunkte:

- bei den exogenen Variablen, z.B. $x^i, \ln x$ bzw. $x_i \cdot x_j$

  Beispiel: Preis × Menge = Umsatz

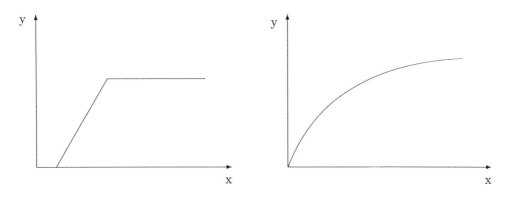

- bei der endogenen Variable, z.B. $y^i, \ln y$
- bei den Koeffizienten, z.B. $y = \beta_0 + \beta_1 x_1 + \beta_2 x_2^{\beta_1} + ...$

Eine Überführung nichtlinearer Zusammenhänge in lineare ist häufig möglich. An dieser Stelle soll kurz auf drei übliche Formen eingegangen werden:

- Direkte Linearisierung

    Viele multiplikativ verknüpfte Ansätze können in logarithmische Beziehungen überführt werden. Populäre Beispiele sind:

    - Eine doppelt logarithmische Transformation von $y = ax^b$ führt zu

    $$lny = \ln a + b \ln x$$

    - Eine semilogarithmische Transformation von $y = ae^{bx}$ geht über in

    $$lny = \ln a + bx$$

    - Der Ausdruck

    $$y = \exp\left(-\beta_0 - \sum_{j=1}^{K} \beta_j \cdot \frac{1}{x_j}\right)$$

    logarithmiert

    $$\ln y = -\beta_0 - \sum_{j=1}^{K} \beta_j \frac{1}{x_j}$$

    kann als logarithmisch inverse Form

    $$ln\frac{1}{y} = \beta_0 + \sum_{j=1}^{K} \beta_j \frac{1}{x_j}$$

    dargestellt werden.

- Umdefinition zu linearen Beziehungen

$$y = a + bx^2 \quad \rightarrow \quad y = a + bz$$
$$x^2 = z \nearrow$$

- Nichtlineare Zusammenhänge lassen sich approximativ durch lineare Beziehungen darstellen, z.B. durch eine Taylorreihe oder ein Polynom

$$ln(1+x) = x - \frac{x^2}{2} + \frac{x^3}{3} - \frac{x^4}{4} + ...$$
$$Y(X_1...X_n) = a_{10} + a_{11}X_1 + a_{12}X_1^2 + a_{13}X_1^3 + ...$$

Zur approximativ linearen Form kommt man in beiden Fällen, wenn nach dem linearen Glied abgebrochen wird. Alternativ können die zusätzlichen Terme in der Taylorreihe oder im Polynom umbenannt werden. So ließe sich ein lineares Modell konstruieren. Probleme bereitet dann die Abhängigkeit der pseudolinearen Terme wie z.B. $z_1 = x^2$ und $z_2 = x^3$. Falls die Darstellung über ein Polynom gewählt wird, die für stetige Funktionen in einem abgeschlossenen Intervall nach einem Satz von Weierstrass eine gute Approximationen bietet, vorausgesetzt, die nichtlineare Funktion ist algebraisch, dann sind häufig zu viele Parameter zu schätzen, gemessen an der Zahl der verfügbaren Beobachtungen. Nichtalgebraische (tranzendentale) Funktionen sind z.B. Exponential-, Winkel- (sinus, cosinus, ...) und Wurzelfunktionen. Dazu gehört auch die Translog-Produktionsfunktion

$$Q = \beta_0 + \beta_1 lnL + \beta_2 lnK + \beta_3 (lnL)^2 + \beta_4 (lnK)^2 + \beta_5 lnLlnK$$

mit Q - Output, L - Arbeit, K – Kapital, β_j - Parameter für $j = 0, 1, 2, 3, 4, 5$.

Wie groß die Fehler sind, die bei Annäherung einer nichtlinearen Funktion an eine lineare Funktion auftreten, hängt vom Grad der Nichtlinearität ab. Ein Abbrechen der Taylorreihe $ln(1+x)$ nach dem linearen Glied ist nur bei kleinen x-Werten, gemessen an 1, unschädlich. Demgegenüber ist bei großen x-Werten lnx problemlos für ln(1+x) zu verwenden. Entspricht $\hat{x}_t$ einer Wachstumsrate und wird von

$$\hat{x}_t = \frac{x_t - x_{t-1}}{x_{t-1}} \sim ln(1+\hat{x}_t)) = ln(x_t) - ln(x_{t-1})$$

Gebrauch gemacht wird, dann zeigt das folgende Zahlenbeispiel, dass mit steigendem $\hat{x}_t$ der Approximationsfehler steigt.

x_t	$\hat{x}_t$	$ln(x_t) - ln(x_{t-1})$
100	-	-
102	0,0200	0,0198
110	0,0784	0,0755
103	-0,0636	-0,0658
99	-0,0388	-0,0396
108	0,0909	0,0870

1.3 Modellspezifikation

Da – wie gesagt – lineare Ansätze bei den Anwendungen dominieren, besteht leicht die Gefahr, dass nichtlineare Zusammenhänge ignoriert werden.

Um entscheiden zu können, ob ein nichtlinearer Ansatz gegenüber einem linearen vorzuziehen ist, muss entweder ein graphischer Vergleich durchgeführt werden oder die Entscheidung ist anhand von Indikatoren bzw. Tests vorzunehmen. Diese Fragen können an dieser Stelle noch nicht wirklich beantwortet werden. Nur grobe Hinweise seien gegeben, wie sich der „richtige" Funktionstyp ermitteln lässt:

- Aufgrund der Streudiagramme (scatter plots) kann ein erster Eindruck über nichtlineare Verläufe gewonnen werden.

- Alternative nichtlineare Funktionen können durch Tests mit dem linearen Verlauf verglichen werden. Wenn z. B. $x^3, x^2, x, x^{1/2}, \ln x, x^{-1/2}, x^{-1}, x^{-2}, x^{-3}$ zur Auswahl stehen, dann ist daraus jeweils der Wert der zu erklärenden Variablen zu bestimmen, zu schätzen, und über einen χ^2 - Anpassungstest ($\sum_{i=1}^{n}(y_i - \hat{y}_i)^2/\hat{y}_i$) lässt sich ermitteln, bei welchem Verlauf die beste Anpassung an die Daten erreicht wird. Anstelle des χ^2-Tests können auch andere nichtparametrische Tests, wie der Kolmogorov-Smirnov-Test, verwendet werden (vgl. z.B. Büning/Trenkler 1994).

- Durch Indikatoren lässt sich die Anpassungsgüte der Funktionen an die Daten beschreiben. Wie gut wird der Verlauf von y, der zu erklärenden Variablen, durch die exogenen Variablen ($x_1...x_K$) erklärt? Wie gut ist der Fit? Hierzu sind in den nächsten Kapiteln Indikatoren entwickelt - vgl 2.4.7.

Abgesehen von der statistischen Entscheidung ist zu fragen, wann überhaupt mit einem nichtlinearen Funktionstyp zu arbeiten ist. Welche Vorteile bietet er?

- Linearisierung ist nicht immer möglich.

- Linearisierung kann zu großen Fehlern führen.

- Es wird beim nichtlinearen Funktionstyp mehr Information verwertet.

Bei Verwendung nichtlinearer Funktionen wird nicht nur grob der Verlauf eines Zusammenhangs zwischen zwei oder mehr Variablen beschrieben. Vielmehr sind auch Abweichungen in bestimmten Intervallen zu erkennen. Maxima und Minima, lokale und absolute werden deutlich. Dies ist gerade aus ökonomischer Sicht bedeutsam, da die ökonomische Theorie häufig die Optimierung einer Größe als Zielsetzung formuliert. Im linearen Ansatz wird das Optimierungsziel nur an den Rändern erreicht. Die Schätzung linearer Funktionen bedeutet bisweilen ein Schätzen mit der Brechstange – unverbiegbarer Stab -, während über die nichtlineare Schätzung eine Feinabstimmung vorgenommen wird, die stark sensitiv auf Datenänderungen reagieren kann. Lineare Schätzungen sind demgegenüber robuster.

1.3.6 Störgrößen

Obwohl an verschiedenen Stelle schon über Schätzung eines ökonometrischen Ansatzes gesprochen wurde, ist in diesem Grundlagenkapitel bisher das ökonometrische Modell noch gar nicht vollständig spezifiziert. Es fehlt an einer Störgröße (u), die im Gegensatz zum ökonomischen Modell wesentlicher Bestandteil ist. Ähnliches ist in der Physik zu finden. Während die klassische Physik von deterministischen Zusammenhängen ausgeht, basiert die Quantenmechnik auf einem stochastischen Kalkül. Albert Einstein konnte sich Zeit seines Lebens nicht damit abfinden und wetterte gegen die Quantenmechanik mit den völlig unphysikalischen Worten: "Gott würfelt nicht". Da Einstein dies immer wiederholte, wurde es Niels Bohr irgendwann zu viel und er erwiderte aufgebracht: "Albert, hör endlich auf, Gott vorzuschreiben, was er zu tun hat".

Zurück zur empirischen Wirtschaftsforschung und zur Störgröße: In der einfachsten Form eines linearen Zweivariablenmodells lässt sich der Unterschied zwischen einem ökonomischen und einem ökonometrischen Modell formal wie folgt beschreiben

$$y = a + bx \quad \text{(ökonomisches Modell)}$$
$$y = a + bx + u \quad \text{(ökonometrisches Modell)}.$$

Warum benötigt der ökonometrische Ansatz eine Störgröße, nicht jedoch der ökonomische Ansatz? Wenn das postulierte Modell – gleichgültig ob linear oder nichtlinear – die Entwicklung der zu erklärenden Variablen y nicht hundertprozentig beschreibt, wohl aber den wesentlichen Wirkungsmechanismus, dann sind die Auswirkungen aus theoretischer Sicht vernachlässigbar. Die Realität wird zwar nicht vollständig abgebildet, aber das kann und soll nicht Aufgabe der Theorie sein. Die Ökonometrie mit ihren Anwendungen in der empirischen Wirtschaftsforschung kann zwar auch nicht alle irgendwie gearteten Einflüsse auf y explizit aufdecken, aber sie kann den auch noch so kleinen Effekt nicht einfach ignorieren. Anders ausgedrückt, die Realität kümmert sich nicht darum, ob die Theorie richtig, falsch oder ungenau ist, die reale Welt wirkt in all ihren Facetten auf die Daten, die wir erheben. Da aber ohne Daten keine angewandte Ökonometrie zu betreiben ist, muss die Modellungenauigkeit gegenüber den beobachteten y-Werten durch eine Restgröße zum Ausgleich gebracht werden, wenn nicht mit Ungleichheitsmodellen gearbeitet werden soll. Die Existenz der Rest- oder Störgröße u kann verschiedene Ursachen haben. In grober Unterteilung ist u auf

- nicht beobachtbare Größen
- Fehler jeglicher Art

zurückzuführen. Wenn man so will, können die nicht beobachtbaren oder auch nur nicht beobachteten Größen ebenfalls als Fehler, und zwar als Datenfehler, verstanden werden. Aussagefähiger wird das Ganze, wenn die möglichen Fehler detaillierter beschrieben und aufgegliedert werden. Dann lässt sich erst sagen, ob diese Fehler vermeidbar, schwer vermeidbar oder gar nicht vermeidbar sind. Anliegen ist, u möglichst klein zu halten, denn, das sollte bereits hier offensichtlich sein, andernfalls bildet das Modell den erwarteten Zusammenhang nur schlecht ab und eine Prognose bleibt unzuverlässig. Vollständig vermeiden lassen sich Fehler nicht, aber systematische Fehler sollten ausgeschaltet sein. Um mit der verbleibenden Unsicherheit arbeiten zu können, werden Annahmen über u gemacht, die darauf abzielen, dass der Fehler im Durchschnitt verschwindet und dass die Wahrscheinlichkeit für einen individuell großen Fehler gering ist. Formal läuft dies im Kern darauf hinaus, dass der Erwartungswert von u Null ist und dass u normalverteilt ist. Da die Normalverteilung durch die beiden Parameter $E(u) = \mu$ als Erwartungswert und $V(u) = \sigma^2$ als Varianz charakterisiert ist, lassen sich die **Annahmen** über u durch

$$u \sim N(\mu, \sigma^2) = N(0, \sigma^2)$$

darstellen. Zweifel kommen auf, ob diese Annahmen in jedem Fall aufrecht zu erhalten sind. Angenommen, ein nichtlinearer Ansatz habe die folgende Gestalt

$$y = e^{b_0} x^{b_1} e^u,$$

dann kann $E(e^u)$ sicher nicht Null sein, da sonst y im Durchschnitt immer Null sein müsste, ein wenig realistischer Fall. Als naheliegende Revision bietet sich

$$E(e^u) = 1$$

an, denn das heißt, im Durchschnitt ist das Modell korrekt, unbeeinflusst von der Störgröße. Eine Schwierigkeit ergibt sich dann allerdings, wenn das nichtlineare Modell linearisiert wird

$$lny = b_o + b_1 lnx + u.$$

Dann müsste $E(u) = 0$ gelten, um im Rahmen der üblichen Annahmen zu bleiben. Diese Vermutung kann jedoch nicht aufrechterhalten werden. Die **Jensensche Ungleichung**, demonstriert anhand der folgenden Graphik,

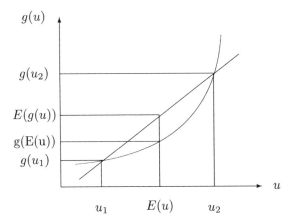

besagt, dass bei einer konvexen Funktion $g(u)$ im Wertebereich (u_1, u_2), bezogen auf den Ursprung,

$$E(g(u)) > g(E(u))$$

gilt. Da e^u eine konvexe Funktion ist, folgt für das betrachtete Modell

$$E(e^u) = 1 \quad \to \quad lnE(e^u) = ln1 = 0 \quad \searrow$$
$$e^{E(u)} \quad \to \quad lne^{E(u)} = E(u) \quad \nearrow \quad 0 > E(u)$$

Wenn also im Ursprungsmodell $E(e^u) = 1$ gesetzt wird, dann muss $E(u) \neq 0$ sein. Konsequenz wäre damit, den nichtlinearen Ansatz direkt zu schätzen und nicht den Weg über die Logarithmierung in Verbindung mit einer linearen Schätzung zu gehen. Alternativ kann der loglineare Ansatz das zu schätzende Modell sein. Dann sollte jedoch kein Rückschluss auf die dazugehörige nichtlineare Beziehung erfolgen.

Anhand spezieller **Fehlerarten** soll die Notwendigkeit, eine Störgröße in ein ökonometrisches Modell einzuführen, erläutert werden:

(i) **Zufallsfehler**

Dies ist die klassische Begründung für einen Störterm. Und vielfach wird explizit oder implizit davon ausgegangen, dass Störgrößen allein zufallsbedingte Restgrößen sind. Es gibt demnach Abweichungen von dem Modellansatz, die sich systematisch nicht erklären lassen. Zum Teil wird dies auch mit weißem Rauschen bezeichnet. Jeder ist beim Einkaufen schon in die Situation gekommen. Wie aus heiterem Himmel entschließen Sie sich, eine CD oder etwas anderes zu kaufen. Werden Sie gefragt: Was war der Grund? Dann lautet die Antwort: Das war ein Spontankauf. Die Auslage des Geschäftes, das ich ständig besuche, hat sich nicht verändert. Es bestand nicht einmal vorher der Wunsch, diese CD zu kaufen. Den einen überkommen solche Eingebungen häufiger, bei dem anderen ist das äußerst selten. Dem empirischen Wirtschaftsforscher bleibt nur die Möglichkeit, eine statistische Verteilung für die Häufigkeit dieser Handlungen zu unterstellen.

(ii) **Theoriefehler**

a) Wichtige Einflüsse bleiben unberücksichtigt.

Soll z.B. eine Importfunktion geschätzt werden und werden die Importe y nur in Abhängigkeit vom Bruttosozialprodukt x modelliert, tatsächlich wirkt sich aber auch der EURO-Kurs z gegenüber dem Dollar auf die Importe aus, dann verschwindet der Einfluss von z auf y nicht, denn das wahre Modell ist

$$y = a + bx + cz.$$

Vielmehr geht cz mit c als konstantem Parameter in die Störgröße des Beobachtungsmodells (Arbeitsmodell) ein ($u = cz$)

$$y = a + bx + u.$$

b) Falsche Einflussgrößen werden aufgenommen.

Angenommen, es wird vermutet, das Geschlecht q hat einen Einfluss auf die Abiturnote y. Tatsächlich ist das aber nicht der Fall, dann beinhaltet das Beobachtungsmodell

$$y = a + bx + cq + u,$$

dass durch die Störgröße u der scheinbare Einfluss cq wieder abzuziehen ist

$$u = -cq,$$

während das wahre Modell

$$y = a + bx$$

lautet. Ein durchaus richtiger Einwand gegen diese Begründung könnte sein, wenn es im Durchschnitt keinen Unterschied macht, ob wir die Abiturnote eines Schülers oder einer Schülerin betrachten, dann sollte sich c=0 ergeben. Liegt einer Untersuchung nur eine Stichprobe zugrunde, dann sind jedoch zufällige Abweichungen von c=0 zu erwarten.

c) Es wird davon ausgegangen, dass Einflüsse stabil in ihrer Wirkung sind, obwohl sie tatsächlich (starken) Schwankungen unterliegen.

Die traditionelle Humankapitaltheorie argumentiert, ein zusätzliches Schuljahr $\Delta x = 1$ hat eine konstante marginale Ertragsrate $\bar{b}$ hinsichtlich des Einkommens y zur Folge. Diese Behauptung ist jedoch in Zweifel zu ziehen. Die Ertragsrate variiert interindividuell. Schwanken die Abweichungen w zufällig um die durchschnittliche Ertragsrate, dann enthält der Störterm u des fehlerhaften Arbeitsmodells

$$y = a + \bar{b}x + u$$

den individuell bedingten, durch Schulbildung x induzierten, aber zufällig schwankenden Teil des Einkommens wx

$$u = wx.$$

Das wahre Modell lautet

$$y = a + (\bar{b} + w)x.$$

(iii) **Modellfehler**

a) Falscher Funktionstyp

Wird der Lohn pro Beschäftigten y in einem Unternehmen in Abhängigkeit von der Betriebsgröße x modelliert, tatsächlich ist der Zusammenhang aber nichtlinear, und zwar $ln(1+x)$, dann enthält das Arbeitsmodell

$$y = a + bx + u$$

einen Funktionstypfehler gegenüber dem wahren Modell

$$y = a + b \cdot ln(1+x).$$

In die Störgröße des falschen Modells mit

$$u = (-\frac{x^2}{2} + \frac{x^3}{3} - \frac{x^4}{4}...) \cdot b$$

gehen die nichtlinearen Elemente von $ln(1+x)$ ein

$$ln(1+x) = x - \frac{x^2}{2} + \frac{x^3}{3} - \frac{x^4}{4} + ...$$

b) Unterdrückte Beziehungen

Soll die Wachstumsrate des Geldlohns y in Abhängigkeit von der Inflation x (Wachstumsrate des Preis(index)es) geschätzt werden

$$y = a + bx,$$

dann müsste die Bestimmungsgleichung der Inflation, z.B.

$$x = c_0 + c_1 y + c_2 i + c_3 z$$

mit z als Wachstumsrate des Bruttosozialproduktes und i als Zins berücksichtigt werden, vor allem wenn y eine Determinante von x ist. Bleibt diese Beziehung jedoch unterdrückt, dann folgt für das Arbeitsmodell

$$y = \frac{a}{1-c_1 b} + \frac{b}{1-c_1 b} x + \frac{1}{1-c_1 b}(-bx + b(c_0 + c_2 i + c_3 z)) =: \tilde{a} + \tilde{b} x + u.$$

(iv) **Messfehler**

Werden Mitarbeiter eines Betriebes nach der Zahl der Beschäftigten in ihrem Unternehmen befragt, so sind die Antworten häufig aufgrund von Unkenntnis fehlerbehaftet. Einige nennen eine zu große und andere eine zu kleine Zahl. Wenn x die wahre Größe und $\tilde{x} = x + \epsilon$ die gegebenen Antwort (beobachtete Größe) ist, dann wird bei der Bestimmung des Zusammenhangs zwischen einer Variblen y, die hier als korrekt gemessen angenommen wird, und der Betriebsgröße x nicht

$$y = a + bx$$

(wahre Beziehung), sondern

$$y = a + b\tilde{x} + u$$

(beobachtete Beziehung) geschätzt, wobei $u = -b\epsilon$.

(v) **Aggregationsfehler**

Der gesamtwirtschaftliche Konsum setzt sich aus dem Konsum einzelner Individuen zusammen. Somit sollte sich auch eine gesamtwirtschaftliche Konsumfunktion

(1) $C = a + bY$

über Aggregation aus den individuellen Konsumfunktionen

$$C_i = a_i + b_i Y_i, \quad i = 1...n$$

bilden lassen. Unter Verwendung von $C = \sum_i C_i$ und $Y = \sum_i Y_i$ ergibt sich

(2) $C = \sum_{i=1}^{n} a_i + \sum_{i=1}^{n} b_i Y_i$.

Nur wenn

(3) $a = \sum_{i=1}^{n} a_i =: \tilde{a}$

(4) $b = \frac{1}{Y} \sum_{i=1}^{n} b_i Y_i =: \tilde{b}$

Gültigkeit besitzen, folgt (1)=(2). Bei (3) bestehen keine Bedenken. Der gesamtwirtschaftliche Basiskonsum ist die Summe aus dem Basiskonsum aller Individuen. Dagegen wird (4) üblicherweise nicht erfüllt sein. Bedingungen dafür, dass (4) aufrechtzuerhalten ist, sind

(5) $b = b_i \quad \forall i$ oder

(6) $\frac{Y_i}{Y} = \frac{1}{n} \quad \forall i$.

Inhaltlich bedeutet (5), dass alle Individuen die gleiche marginale Konsumneigung besitzen. Wenn alle das gleiche Einkommen beziehen, folgt (6). Dann entspricht $b = \frac{1}{n} \sum b_i$ der durchschnittlichen marginalen Konsumneigung aller Individuen. Ist (4) verletzt, entsteht ein Aggregationsfehler. In diesem Fall ist in das Beobachtungsmodell (1) einer gesamtwirtschaftlichen Konsumfunktion eine Störgröße einzuführen, wenn sich die „wahre" gesamtwirtschaftliche Konsumfunktion über Aggregation aufgrund von (2) ergibt:

(1a) $C = a + bY + u$.

Die Störgröße u erfasst den Aggregationsfehler, d.h. $u = \sum b_i Y_i - bY$.

(vi) **Methodenfehler**

Interessiert man sich dafür, wie stark die Entwicklung der allgemeinen Preissteigerungsrate in Europa (y) von der durchschnittlichen Arbeitslosenquote in Europa (x) abhängt, dann müssen auch andere Bestimmungsgrößen von y berücksichtigt werden. Unter anderem spielen psychologische Faktoren (z) eine Rolle, die z.B. in einer speziellen Situation zu einer pessimistischen Einschätzung führen. Da sich diese Faktoren nur schwer quantitativ erfassen lassen, ist man geneigt, sie bei einer empirischen Untersuchung unberücksichtigt zu lassen. Dies ist unschädlich für die Bestimmung des Einflusses von x auf y, wenn z und x keinen Zusammenhang aufweisen. Dann ist nur einfach der z-Effekt Bestandteil von u - vgl. Theoriefehler ((ii), a)). In anderen Fällen wirkt sich jedoch z auch auf b aus. Wenn das wahre Modell

$$y = a + bx + cz$$

lautet, dann ist bei Korrelation zwischen x und z die Schätzung von b nicht korrekt, falls übliche Verfahren verwendet werden, die diese Beziehung vernachlässigen. Die Differenz zwischen wahrem x-Effekt (bx) und verschmutztem Effekt $(\tilde{b}x)$ geht in die Störgröße ein. Das Schätzmodell ist dann

$$y = a + \tilde{b}x + u,$$

wobei

$$u = cz + (b - \tilde{b})x.$$

In den meisten Fällen wird sich die Störgröße aus mehreren Elementen zusammensetzen. Ein Teil ist üblicherweise ein reiner Zufallsterm.

Literaturhinweise:
Fragen der Modellspezifikation werden in allen Textbüchern zur Ökonometrie und zur empirischen Wirtschaftsforschung behandelt. Meist geschieht dies jedoch erst, wenn das grundlegende Modell bereits voll entwickelt ist und dann folgen stärker methodische als inhaltliche Ausführungen. Einführenden Charakter zur Modellspezifikation besitzen die Darstellungen in Hübler (1989, Kapitel 2), Studenmund (2000, Chapter 6+7) und Wooldridge (2000, Chapter 6).

1.4 Daten

Wenn aus theoretischen und grundsätzlichen Überlegungen die Modellspezifikation in allgemeiner Form abgeschlossen ist, wenn klar ist, welche Variablen wie gemessen Eingang in eine empirische Untersuchung finden sollen, muss dieses Abstraktum mit Leben gefüllt werden, bevor an die Schätzung zu gehen ist. Der Praktiker ruft nach Daten. Einerseits müssen hierfür bestimmte Anforderungen erfüllt sein und andererseits führen Beschränkungen bei den Daten gegebenenfalls zu einer Revision der idealtypischen Modellspezifikation.

1.4.1 Anforderungen

Von Daten wird gefordert, dass sie drei Bedingungen erfüllen:

(1) Objektivität
(2) Reliabilität
(3) Validität

Diese Begriffe lassen sich inhaltlich wie folgt ausfüllen:

- Die Daten sollen intersubjektiv nachprüfbar sein.

- Unter gleichen Rahmenbedingungen soll der gleiche Messwert resultieren.

- Die Beobachtungen messen, was sie messen sollen.

So einfach sich die Forderungen zunächst anhören, so schwierig ist dies jedoch häufig im Einzelnen umzusetzen, wie die nachstehenden Überlegungen zeigen.

Objektivität. Gefordert wird, dass die erfassten Werte der einzelnen Beobachtungsträger unabhängig vom Erhebungsverfahren, von der Person des Interviewers sind. Die Variablendefinition muss präzise sein. Es darf kein Interpretationsspielraum bestehen, weder für die befragte Person noch für denjenigen, der fragt.

Beispiel: Lohnsatz

Dieses Merkmal ist zu ungenau umschrieben. Es kann unter anderem folgendes bedeuten:
• vereinbarter Lohnsatz pro Stunde (Tariflohn)
• effektiver Lohnsatz unter Einbeziehung von Sonderzahlungen, der übertariflichen Entlohnung, der Aufschläge für Überstunden. ⋄

BEISPIEL: Lohnstückkosten

Informationsdienst des Instituts der deutschen Wirtschaft - iwd 40/2000: Im internationalen Vergleich nehmen die westdeutschen Lohnstückkosten nach wie vor eine Spitzenposition ein. In den übrigen Industrieländern war das Lohnstückkosten-Niveau 1999 durchschnittlich um 8 Prozent niedriger als in den alten Bundesländern. Allerdings konnte das Verarbeitende Gewerbe in Westdeutschland gegenüber der ausländischen Konkurrenz zuletzt ein wenig Boden gutmachen. Dies hat die Industrie auch der Euro-Schwäche zu verdanken.

Lohnstückkosten 1999 Westdeutschland = 100	
Norwegen	113
Vereinigtes Königreich	107
Westdeutschland	100
Italien	100
Dänemark	99
Schweden	99
Belgien	91
USA	90
Japan	90
Niederlande	84
Frankreich	84
Kanada	84

Lohnstückkosten: im Verarbeitenden Gewerbe in Preisen und Wechselkursen von 1999;

Ursprungsdaten: U.S. Department of Labor, OECD, Deutsche Bundesbank

Deutscher Gewerkschaftsbund – Informationen zur Wirtschafts- und Strukturpolitik 02/2001: Regelmäßig rechnet das Arbeitgeberinstitut der deutschen Wirtschaft (IW) der Öffentlichkeit vor, Deutschland sei "**Lohnkostenweltmeister**". ... Internationale Lohnkostenvergleiche sind sinnvoll nur als Lohnstückkosten-Vergleiche.

Nominale Lohnstückkosten in jeweiliger Landeswährung 1980 bis 2000 Anstieg in v.H. in Ecu/Euro	
EU-15	99,3
USA	76,8
Westdeutschland	42,1
Japan	23,1

Die Tabelle zeigt, dass Westdeutschland mit einem Anstieg der Lohnstückkosten von 1980 bis 2000 von 42,1 Prozent vor Japan an vorletzter Stelle liegt. ··· Die Lohnstückkostenentwicklung Westdeutschlands ist unterdurchschnittlich.

Das voranstehende Beispiel verdeutlicht, selbst wenn ein vergleichsweise genau definierter Begriff wie Lohnstückkosten verwendet wird, kann das Ergebnis und die daraus resultierende Interpretation sehr unterschiedlich ausfallen.

Reliabilität. Wann liegen gleiche Rahmenbedingungen vor? Diese Frage ist nicht leicht zu beantworten. Je genauer die Bedingungen angegeben werden, um so weniger besteht die Gefahr, dass sich bei Messwiederholung ein anderer Wert ergibt, um so schlechter sind aber die Möglichkeiten, Messwiederholungen durchzuführen, da sich das wirtschaftliche Umfeld ständig verändert. Die empirische Wirtschaftsforschung muss daher dem Prinzip des mittleren Weges folgen, auch wenn häufig die Volksweisheit zu finden ist: „In der größten Not bringt der Mittelweg den Tod". Einerseits darf der Rahmen nicht zu eng gewählt werden, andernfalls landet man bei der Einzelfallbetrachtung oder es stehen nur wenige Beobachtungen zur Verfügung, die nahezu vollständig identisch sind. Ohne Variabilität sind empirisch-ökonometrische Untersuchungen aber wertlos. Andererseits darf der Rahmen nicht zu weit gesteckt werden, da sonst Dinge miteinander verglichen werden, die nicht vergleichbar sind. Wer glaubt, Zeitreihen über hundert Jahre für eine gemeinsame Auswertung sinnvoll nutzen zu können, der vergisst, dass das Umfeld im Jahre 1900 komplett von dem im Jahre 2000 abweicht. Ebenso sollten nicht, wie dies vor allem bei empirischen Wachstumsanalysen gängige Praxis ist, Beobachtungen aus Ländern mit einem völlig unterschiedlichen Entwicklungsstand für eine Untersuchung herangezogen werden. Die USA und Somalia z.B. haben so wenig gemeinsam, dass die Suche nach systematischen Entwicklungsfaktoren, die für beide Volkswirtschaften bedeutsam sein könnten, wenig erfolgversprechend ist.

Validität. Die Theorie, die Grundlage empirischer Modelle ist, entwickelt häufig Begriffe, die aus modelltheoretischer Sicht sehr viel zur Klärung von Zusammenhängen beitragen, für die jedoch in der Empirie nichts Analoges zu finden ist. Man spricht dann von einem **Konstrukt**.

Beispiele:

Intelligenz, Erwartungen, Warenkorb, Managementfähigkeiten, Kernkompetenzen, optimale Betriebsgröße, technischer Fortschritt, NAIRU, New Economy. ◇

Das Problem besteht zunächst darin, dass nicht alle unter diesen Begriffen das Gleiche verstehen. New Economy ist für die einen ein Synonym für den Hochtechnologiesektor oder die Börsenperformance von Internetfirmen. Andere bezeichnen schlicht die seit Jahren diskutierte Informationstechnologie als New Economy. Und für wieder andere steht der Begriff für einen vom informations- und telekommunikationstechnischen Fortschritt beschleunigten Anstieg der Arbeitsproduktivität. Selbst wenn hier Einigkeit besteht, ist damit noch keine eindeutige Regel für die Messung, oder anders ausgedrückt, für die **Operationalisierung** des Konstruktes bei empirischen Untersuchungen gegeben. Notwendig sind Merkmale, die empirisch erfassbar sind und dem Konstrukt sehr nahe kommen (Proxies).

Beispiel: Konstrukt ⇒ Operationalisierung

Technischer Fortschritt → Produktivitätssteigerung
→ Ausgaben für Nettoinvestitionen
→ Zahl der Patente
→ F&E-Ausgaben
→ Zeitvariable ⋄

Wünschenswert ist, dass das Konstrukt (K) und die Operationalisierung (O) übereinstimmen - $K = O$. Wenn dies nicht möglich ist, dann folgt hieraus eine weitere Begründung für die Einführung von Störgrößen in ökonometrischen Modellen, vorausgesetzt das Konstrukt spiegelt die Realität wider. Aufgrund von Messproblemen findet sich keine vollständige Entsprechung des Konstruktes bei der Operationalisierung. Man kann auch argumentieren, es handelt sich um einen Unterfall von Messfehlern, der für die Entstehung von Störgrößen verantwortlich ist. Wenn $K \neq O$, dann wird zumindest gefordert: $K \cap O \neq \emptyset$. Möglich ist häufig nur $K \subset O$ oder $O \subset K$. Hieraus ergeben sich als Unterfälle:

-Operationalisierung und Konstrukt haben eine gemeinsame Schnittmenge

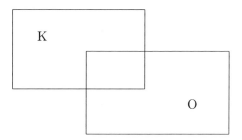

- Die Operationalisierung ist Teil des Konstruktes

1.4 Daten

- Die Operationalisierung enthält das Konstrukt

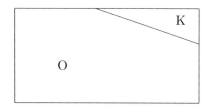

Bei den beiden Hauptmöglichkeiten, Konstrukte zu operationalisieren, liegen jedoch keine gemeinsamen Schnittmengen vor:
- Ursachen des Konstruktes
- Wirkungen des Konstruktes.

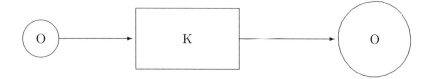

1.4.2 Datengewinnung

Vor jeder Datengewinnung für eine empirische Untersuchung sind verschiedene Entscheidungen zu treffen:

- Wie sollen die Daten erhoben werden?
- Wer ist der Beobachtungsträger – Individuum, Haushalt, Betrieb, Unternehmen, regionale Einheit, sektorale Einheit? Wo sind die Informationen zu gewinnen?
- Wie viele Beobachtungen werden benötigt?
- Sind aggregierte oder disaggregierte Daten heranzuziehen?
- Reicht sekundäres Datenmaterial oder ist eine originäre Erhebung durchzuführen?
- Sind amtliche oder nichtamtliche Daten auszuwerten?
- Sollten experimentelle oder nichtexperimentelle Daten erhoben werden?
- Reicht es, wenn Daten simuliert werden?
- Erscheinen Zeitreihendaten oder Querschnittsdaten oder kombinierte Daten für das Untersuchungsziel am geeignetsten?

Diese Fragen werden auf Grundlage der inhaltlichen Zielsetzung, der Theorie, der Modellspezifikation, der Erhebungskosten und unter dem Aspekt der Verfügbarkeit entschieden. Bei der Wahl der zu befragenden Person ist zu beachten, wer am besten die gewünschten Informationen liefern kann. Bisweilen mag es sinnvoll sein, bei zwei unterschiedlichen Quellen die gleichen Angaben zu erheben, um daraus auf Fehlerpotentiale zu schließen.

Beispiel: Wohnsituation in Deutschland

Befragt werden können Heiminsassen, Untermieter, Mieter, Immobilienverwalter, Eigentümer, Mieterverbände, Interessenverbände der Vermieter. Der Informationsstand schwankt ebenso wie die Interessenslage. Vermieter schätzen ihre Immobilien im allgemeiner vorteilhafter ein als die Mieter, erachten die Miete, gemessen am Wert, als zu niedrig. Bei der Frage nach der tatsächlichen Miete sollten sich die gleichen Antworten ergeben. Aber selbst hier treten Abweichungen auf. Nebenkosten, die vom Mieter zu tragen sind, werden bei Vermieter nicht berücksichtigt, wohl aber beim Mieter. ⋄

Erhobene, experimentelle und simulierte Daten. Die Gewinnung von Informationen, von Daten, kann auf sehr unterschiedliche Art erfolgen. Insbesondere drei Typen sind von Bedeutung:

- Erhebung der Daten aus bereits realisierten Ereignissen
- Gewinnung der Daten über die Durchführung von Experimenten
- Gewinnung künstlicher Daten über Simulation in Verbindung mit Modellen und statistischen Annahmen.

Die traditionelle und am häufigsten genutzte Form der Datengewinnung in der empirischen Wirtschaftsforschung ist die Erhebung. Dies bedeutet, die Entstehung der Daten wird durch die Erhebung nicht beeinflusst. Mit Hilfe statistisch-ökonometrischer Methoden kann dann die simultane Wirkungsweise verschiedener Einflussfaktoren analysiert werden. Damit ist sowohl ein Vorteil als auch ein Nachteil verbunden. Der Vorteil besteht darin, dass alle in der Realität wirksamen Faktoren auch in die erhobenen Daten eingehen, dass die Realität nicht im Sinne der Theorie zurechtgebogen wird. Dies ist in vielen Fällen aber auch ein Nachteil. Wenn empirisch überprüft werden soll, ob eine Theorie richtig ist, dann sollte auch das von der Theorie unterstellte Umfeld Gültigkeit besitzen. Andernfalls bleibt unklar, ob eine Inkompatibilität von Theorie und Empirie tatsächlich auf eine fehlerhafte Theorie zurückzuführen ist oder das Umfeld ein anderes ist. Ebenso ist es möglich, dass ein scheinbarer Beleg für eine Theorie durch die abweichenden Rahmenbedingungen im Modell und in der Realität geliefert wird, ein zugegebenermaßen weniger häufig zu erwartender Fall. Hier können Experimente, Simulationen und Kalibrierung helfen.

Experimente sind aus den Naturwissenschaften und der Medizin bekannt. Ausgehend von einem theoretisch spezifizierten Modell kommt es zu kontrollierten Experimenten. Unter Laborbedingungen wird eine Reihe an Einflüsse wie Luftdruck, Temperatur, Luftfeuchtigkeit konstant gehalten, um dann zu überprüfen, wie sich bei Variation einer oder ganz weniger Variablen eine Zielgröße verändert. Die Versuchsanordnung kann für alternative Rahmenbedingungen wiederholt werden. Klinische Studien in der Medizin überprüfen die Wirksamkeit neu entwickelter Medikamente, indem eine Anzahl potentieller Probanden zufallsmäßig aufgeteilt wird in eine Versuchs- und eine Kontrollgruppe. Die erste Gruppe erhält das neue Medikament und die zweite Gruppe Placebos. Untersucht wird, ob sich systematische Unterschiede in Bezug auf Zielgrößen zeigen. In den Wirtschafts- und Sozialwissenschaften hat man lange geglaubt, derartige Experimente nicht durchführen zu können. Aus ethischen Erwägungen wurde dies abgelehnt. Aber auch aus finanziellen und praktischen Überlegungen werden Grenzen dieses Ansatzes in den Wirtschaftswissenschaften gesehen. Soll z.B. der Zinseffekt auf die Arbeitslosigkeit überprüft werden, der aus theoretischer Sicht umstritten ist, dann erscheint es, zumindest gegenwärtig, kaum denkbar, dass die Europäische Zentralbank allein unter dem Gesichtspunkt des Experiments Zinsen senkt und erhöht.

Der erste deutsche Nobelpreisträger der Wirtschaftswissenschaft Reinhard Selten plädiert durchaus dafür, über mikroökonomisches Verhalten durch sozialwissenschaftliche Experimente zu lernen und Erkenntnisse für die Theorie zu gewinnen. Der grundsätzliche Ansatz besteht darin zu vergleichen, ob sich die Marktteilnehmer so verhalten, wie es aufgrund von Modellbedingungen abgeleitet wird. Den Experimentteilnehmer werden die Rahmenbedingungen des Modells mitgeteilt und dann wird gefragt, wie sich verhielten, wenn die Variablen, die nach den Modellvorstellungen das Verhalten determinieren, bestimmte Werte annehmen. In den nächsten Spielrunden wird dann das Ergebnis aller Teilnehmer aus der ersten Runde mitgeteilt und Anpassungen im Verhalten sind möglich. Auf diesem Weg kann die Dynamik des Verhaltens erfasst werden. Der Vorteil ist klar: Die Rahmenbedingungen unterliegen der Kontrolle. Es werden weder aggregierte Variablen verwendet, bei denen unklar ist, ob sie ausschließlich verhaltensbedingt sind oder die Aufteilung in homogene Gruppen das Ergebnis wesentlich beeinflusst. Noch werden individuelle Verhaltensweisen in Abhängigkeit von mehr oder weniger variierenden unbekannten Neben- und Rahmenbedingungen beeinflusst. Probleme ergeben sich daraus, dass Unsicherheit darüber besteht, ob sich die Teilnehmer in realen Situationen ebenso wie in Experimentsituationen verhalten.

Die dritte Säule der Datengewinnung ist die Simulation. Ausgehend von Annahmen über die statistische Verteilung ökonomischer Bestimmungsgrößen $x = (x_1, x_2, ..., x_K)$ einschließlich ihrer charakterisierenden Parameter werden aufgrund einer Zufallsziehung Werte für eine vorgegebene Anzahl an Beobachtungsträger gewonnen. Der nächste Schritt besteht darin, die zu erklärende Variable y zu erzeugen. Ein theoretisches Modell, das erklärt, wie aus x die endogene Variable entsteht, dient als Grundlage. Um y numerisch zu erzeugen, bedarf es der Annahme über den numerischen Einfluss von x_k für alle k auf y. Da die Theorie hierzu meist wenig sagen kann, erfolgt die Kalibrierung der Koeffizienten anhand verfügbarer empirischer Informationen. Kalibrierung ist ein allgemeiner Ansatz im Bereich der makroökonomischen Analyse zur Festlegung von Parametern, die mit realen Erfahrungen vereinbar sind.Verwendet werden können Durchschnittswerte historisch ermittelter Daten, die sich über einen längeren Zeitraum als stabil erwiesen haben oder Werte, Koeffizienten, die aus Schätzungen mikroökonomischer Studien bekannt sind. Neben der Festlegung der Parameter muss die Verteilung der Störgröße u mit den notwendigen Parametern spezifiziert werden, so dass u_i für alle i ebenfalls über eine Zufallsstichprobe zu bestimmen ist. Aus der dann verfügbaren Information lässt sich y_i für alle i bestimmen. Die eigentliche Aufgabe, die sonst die empirische Wirtschaftsforschung zu leisten hat, Koeffizienten zu schätzen, ist von nachrangiger Bedeutung, da die Effekte vorgegeben sind. Wohl aber kann bei Vorliegen alternativer Schätzverfahren geprüft werden, welches Verfahren die vorgegebenen Koeffizienten am besten reproduziert. Und diese Prüfung lässt sich nur mit simulierten Daten durchführen.

Der Nachteil simulierter Daten ist offensichtlich. Aussagen über die Güte der Schätzverfahren sind genau genommen nur für spezielle Spezifikationen zulässig. Daher wird man auf ein solches Vorgehen nur ausweichen, wenn sich analytisch keine oder nur asymptotische Eigenschaften der Schätzverfahren ableiten lassen. Eine größere Nähe zu realen Situationen kann dadurch erzielt werden, dass für die erklärenden Variablen x tatsächliche Beobachtungen verwendet werden und nur die Störgröße simuliert wird sowie die Parameter kalibriert oder aus vorläufigen Schätzungen übernommen werden. Dann lässt sich jedoch nichts mehr über den Einfluss der Verteilung der exogenen Variablen auf die Güte der Schätzverfahren aussagen. Häufig erfolgt die Kalibrierung in mehreren Runden. Wenn sich nach der ersten Simulationsrunde herausstellt, dass die simulierten Zeitreihen nicht in der Nähe der beobachteten Zeitreihen liegen und aus Simulation errechnete Indikatoren (Momente) von den beobachteten abweichen, dann erfolgt solange eine Modellanpassung und eine Veränderung der Parameter, bis simulierte und beobachtete Werte kompatibel sind (Kennedy 1998, S.9; Pagan 1998). Ökonometriker stehen diesem Verfahren jedoch häufig skeptisch gegenüber, da zu wenig die Qualität des Outputs betont wird, da die empirischen Grundlagen nicht sicher sind (Hansen und Heckman 1996).

Erhebungsart. Bei der Art der Erhebung ist zwischen Interview, telefonischer und schriftlicher Befragung zu trennen. In aufsteigender Reihenfolge nehmen die Erhebungskosten und die Qualität der Daten ab. Bei der schriftlichen Befragung ist die Rücklaufquote deutlich geringer als bei den anderen beiden Befragungsarten. Dem könnte durch eine größere Bruttostichprobe begegnet werden. Wenn am Ende die gewünschte Zahl an verwertbaren Fragebögen herauskommt, sollte dieser Weg gangbar sein, vorausgesetzt die Erhebungskosten steigen nicht zu sehr. Davon ist nicht auszugehen. Das eigentliche Problem liegt vielmehr darin, dass sich die Personen, die nicht antworten, systematisch von denen unterscheiden, die antworten. Insofern wäre jeder Schluss auf die Gesamtheit gewagt.

Beispiel: Einkommen

Es ist aus vielen Untersuchungen bekannt, dass Personen mit niedrigem und Personen mit hohem Einkommen unterproportional häufig antworten, wenn Fragen nach dem Einkommen und Vermögen gestellt werden. Denen am unteren Ende der Skala ist es peinlich, die ungünstige eigene Lage zu offenbaren. Die am oberen Ende der Skala befürchten, dass die Angaben für andere Zwecke missbraucht werden und antworten deshalb nicht. Insbesondere in Deutschland sind hohe Einkommen immer noch ein eher verschweigenswerter Tatbestand. In den USA gilt hohes Einkommen als Zeichen eigener Leistung und wird daher gern präsentiert. Der Großteil der Beamten ist einerseits im mittleren Einkommensbereich angesiedelt und zeigt andererseits eine höhere Bereitschaft als andere, Fragebögen auszufüllen. Er betrachtet dies als Bürgerpflicht oder hat selbst schon Fragebögen auswerten müssen und sich geärgert, wenn viele fehlende Antworten registriert werden. ◇

Ein Interview kann nach einem fest vorgegebenen Fragebogen vorgehen oder sich nur an einem Leitfaden für die Befragung orientieren. Der Vorteil der zweiten Form besteht darin, dass der Interviewer mehr Freiheiten hat, sich nach den Interessen des Befragten zu richten. Dies fördert die Antwortbereitschaft. Als ungünstig erweist sich, dass meist nicht alle Fragen an alle gestellt werden. Bei einem festen Fragebogen sind die Rahmenbedingungen für die Erhebung bei allen befragten Personen gleich. In diesem Fall ist die Gefahr geringer, dass verzerrte Antworten zustandekommen, bedingt durch die Reihenfolge der Fragen. Insbesondere wenn es um Einschätzungen geht, bei denen die Antworten nicht reliabel sind, sondern je nach Stimmungslage und Informationsstand schwanken, ist dieser Aspekt bedeutsam und sollte nicht nur bei einer einmaligen Erhebung, sondern auch bei wiederholten Befragungen beachtet werden.

Beispiel: Arbeitsmarktmonitor (AMM)

Bei dem AMM, einer Paneldatenerhebung für Ostdeutschland, die im Juli 1990 gestartet und nach acht Wellen eingestellt wurde (Hübler 1997), enthielt jede Welle eine Frage nach der eigenen wirtschaftlichen Lage. In den meisten Befragungen war dies ganz am Anfang des Interviews. Nur in den Wellen 2 und 3 folgte diese Frage ziemlich am Ende, nachdem kurz zuvor das monatliche Nettoeinkommen genannt werden sollte. In diesem Fall wird sehr viel stärker als in den anderen Wellen die Verbindung zur absoluten Höhe des verfügbaren Einkommens hergestellt, so dass die Antwort auf die wirtschaftliche Lage verzerrt sein dürfte, d.h. nicht in allen Wellen wurde nach den gleichen Maßstäben beurteilt. ◇

Zeitreihen- und Querschnittsdaten. Zeitreihendaten sind vor allem zu verwenden, wenn es sich um Problemstellungen handelt, die auf kurzfristige (transitorische) oder längerfristige Entwicklungen bzw. dauerhafte (permanente) Änderungen abzielen. Querschnittsdaten ist dann der Vorzug zu geben, wenn aufgrund der Untersuchungen Unterschiede im Verhalten verschiedener Wirtschaftsubjekte oder -gruppen sowie systematische Zusammenhänge auf der Ebene der Wirtschaftsubjekte und nicht nur in aggregierter Form aufgedeckt werden sollen. In vielen Fällen ist es vorteilhaft, diese beiden Datentypen zu kombinieren.

Liegen Einzelbeobachtungen für Personen, Haushalte oder Betriebe vor, aber stammen diese nicht alle aus der gleichen Periode, dann kann einerseits eine Auswertung getrennt nach Perioden vorgenommen werden. Dies bietet die Möglichkeit, Verhaltensänderungen von Gruppen im Zeitablauf festzustellen. Andererseits lassen sich die Daten auch poolen, um sie für eine gemeinsame Auswertung zu nutzen. Die Zahl der Beobachtungen wird dadurch größer und dies führt zu einer erhöhten Effizienz der Schätzergebnisse. Der Vorteil gegenüber aggregierten Daten liegt auch in der breiteren Informationsbasis. Aus einer von einem Jahr gegenüber einem anderen Jahr unveränderten gesamtwirtschaftlichen Arbeitslosenquote (ALQ) ist nicht zu erkennen, ob es Strukturveränderungen gegeben hat. So kann sich die durchschnittliche Dauer der Erwerbslosigkeit erhöht haben bei gleichzeitiger Verringerung des Risikos, arbeitslos zu werden. Per saldo haben diese gegenläufigen Effekte ALQ möglicherweise überhaupt nicht berührt. Nur über Individualdaten sind Aussagen über die Entwicklung der Arbeitslosigkeitsdauer und des Arbeitslosigkeitsrisikos möglich. Zusätzliche Vorteile im Vergleich zu aggregierten Daten lassen sich erzielen, wenn **Paneldaten** vorliegen. Dies bedeutet die wiederholte Durchführung von Querschnittserhebungen mit denselben Beobachtungsträgern, zum gleichen Fragenkatalog für veränderbare Tatbestände. Panelerhebungen zum Merkmal "Geschlecht" sind überflüssig, da dies sich im Zeitablauf üblicherweise nicht ändert.

Demgegenüber unterliegt das Einkommen deutlichen Schwankungen. Ob diese Veränderungen personenbedingt sind oder dem allgemeinen Trend folgen, ist nicht immer sofort zu erkennen. Insbesondere bei den individuenspezifischen Einflüsse bestehen Schwierigkeiten, diese empirisch zu erheben. Sind sie jedoch zeitinvariant, unterliegen sie keinen Änderungen, dann lässt sich durch Differenzenbildung der Individualeinfluss eliminieren und es bleibt nur noch der Zeiteffekt.

Eine weitere Nutzungsmöglichkeit von Zeitreihen- und Querschnittsdaten besteht darin, zwei Effekte, die sich schwer isolieren lassen, dadurch zu bestimmen, dass der eine im Querschnitt und der andere im Zeitablauf bestimmt wird.

Beispiel: Nachfragefunktion

$$y = a_0 + a_1 x_1 + a_2 x_2 + u$$

wobei y - Umsätze, x_1 - Menge (Nachfrage-), x_2 - Preise. Wenn ein starker Zusammenhang zwischen x_1 und x_2 besteht, dann erzeugt dieser große Varianzen der Schätzfunktionen für die Koeffizienten – vgl. Kapitel 3.9.2. Zur Lösung dieses Problems können kombinierte Zeitreihen-und Querschnittsdaten dienen, indem der Effekt von x_1 auf y getrennt wird von dem, den x_2 auf y ausübt.

1. Schritt: Querschnittsanalyse

$$\hat{y}_i = \hat{b}_0 + \hat{b}_1 x_{1i}$$

wobei $i = 1...n$ - Güter, $\hat{b}_0$ und $\hat{b}_1$ die geschätzten Koeffizienten sind.

2. Schritt: Zeitreihendaten

$$\sum_{i=1}^n y_{it} - \hat{b}_1 \sum_{i=1}^n x_{1it} = z_t$$

Der Gesamtumsatz, bereinigt um die Mengeneinflüsse, wird in Abhängigkeit vom Preis bestimmt

$$\hat{z}_t = \hat{c}_0 + \hat{c}_1 x_{2t} \qquad t = 1...T$$

Um dieses Vorgehen sinnvoll einsetzen zu können, ist zu fordern, dass $a_1 \hat{=} b_1$ und $a_2 \hat{=} c_1$ gilt. Dies wird jedoch häufig nicht der Fall sein. Wenn im Querschnitt die Preise weitgehend konstant sind, dann lässt sich die getrennte Schätzung des Preis- und Mengeneffektes durch Zeitreihen- und Querschnittsdaten rechtfertigen. Ansonsten besteht folgendes Problem:

- Entweder der Zusammenhang zwischen x_1 und x_2 ist durch die unterschiedliche Datenbasis beseitigt, dann messen die Datenbasen aber etwas Unterschiedliches,
- oder der Zusammenhang bleibt erhalten, dann ist unklar, wie sich die Einflüsse in den Koeffizienten niederschlagen, ob nicht insbesondere im ersten Schritt bei der Mengeneffektsschätzung fehlerhafte Koeffizienten aufgrund einer nicht korrekten Spezifikation ermittelt werden, die dann auch negative Auswirkungen auf die zweite Schätzung haben. ◇

Über die bisher diskutierte kombinierte Datenbasis hinausgehend, lassen sich Erweiterungen in zweierlei Hinsicht vornehmen:

- Zeitdauerdaten
- kombinierte Individual- und Betriebsdaten

Im ersten Fall bedeutet dies mehr Information, da nicht nur bekannt ist, dass ein Ereignis wie Arbeitslosigkeit, Krankmeldung, Besitz eines Aktienpaketes oder Nutzung eines Computers vorliegt, sondern auch wie lange die Episode dauert. Erweitern lässt sich die Datenerhebung, indem immer wenn für eine Person ein Ereignis beginnt und endet, zeitvariable Merkmale neu erhoben werden. Auswertungen von Zeitdauerdaten ermöglichen eine tiefergehende Verlaufsanalyse als reine Paneldaten. Warum werden z.B. einige Wertpapiere lange und andere nur kurz gehalten? Bleiben die als langfristig ertragreich eingestuften Werte lange im Portefeuille oder unterscheidet sich die Anlagestrategie bei kurz und lange gehaltenen Papieren?

Im zweiten Fall – linked employer employee (LEE) panel data – wird es möglich, gemeinsame, sich gegenseitig beeinflussende Individual- und Betriebsmerkmale zu untersuchen oder personelle Betriebsstrukturveränderungen im Zeitablauf zu analysieren. Die Suche nach Firmenlohndifferentialen, die Bestimmung von Produktivitätseffekten unterschiedlicher Entlohnungssysteme, aufgespalten nach qualifizierten und unqualifizierten, risikoscheuen und risikoneutralen Arbeitskräften, die Evaluation arbeitsmarktpolitischer Maßnahmen mit ihren unterschiedlichen Wirkungen auf Frauen und Männer, teil- und vollzeitbeschäftigte Arbeitskräfte sind typische Fragestellungen, die sich erst bei kombinierten Personen- und Betriebsdaten vernünftig beantworten lassen. Daneben dienen LEE-Daten auch dazu, Messfehler auf der einen Ebene durch Vergleich mit den Erhebungen der anderen Ebene aufzudecken (Hamermesh 1999, S.25ff). So wird z.B. die Betriebsgröße sowohl bei Individualdaten durch die Beschäftigten erfragt als auch auf der Betriebsebene durch Inhaber oder Management. Wenn man realistischerweise davon ausgeht, dass die Betriebe exakt antworten oder zumindest besser wissen, wie groß ein Unternehmen ist, kann damit etwas über den Fehlerbereich bei Personendaten gesagt werden (Bound, Brown, Duncan, Rodgers 1994, S.345ff). Bei anderen Inhalten ist es durchaus möglich, die Präzision der Antworten aufgrund kombinierter Daten gegenüber der jeder der beiden Einzelerhebungen zu erhöhen.

Datenquellen. Die wichtigsten amtlichen oder halbamtliche Datenquellen für Deutschland sind das Statistische Jahrbuch, Fachserien (z.B. für Preise, Beschäftigung, volkswirtschaftliche Gesamtrechnung), Monatsberichte, spezielle Serien Statistischer Landesämter (Monatszeitschrift), Publikationen des BMWA (Bilanz in Zahlen), das Sachverständigenratsgutachten, die Amtliche Nachrichten der BA (ANBA), die monatliche Zeitschrift „Wirtschaft und Statistik", die Finanzberichte und der Datenreport. Internationale Quellen liefern UN-Statistiken, EU-Statistiken oder OECD-Statistiken. Auf die meisten Datenquellen kann in der Zwischenzeit on-line zurückgegriffen werden. Dies ist in vielen Fällen mit erheblichen Kosten verbunden, wie z.B. bei dem kommerziellen Anbieter DATA SERVICE & INFORMATION GMBH (www.statistischedaten.de).

Zugang zum Statistischen Bundesamt erhält man über: www.destatis.de. Dort findet sich auch eine Vielzahl von Links zu anderen nationalen und internationalen Statistiken. Seit Oktober 2004 ist der kostenlose Online-Zugriff auf die Datenbank von Eurostat möglich (www.eds-destatis.de). Das Statistische Bundesamt bietet außerdem potenziellen Nutzern über das Forschungsdatenzentrum die Möglichkeit des Einzeldatenzugangs. Dies kann einerseits der direkte Zugriff durch Downloads von Public Use Files – absolut anonymisierte Mikrodatenfiles – sein. Andererseits ist für verschiedene Datenquellen bei deutlich geringerem Anonymisierungsgrad der Daten kontrolliertes Fernrechnen oder die Nutzung von Gastarbeitsplätzen des Statistischen Bundesamtes sowie der Statistischen Landesämter möglich. In diesen Fällen kann mit Scientific Use Files gearbeitet werden.

Forschungsdatenzentren zur Nutzung von Einzeldaten sind auch von anderen Institutionen eingerichtet worden wie dem Institut für Arbeitsmarkt- und Berufsforschung. Hier gibt es ebenfalls die Möglichkeit, direkt auf faktisch anonymisierte Mikrodaten zurückzugreifen oder über Datenfernrechnen sowie durch Gastaufenthalte am IAB weniger anonymisierte Daten zu nutzen. Zu ersteren Datensätzen gehören die IAB-Beschäftigtenstichproben, die ein- oder zweiprozentige Stichproben der Beschäftigtenstatistik sind. Fernrechnen ist z.B. mit Informationen des IAB-Betriebspanels möglich. Das LIAB, ein Linked-Employer-Employee-Datensatz, gebildet aus der Beschäftigtenstatistik und dem IAB-Betriebspanel, wird im Rahmen von Gastaufenthalten am IAB in Nürnberg zugänglich gemacht.

Ansonsten liefert das Internet generell reichhaltige Möglichkeiten, zu den gewünschten Datenanbietern vorzustoßen. Meist handelt es sich dabei um aggregierte Statistiken in tabellarischer Form. Der Datenreport, der vom Statistischen Bundesamt herausgegeben wird, alle zwei Jahre erscheint und wesentliche Entwicklungen der zentralen Lebensbereiche in Deutschland mit Zahlen und Fakten aus gesamt- und einzelwirtschaftlicher Sicht belegt, kann über die Bundeszentrale für politische Bildung (www.bpb.de) bezogen werden. Informationen über den wichtigsten Individualdatensatz in Deutschland, das Sozio-ökonomischen Panel (SOEP), erhält man über: www.diw.de./deutsch/sop. Der Zutritt zu den Daten kann für ein spezielles wissenschaftliches Projekt beantragt und bei Zahlung einer geringen Gebühr gewährt werden. Entsprechendes gilt auch für andere mikroökonomische Datensätze, die beim Zentralarchiv für empirische Sozialforschung in Köln gesammelt werden. Informationen hierzu unter: www.gesis.org/ZA. In der Zeitschrift „Schmollers Jahrbuch" werden regelmäßig unter der Rubrik „European Data Watch" existierende Datensätze beschrieben.

1.4.3 Datenaufbereitung

Auf diesen Aspekt wurde bereits in Kapitel 1.2.2 eingegangen. Hier seien einzelne Punkte unter einer etwas anderen Blickrichtung zusammenfassend erneut wiedergegeben.

(1) Graphische Darstellung

Die Statistik liefert eine Vielzahl an Möglichkeiten, statistisches Material graphisch aufzubereiten. Linien-, Kreis- und Balkendiagramme sind nur einige der beliebtesten Instrumente. Krämer (1994) füllt ein ganzes Buch mit Beispielen guter und schlechter graphischer Präsentation. Mit Graphiken wird vor allem das Ziel verfolgt, Ergebnisse in einprägsamer, leicht verständlicher Form zu vermitteln.

(2) Datentransformation

Häufig können die Daten in der Rohform, wie sie aufgrund der Erhebung vorliegen, nicht sofort für Auswertungen benutzt werden. Wie bereits im Abschnitt über Variablenmessung - vgl. 1.3.4 - diskutiert, muss je nach Untersuchungszweck eine Transformation vorgenommen werden. Zu unterscheiden sind: Niveaugrößen, Differenzen, Wachstumsraten, Elastizitäten, Maßzahlen, Quoten, Indizes. Daneben ist es häufig nötig, Preisbereinigung sowie Inter- und Extrapolation durchzuführen.

(3) Tabellarische Darstellung und statistische Maßzahlen

Diese beiden Formen deskriptiver Statistik liefern einerseits einen Überblick über das vorhandene Datenmaterial, können zum Auffinden fehlerhafter Dateneingaben hilfreich sein und lassen sich andererseits für weitere Auswertungen nutzen.

(4) Identifikation von Ausreißern

Es treten immer wieder Beobachtungen auf, die deutlich von der Masse der Werte abweichen – vgl. hierzu auch Kapitel 3.9.3. Dabei kann es sich um echte Ausreißer oder um normale extreme Beobachtungen handeln. Gründe hierfür sind:

- Messfehler
- singuläre Ereignisse
- Änderung der Definition.

Mit Messfehlern sind hier üblicherweise keine Zufallsfehler gemeint – vgl. hierzu Kapitel 3.9.4 –, die als Begründung für die Einführung der Störgrößen in ökonometrischen Modellen genannt wurden, obwohl dies nicht auszuschließen ist. Die Wahrscheinlichkeit, stark nach unten oder stark nach oben vom Mittelwert abweichende, zufallsbedingte Beobachtungen zu erhalten, sollte sehr klein sein. Vielmehr sind dies meist systematische Fehler, die beim Eintragen in einen Fragebogen entstehen, indem z.B. Zehnerpotenzen falsch eingetragen werden, indem statt Werte in Milliarden Werte in Millionen angegeben werden. Aber auch beim Übertragen vom Fragebogen auf Datenträger kommt es zu Kodierungsfehlern. Fehler dieser Art sollten nicht auftreten. Die Praxis zeigt jedoch, dass sie nicht zu vermeiden sind. Ihre Identifikation ist besonders wichtig.

Regierungswechsel, Gesetzesänderungen, Ölpreiskrise, die Einführung des EURO, die Wiedervereinigung Deutschlands sind singuläre Ereignisse, die wichtige ökonomische Kennziffern erheblich verändern können. Die Wirkung solcher Ereignisse muss weder spontan eintreten noch nach einer Periode wieder vollkommen abgeklungen sein. Auch können sich die Effekte mehrerer Ereignisse überlagern. Somit ist es bisweilen sehr schwierig, den Grund von Ausreißern eindeutig zu identifizieren.

Beispiel: Deutsche Einheit
Bei den Ausgaben der öffentlichen Haushalte je Einwohner macht sich die Wiedervereinigung 1991 gegenüber 1990 richtig bemerkbar. Während die Wachstumsrate von 1989/90 7,85 Prozent betrug, war der entsprechende Anstieg von 1990 auf 1991: 18,4 Prozent. In den folgenden Jahren war die Wachstumsrate wieder

deutlich niedriger, z.T. sogar negativ, aber die Ausgaben pro Kopf blieben auf hohem Niveau (Datenreport 1997, S. 237). Bei der Kreditmarktverschuldung der öffentlichen Hand setzte der starke Anstieg bereits 1990 mit 13,4 Prozent ein gegenüber 6,5 Prozent im Jahre 1988 und 2,9 Prozent im Jahre 1989 (Datenreport 1997, S.244). Hier blieb aber auch die Wachstumsrate auf hohem Niveau (1991: 11,1 Prozent, 1992: 14,2 Prozent). Bei den Inflationsraten lässt sich auf den ersten Blick kein eindeutiger Vereinigungseffekt erkennen. Zwar war die jährliche Preisveränderungsrate, gemessen durch die Wachstumsrate des Preisindexes für die gesamte Lebenshaltung aller privaten Haushalte, in den Jahren von 1990 – 1992 ansteigend, von 2,7 über 3,5 auf 5,1 und danach wieder rückläufig, wobei bis 1991 nur das frühere Bundesgebiet zugrunde gelegt wurde (vgl. Datenreport 1997, S.332). Aber derartige Bewegungen sind auch in anderen Perioden zu erkennen, z.B. 1968 betrug der Anstieg 1,6 Prozent, nahm bis 1994 kontinuierlich zu bis auf 7,0 Prozent und fiel danach wieder ab bis auf 2,7 im Jahre 1978. ◇

Die Definition der Arbeitslosenquote ist nicht einheitlich. Sowohl der Zähler als auch der Nenner kann unterschiedlich festgelegt werden. Wenn z.B. die Arbeitslosenquote für Deutschland gesucht wird, dann erhält man 1995 bei der Bundesanstalt für Arbeit als jahresdurchschnittliche Quote in Prozent 10,4. Als Nenner dient hierbei die Zahl der abhängigen zivilen Erwerbspersonen. OECD und EUROSTAT weisen einen Wert von 8,2 aus (vgl. Datenreport 1997, S.91 und S.94). Hier werden Selbstständige und Soldaten, die nach üblicher Vorstellung gar nicht arbeitslos sein können, mitgezählt (Franz 2003, S.343ff).

Zu entscheiden ist, ob Ausreißer bei der weiteren Analyse berücksichtigt werden sollen oder ob eine Unterdrückung sinnvoller erscheint. Soweit sich Messfehler feststellen lassen und keine Möglichkeit der Bereinigung über Nacherhebung besteht, spricht vieles dafür, diese Angaben im Folgenden außer Acht zu lassen. Mit der Eliminierung von Daten sollte jedoch sehr sorgsam umgegangen werden. Ein zu reichlicher Gebrauch dieses Instruments lässt die Vermutung aufkommen, dass Daten solange transformiert, bereinigt und eliminiert werden, bis sich das gewünschte Ergebnis einstellt.

Neben singulären Datenabweichungen sind auch Datencluster möglich. Dies bedeutet bei Beschränkung auf ein Merkmal, dass sich die Daten nicht gleichmäßig auf den gesamten Wertebereich verteilen, sondern um einzelne Punkte konzentrieren. Bei zweidimensionaler Betrachtung heißt dies, verschiedene, weitgehend getrennte Punktwolken lassen sich identifizieren. Oder aber es tritt zu einem Zeitpunkt eine dauerhafte Niveauverschiebung in den Daten auf. Dann wird von einem Strukturbruch gesprochen, der eine getrennte Behandlung der Daten vor und nach dem Strukturbruchzeitpunkt nahelegt.

(5) Trend- und Saisonbereinigung

Vielfach sind insbesondere aggregierte Variablen trendbehaftet. Im Zeitablauf lässt sich eine eindeutige Entwicklung ausmachen. Und dies gilt nicht nur für einzelne Variablen, sondern für die meisten gesamtwirtschaftlichen Größen. Sollen

Zusammenhänge zwischen diesen herausgearbeitet werden, dann überlagert der Trendeinfluss alle anderen Zusammenhänge und es ist kaum noch möglich kausale Verknüpfungen zu identifizieren. Ob in einem ökonometrischen Modell dann alle Variablen vom Trend, gemessen durch eine Zeitvariable, bereinigt werden oder explizit eine Zeitvariable als erklärende Variable in das Modell aufgenommen wird, ist für das spätere Schätzergebnis ohne Belang.

Ebenso wie der Trend kann bei Zeitreihendaten eine Saisonfigur die Entwicklung einer ökonomischen Variablen dominieren. Auch diesem Problem kann durch Bereinigung der Daten vom Saisoneinfluss oder durch Aufnahme von Saisondummy-Variablen Rechnung getragen werden. Unter Saison muss nicht zwangsläufig ein Quartal verstanden werden. Monatliche, wöchentliche oder auch tägliche und stündliche, sich systematisch wiederholende Einflüsse können auftreten.

Die Zeitreihe einer ökonomischen Variablen X_t kann mit den Mitteln der Zeitreihenanalyse in Komponenten zerlegt werden. Zu unterscheiden sind die Trendkomponente (T_t), die zyklische Komponente (Z_t), die Saisonkomponente (S_t) und die Restkomponente (R_t), wobei die Zusammensetzung additiv oder multiplikativ sein kann

$$X_t = T_t + Z_t + S_t + R_t$$

$$X_t = T_t \cdot Z_t \cdot S_t \cdot R_t.$$

Auf gemischte Ansätze wird überlicherweise verzichtet, da dann die weitere Verarbeitung Schwierigkeiten bereitet. Der multiplikative Ansatz lässt sich durch Logarithmierung in einen additiven überführen. Die Zeitreihenanalyse hat verschiedene Ansätze zur Komponentenzerlegung und -bestimmung entwickelt - vgl. z.B. Moosmüller (2004, S.47ff). Aus ökonometrischer Sicht wird die Berücksichtigung dynamischer Aspekte in Kapitel 3.7 eingegangen.

(6) Wirtschaftsindikatoren

Auf volkswirtschaftlicher Ebene spielen Wirtschaftsindikatoren eine wichtige Rolle im Rahmen der empirischen Wirtschaftsforschung. Sie sollen den wirtschaftlichen Zustand eines Landes in aggregierter Form beschreiben und Entwicklungen im Zeitablauf deutlich machen. Aus einzelwirtschaftlichen Informationen, die zum Teil auf unterschiedlichen Messeinheiten basieren, werden mit Hilfe von Gewichtungsfaktoren, meist Preisen, vergleichbare Größen gebildet, die dann in einer Kennziffer zusammengefasst sind. Für jeden Bereich sind gesonderte Indikatoren entwickelt worden. Zu nennen sind:

- Konjunkturindikatoren
- Inflationsindikatoren
- Beschäftigungsindikatoren
- Wachstumsindikatoren
- Außenwirtschaftsindikatoren
- Verteilungsindikatoren
- Preisindikatoren.

Besondere Bedeutung kommt traditionell den Konjunkturindikatoren zu. Sie sollen verdeutlichen, ob sich die Konjunktur im Abschwung oder Aufschwung befindet, ob sich Wendepunkte ausmachen lassen. Dies ist meist nicht einfach, da sich mehrere Entwicklungen überlagern. Um trotz allem Aussagen treffen zu können, ist die Verwendung mehrerer Indikatoren nützlich. So lassen sich Früh- und Spätindikatoren ebenso wie Spannungs- und gleichlaufende Indikatoren unterscheiden (Winker 1997, S.70). Während die Zunahme der Auftragseingänge und steigende Aktienkurse einem Anstieg in der Produktion im allgemeinen vorangehen und daher als Frühindikatoren geeignet sind, erfolgt eine Beschäftigungsausweitung meist erst in der Spätphase der Expansion, wenn die vorhandenen Beschäftigungskapazitäten schon voll ausgelastet sind.

Immer wieder werden bedingt durch spezielle Entwicklungen neue Indikatoren formuliert und andere verlieren an Bedeutung. So wurde vor einiger Zeit ein **Preisindex für die Internet-Nutzung** entwickelt (vgl. Wirtschaft und Statistik 3/2001, S. 176ff). Dieser Index folgt wie üblich in der deutschen Preisstatistik dem Laspeyres-Konzept mit festen Gewichten der Basisperiode. Zur Berechnung herangezogen werden die acht wichtigsten Internetanbieter (j=1,...,8) und von der Nachfragerseite drei Nutzertypen (N=1,2,3), die definiert sind nach der Online-Dauer und der Zahl der Aufschaltungen pro Monat. Typ 1 (Wenignutzer) gehen pro Monat höchstens 20-mal ans Netz mit einer Online-Dauer von 10 Stunden pro Monat. Typ 2 (Durchschnittsnutzer) weist 30 Aufschaltungen mit einer Gesamtdauer von 30 Stunden auf. Und Typ 3 (Vielnutzer) wählt 55-mal bei einer Online-Dauer von 60 Stunden. Von jedem Unternehmen werden zwischen 1 und 4 Tariftypen ($i = 1,...,4$) angeboten. Die Berechnung erfolgt zunächst getrennt für alle i, j und N, indem die Kosten im Berichtsmonat t (K_{ijN}^t) ins Verhältnis zu den Kosten des Basisjahres (K_{ijN}^o) gesetzt werden:

$$I_{ijN}^t = \frac{K_{ijN}^t}{K_{ijN}^o}.$$

Im nächsten Schritt werden die Einzelmesszahlen aggregiert zu einem Nutzertypindex als gewogenes arithmetisches Mittel:

$$I_N^t = \sum_i \sum_j I_{ijN}^t \frac{G_{ijN}}{\sum_i \sum_j G_{ijN}},$$

wobei sich die Unternehmenstarifgewichte G_{ijN} aus den Umsatzgewichten ergeben, die über die durchschnittlichen monatlichen Rechnungsbeträge im Jahr 2000 und die Zahl der Nutzer pro Tariftyp und Unternehmen bestimmt werden. Im letzten Schritt wird dann über die Nutzerkategorien aggregiert:

$$I^t = \sum_N I_N^t \frac{G_N}{\sum_N G_N}.$$

Aktuelle Daten über diesen Preisindex sind unter

www.destatis.de /indicators/d/tpi101ad.htm

abzurufen. Andere Preisindizes lassen sich ganz ähnlich bestimmen (vgl. z.B. v.d.Lippe 1996). Probleme mit dem Preisindex für die Internet-Nutzung dürften sich sicherlich bei einem veränderten Nutzerverhalten ergeben. Wenn insgesamt auf das Internet noch stärker zugegriffen wird und die Mehrzahl der Nutzer Typ 3 zuzuordnen sind, dann entfällt praktisch die letzte Stufe der Berechnung. Schon im Jahre 2004 gingen 54 Prozent der Westdeutschen regelmäßig online und in Schweden und Dänemark waren dies bereits 70 Prozent.

Literaturhinweise:
Für die empirische Wirtschaftsforschung sind die Ausführungen über Daten bei Griffiths, Hill und Judge (1993), Moosmüller (2004, Kapitel 1.2-1.4), Stock und Watson (2002) sowie Winker (1997) zu empfehlen. Stärker konkrete Hinweise über Datengewinnung und Datenquellen, insbesondere der amtlichen Statistik, bieten Bücher zur Wirtschaftsstatistik, so z.B. von der Lippe (1996).

1.5 Software: Grundlegende Elemente

Ohne Computer ist empirische Wirtschaftsforschung heute nicht mehr vorstellbar. Die Verarbeitung der Daten und die Anwendung der Methoden kann durch eigene Programmierung erfolgen. Üblicherweise greift der Empiriker jedoch auf vorhandene Statistik- und Ökonometrie-Programmpakete zurück, die meist so konstruiert sind, dass auch eine eigene Programmierung möglich ist. Angeboten wird auf dem Markt eine größere Zahl an Programmpaketen, die einen erheblichen Überschneidungsbereich aufweisen. Fast alle Programme sind menügesteuert und laufen unter WINDOWS. Die Unterschiede zeigen sich in speziellen Schwerpunkten beim Schätzen und Testen. Wer sich bisher mit noch keinem Programmpaket vertraut gemacht hat, kann z.B. im American Statistician oder im Journal of Applied Econometrics, in denen die bekannten Programme auch vergleichend besprochen werden, informieren. Im folgenden wird in grundlegende Befehle der Programmpakete SHAZAM und STATA eingeführt. Sie enthalten beide die in der empirischen Wirtschaftsforschung üblicherweise angewandten Methoden. Gemeinsam ist ihnen auch die Möglichkeit, eigene Ansätze in Matrix- und Vektorschreibweise zu programmieren. SHAZAM ist für den Studenten als Einstieg besser geeignet ist. Das Programm konzentriert sich auf die zentralen Methoden und das Manual weist eine themenbezogene Struktur auf. STATA enthält ein sehr viel breiteres Methodenspektrum und das Manual besitzt deutlich Nachschlagecharakter. In den Teilen 2 und 3 dieses Buches werden für spezielle Methoden, die dort behandelt werden, die Befehle für SHAZAM und STATA angegeben. Bisweilen erfolgt auch ein Hinweis auf SPSS, ein weit verbreitetes Statistik-Programm, oder S-Plus.

1.5.1 SHAZAM

Direkte Dateneingabe. Nach Aufschalten von SHAZAM und Anklicken von File in der Menüleiste sowie nachfolgend von New kann ein Kommandofile etwa der folgenden Gestalt geschrieben werden:

```
SAMPLE   1    5
READ     V1   V2   V3
```

Als Abkürzung für "SAMPLE" ist auch SMPL gültig, 1 bezeichnet die erste Beobachtung und 5 die letzte Beobachtung. Zwischen Groß- und Kleinschreibung wird nicht unterschieden. $V1-V3$ sind die Namen der Variablen, die nachfolgend eingegeben werden. Optionen, die sich z.B. auf die Art der Dateneingabe beziehen, können nach der letzten Variablen, getrennt durch einen Schrägstrich ($\ldots V3/$) eingeführt werden.

1.5 Software: Grundlegende Elemente

Die übliche Dateneingabe erfolgt beobachtungsweise, d.h. zunächst wird für alle Variablen die erste Beobachtung, getrennt durch Leerzeichen (blanks), eingetippt, dann die zweite usw.:

1   100   100
2   110   98
3   130   96
4   128   102
5   150   107

Wenn die Eingabe umgekehrt vorgenommen wird, beginnend mit allen Beobachtungen der ersten Variablen, dann von der zweiten Variablen usw., so ist beim READ-Befehl die Option BYVAR hinzuzufügen (variable by variable). Soll der Datensatz später aktualisiert werden, hat die zeilenweise Eingabe von Beobachtungswerten einen gewissen Vorteil.

Nach der Dateneingabe folgen Methodenbefehle, z.B.

OLS V_2 V_1 V_3

Nach Klicken auf RUN auf der Menüleiste, erscheint eine neue Leiste. Dort ist ebenfalls RUN anzuklicken, um das Programm auszuführen. In Sekundenschnelle erscheint der Ergebnisoutput. Dieser kann gespeichert werden, indem ein Dateiname angegeben wird (andernfalls: untitled). SHAZAM-Files (*.sh) oder Textfiles (*.txt) werden im SHAZAM-Modul gespeichert. Soll dies auf Diskette oder in einem speziellen Unterverzeichnis erfolgen, ist eine entsprechende Änderung im Menü vorzunehmen. Mit

STOP

wird das SHAZAM-System verlassen.

Importierte Daten. Wenn sich die Daten auf einem gesonderten File einer Diskette (A), CD oder auf der Festplatte (C:) befinden, können diese in einen Kommandofile eingebunden werden. Hierzu ist SHAZAM aufzuschalten, auf der Menüleiste New anzuklicken und z.B. einzugeben:

```
SMPL 1 31
FILE 11 A:\ DATEN
READ(11)X1 ··· X32
```

Auf diesem Weg wird der Datenfile auf einen internen SHAZAM-File transformiert. Bei SHAZAM stehen hierfür die Plätze 11, 12,···, 49 zur Verfügung. Es kann aber auch direkt auf die Daten zugegriffen werden, dann ist z.B.

```
READ (A:\ DATEN)X1 ··· X32
```

einzugeben. Nach dem READ-Kommando können weitere Befehle folgen wie Transformation und Definition von Variablen oder Prozeduren zur Durchführung statistisch-ökonometrischer Verfahren.

Beispiel:

```
READ(A:\ DATEN)V1 ...V32
OLS    V2   V1   V3
```

Nach Anklicken von Run auf der Menüleiste und nochmaligem Anklicken von Run auf dem neu erscheinenden Bild wird z.B. folgender Output erzeugt.

```
REQUIRED MEMORY IS PAR=       : CURRENT PAR= 263
OLS ESTIMATION
          5 OBSERVATIONS      DEPENDENT VARIABLE = V2
...NOTE..SAMPLE RANGE SET TO:        1,        5

   R-SQUARE=   0.9338    R-SQUARE ADJUSTED =   0.8677
VARIANCE OF THE ESTIMATE-SIGMA**2 =     49.588
STANDARD ERROR OF THE ESTIMATE-SIGMA=    7.0418
SUM OF SQUARED ERRORS-SSE=   99.175
MEAN OF DEPENDENT VARIABLE =    123.60
LOG OF THE LIKELIHOOD FUNCTION = -14.5633
VARIABLE     ESTIMATED     STANDARD     T-RATIO    PARTIAL   STANDARD.
  NAME       COEFFICIENT   ERROR        2 DF       CORR.     COEFFICIENT

   V1         12.598        3.0166       4.1763     0.9472    1.0289
   V3         -0.44330      1.1305      -0.39213   -0.2672   -0.96607E-01
CONSTANT     130.40        107.88        1.2088     0.6497    0.00000E+00
```

Eine Erläuterung des Outputs unterbleibt an dieser Stelle – vgl. hierzu Teil 2 und 3, wenn auf die Methoden eingegangen wird. Das Ausdrucken der Daten erfolgt über

```
PRINT V1 V2 V3
     V1          V2          V3
1.000000    100.0000    100.0000
2.000000    110.0000     98.00000
3.000000    130.0000     96.00000
4.000000    128.0000    102.0000
5.000000    150.0000    107.0000
```

Variablentransformation und -generierung. Die links neben dem Gleichheitszeichen stehenden Variablennamen, die nachfolgend verwendet werden, sind vom Benutzer festzulegen.

(i) Installierte Funktionen

```
GENR LNX2 = LOG(X2)
```

1.5 Software: Grundlegende Elemente

entspricht dem natürlicher Logarithmus der Variablen X2. Mit

```
GENR T=TIME(0)
```

wird die (Zeit)Variable mit den Werten 1,...,N angegeben. Eine gleichverteilte Zufallsvariable im Bereich (0,C) erzeugt

```
GENR GZV = UNI(C)
```

Mit

```
GENR WX1 = SQRT(X1)
```

wird die Quadratwurzel der Variablen X1 gebildet.

```
GENR EXPX1 = EXP(X1)
```

führt zu der Exponentialfunktion der Variablen X1. Aus

```
GENR X1MN = LAG(X1,N)
```

folgt eine um N Perioden verzögerte Variable X1 ($X1_t \to X1_{t-N}$).

(ii) Operatoren

+(−)   Addition (Subtraktion)
*(/)   Multiplikation (Division)
**   Exponent (z.B. $X1^2 \to$ GENR X1SQ = X1**2)

Als logische Operatoren existieren:

.EQ. (.NE.)

Dies bedeutet „gleich" bzw. „ungleich".

.GE. (.GT.)

heißt „größer gleich" bzw. „größer" und

.LE. (.LT.)

„kleiner gleich" bzw. „kleiner".

.AND.

bedeutet „und".

.OR.

steht für „oder".

(iii) Erzeugen einer Konstanten

```
GEN1 N=$ N
```
entspricht der Zahl der Beobachtungen.
```
GEN1 K3X2=X2(3)
```
ist eine Konstante, die der dritten Beobachtung von X2 entspricht.

(iv) Selektion (IF-, SKIPIF-)
```
SKIPIF(X1+X2.EQ.X3)
```
lässt Beobachtungen, für die X1+X2=X3 gilt, unberücksichtigt. Bei
```
SKIPIF(X1.GT.0)
```
bleiben Beobachtungen von X1, die positiv sind, unberücksichtigt.
```
IF(X1.GT.X2)X3 =0
```
besagt, dass dann X3 =0 gesetzt wird, wenn $X1 > X2$. Entsprechend bedeutet
```
IF(X1.LE.4)X2 =X3
```
dass X2=X3 gesetzt wird, wenn $X1 \leq 4$. Wird der Befehl
```
SET NOWARNSKIP
```
unterdrückt, führt SHAZAM alle Beobachtungen auf, die aufgrund des SKIPIF-Befehls weggelassen worden sind. Eine Restriktion bleibt solange bestehen, wie keine Aufhebung durch
```
DELETE SKIP$
```
erfolgt.

Matrixbildung und -operationen. Der Befehl
```
COPY X19 Y
```
kopiert den Spaltenvektor X19. Der neue Vektor heißt Y.

```
GENR CON=1
```
erzeugt einen Einsvektor.
```
COPY CON X18 X11 X29 X
```
fasst die Vektoren CON, X18, X11, X29 zusammen zu einer Matrix X.
```
MATRIX BETA = INV(X'X)*X'Y
```
stimmt mit dem Befehl OLS X19 X18 X11 X29 – vgl. den folgenden Abschnitt über einfache Anwendungen mit SHAZAM - überein. Aufgrund von
```
PRINT BETA
```
erscheint auf dem Display der geschätzte Koeffizientenvektor BETA.
```
MATRIX UD = Y-X*BETA
```

1.5 Software: Grundlegende Elemente

ermittelt den Residuenvektor $\hat{u}$ – vgl. Kapitel 2.2.1. Weitere skalar- (GEN1) und matrixerzeugende oder matrixverwendende (MATRIX) Befehle sind:

```
GEN1 K=4
MATRIX SIG2 =(1/(N-K))*UD'UD
MATRIX COV = SIG2*INV(X'X)
```

Weitere SHAZAM-Operationen. Hierbei handelt es sich um einige ganz nützliche Befehle, die im Manual nicht sofort zu finden sind.

(i) Sortieren von Variablen nach der Größe

```
SORT X8/DESC
```

Die Anordnung der Beobachtungen erfolgt nach der Größe von X8, beginnend mit dem größten Wert. Wird mehr als eine Variable angegeben, ist die Sortierung unklar. Bei Wegfall der Option DESC wird mit kleinstem X8-Wert begonnen.

(ii) Warnungen und deren Aufhebung

```
SET NOWARN
```

bedeutet, die Warnung vor falschen bzw. nicht zulässigen Operationen, z.B. X2 geteilt durch Null (X2/0), wird aufgehoben. In diesem speziellen Fall erhält X2/0 den Wert 0 zugeordnet. Mit

```
SET WARN
```

wird die Warnung (wieder) berücksichtigt.

(iii) Zeilenüberschreitung

Reicht bei einem Kommando eine Zeile nicht aus, erfolgt eine Verbindung von zwei Zeilen durch

```
&
```

am Ende der ersten Zeile.

(iv) Kommentar

Beginnt eine Zeile mit dem Zeichen * , z.B.:

```
* DIES IST EIN KOMMENTAR
```

so erkennt SHAZAM, dass es sich um einen Kommentar handelt. Bei weiteren Kommentarzeilen ist wieder mit * zu beginnen.

(v) Unterdrücken von Outputs und Kommandos

Wenn vor einem Methodenbefehl ein Gleichheitszeichen gesetzt wird, wie z.B.

`= OLS X19 X18`

dann bleibt der Befehl im Output unterdrückt.

`? OLS X19 X18`

sorgt dafür, dass der Output dieser OLS-Schätzung nicht erscheint. Eine Kombination der beiden voranstehenden Befehle ist möglich.

`=? OLS X19 X18`

(vi) Zeilenbreite (80 vs. 120)

Die Option /NOWIDE, d.h.

`PRINT oder WRITE... /NOWIDE`

bewirkt, dass eine Zeile 80 Zeichen auf dem Bildschirm zugewiesen bekommt und im DIN-A4 sind diese Elemente voll zu erkennen. Nachteilig an dieser Option ist eine wenig platzsparende Präsentation.

(vii) Graphik

Falls der Anwender

`PLOT Y X`

eingibt, werden im Koordinatensystem Wertepaare durch * angezeigt. Wenn mehrere exogene Variablen vorhanden sind, dann erscheinen sie in der Abfolge der Zeichen * + 0 % $ # ! @. Mit M auf der Graphik kommt ein Mehrfachpunkt zum Ausdruck, d.h. mehrere Beobachtungen befinden sich an der gleichen Stelle. Das Kommando

`PLOT Y X /GRAPHICS LINE`

druckt wird eine eingerahmte Graphik aus. Die Wertepaare sind durch eine Linie miteinander verbunden.

Einfache Anwendungen mit SHAZAM. Zum Teil lassen sich die nachfolgenden Anwendungen erst in späteren Kapiteln inhaltlich erläutern.

(i) Variablendeskription

`STAT P1`

Für die Variable P1 werden als deskriptive Statistiken $n, \bar{x}, s, s^2, min, max$ ausgewiesen. Mit

```
PRINT PCOR, PCOV
```
druckt SHAZAM eine Korrelations- bzw. Kovarianzmatrix aus. Ein Speichern dieser Matrizen ist als Option möglich, z.B. COV=KO als Option nach dem OLS-Befehl bedeutet, die Kovarianzmatrix – vgl. Kapitel 2.3.3 – wird unter dem Namen KO gespeichert, wobei KO vom Nutzer frei zu wählen ist.

(ii) Gewöhnliche Kleinst-Quadrate-Schätzung – vgl. Kapitel 2.2.1 -
```
OLS P2 P4
```

(iii) Stufenweise Regression
```
OLS P2 P4 P6 (P5 P7 P9 P10)
```

(iv) Auferlegung von Restriktionen
```
OLS P2 P4 P6 /RESTRICT
RESTRICT P4=1-P6 END
```

(v) Test auf Restriktionen
```
OLS P2 P4 P6
TEST
TEST P4+P6=1
END
```

1.5.2 STATA

Es handelt sich um ein kommandogesteuertes Ökonometrieprogramm, das unter WINDOWS läuft.

Direkte Dateneingabe. Nach Aufschalten von STATA ist in der Menüleiste DATA anzuklicken und nach Erscheinen der neuen Kommandobox DATA EDITOR. Angaben sind variablenweise (spaltenweise) oder beobachtungsweise (zeilenweise) einzugeben. Jeweils das Feld ist zu markieren, das besetzt werden soll. Nach der Eingabe muss stets ENTER gedrückt werden. Wenn alle Eingaben erfolgt sind, ist in der Leiste STATA EDITOR „SCHLIESSEN ($\boxed{x}$)" anzuklicken. Kurz darauf sind die Daten verfügbar. Die Symbole erscheinen in der linksstehenden Box für Variablen. Jetzt kann mit den Daten gearbeitet werden. Befehle sind in der STATA - COMMAND - Box einzugeben, z.B.

```
list VAR1 VAR2 VAR3
```

Die Variablen VAR1, VAR2, VAR3 können links angeklickt werden und erscheinen jetzt bei STATA COMMAND. Wird davor noch LIST gesetzt und danach die ENTER-Taste gedrückt, erscheint der Output, d.h. in diesem Fall werden die Variablen VAR1, VAR2, VAR3 fallweise aufgelistet ACHTUNG: Wer sich vertippt und noch nicht Return gedrückt hat, kann das sofort korrigieren. Falls Return erfolgt ist, Bild-↑-Taste drücken. Der alte Befehl erscheint und lässt sich ändern. Oder in der REVIEW-Box den letzten Befehl anklicken, der damit in der COMMAND-Box erscheint. Nach Durchführen der Korrekturen ist erneut ENTER zu drücken. Der Output erscheint.

STATA kann über die Menüleiste durch Anklicken von FILE und auf dem neuen Kommandobild mit der Wahl EXIT verlassen werden. ACHTUNG: Bei STATA wird im Gegensatz zu SHAZAM zwischen Klein- und Großbuchstaben unterschieden.

Zu Alternativen der Dateneingabe über "input" sowie dem Lesen von eingegebenen Daten ohne Änderungsmöglichkeit(DATA BROWSER), vergleichbar dem LIST-Befehl, siehe REF: User's Guide. Wenn eingegebene Daten gespeichert werden sollen, in der Menüleiste FILE, danach SAVE AS anklicken und Filename angeben, z.B. UEB.DTA OK, zum Schluss die SPEICHER-Taste anklicken. Der Datensatz kann bei neuem Aufschalten stets über FILE OPEN aufgerufen werden.

Importierte Daten. Zu unterscheiden ist, wie die Dateneingabe erfolgt ist - vgl. Kapitel 1.2.1:

(i) Wenn die Daten im STATA-Format vorliegen, ist in der Menüleiste auf FILE zu gehen. Dort OPEN anklicken und die Datei suchen. Wenn diese gefunden ist, anklicken, auf ÖFFNEN drücken. Die Variablen erscheinen in der VARIABLES-Box. Jetzt kann damit unter STATA gearbeitet werden. Ist der Datensatz sehr groß, reicht der Standardspeicherplatz häufig nicht aus. Zur Erweiterung lässt sich in der STATA COMMAND-Box z.B.

```
set mem 32000
```

oder eine größere Zahl eingeben. Ebenso liegt eine Standardbeschränkung für die Zahl der verwendbaren Variablen vor. Bei der Version „Intercooled Stata" sind dies 40 Variablen. Werden mehr benötigt, kann eine Erweiterung durch

```
set matsize #
```

erreicht werden, wobei für # eine Zahl zwischen 41 und 800 zu wählen ist.

(ii) Wenn die Daten im Format eines anderen Programmpakets abgespeichert sind, so z.B. LOTUS 1-2-3, SPSS oder S-PLUS, dann muss die zu importierende Datei in ein STATA-Format gebracht werden. Das Programm Stat/Transfer, das für WINDOWS und DOS verfügbar ist, liest und schreibt Daten dieser Art, transformiert von und in STATA. Wenn das Transfer-Programm nicht verfügbar ist, aber Daten als ASCII-File vorliegen, dann lassen sich diese (z.B. DAT) unter

```
C:\ DAT.RAW
```

speichern. Zu schreiben ist ein Dictionary-File (z.B. TRANS)

```
C:\ TRANS.DCT

dictionary using C:\ DAT {
V1    %...f"..."
⋮
VN    %...f"..."
}
```

1.5 Software: Grundlegende Elemente

Das Aufrufen in STATA erfolgt über das Kommando

`infile using C:\ TRANS`

Danach können Operationen/ Kommandos mit diesen Daten durchgeführt werden und die Datei kann als STATA-Datei gespeichert werden.

Beispiel: V1 % 5f "Beschäftigte"

Die Variable V1 erhält 5 Spalten. Das Label lautet: Beschäftigte.

Variablentransformation und -generierung. Soll aus den verfügbaren Informationen eine neue Variable (z.B. XNEU) erzeugt werden, dann ist der Befehl

`generate XNEU = #`

heranzuziehen. Für # ist vom Nutzer ein geeigneter Ausdruck einzusetzen. Verwendet werden können arithmetische Operatoren, um aus vorhandenen Variablen neue zu erzeugen.

Beispiele:

`generate` $X = -frac\{V1+V2\}\{V3*V4\}$

erzeugt

$X = -\frac{V1+V2}{V3 \cdot V4}$.

Eine Dummy-Variable ([0;1]-Variable - vgl. Abschnitt 2.2.2) ergibt sich z.B. durch

`generate` $D = V1 > 10$

und zwar erhält D den Wert 1, falls $V1 > 10$, sonst 0. Abgekürzt kann gen statt generate geschrieben werden. Als logische Operatoren sind

&	und
\	oder
~	nicht

zu verwenden. Es gilt die folgende Ordnung aller Operatoren:

~, ^, -, /, *, -, +, =, >=, >, <, <=, ==, &, \

So wird also z.B. & vor \ als Operation ausgeführt. Das erste Minuszeichen bedeutet Negation und das zweite Subtraktion.

Matrixbildung und -operationen.

(i) Matrixerzeugung mit Dateneingabe

`matrix A=(1, 2, 12\4, 3, 2\15, 13, 8)`
erzeugt:
$$A = \begin{pmatrix} 1 & 2 & 12 \\ 4 & 3 & 2 \\ 15 & 13 & 8 \end{pmatrix}$$

(ii) Matrixerzeugung aus vorhandener Datei

Wenn eine Datei z.B. mit den Variablen V1 V2 V3 V4 V5 V6 und 10 Beobachtungen (Zeilen) geöffnet ist, dann erzeugt
`matrix accum X = V1 V2 V3, NOCONSTANT`
das Kreuzprodukt X'X. Unterbleibt die Option „noconstant" bzw. abgekürzt „noc",
dann wird automatisch eine Konstante mit erzeugt.

(iii) Matrixoperationen

`A'`   - transponierte Matrix

`A#B`   - Kronecker Produkt
$$A \otimes B = \begin{pmatrix} a_{11}B & \cdots & a_{1n}B \\ \vdots & & \vdots \\ a_{m1}B & \cdots & a_{mn}B \end{pmatrix}$$

`A*B`   - Matrixmultiplikation

(iv) OLS-Schätzung mit Matrizen

`matrix accum YXX = VAR1 VAR2 VAR3 VAR4`

erzeugt das Kreuzprodukt aus 4 Vektoren. Wenn VAR1=Y sein soll, dann bedeutet

$$\text{YXX} = (y, X)'(y, X) = \begin{pmatrix} y'y & y'X \\ X'y & X'X \end{pmatrix}$$

so dass

`matrix` $XX = YXX[2\dots, 2\dots]$
`matrix` $Xy = YXX[2\dots, 1]$
`matrix` $XXi = syminv(XX)$
`matrix` $b = XXi * Xy$

1.5 Software: Grundlegende Elemente

Mit „matrix list b" kann der Schätzvektor $\hat{b} = (X'X)^{-1}X'y$ ausgewiesen werden, wobei eine Konstante enthalten ist.

Weitere STATA-Operationen. Einige nützliche Befehle lauten: (i) Sortieren
`sort VAR1`
Die Variable VAR1 wird aufsteigend sortiert.

(ii) Missing Values (MV)
MV, die weiterverarbeitet werden, z.B. bei Generierung neuer Variablen, erzeugen neue MV. Sie sind von 0 und anderen Werten zu unterscheiden und werden als · (Punkt) ausgewiesen. Deskriptive Statistiken unterdrücken MV.

(iii) Zeilenüberschreitung
Geht ein Kommando über eine Zeile hinaus, dann ist am Ende der ersten Zeile /* und am Beginn der nächsten Zeile */ zu schreiben.

(iv) Kommentar
Eine Kommentarzeile beginnt mit: *. Alternativ zu * kann // oder /// gesetzt werden. Wenn der Kommentar zwischendurch erfolgen soll, dann ist ein beliebiger Kommentar in /* und */ zu setzen, z.B. /* DAS IST EIN KOMMENTAR */

(v) Graphik
`plot VAR1 VAR2`
Die Beobachtungspunkte der Variablen VAR1 und VAR2 werden in einem Diagramm durch * gekennzeichnet.

(vi) Help
Wenn kein Manual zur Verfügung steht, kann unter HELP in der Menüleiste mit SEARCH nach genauen Befehlen gesucht werden, wobei der Grundname bekannt sein muss, z.B. SORT eingeben, OK drücken. Es findet sich neben anderen Möglichkeiten gsort (in Blau). Dies ist anzuklicken. Mit dem Befehl gsort kann in aufsteigender (gsort VAR1) oder absteigender Reihenfolge (gsort -VAR1) sortiert werden. Danach ist list VAR1 VAR2 ... einzugeben.

Einfache Anwendungen mit STATA. Auch hier sei, wie an der entsprechenden Stelle von SHAZAM, auf die erst später eingeführten Methoden verwiesen.
(i) Variablendeskription
`sum X1`
Als Datendeskription der Variablen X1 werden $n, \bar{x}, s, min, max$ ermittelt.

(ii) Regressionsschätzung
`regress Y X1 X2`
liefert die gewöhnliche kleinste Quadrate-Schätzung (OLS) – vgl. Kapitel 2.2.1.

Literaturhinweise:
Die wesentlichen Befehle zu SHAZAM sind in dem Manual Whistler, D., White, K.J. Wong, S.D. und D. Bates, Shazam – User's Reference Manual, Vancouver enthalten. Im Internet kann man sich mit dem Programmpaket über

http://shazam.econ.ubc.ca

vertraut machen. Ein einführendes Übungsbuch zum Erlernen von SHAZAM liegt von Chotikapanich, D. und W.E. Griffiths, Learning SHAZAM. A Comcuter Handbook for Econometrics, New York: Wiley & Sons: New York vor. Hier werden die grundlegenden Befehle anhand von Beispielen und kleine Programme zu einzelnen Themenbereichen präsentiert.

Die einzelnen Befehle zu STATA sind dem mehrbändigen Manual zu entnehmen: Stata User's Guide, Release 8, Stat Press, 2003 (Einführung + 4 Bände Programmbefehle (alphabetisch), Graphikband Reference Manual, Release 8, Stata Press, Texas 2003 (Getting Started With Stata + User's Guide + Bände Programmbefehle (alphabetisch), Graphikband, Programming, Time-Series, Cross-Sectional Time Series, Cluster Analysis, Survey Analysis, Survival Analysis and Epidemiological Tables). Eine Monographie zu Anwendungen und zur Datenanalyse mit STATA liegt von Kohler und Kreuter (2001) vor. In die Version 12 von SPSS führen Bühl und Zöfel (2005) ein. Ökonometrische Anwendungen mit SPSS präsentiert z.B. Mossmüller (2004). Venables und Ripley (1994) behandeln S-Plus in ausführlicher Form. Auf Anwendungen mit einem anderen Programmpaket, nämlich EViews, konzentrieren sich Hackl (2004) und Vogelvang (2005). Beide liefern eine Einführung in dies Programmpaket.

2 Klassisches Regressionsmodell

2.1 Lineares Modell und Modellannahmen

Der Name Regression geht auf Galton (1822-1911) zurück, der den Zusammenhang zwischen der Körpergröße von Kindern und Eltern untersuchte und dabei feststellte, dass große Eltern zwar auch große Kinder haben, dass aber die Größe der Kinder zum Durchschnitt tendiert. Es besteht ein Regress zum Mittelwert. Dieser Begriff für ein spezielles inhaltliches Beispiel hat sich allgemein eingebürgert für die Untersuchung des (linearen) Zusammenhangs zwischen zwei oder auch mehreren Variablen. Das Modell lässt sich allgemein durch

$$y_i = \sum_{k=0}^{K} \beta_k x_{ik} + u_i$$

beschreiben. Der Index $i = 1, \cdots, n$ dient der Unterscheidung zwischen den einzelnen Beobachtungen. Es gehen dementsprechend n Beobachtungsträger in die Untersuchung ein. Die zu erklärende Variable ist y (Regressand). Als erklärende Variablen werden $x_1, x_2, ..., x_K$ (Regressoren) herangezogen, ergänzt um eine Scheinvariable x_0, und u wird als Störgröße bezeichnet. Zu schätzende Parameter sind $\beta_0, \beta_1, ..., \beta_K$. β_0 ist das absolute Glied (intercept, CONSTANT), dem eine Scheinvariable x_0 zugeordnet wird, die nur den Wert Eins annimmt. Zu unterscheiden ist das **ökonomische** und das **ökonometrische Modell**. Ersteres beschreibt die inhaltliche Bedeutung und den theoretisch begründeten Zusammenhang zwischen y und $x_1, x_2, ..., x_K$. Die beobachtbaren Variablen werden damit eingeführt. Die zu untersuchende Variable könnte z.B. die Ausgaben für Lebensmittel beschreiben. Welche Determinanten für die zwischen den Individuen oder Haushalten schwankenden Ausgaben verantwortlich sind, muss durch die ökonomische Theorie erklärt werden. Die Auswahl der Regressoren lässt sich durch Alltagserfahrung ergänzen. Aus theoretischer Sicht reicht eine Spezifikation, die einen exakten (linearen) Zusammenhang unterstellt. Wenn jedoch empirische Analysen vorgenommen werden sollen, bedarf es, wie im Kapitel 1.3.6 ausgeführt, der Ergänzung um eine Störgröße, die die Linearkombination, bestehend aus beobachteten Regressoren und unbekannten Gewichtungsfaktoren, zum Ausgleich bringt mit der zu erklärenden Variablen y. Durch Hinzufügen von u zur deterministischen, exakten funktionalen Beziehung des ökonomischen Modells erhält man das oben formulierte ökonometrische Regressionsmodell. Die Restgröße u ist nicht beobachtbar, sondern wird als Zufallsvariable aufgefasst. Sie wird durch statistische Annahmen genauer beschrieben. Hierfür gibt es ein breites Spektrum an Möglichkeiten. Damit es sich um ein klassischen Ansatz handelt, werden dem Modell ganz spezielle Restriktionen auferlegt.

Für den klassischen ökonometrischen Ansatz, der durch die einfache Handhabbarkeit besticht und als Referenzmodell dient, werden folgende Annahmen unterstellt:

(i) Die Störgrößen sind normalverteilt.
(ii) Die Störgrößen haben einen Erwartungswert von Null (E(u)=0).
(iii) Die Störgrößen besitzen für alle u_i die gleiche Varianz (V(u_i)=σ^2 $\forall$ i).
(iv) Die Störgrößen sind untereinander unkorreliert (E($u_i u_{i'}$)=0).
(v) Die Regressoren sind unabhängig von den Störgrößen (E($x_i u_i$)=0).

Die Annahmen (i)-(iii) lassen sich zusammenfassen durch

$$u_i \sim N(\mu, \sigma^2) = N(0, \sigma^2).$$

Die Restriktionen (i)-(v) sichern wünschenswerte Eigenschaften der Schätzfunktionen für die Parameter. Sie erleichtern außerdem die Bestimmung der Koeffizienten und das Testen von Hypothesen. Zum Schätzen der Parameter des Regressionsmodell ist es allerdings nicht notwendig, von normalverteilten Störgrößen auszugehen. Daher ist (i) optional. Für eine genauere Analyse, bei der nicht nur die Koeffizienten numerisch bestimmt werden, nicht nur eine Punktschätzung vorgenommen wird, sondern auch angegeben werden soll, in welchem Bereich die „wahren" Parameter zu erwarten sind, erweist sich die Annahme der Normalverteilung als ebenso hilfreich wie beim Testen von Hypothesen. Zudem gibt es Schätzverfahren, die die Kenntnis des Verteilungstyps von u voraussetzen. Die Normalverteilung trägt dem Gedanken Rechnung, dass geringe Abweichungen vom Mittelwert mit einer größeren Wahrscheinlichkeit auftreten als große Abweichungen. Diese Forderung ließe sich zwar auch bei anderen Verteilungen, z.B. bei Dreiecksverteilungen, erfüllen, hätte jedoch zur Folge, dass abrupt ab einem bestimmten Wert, der sich a priori kaum bestimmen lässt, die Wahrscheinlichkeit für das Auftreten derart großer Abweichungen vom Mittelwert Null wird. Bei Annahme (ii) hat der Gedanke Pate gestanden, dass in der Störgröße keine systematisch auf y wirkenden Einflüsse vorhanden sind, dass nur unwichtige Bestimmungsgrößen in u gebündelt sind, dass sich der Gesamteffekt auf den Regressanden im Durchschnitt ausgleicht. Für die Stichprobe $i = 1, ..., n$ ist eine einfache Zufallsauswahl unterstellt. Alle Beobachtungen stammen aus der gleichen Grundgesamtheit und werden unabhängig voneinander gezogen (iid - identical independent distributed). Hierzu gehören auch konstante Varianzen der Störgrößen für alle Beobachtungen – Annahme (iii) - sowie die Unterstellung, dass die u's nicht korreliert sind - Annahme (iv). Variierende Varianzen bedeuten, dass die Zufallsvariablen für die einzelnen i's nicht aus der gleichen Verteilung stammen. Korrelierende Störgrößen verletzen die Unabhängigkeitsannahme. Annahme (v) dient vor allem der Sicherung geforderter Schätzeigenschaften. Wenn die Regressoren als deterministisch angenommen werden, wie im klassischen Modell üblich, dann folgt sofort Annahme (v), da sich aufgrund von Annahme (ii) $E(x_i u_i) = x_i E(u_i) = 0$ ergibt.

Literaturhinweise:
Das klassische lineare Regressionsmodell mit den zugrunde liegenden Annahmen ist Gegenstand nahezu jedes Ökonometrielehrbuches, so z.B. bei Hackl (2004, Kapitel 2+4). Verwiesen sei auf Kennedy (1998), der verbal in die Thematik einführt. Unter diesem Aspekt ist das Buch auch für die meisten anderen Kapitel geeignet.

2.2 Koeffizientenschätzung und Eigenschaften

2.2.1 Koeffizientenschätzung

Zweivariablenmodell. Der einfachste Fall des in Kapitel 2.1 beschriebenen multiplen Regressionsmodells besitzt nur einen echten Regressor x und im Falle eines inhomogenen Modells eine Scheinvariable 1 für das absolute Glied. Die Indizes für die Beobachtungen werden, soweit es zu keinen Missverständnissen kommen kann, häufig weggelassen

$$y = a + bx + u.$$

Prinzipiell kann es sich hier um die Gleichung für eine Beobachtung handeln. Dann sind y, x und u skalare Größen. Alternativ lässt sie sich als die zusammengefasste Beziehung für alle n Beobachtungen auffassen mit y, x und u als Vektoren. Zur Schätzung der Koeffizienten a und b dient die Methode der kleinsten Quadrate (KQ-Methode, OLS-Methode – ordinary least squares). Ziel ist, die Koeffizienten so zu bestimmen, dass die Störgrößenquadratsumme ein Minimum wird

$$\sum_{i=1}^{n} u_i^2 = u'u = \text{Minimum}.$$

Wird das obige Zweivariablenmodell in die Zielfunktion eingesetzt, führt dies zu

$$\sum_i u_i^2 = \sum_i (y_i - E(y_i))^2 = \sum_i (y_i - a - bx_i)^2 = \text{Min.}$$

Als Index für die Beobachtungen bei Querschnittsdaten wird üblicherweise i und bei Zeitreihendaten t verwendet.

Der quadratische Summenausdruck ist partiell nach a und b zu differenzieren:

$$\frac{\partial \sum u_i^2}{\partial a} = 2 \sum (y_i - \hat{a} - \hat{b}x_i) \cdot (-1) = 0$$
$$\frac{\partial \sum u_i^2}{\partial b} = 2 \sum (y_i - \hat{a} - \hat{b}x_i)(-x_i) = 0.$$

Die notwendigen Bedingungen für ein Minimum ergeben sich durch Nullsetzen. Daraus folgen die **Normalgleichungen:**

$$\sum y_i = \sum \hat{a} + \hat{b} \sum x_i$$
$$\sum x_i y_i = \hat{a} \sum x_i + \hat{b} \sum x_i^2.$$

Sobald die notwendigen Bedingungen für das Minimum der Störgrößenquadratsumme berücksichtigt sind, werden in der Beziehung die „wahren" Parameter durch die aufgrund der OLS-Schätzung ermittelten ersetzt. Nach $\hat{a}$ und $\hat{b}$ ist aufzulösen. Normalgleichung 1 führt zu

$$\boxed{\hat{a} = \bar{y} - \hat{b}\bar{x}}$$

wobei $\bar{y}$ und $\bar{x}$ die arithmetischen Mittel sind. Das Ergebnis der ersten Normalgleichung ist in die zweite Normalgleichung einzusetzen

$$\sum x_i\, y_i = \bar{y}\sum x_i - \hat{b}\bar{x}\sum x_i + \hat{b}\sum x_i^2.$$

Nach $\hat{b}$ aufgelöst, folgt

$$\boxed{\hat{b} = \frac{\dfrac{1}{n}\sum x_i y_i - \bar{y}\cdot\bar{x}}{\dfrac{1}{n}\sum x_i^2 - \bar{x}^2} = \frac{\overline{xy} - \bar{x}\cdot\bar{y}}{\overline{x^2} - \bar{x}^2} = \frac{s_{yx}}{s_x^2}}$$

wobei s_{yx} als Stichprobenkovarianz bezeichnet wird und s_x^2 die Stichprobenvarianz von x ist. Soweit noch keine numerische Bestimmung erfolgt, handelt es sich bei $\hat{a}$ und $\hat{b}$ um Schätzfunktionen (Zufallsvariablen) für a und b. Erst nach der Realisierung der Stichprobe, nach Einsetzen der Werte sind $\hat{a}$ und $\hat{b}$ feste Werte. Die geschätzten Störgrößen ergeben sich aus

$$\hat{u} = y - \hat{a} - \hat{b}x$$

und heißen Residuuen.

Beispiel: Einkommensfunktion für die BR Deutschland 1997

Geschätzt werden soll aufgrund der Humankapitaltheorie der Stundenlohn in Abhängigkeit von der Schulbildung S (schooling function). Operationalisiert wird die unabhängige Variable S durch die bei einem speziellen Schulabschluss üblicherweise notwendige Zahl an Schuljahren. Die endogene Variable geht als logarithmierte Größe (lny) in die Untersuchung ein. Diesem Vorgehen wird in vielen empirischen Untersuchungen gefolgt. Eine bessere Anpassung, ein besserer Fit, kann dadurch erzielt werden als bei Verwendung der Niveaugrößen (Heckman/Polachek 1974). Datengrundlage bildet das Sozio-ökonomische Panel (SOEP) des Jahres 1997. In die Untersuchung gehen n=4972 abhängig Beschäftigte ein. Das Ergebnis der OLS-Schätzung lautet

$$lny = 1{,}9491 + 0{,}0540 \cdot S \;\diamond.$$

Aus dem Bereich der Makroökonomie sei ein zweites Beispiel eines einfachen Zweivariablenmodells vorgestellt.

2.2 Koeffizientenschätzung und Eigenschaften

Beispiel: Sparfunktion für die BR Deutschland 1960-1994

Daten aus der volkswirtschaftlichen Gesamtrechnung des DIW liefern Angaben über das verfügbare Einkommen (Y_v) und über die Ersparnis (S) der privaten Haushalte für die Bundesrepublik Deutschland in Mrd. DM. Verwendet werden Quartalsdaten von 1960-1994. Zu trennen ist zwischen saisonbereinigten (s) und unbereinigten Daten (u). Die OLS-Schätzung führt zu folgenden Ergebnissen

$$S(u) = 11{,}682 + 0{,}0138 \cdot Y_v(u)$$
$$S(s) = 11{,}599 + 0{,}1063 \cdot Y_v(s).$$

Auffällig sind die starken Unterschiede beim Steigungskoeffizienten, während beim absoluten Glied die Schätzung mit saisonbereinigten und nicht bereinigten Daten sehr ähnlich ausfällt. ◇

Multiples Modell. Beim Übergang vom einfachen zum multiplen Regressionsmodell nimmt zunächst nur die Zahl der Regressoren zu. Wenn mehr als ein echter Regressor vorliegt, spricht man von einem multiplen Modell. Die Scheinvariable (unechter Regressor), die nur den Wert Eins annimmt, erhält, wenn sie explizit aufgeführt wird, das Symbol x_0

$$y = \beta_0 + \beta_1 x_1 + \ldots + \beta_{K-1} x_{K-1} + \beta_K x_K + u = X\beta + u$$

$$\hat{\beta} = \begin{pmatrix} \hat{\beta}_0 \\ \vdots \\ \hat{\beta}_K \end{pmatrix} ; y = \begin{pmatrix} y_1 \\ \vdots \\ y_n \end{pmatrix} ; X = \begin{pmatrix} 1 & x_{11} & \ldots & x_{1K} \\ \vdots & \vdots & & \\ 1 & x_{n1} & \ldots & x_{nK} \end{pmatrix}.$$

Häufig wird in einer alternativen Schreibweise die Scheinvariable mit x_1 bezeichnet und das absolute Glied mit β_1. Die echten Regressoren umfassen dann $x_2, \cdots, x_K$. Es ist jeweils darauf zu achten, welche der beiden Festlegungen gewählt wurde.

Die Lösung des Modells, d.h. die Bestimmung des Koeffizientenvektors, könnte zunächst durch Multiplikation der Matrixgleichung mit der Inversen von X versucht werden, um β zu isolieren. Da X üblicherweise nicht quadratisch ist, führt dieser Weg nicht zum Ziel. Aus dieser Überlegung könnte der Vorschlag folgen, zunächst

$$X'y = X'X\beta + X'u$$

zu bilden, um dann die Gleichung mit der Inversen von X'X zu multiplizieren. Damit kommt man bereits in die Nähe der Lösung nach der OLS-Methode, wenn nach β aufgelöst wird

$$\beta = (X'X)^{-1}X'y - (X'X)^{-1}X'u.$$

Praktisch handhabbar ist dieses Vorgehen jedoch auch nicht, da sich u nicht beobachten lässt. Wie beim Zweivariablenmodell wird daher der Methode der kleinsten Quadrate gefolgt

$$\frac{\partial u'u}{\partial \beta} = \frac{\partial (y - X\beta)'(y - X\beta)}{\partial \beta} = \frac{\partial (y'y - 2y'X\beta - \beta'X'X\beta)}{\partial \beta}.$$

Indem die erste Ableitung Null gesetzt wird, erhält man die zum Zweivariablenmodell analogen Normalgleichungen mit dem Schätzvektor $\hat{\beta}$

$$0 = -2X'y + 2X'X\hat{\beta}.$$

Aufgelöst nach $\hat{\beta}$ ergibt sich

$$\boxed{\hat{\beta} = (X'X)^{-1} X'y.}$$

Dies Ergebnis folgt also, wenn die Störgrößenquadratsumme $u'u$ minimiert wird, d.h. nach β abgeleitet wird. Benötigt werden hierfür Differentiationsregeln für Vektoren und Matrizen. Eine partielle Ableitung nach jedem Koeffizienten wie im einfachen Regressionsmodell wäre zu umständlich. Der Spezialfall des Zweivariablenmodells in Matrixschreibweise lautet dann

$$\hat{\beta} = \begin{pmatrix} \hat{a} \\ \hat{b} \end{pmatrix} = \left[\begin{pmatrix} 1 & \cdots & 1 \\ x_1 & \cdots & x_n \end{pmatrix} \begin{pmatrix} 1 & x_1 \\ \vdots & \vdots \\ 1 & x_n \end{pmatrix} \right]^{-1} \begin{pmatrix} 1 & \cdots & 1 \\ x_1 & \cdots & x_n \end{pmatrix} \begin{bmatrix} y_1 \\ \vdots \\ y_n \end{bmatrix}.$$

Nach Auflösen folgen genau die Ergebnisse, die für das Zweivariablenmodell angegeben wurden (Hübler 1989, S. 39). Unter Verwendung der Beobachtungen von y und X ergeben sich konkrete Werte für $\hat{\beta}$, den Schätzvektor für β.

Während beim Zweivariablenmodell die Schätzung der Koeffizienten noch bequem per Hand oder mit Taschenrechner ermittelt werden können, wenn nicht allzu viele Daten vorliegen, verlangt ein multiples Modell, das mindestens zwei echte Regressoren enthält, nach statistisch-ökonometrischen Programmen für PCs. Für zwei Programmpakete, SHAZAM und STATA, wurden im Kapitel 1.5 die grundlegenden Befehle zur Dateneingabe der Daten und Transformation der Variablen eingeführt. Hieran anschließen, d.h. zum Beispiel nach dem READ-Befehl von SHAZAM, können sich Befehle zur Ermittlung der Regressionskoeffizienten. Zwei Möglichkeiten bestehen. Entweder wird analog der obigen Matrixformel für die OLS-Schätzung selbst programmiert, oder es wird lediglich der OLS-Befehl aufgerufen, da SHAZAM wie auch andere Programme die OLS-Schätzung implementiert hat. Anhand eines einfachen Beispiels unter Verwendung regionaler Informationen sollen beide Vorgehensweisen demonstriert werden.

2.2 Koeffizientenschätzung und Eigenschaften

Beispiel: Wohnraum in Deutschland 1993/1994

Verwendet werden Daten der 16 Bundesländer für 1993/94. Auf einem Datenfile stehen folgende Angaben zur Verfügung: Gesamtwohnfläche des Bundeslandes (w), Miete pro Quadratmeter (m), Anteil der ausländischen Bewohner an der Gesamtbevölkerung des Bundeslandes (aa), Bruttoinlandsprodukt pro Kopf (y), Dummy-Variablen, ob es sich um ein altes oder neues Bundesland handelt (abl=1, wenn altes Bundesland) und ob es ein Stadtstaat ist (s=1, wenn Stadtstaat). Soll direkt die in SHAZAM implementierte OLS-Schätzung aufgerufen werden, so ist

```
OLS w m aa abl y s
```

als Befehl einzugeben. Der erste Variablenname nach dem Verfahrensbefehl OLS legt die endogene Variable fest. Die nachfolgenden Variablen sind die exogenen Variablen. Das absolute Glied wird automatisch mit hinzugefügt. Soll ein homogenes Modell geschätzt werden, so ist als Option nach der letzten Variablen – hier nach s – $/NOCONSTANT$ einzugeben. Wird nicht in Batch, sondern interaktiv in SHAZAM gearbeitet, so erscheint nach Drücken der Enter-Taste dem OLS-Befehl folgend der Output. Hier soll lediglich ein kleiner Ausschnitt der ausgewiesenen Ergebnisse wiedergegeben werden

m	0.10478E+06
aa	5665.6
abl	-0.22954E+06
y	-18128
s	-0.22778E+06
CONSTANT	-0.18696E+06

Die Schreibweise E+06 bedeutet 10^6, so dass der geschätzte Koeffizient von m 104780 ist. Da SHAZAM und STATA wie die meisten Programmpakete aus dem englischsprachigen Raum stammen, werden Nachkommastellen nicht durch das in Deutschland übliche Kommasymbol getrennt, sondern durch einen Punkt.

Aus theoretischer Sicht sind die Ergebnisse dieser Schätzung zum Teil wenig plausibel. Daher müssen in den folgenden Abschnitten weitergehende ökonometrische Untersuchungen durchgeführt werden. Soll die Schätzung in SHAZAM selbst programmiert werden, so ist z.B. folgende Syntax zu verwenden

```
genr con=1
copy w y
copy con m aa abl y s X
matrix beta = INV(X'X)*X'y
print beta
```

Als Output erscheint

BETA

-186956.5   104775.4   5665.561   -229542.6   -18127.72   -227777.6

Ein Vergleich der beiden Ergebnisse macht schnell deutlich, dass sie sich bis auf Rundungsfehler nicht unterscheiden. Am Anfang steht das absolute Glied und nachfolgend die Koeffizienten für m, aa, abl, y und s. ◇

2.2.2 Koeffizienteninterpretation

Zweivariablenmodell mit stetigen Variablen. Üblicherweise werden in Regressionsanalysen stetige, zweifach differenzierbare Variablen zugrunde gelegt. Der geschätzte Koeffizient des absoluten Gliedes ($\hat{a}$) lässt sich als autonome Größe beschreiben. Soll zum Beispiel eine Konsumfunktion der Gestalt $C = c_0 + c_1 \cdot Y_v + u$ geschätzt werden, so bezeichnet c_0 den Basiskonsum, der unabhängig vom verfügbaren Einkommen notwendig ist. Ob dies dem gesellschaftlichen Existenzminimum entspricht, ist eine politisch zu entscheidende Frage. Der Koeffizient b im allgemeinen Zweivariablenmodell

$$y = a + b \cdot x + u$$

ist im mathematischen Sinne ein Steigungsmaß und kann auch als marginaler Einfluss $dy/dx = b$ interpretiert werden. Er gibt an, um wieviel sich y ändert, wenn sich x um eine Einheit erhöht. Im Beispiel der Konsumfunktion ist $\hat{b}$ die geschätzte marginale Konsumneigung. Beim Beispiel der Schooling-Funktion ist zu beachten, dass die endogene Variable eine logarithmierte Größe ist. Dies bedeutet

$$\hat{b} = \frac{d \ln y}{dS} \sim \frac{\frac{\Delta y}{y}}{\Delta S} = 0,0540.$$

Wenn $\Delta S = 1$, dann ist 0,0540 die durch ein zusätzliches Schuljahr induzierte Wachstumsrate des Einkommens. Der geschätzte Koeffizient $\hat{b}$ lässt sich als Ertragsrate der Schulbildung interpretieren. Ein zusätzliches Schuljahr erbringt einen zusätzlichen Ertrag von 5,4%. Das absolute Glied 1,9491, transformiert in $\exp(1,9491) = 7,0224$, entspricht dem durchschnittlichen Stundenlohn in ECU/EURO der Erwerbstätigen ohne Schulbildung.

Multiples Modell mit stetigen Variablen. Beim Modell mit mehr als einem echten Regressor besteht auf den ersten Blick bei der Interpretation der Koeffizienten kein Unterschied gegenüber dem Zweivariablenmodell. Der Koeffizient eines Regressors x_k gibt an, um wieviel sich y bei Zunahme von x_k um eine Einheit ändert. Am konkreten Beispiel ist jedoch sofort zu erkennen, dass die Ergebnisse überlicherweise nicht übereinstimmen. Wird z.B. die ursprüngliche Konsumfunktion mit dem verfügbaren Einkommen Y_v als einzigem Regressor

$$C = c_0 + c_1 Y_v + u$$

2.2 Koeffizientenschätzung und Eigenschaften

erweitert um die Determinante „Vermögen - V" mit dem unbekannten Gewichtungsfaktor a_2, soll $C = a_0 + a_1 \cdot Y_v + a_2 \cdot V + u$ geschätzt werden, so ist nicht zu erwarten, dass c_1 den gleichen Wert annimmt wie a_1. Das ist nur der Fall, wenn Y_v und V vollständig unkorreliert sind. Dann bedarf es auch keiner gemeinsamen Schätzung des Einflusses von Y_v und V auf C. Die getrennte Schätzung

$$C = c_0 + c_1 \cdot Y_v + u_1$$
$$C = b_0 + b_1 \cdot V + u_2$$

stimmt dann und nur dann mit der gemeinsamen Schätzung überein, wenn $c_1 = a_1$ und $b_1 = a_2$.

Bei der Interpretation der Koeffizienten bedarf es gegenüber dem einfachen Modell eines Zusatzes. Der **partielle Regressionskoeffizient** $\beta_k = \partial y / \partial x_k$ aus dem Regressionsmodell

$$y = \beta_0 + x_1\beta_1 + x_2\beta_2 + ... + x_K\beta_K + u$$

gibt an, wie stark die marginale Veränderung der endogenen Größe y bei Veränderung von x_k um eine Einheit ist, wenn die anderen explizit berücksichtigten erklärenden Variablen $x_1, \cdots, x_{k-1}, x_{k+1}, \cdots, x_K$ konstant gehalten werden. Bisweilen wird auch davon gesprochen, dass das Modell für die anderen Regressoren kontrolliert. Der erste Gedanke bei dieser Definition ist, dass damit ein irrelevanter Fall angesprochen wird. Wenn im Beispiel der Konsumfunktion die Beobachtungspaare C und Y_v für alle Beobachtungsträger betrachtet werden, dann bleibt das Vermögen V nicht konstant, sondern variiert zwischen den Beobachtungsträgern. Dieser Tatbestand ist hier jedoch nicht gemeint.

Um die tatsächliche Bedeutung klar machen zu können, ist eine Hilfsregression einzuführen, d.h. die Regression eines Regressor z.B. x_1 auf alle anderen Regressoren $x_2, ..., x_K$. Wird die sich aufgrund der OLS-Schätzung ergebende Prognose

$$\hat{x}_1 = \hat{c}_0 + \hat{c}_2 x_2 + ... + \hat{c}_K x_K$$

vom Beobachtungswert abgezogen

$$\hat{u}_1 =: x_1 - \hat{x}_1,$$

so liegt nur noch der „reine" x_1-Einfluss vor. Das Wort rein steht in Anführungsstrichen, weil die Bereinigung nur von solchen Einflüssen erfolgt, die im Modell explizit als exogene Variablen berücksichtigt sind. Zudem bleiben auch für diese nichtlineare Effekte außer Acht. Wenn (aus Vereinfachungsgründen) die bereinigte x_1-Variable und der Regressand zentriert werden

$$y^z = y - \bar{y}$$
$$\hat{u}_1^z = \hat{u}_1 - \bar{\hat{u}}_1,$$

dann führt die OLS-Schätzung für γ_1 aus der einfachen Regression zwischen diesen beiden Variablen und der Störgröße ϵ

$$y^z = \gamma_1 \hat{u}_1^z + \epsilon$$

zum gleichen Ergebnis wie die OLS-Schätzung für β_1 aus der multiplen Regression, d.h. $\hat{\gamma}_1 = \hat{\beta}_1$. Angemerkt sei, dass eine zusätzliche Bereinigung des Regressanden y vom Einfluss x_2 bis x_K keine Auswirkungen hat.

Konstanthalten der anderen Einflüsse bedeutet also, die betrachtete Variable wird von den (linearen) Einflüssen der anderen Regressoren bereinigt. Man nennt diesen Vorgang auch Auspartialisieren (partialling out, netted out). Als Notation wird bisweilen

$$\boxed{\beta_1 = \beta_{yx_1 \cdot x_2 \ldots x_K}}$$

verwendet. Die Rückführung auf ein Zweivariablenmodell kann insofern Vorteile aufweisen, als manche weiterführende Methoden sich nicht oder nur schwer auf ein multiples Modell anwenden lassen. Die inverse Regression (Umkehrregression – vgl. Kapitel 2.2.4) ist ein Beispiel hierfür.

Eine gewisse Modifikation erfährt die Interpretation der Koeffizienten, wenn Regressoren und Regressand erstens keine Niveaugrößen oder zweitens keine stetigen Variablen sind, von denen sich die ersten Ableitungen bilden lassen. Die nachfolgenden Fälle werden unterschieden.

Variablen als Differenzen. Aus ökonomischer Sicht ist die Dynamik von besonderem Interesse. Veränderungen zwischen zwei Perioden wie Nachfrageänderung oder Nettoinvestitionen als Veränderung des Kapitalstocks oder die Inflationsrate als relativer Anstieg des Preisniveaus werden gebildet durch

$$\Delta y_t = y_t - y_{t-1} \qquad \Delta x_t = x_t - x_{t-1},$$

die anstelle der Niveaugröße Eingang in eine Regression finden können. Analytisch können auch marginale Änderungen, d.h. dy und dx, verwendet werden. In diesem Fall lässt sich der Regressionskoeffizient b im einfachen Zweivariablenmodell

$$dy = a + b \cdot dx + u,$$

falls zeitstetige Variablen vorliegen, darstellen durch

$$b = \frac{d^2 y}{d^2 x} = \frac{d^2 y / dt^2}{d^2 x / dt^2}.$$

Wenn z.B. y den Preisindex im Inland und x den Preisindex im Ausland beschreibt, dann gibt b an, wie stark sich der Preisauftrieb im Inland beschleunigt, wenn er im

Ausland 1% beträgt. Das Differenzenmodell lässt sich formal aus den Bestandsmodellen der beiden Perioden bilden. Im Zweivariablenmodell heißt dies

$$\Delta y_t = y_t - y_{t-1} = a - bx_t + u_t - a - bx_{t-1} - u_{t-1}$$
$$= b(x_t - x_{t-1}) + (u_t - u_{t-1}).$$

Wenn das Differenzenmodell durch

$$\Delta y_t = \tilde{a} + \tilde{b}\Delta x_t + \Delta u_t$$

bestimmt wird, dann müsste $\tilde{a} = 0$ und $\tilde{b} = b$ sein. Fraglich ist jedoch, ob a und b im Zeitablauf konstant bleiben.

Logarithmierte Variablen. Sind Regressor und Regressand im Zweivariablenmodell in natürlichen Logarithmen gemessen

$$lny = \beta_0 + \beta_1 lnx_1 + u,$$

dann entspricht der Steigungskoeffizient

$$\beta_1 = \frac{dlny}{dlnx_1} = \frac{dy/y}{dx_1/x_1} = \epsilon_{yx_1}$$

einer Elastizität, die hier als Konstante modelliert ist. Statt konstante Reaktionen über alle Beobachtungsträger anzunehmen, kann auch von individuen- oder jahresspezifischen Elastizitäten ausgegangen werden. Damit wird der Fall des klassischen Regressionsmodells mit konstanten Regressionskoeffizienten verlassen oder ein Ansatz mit Niveaugrößen muss geschätzt werden ($y = a_0 + a_1 \cdot x + u$), um daraus $\epsilon_{yx_1;i} = a_1 \cdot x_i/y_i$ zu bilden. Als Ergänzung ist es dann hilfreich, die Elastizität an der Stelle der Mittelwerte ($\bar{y}; \bar{x}$) anzugeben

$$\epsilon_{yx_1} = a_1 \cdot \frac{\bar{x}}{\bar{y}}.$$

Das Konzept der Elastizität hat in den Wirtschaftswissenschaften weite Verbreitung gefunden. Charakterisiert wird damit, wie stark die relative Reaktion der abhängigen Variablen y auf relative Änderungen der exogenen Variablen x ist.

Beispiel: Einkommenselastizität des Sparens 1960-1994

Unter Verwendung der Quartalsdaten für die Bundesrepublik Deutschland 1/1960-4/1994 führt eine mit SHAZAM durchgeführte Schätzung der Sparfunktion sowie die entsprechende Schätzung mit logarithmierten Größen zu

$$\hat{S} = 11,682 + 0,0138 \cdot Y_v$$
$$ln\hat{S} = 2,1734 + 0,0878 \cdot lnY_v.$$

Aus der zweiten Schätzung ergibt sich als Einkommenselastizität des Sparens ein Wert von 0,0878. Werden dagegen die Mittelwerte von S und Y_v ($\bar{S} = 12,275; \bar{Y}_v = 42,844$) mit dem geschätzten Regressionskoeffizienten aus der ersten Gleichung miteinander verbunden, so folgt als Elastizität an den Durchschnittswerten: $0,0138 \cdot 42,844/12,275 = 0,0482$. Die abweichenden Ergebnisse der beiden ermittelten Elastizitäten sind ein Hinweis auf Nichtlinearität. ⋄

Im Prinzip lassen sich die Überlegungen zu Elastizitäten aus dem Zweivariablenmodell auf das multiple Modell übertragen. Allerdings ist bei der Interpretation eine leichte Modifikation vorzunehmen. Wenn zum Dreivariablenmodell

$$lny = \gamma_0 + \gamma_1 lnx_1 + \gamma_2 lnx_2 + \tilde{u}$$
$$\gamma_1 = \frac{\partial lny}{\partial lnx_1} = \epsilon_{y,x_1 \cdot x_2}$$

mit $\tilde{u}$ als Störgröße übergegangen wird, dann sind γ_1 und γ_2 Elastizitäten. Als Beispiel sei eine individuelle Nachfragefunktion unterstellt mit y als Nachfragemenge eines Gutes, x_1 als Preis dieses Gutes und x_2 als Preis eines Konkurrenzproduktes. Der Vergleich mit dem Zweivariablenmodell $lny = \beta_0 + \beta_1 lnx_1 + u$ macht sofort deutlich, dass nicht schlechthin von der Elastizität von y in bezug auf x_1 gesprochen werden kann, wie dies üblicherweise in volkswirtschaftlichen Lehrbüchern steht. Woll (1987, S.106) z.B. spricht von der Nachfrageelastizität oder genauer von der Preiselastizität der Nachfrage. Wenn weitere Determinanten in einem ökonomischen Zusammenhang explizit berücksichtigt werden als die beiden für eine Elastizität grundlegenden Variablen, dann hat dies Auswirkungen auf das Ergebnis der Elastizität. Während ϵ_{yx_1} eine unbedingte Elastizität ist, muss bei $\epsilon_{y,x_1 \cdot x_2}$ von einer bedingten oder analog der üblichen Bezeichnung bei Regressionskoeffizienten von einer partiellen Elastizität gesprochen werden. Das folgende Beispiel macht deutlich, wie verzweigt ein Elastizitätsbegriff sein kann. Es gilt für die unbedingte Lohnelastizität ϵ_{Lw} der Arbeitsnachfrage L die Identität

$$\epsilon_{Lw} = \frac{dL}{dw} \cdot \frac{w}{L}.$$

Wenn von dem Systemzusammenhang

$$L = L(w, r, Q)$$
$$Q = Q(p)$$
$$p = p(w, r),$$

wobei w - Lohnsatz, r - Zins, Q - Output, p - Produktpreis, ausgegangen wird, lässt sich die Lohnelastizität der Arbeitsnachfrage ϵ_{Lw} unter Konstanthaltung des Zinses wie folgt zerlegen

$$\epsilon_{Lw.r} = \epsilon_{LW.Qr} + \epsilon_{LQ.rw} \cdot \epsilon_{Qp} \cdot \epsilon_{pw.r}$$

2.2 Koeffizientenschätzung und Eigenschaften

Zu diesem Ergebnis kommt man, wenn von der Arbeitsnachfragefunktion unter Berücksichtigung der Output- und Preisfunktion das totale Differential gebildet wird

$$dL = \frac{\partial L}{\partial w} \cdot dw + \frac{\partial L}{\partial r} \cdot dr + \frac{\partial L}{\partial Q} \cdot [\frac{dQ}{dp} \cdot \frac{\partial p}{\partial w} \cdot dw + \frac{dQ}{dp}\frac{\partial p}{\partial r} \cdot dr]$$

und dr=0 gesetzt wird. Eine Erweiterung dieses Systemzusammenhangs könnte noch darin bestehen, dass die Güternachfragefunktion Q, wobei Q dem Output entspricht, um die Determinante w erweitert wird (Q=Q(p,w)). Auf diesem Weg ließe sich empirisch etwas zu der vor allem während eines Streiks geführten Diskussion sagen, ob Lohnerhöhung über den Kosteneffekt oder über den Nachfrageeffekt die Arbeitsnachfrage insgesamt negativ oder positiv beeinflusst

$$dL = \frac{\partial L}{\partial w} \cdot dw + \frac{\partial L}{\partial Q} \cdot [\frac{dQ}{dp} \cdot \frac{\partial p}{\partial w} \cdot dw + \frac{\partial Q}{\partial w} \cdot dw].$$

Die Arbeitsnachfrage wird zerlegt in einen direkten Kosteneffekt, einen indirekten Kosteneffekt über die Güterpreisänderung und einen Nachfrageeffekt. Nur wenn der Nachfrageeffekt ($\frac{\partial Q}{\partial w} \cdot dw > 0$) die Summe der anderen beiden Effekte, die negativ sind, übersteigt, folgt ein positiver Gesamteffekt der Beschäftigung durch Lohnsteigerungen.

Dummy-Variablen. Insbesondere wenn mit mikroökonomischen Daten gearbeitet wird, aber auch bei makroökonomischen Ansätzen gehen häufig qualitative Variablen in Form von Dummy-Variablen D als Bestimmmungsgrößen in ein Regressionsmodell ein, d.h. den beiden Ausprägungen eines Merkmals werden die Werte 1 und 0 zugeordnet – vgl. Kapitel 1.3.4 und 3.6.1.

Beispiel: Geschlecht ($D = 1$, wenn männlich; $D = 0$, wenn weiblich)

Der Beobachtungsvektor besteht dann nur aus Nullen und Einsen

$$D = \begin{pmatrix} 1 \\ 0 \\ 1 \\ 1 \\ 0 \\ 0 \end{pmatrix}.$$

Auch hier muss bei der Interpretation des Regressionskoeffizienten auf eine Besonderheit geachtet werden. D ist keine stetige Variable, somit entspricht im einfachsten Fall

$$y = a + b \cdot D + u$$

b auch nicht der ersten Ableitung dy/dx. Vielmehr ist $\hat{b}$ in

$$\hat{y} = \hat{a} + \hat{b}D$$

über Differenzenbildung zu interpretieren. Falls y dem Individualeinkommen entspricht, misst $\hat{b}$ die Abweichung des durchschnittlichen Einkommens der Männer von dem der Frauen und $\hat{a}$ das durchschnittliche Fraueneinkommen in der Stichprobe. Dies wird deutlich, wenn der Erwartungswert der Regressionsgleichung, getrennt für die beiden Ausprägungen von D, betrachtet wird

$$D = 1: \quad E(y|D=1) = a + b$$
$$D = 0: \quad E(y|D=0) = a.$$

Hieraus folgt: $b = E(y|D=1) - E(y|D=0)$, falls E(u)=0 auch für die beiden Teilgruppen gilt, d.h. $E(u|D=1) = 0$ und $E(u|D=0) = 0$. ⋄

Im Zweivariablenmodell $y = a + b \cdot D + u$ können die geschätzten Koeffizienten also sofort durch

$$\hat{b} = \bar{y}_1 - \bar{y}_0$$
$$\hat{a} = \bar{y} - (\bar{y}_1 - \bar{y}_0) \cdot \bar{D} = \bar{y} - (\bar{y}_1 - \bar{y}_0)\frac{n_1}{n}$$

angegeben werden.

Beispiel: Geschlechtsspezifische Einkommensunterschiede 2001

Auf Basis der Daten des SOEP aus dem Jahre 2001 wird zunächst die deskriptive Statistik mit Hilfe des Programmpakets STATA ermittelt

. sum y if $y > 0$
. sum y if SEX=1 & $y > 0$
. sum y if SEX=0 & $y > 0$

wobei D=SEX=1, wenn Mann; =0, wenn Frau und y Stundenlohn in EURO. Daraus erhält man für alle Beobachtungen

Variable	Obs	Mean	Std. Dev.	Min	Max
y	4236	15.53073	8.388742	.4318344	117.1711

für SEX=1

Variable	Obs	Mean	Std. Dev.	Min	Max
y	2435	17.60334	9.045675	.5325957	117.1711

für SEX=0

Variable	Obs	Mean	Std. Dev.	Min	Max
y	1801	12.72851	6.422993	.4318344	64.76364

2.2 Koeffizientenschätzung und Eigenschaften

Die Bestimmung über die Regression erfolgt durch

`. regress y SEX if` $y > 0$

mit dem Output

y	Coef.	Std. Err.	t	P>|t|	95% Conf.	Interval
SEX	4.874828	.2497529	19.52	0.000	4.385181	5.364474
cons	12.72851	.1893573	67.22	0.000	12.35727	13.09975

Die Koeffizienten für SEX und cons entsprechen $\hat{b}$ und $\hat{a}$, die sich, wie gezeigt, ebenfalls aus den deskriptiven Statistiken berechnen lassen

$$\hat{b} = 17,60334 - 12,72851 = 4,87483$$

$$\hat{a} = 15,53037 - (17,60334 - 12,72851) \cdot \frac{2435}{4236} = 12,72815 \diamond$$

Wenn ein multiples Modell mit einer Dummy-Variablen als Regressor betrachtet wird

$$y = \beta_0 + \sum_{k=1}^{K} x_k \beta_k + \gamma \cdot D + u,$$

dann gibt der Koeffizient γ den bedingten Unterschied in y zwischen D=1 und D=0 unter Berücksichtigung der Regressoren $x_1, ..., x_K$, d.h. X, wieder

$$\gamma = E(y|X, D = 1) - E(y|X, D = 0),$$

wobei E(u|X,D=1)=E(u|X,D=0)=0. Wird von der Alternative Gebrauch gemacht, die Beziehung $y = X\beta + u$ getrennt für $D = 1$ und $D = 0$ zu schätzen, dann entspricht $\bar{y}_1 - \bar{y}_0$ üblicherweise nicht $\hat{\gamma}$. Während bei gemeinsamer Schätzung implizit unterstellt ist, dass sich die Störgröße bei $D = 1$ nicht von der bei $D = 0$ unterscheidet und dass D nicht den Zusammenhang zwischen X und y beeinflusst, besteht bei getrennter Schätzung diese Restriktion nicht. Wenn keine Dummy-Variable, sondern eine kategoriale Variable mit mehr als zwei Ausprägungen vorliegt, wird die Behandlung etwas schwieriger (vgl. Hübler 1984, S.80ff).

Logarithmierte endogene Variable und Dummy als exogene Variable. In einem semilogarithmischen Modell

$$lny = \beta_0 + \sum_{k=1}^{K} x_k \beta_K + u$$

mit stetig differenzierbaren Zeitreihenvariablen $lny, x_1, ..., x_k$ lassen sich die (geschätzten) Koeffizienten als Wachstumsrate interpretieren, d.h. β_k gibt an, welche Wachstumsrate von y eine Änderung von x_k um eine Einheit induziert

$$\frac{dlny}{dx_k} = \frac{dy}{y}\frac{1}{dx_k} = \beta_k.$$

Ein einfaches Beispiel beschreibt die oben diskutierte Schooling-Funktion – vgl. Kapitel 2.2.2. Allerdings ist der Regressor S in diesem Fall keine stetig differenzierbare Variable, sondern eine Zählvariable, die nur nichtnegative ganze Werte annimmt. Abgesehen davon werden Schooling-Funktionen häufig wie auch im obigen Beispiel mit Querschnittsdaten geschätzt. Dann kann der Regressionskoeffizient von S genau genommen nicht als Wachstumsrate der Schulbildung interpretiert werden. Dies wäre nur zulässig, wenn sich die Ertragsraten im Zeitablauf nicht ändern und interindividuell gleich sind.

Die Verbindung eines semilogarithmischen Modells mit einer Dummy-Variablen als Regressor

$$\ln y = a + b \cdot D + u$$

führt bei Zeitreihendaten zu einer weiteren speziellen Interpretation des Regressionskoeffizienten. Aus

$$y = \exp(a + b \cdot D + u)$$

folgt

$$E(y|D=1) = \exp(a+b) \cdot E(\exp(u|D=1)) =: y_1$$
$$E(y|D=0) = \exp(a) \cdot E(\exp(u|D=0)) =: y_0,$$

so dass bei Annahme von $E(u|D=1) = E(u|D=0)$

$$\frac{y_1}{y_0} = \exp(b)$$

gilt. Dies entspricht

$$b = \ln(y_1/y_0)$$
$$= \ln(1 + \frac{y_1}{y_0} - 1) = \ln(1 + w_y)$$

mit w_y als Wachstumsrate. Als erste Annäherung folgt

$$b \sim w_y,$$

falls w_y klein ist. Dies zeigt die Entwicklung der Taylorreihe

$$\ln(1 + w_y) = \sum_{n=1}^{\infty} (-1)^{n-1} \cdot \frac{w_y^n}{n}.$$

2.2 Koeffizientenschätzung und Eigenschaften

Wenn nach dem linearen Glied abgebrochen wird, ergibt sich

$$b \approx (-1)^0 \cdot \frac{w_y}{1} = w_y.$$

Bei positiven prozentualen Wachstumsraten von weniger als 100% gilt allerdings stets $b < w_y$, da $-(w_y^n/n) + (w_y^{n+1}/(n+1)) < 0$ für $\forall n$ gerade, denn $w_y < (n+1)/n$, wenn $w_y < 1$. Die folgenden Zahlenbeispiele verdeutlichen die gute Approximation von b durch w_y, wenn w_y klein ist. Bei $w_y = 0,5$ beträgt der Fehler aber bereits 20%:

w_y	$\ln(1 + w_y) = b$
0,01	0,00995
0,05	0,04879
0,1	0,09531
0,5	0,40547

Ein naheliegender Schätzwert für die Wachstumsrate von y (w_y) stellt

$$\hat{w}_y = \exp(\hat{b}) - 1$$

dar. Diese Wahl ist jedoch nicht zufriedenstellend, da es sich hierbei um einen verzerrten Schätzer handelt, obwohl $\hat{b}$ ein unverzerrter Schätzer für b ist – zu Eigenschaften von Schätzfunktionen vgl. Kapitel 2.2.5. Aus asymptotischer Sicht lässt sich das Vorgehen damit rechtfertigen, dass $\hat{w}_y$ ein konsistenter Schätzer für w_y ist. Eine Reduktion, aber keine vollständige Beseitigung des Bias ermöglicht die Berücksichtigung der auf Goldberger (1968) zurückgehenden Beziehung

$$E(\exp(\hat{b})) = \exp(b - \frac{1}{2}V(\hat{b})),$$

wobei $V(\hat{b})$ die Varianz von $\hat{b}$ ist. Wenn

$$\hat{E}(\exp(\hat{b})) = \exp(\hat{b} - \frac{1}{2}\hat{V}(\hat{b}))$$

ermittelt wird, dann erhält man als alternativen Schätzer für die Wachstumsrate von y

$$\tilde{w}_y = \exp(\hat{b} - \frac{1}{2}\hat{V}(\hat{b})) - 1.$$

Die Reduktion des Bias gegenüber $\hat{w}_y$ ergibt sich dadurch, dass für positive $\hat{b}$ die Verwendung von $\tilde{w}_y$ die Unterschiede zwischen w_y und b, wie sie anhand der Beispiele in der obigen Tabelle zum Ausdruck kommen, reduziert gegenüber $\hat{w}_y$.

Liegen für die Schätzung der Ausgangsbeziehung $lny = a + b \cdot D + u$ keine Zeitreihen-, sondern Querschnittsdaten vor, so kann nicht von Wachstumsraten gesprochen werden. Vielmehr gibt b den mittleren Unterschied für lny zwischen D=1 und D=0 wieder – vgl. Abschnitt 2.2.2.

2.2.3 Variablentransformation

Standardisierte Variablen. Häufig wird anstelle der beobachteten Variablen die standardisierte Form gewählt. Von allen Beobachtungen ist das arithmetische Mittel abzuziehen und diese Differenz durch die Standardabweichung zu teilen

$$\frac{y_i - \bar{y}}{d_y} = y_i^*; \quad \frac{x_{ik} - \bar{x}_k}{d_k} = x_{ik}^*$$

mit $i = 1, ..., n$, $k = 0, ..., K$ und $d_k^2 = 1/n \sum (x_{ik} - \bar{x}_k)^2$.

Der Vorteil standardisierter Variablen gegenüber Niveaugrößen im Regressionsmodell besteht darin, dass bei ersteren ein Vergleich der Koeffizienten, der Wirksamkeit der einzelnen Regressoren auf den Regressanden, möglich ist. Dem steht als Nachteil gegenüber, dass das absolute Glied verschwindet. Der Regressionsansatz für standardisierte Variablen lautet

$$y^* = \sum_{k=1}^{K} x_k^* \beta_k^* + u^*.$$

Der geschätzte Koeffizient der Regression mit standardisierten Variablen ($\hat{\beta}_k^* = \hat{\beta}_k \cdot (s_k/s_y)$) heißt BETA-Koeffizient (standardisierter Regressionskoeffizient). Der Zusammenhang zwischen der Regression mit standardisierten Variablen und der für unstandardisierte Variablen

$$y = \sum_{k=0}^{K} x_k \beta_k + u$$

lässt sich durch

$$\boxed{\beta_k^* = \beta_k \cdot \frac{\sigma_k}{\sigma_y}}$$

beschreiben. Nachfolgend soll diese Beziehung erläutert werden:

- Die standardisierte Regressionsbeziehung ausführlich geschrieben, ergibt

$$\frac{y - E(y)}{\sigma_y} = \sum_{k=1}^{K} \frac{x_k - E(x_k)}{\sigma_k} \beta_k^* + \frac{u - E(u)}{\sigma_u}.$$

- Folgende Annahmen und Schlussfolgerungen liegen dem klassischen Regressionsmodell zugrunde:

  (i) E(u)=0
  (ii) $\sigma_y^2 = \sigma_u^2$
  (iii) $E(y) = \sum_{k=0}^{K} x_k \beta_k$.

2.2 Koeffizientenschätzung und Eigenschaften

Mit deren Hilfe lässt sich die standardisierte Regressionsgleichung durch

$$y = \sum_{k=1}^{K} x_k \beta_k^* \frac{\sigma_y}{\sigma_k} + u$$

ausdrücken. Beachte: $\beta_0^*=0$, da $\sigma_0^2 = 0$.

- Da

$$E(y) = \sum_{k=1}^{K} x_k \beta_k^* \frac{\sigma_y}{\sigma_k}$$

wegen $E(x_k) = x_k$ bei deterministischen Regressoren und $\beta = \beta_k^* \frac{\sigma_y}{\sigma_k}$ gilt, entspricht die letzte Regressionsgleichung der unstandardisierten Form. Somit ist der Zusammenhang gezeigt. Für die geschätzte Größe lässt sich

$$\hat{\beta}_k^* = \hat{\beta}_k \cdot \frac{d_k}{d_y}$$

ermitteln.

Für den Spezialfall des Zweivariablenmodells folgt, dass der BETA-Koeffizient dem Korrelationskoeffizienten entspricht

$$y = a + bx + u$$
$$y^* = a^* + b^* x + u^*$$
$$\hat{b}^* = \hat{b} \cdot \frac{d_x}{d_y} = \frac{d_{xy}}{d_x^2} \cdot \frac{d_x}{d_y} = r_{yx}.$$

Einfacher ist das Ergebnis für den Übergang von den β- zu BETA-Koeffizienten (β^*) zu erzielen, wenn die Standardisierung als Lineartransformation behandelt wird.

Beispiel: Einkommensfunktion 1991-1997

Gegenüber der einfachen Schooling-Funktion wird jetzt eine erweiterte Einkommensfunktion

$$lny = \beta_0 + \beta_1 \cdot S + \beta_2 \cdot ALTER + \beta_3 \cdot SEX + u$$

mit Hilfe der Daten des SOEP für die Jahre 1991-1997 und STATA geschätzt (n=36693). Gemessen werden y in Stundenlöhnen, S in Schuljahren, ALTER in Jahren und SEX (=2, wenn Frau; =1 wenn Mann). Zwei Möglichkeiten der Bestimmung der standardisierten Koeffizienten existieren. Entweder die Variablen werden standarisiert und mit diesen wird geschätzt oder das Modell wird zunächst unstandardisiert bestimmt, um anschließend die Koeffizienten unter Verwendung der Varianzen zu transformieren. Im ersten Fall sollte ein Ansatz ohne absolutes Glied (homogene Regression) gewählt werden. Nachfolgend sind vier Modellierungen unterschieden. Die dazugehörigen STATA-Befehle lauten

Ansatz (1)

.regress lny S ALTER SEX

Ansatz (2)

.regress lny S ALTER SEX, beta

Ansatz (3)

.egen lnys=std(lny)
.egen Ss=std(S)
.egen ALTERs=std(ALTER)
.egen SEXs=std(SEX)

.regress lnys Ss ALTERs SEXs

Ansatz (4)

.regress lnys Ss ALTERs SEXs, noconstant

Daraus resultieren als Schätzungen

	(1)	(2)	(3)	(4)
S	0,0476	0,1650	0,1700	0,1749
ALTER	0,0186	0,3620	0,4518	0,4394
SEX	-0,2712	-0,2268	-0,2271	-0,2315
CONSTANT	1,5477		0,0449	

Aufgrund der analytischen Darstellung sollten die geschätzten Koeffizienten der Ansätze (2) und (4) übereinstimmen. Praktisch treten Abweichungen auf. Diese sind jedoch gering und die Rangfolge in der Bedeutung der Effekte bleibt die gleiche. Der absolute Einfluss der Altersvariablen ist am stärksten gefolgt von der Geschlechtsvariablen und der Schulvariablen. Die Frage bleibt, ob die Abweichungen zwischen den Ergebnissen in den beiden Vorgehensweisen auf Rundungsfehler zurückzuführen oder systematisch bedingt sind. Liest man z.B. die Hinweise von Voß (1997, S.138), dann sollte man meinen, es kann sich nur um Rundungsfehler handeln. Tatsächlich treten jedoch Fehler bei der Berechnung über die Standardisierung auf, wenn der Datensatz variablenspezifische fehlende Werte (missing values - mv) enthält. Bei der Standardisierung jeder einzelnen Variablen gehen in die Berechnung des arithmetischen Mittels und der Stichprobenstandardabweichung jeweils alle beobachteten Werte ein, während in der Regressionsschätzung durch STATA, aber auch bei anderen Programmpaketen dann nur die Beobachtungen Berücksichtigung finden, die für alle Variablen existieren. Dem trägt zwar der Ansatz der Transformation der β-Koeffizienten in die BETA-Koeffizienten (regress ..., beta) Rechnung, nicht jedoch der Ansatz über die Standardisierung. Um auch hier das gleiche Ergebnis zu erzielen, müssen die mv zunächst in lesbare Werte transformiert werden, z.B. in dem obigen Beispiel durch den Befehl

.mvencode lny S ALTER SEX, mv(-1)

2.2 Koeffizientenschätzung und Eigenschaften

Voraussetzung ist, dass kein beobachteter Wert mit -1 gemessen wurde. Dann kann die Standardisierung wie oben unter der Beschränkung erfolgen, dass alle im Modell verwendeten Variablen nicht -1 sind. Für das logarithmierte Einkommen bedeutet dies

.egen lnys=std(lny) if (lny ~=-1 & S ~=-1 & ALTER ~=-1 & SEX ~=-1)

Nach einer analogen Bestimmung aller anderen Modellvariablen stimmen die OLS-Schätzungen für Ansatz (2) und (4) überein. ⋄

Bei Dummy-Variablen (dichotomen bzw. binären Variablen, Indikatorvariablen), die $[0;1]$-verteilt (bernoulliverteilt) sind mit $E(X)=P(X=1)=p$ und $V(X)=p(1-p)$, macht die Standardisierung inhaltlich keinen rechten Sinn. Es ergibt sich

- für X=1: $\quad \frac{X-E(X)}{\sigma_X} = \frac{1-p}{\sqrt{p(1-p)}} = \sqrt{\frac{1-p}{p}}$

- für X=0: $\quad \frac{X-E(X)}{\sigma_X} = \frac{0-p}{\sqrt{p(1-p)}} = \sqrt{\frac{p}{1-p}}$.

Die Standardabweichung einer binären Variablen ist eine Funktion ihrer Schiefe. Das Schiefemaß $\sqrt{\beta_1}$ (drittes standardisiertes Moment) der Binomialverteilung für n=1 (Bernoulli-Verteilung) lautet

$$\sqrt{\beta_1} = \frac{1-p-p}{\sqrt{p(1-p)}} = \frac{1-2p}{\sigma_X}$$

(Johnson/Kotz/Kemp 1992, S. 107 (3.9)). Je größer die Schiefe der Dummy-Variablen ist, um so kleiner ist die Varianz, um so kleiner ist damit auch der standardisierte Regressionskoeffizient. Trotz allem werden in Programmpaketen bei der Option „beta" auch für Dummy-Variablen routinemäßig BETA-Koeffizienten mit ausgewiesen.

Als Alternativen zur Standardisierung könnten folgende Normierungsformen herangezogen werden

$$\frac{x_{ik}}{\bar{x}_k} \quad oder \quad \frac{x_{ik}}{d_k}.$$

Auf den ersten Blick überraschend, führt der zweite Vorschlag – teilen durch die Standardabweichung (SD) – bei den Koeffizienten der echten Regressoren zum gleichen Ergebnis wie bei der Standardisierung ($\beta_{SD} = \beta^*$). Im Gegensatz zur Standardisierung führt diese Normierung jedoch nicht zum Verschwinden des absoluten Gliedes. Der erste Vorschlag – teilen durch den Mittelwert (MEAN) – bringt andere Resultate hervor. Und zwar folgt für die Koeffizienten der echten Regressoren

$$\hat{\beta}_{k;MEAN} = \hat{\beta}_k \cdot \frac{\bar{x}_k}{\bar{y}} \qquad k = 1,...,K.$$

Der Zusammenhang mit der üblichen OLS-Schätzung des absoluten Gliedes lässt sich ebenfalls einfach beschreiben

$$\hat{\beta}_{0;MEAN} = \hat{\beta}_0 \cdot \frac{1}{\bar{y}}$$

$$\hat{\beta}_{0;SD} = \hat{\beta}_0 \cdot \frac{1}{d_y}.$$

Wie schon die Standardisierung sind auch diese beiden Normierungen Lineartransformationen. Die hierzu kommentarlos angegebenen Beziehungen folgen direkt aus dem nachstehenden Abschnitt. Der Vorteil der standardisierten Variablen gegenüber den anderen beiden normierten Variablen besteht darin, dass das arithmetische Mittel ($\bar{x}$) und die Stichprobenvarianz (s^2) von ersteren im Gegensatz zu letzteren beiden vollständig unabhängig von den Maßeinheiten der Variablen x sind

	$(x_{ik} - \bar{x}_k)/d_k$	$x_{ik}/\bar{x}_k$	x_{ik}/d_k
$\bar{x}$	0	1	$1/v_k$
d	1	v_k	1

wobei $v_k = s_k/\bar{x}_k$ dem Variationskoeffizienten der Variablen x_k entspricht. Die voranstehende Tabelle verdeutlicht die Zusammenhänge. Soll nur die relative Bedeutung der Einflüsse der echten Regressoren auf den Regressanden zum Ausdruck gebracht werden, dann ist die SD-Normierung genauso wie die Standardisierung geeignet.

Linear tranformierte Variablen. Verschiedene ökonomische Variablen stehen in einem vollständig linearen Zusammenhang zueinander. Institutionelle Beziehungen – vgl. Kapitel 1.3.2 – liefern gute Beispiele, wie die Mehrwertsteuer oder proportionale Subventionssätze oder Freibeträge. Aber auch die Beziehung zwischen Währungen bei festen Wechselkursen sowie standardisierte Variablen, MEAN- und SD-Normierungen beschreiben Lineartransformationen. Von Interesse ist zu erfahren, welchen Einfluss solche Umrechnungen auf die Schätzungen der Koeffizienten in linearen Modellen haben.

Ein erstes einfaches Ergebnis ist, dass sich in einem Zweivariablenmodell alle Werte des Regressors um einen konstanten Faktor verändern (Hübler 2002, S.204), wenn der Regressor z.B. eine monetäre Größe beschreibt, bei der von der DM- zur Euro-Berechnung übergegangen wird. Welche Auswirkungen hat dies auf die Regressionskoeffizienten a und b, wenn $y = a + bx + u$ transformiert wird in $y = a' + b'x' + u'$, wobei $cx = x'$? Es folgt

$$\hat{b}' = \frac{\sum(x'_\nu - \bar{x}')(y_\nu - \bar{y})}{\sum(x'_\nu - \bar{x}')^2}$$
$$= \frac{c\sum(x_\nu - \bar{x})(y_\nu - \bar{y})}{c^2\sum(x_\nu - \bar{x})^2} = \frac{1}{c} \cdot \hat{b}$$
$$\hat{a}' = \bar{y} - \hat{b}'\bar{x}' = \bar{y} - \frac{1}{c} \cdot \hat{b} \cdot c\bar{x} = (\bar{y} - \hat{b} \cdot \bar{x}) = \hat{a}.$$

2.2 Koeffizientenschätzung und Eigenschaften

Während das absolute Glied von dieser Transformation nicht berührt wird, verändert sich $\hat{b}$ um den Faktor $1/c$.

Die Kenntnis dieses Zusammenhangs hat den Vorteil, dass die Regressionsschätzung nicht sowohl für das transformierte als auch für das untransformierte Modell durchgeführt werden muss. Vielmehr ergibt sich aufgrund einer Schätzung $(\hat{a}, \hat{b})$ sofort auch $(\hat{a}', \hat{b}')$. Die Beziehung gilt auch im multiplen Regressionsmodell.

Im Folgenden wird die Auswirkung einer allgemeinen linearen Transformation sowohl beim Regressanden als auch bei allen Regressoren analytisch untersucht. Ausgangspunkt bildet das inhomogene multiple lineare Regressionsmodell, d.h. das Modell mit absolutem Glied

$$y = X\beta + u.$$

Das transformierte Modell lautet:

$$\tilde{y} = \begin{pmatrix} \tilde{y}_1 \\ \vdots \\ \tilde{y}_n \end{pmatrix} = \begin{pmatrix} c_y & & \\ & \ddots & \\ & & c_y \end{pmatrix} \cdot \begin{pmatrix} y_1 \\ \vdots \\ y_n \end{pmatrix} + \begin{pmatrix} d_y \\ \vdots \\ d_y \end{pmatrix}$$

$$= \left[\begin{pmatrix} x_{10} & x_{11} & \dots & x_{1K} \\ \vdots & \vdots & & \vdots \\ x_{n0} & x_{n1} & \dots & x_{nK} \end{pmatrix} \cdot \begin{pmatrix} 1 & & & \\ & c_1 & & \\ & & \ddots & \\ & & & c_K \end{pmatrix} + \begin{pmatrix} 0 & d_1 & \dots & d_K \\ \vdots & \vdots & & d_K \\ 0 & d_1 & \dots & d_K \end{pmatrix} \right] \cdot \begin{pmatrix} \tilde{\beta}_0 \\ \vdots \\ \tilde{\beta}_K \end{pmatrix} + \begin{pmatrix} \tilde{u}_1 \\ \vdots \\ \tilde{u}_n \end{pmatrix}.$$

Die Scheinvariable wird nicht transformiert, so dass $c_0 = 1$ und $d_0 = 0$. Kompakt in Matrixschreibweise lässt sich das transformierte Modell durch

$$\tilde{y} =: Cy + d_y = [X \cdot C + D]\tilde{\beta} + \tilde{u} =: \tilde{X}\tilde{\beta} + \tilde{u}$$

darstellen. Der erste Spaltenvektor der Regressormatrix X ist der Einsvektor. Als OLS-Schätzer folgt

$$\hat{\tilde{\beta}} = \begin{pmatrix} c_y \hat{\beta}_0 + d_y - \sum_{k=1}^{K}(d_k \frac{c_y}{c_k})\hat{\beta}_k \\ \hat{\beta}_1 \frac{c_y}{c_1} \\ \vdots \\ \hat{\beta}_K \frac{c_y}{c_K} \end{pmatrix} = (\tilde{X}'\tilde{X})^{-1}\tilde{X}'\tilde{y}.$$

Somit lässt sich bei vorgegebenen Werten für $c_y, c_1, ..., c_K, d_y, d_1, ..., d_K$ und Kenntnis der Ausgangsschätzung

$$\hat{\beta} = (X'X)^{-1} X'y$$

der Schätzvektor für die Koeffizienten des transformierten Modells $\hat{\tilde{\beta}}$ bestimmen, ohne dass vorher die Individualwerte transformiert worden sind. Beispiele sind die im voranstehenden Abschnitt eingeführte Standardisierung sowie die MEAN- und SD-Normierung. Verschiedene andere Spezialfälle lassen sich aus der Schätzung $\hat{\tilde{\beta}}$ ableiten. Werden z.B. nur für den Regressor x_K alle Werte mit dem Faktor c_K multipliziert, so ist $\hat{\tilde{\beta}}_K = (1/c_K)\hat{\beta}_K$, während die anderen Koeffizienten unverändert bleiben. Oder eine Vervielfachung aller y-Werte durch Multiplikation mit c_y erhöht alle Koeffizienten um den Faktor c_y.

2.2.4 Umkehrregression

Die Kausalrichtung ist a priori zwischen zwei Variablen (x,y) nicht immer eindeutig. Empirisch kann im Zweivariablenfall zu jeder Ausgangsregression eine Umkehrregression ermittelt werden, d.h. zu

$$y_i = E(y_i|x_i) + u_i$$

kann

$$x_i = E(x_i|y_i) + v_i$$

gebildet werden, wobei allerdings vorauszusetzen ist, dass hier auch die Variable x eine Zufallsvariable ist. Wird der dazugehörige lineare Ansatz durch

$$x_i = e + fy_i + v_i$$

ausgedrückt, so lautet die KQ-Schätzung:

$$\hat{f} = \frac{\overline{xy} - \bar{x}\bar{y}}{\overline{y^2} - \bar{y}^2}$$

$$\hat{e} = \bar{x} - \hat{f}\bar{y}.$$

Die Prognose- und Residualwerte lauten dann

$$\hat{x}_i = \hat{e} + \hat{f}y_i \qquad x_i - \hat{x}_i = \hat{v}_i.$$

Die Berechnung ist nicht möglich durch einfaches Auflösen von $\hat{y}_i = \hat{a} + \hat{b}x_i$ nach x_i, da x_i ebenso von $\hat{x}_i$ wie y_i von $\hat{y}_i$ abweicht. Es bestehen aber Zusammenhänge zwischen den beiden Regressionsgeraden ($n \cdot d^2 = (n-1)s^2$)

$$\hat{f} = \frac{\hat{b}d_x^2}{d_y^2}$$

$$\hat{e} = \bar{x} - \frac{\hat{b}d_x^2}{d_y^2}(\hat{a} + \hat{b}\bar{x}) = \bar{x}(1 - \frac{\hat{b}^2 d_x^2}{d_y^2}) - \hat{b} \cdot \hat{a} \cdot \frac{d_x^2}{d_y^2} = \bar{x} - \hat{b}\frac{s_x^2}{s_y^2}\bar{y}.$$

2.2 Koeffizientenschätzung und Eigenschaften

Beispiel: Konsumfunktion 1962-1994

Geschätzt wird die Konsumfunktion $C = c_0 + c_1 Y_v + u$ für die BR Deutschland mit Hilfe von Jahresdaten für den Zeitraum 1962-1994 sowie die dazugehörige inverse Funktion (Umkehrfunktion). Als verfügbares Einkommen wurde das BIP abzüglich der indirekten Steuern gebildet. Als Programm dient SHAZAM. Unter Verwendung der deskriptiven Statistik, d.h. der Standardabweichungen für C und Y_v, kann empirisch die oben abgeleitete Beziehung zwischen den beiden Steigungskoeffizienten hergestellt werden.

_ols C Y_v
_ols Y_v C

VARIABLE NAME	ESTIMATED COEFFICIENT	ESTIMATED COEFFICIENT
Y_v	0.6884	
C		1.4338
CONSTANT	-59.236	95.016

_ stat C Y_v

NAME	N	MEAN	ST. DEV	VARIANCE	MINIMUM	MAXIMUM
C	33	478.81	157.26	24730.	252.99	841.78
Y_v	33	781.55	226.95	51506.	450.42	1293.8

Wird die geschätzte marginale Konsumneigung mit dem Verhältnis aus den Varianzen der endogenen und exogenen Variablen multipliziert, folgt der Steigungskoeffizient der geschätzten Funktion des verfügbaren Einkommens

$$\hat{\beta}_C = 1,4337 = \left(\frac{226,95}{157,26}\right)^2 \cdot 0,6884.$$

Entsprechend lässt sich das absolute Glied der Umkehrregression ermitteln

$$\hat{\beta}_{\text{CONSTANT}} = \bar{Y}_v - \hat{\beta}_C \cdot \bar{C} = 781,55 - 1,4338 \cdot 478,81 = 95,032.$$

Bis auf Rundungsfehler stimmt dies Ergebnis mit dem oben angegebenen aus der direkten Schätzung für das absolute Glied der Umkehrregression überein. ⋄

Da sich die geschätzte Regressionsgerade der Umkehrfunktion durch

$$\hat{x}_i = \bar{x} + \hat{f}(y_i - \bar{y}) \rightarrow y_i = \frac{1}{\hat{f}}(\hat{x}_i - \bar{x}) + \bar{y}$$

ausdrücken lässt, fallen die beiden (geschätzten) Regressionsgeraden wegen

$$\hat{y} = \hat{a} + \hat{b}x_i = \bar{y} + \hat{b}(x_i - \bar{x})$$

zusammen, wenn
$$\hat{b} = \frac{1}{\hat{f}}.$$

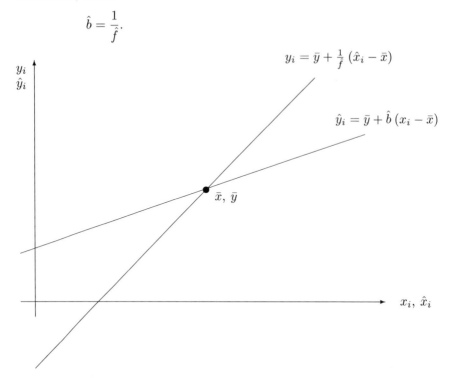

Im Schnittpunkt der Geraden gilt
$$y_i = \hat{y}_i = \bar{y} + \frac{1}{\hat{f}}(\hat{x}_i - \bar{x}) = \bar{y} + \hat{b}(x_i - \bar{x})$$
$$\hat{x}_i - \bar{x} = \hat{f}\hat{b}(x_i - \bar{x})$$

und
$$x_i = \hat{x}_i$$

Daraus folgt
$$x_i - \bar{x} = \hat{f}\hat{b}(x_i - \bar{x})$$
$$x_i(1 - \hat{f}\hat{b}) = \bar{x}(1 - \hat{f}\hat{b})$$
$$x_i = \bar{x}.$$

Somit hat der gemeinsame Punkt der beiden Geraden auch folgende Eigenschaft
$$y_i = \bar{y}.$$

Zwischen Ausgangs- und Umkehrregression bestehen offensichtlich enge formale Zusammenhänge. Wenn diese nicht beachtet werden, ist eine Fehlinterpretation von Regressionszusammenhängen die Konsequenz. Das Phänomen, das Galton beobachtet hat – vgl. Kapitel 2.1 –, nämlich dass der Steigungskoeffizient b der Regression $y = a + bx + u$ kleiner als Eins ist, entsteht in verschiedenen Situationen, in denen x und y einer bivariaten Normalverteilung folgen. Es handelt sich um ein statistisches Artefakt (Maddala 1988, S.69, Friedman 1992, S.2129ff, Quah 1993, S.427ff). Man spricht in diesem Zusammenhang auch von "regression fallacy". Bei bivariater Normalverteilung gilt für die Ausgangsregression

$$E(y|X = x) = E(y) + \frac{\rho \cdot \sigma_y}{\sigma_x}(x - E(x)).$$

Entsprechend erhält man für die Umkehrregression

$$E(x|Y = y) = E(x) + \frac{\rho \cdot \sigma_x}{\sigma_y}(y - E(y)).$$

Wird von standardisierten Variablen ausgegangen oder angenommen, dass $\sigma_y = \sigma_x$ gilt, dann folgt formal, dass der Steigungskoeffizient $b = \rho$ in beiden Regressionen den Wert Eins nicht übersteigen kann, da $0 \leq \rho \leq 1$, dass also ein Regress zum Mittelwert besteht, ohne dass es sich um einen inhaltlichen Zusammenhang handeln muss.

Der Nutzen der Umkehrregression ist offensichtlich beschränkt, da sie nur für den Zweivariablenfall direkt anwendbar ist. Allerdings können die Einflüsse anderer Regressoren auspartialisiert werden, d.h. y und der interessierende Regressor x_K werden von diesen Einflüssen bereinigt. Dann lassen sich Ausgangs- und Umkehrregression von y und x_k für alle k bilden, ohne dass der multiple Charakter der Beziehung vernachlässigt wird. Alternative Vorschläge und empirische Beispiele finden sich in Hübler (1990, S.319). Eine Anwendung mit Auspartialisierung bieten zum Beispiel Hahn und Hausman (2002).

2.2.5 Eigenschaften der Schätzfunktionen

Ob ein Schätzverfahren geeignet ist, lässt sich anhand von Güte- bzw. Schätzeigenschaften beurteilen. Am besten wäre es, wenn der ermittelte Schätzwert exakt dem zu bestimmenden „wahren" Parameter entspräche. Nur in Ausnahmefälle kann dieses Ziel erreicht werden. Die Schätzung basiert auf Beobachtungen einer Stichprobe, die nur mehr oder weniger der Grundgesamtheit entspricht, um deren Parameter es bei der Schätzung geht. Als wünschenswerte Eigenschaften werden solche bezeichnet, die aus der einen oder anderen Sichtweise dem eigentlichen Schätzziel nahekommen.

Im Folgenden wird lediglich der Nachweis von Eigenschaften für das Zweivariablenmodell geführt. Beweise im Rahmen des multiplen Modells erfolgen analog (vgl. z.B. Hübler 1989, S. 45ff.) auf Basis der Matrixalgebra. Während Erwartungstreue eine aus substanzieller Sicht wichtige Eigenschaft ist, vereinfacht die Eigenschaft der Linearität lediglich die weitere Handhabung des Schätzansatzes. Von ähnlicher Bedeutung wie die Erwartungstreue sind dagegen Effizienz und Konsistenz. Letztere Eigenschaft besitzt nur asymptotischen Charakter.

Erwartungstreue. Die Eigenschaft der Erwartungstreue oder Unverzerrtheit bedeutet, dass sich bei Vorliegen verschiedener Schätzungen im Durchschnitt der wahre Parameter ergibt. Überlicherweise wird dieser Frage im Rahmen der Gütebeurteilung von Schätzfunktionen die größte Aufmerksamkeit geschenkt, obwohl in der Praxis meist nur eine Schätzung vorliegt. Die Bedeutung der Unverzerrtheit besteht darin, dass kein systematischer Fehler vorliegt. Es soll aufgezeigt werden, dass sich die Stichprobenauswahlfehler im Mittel ausgleichen.

Die Erwartungstreue lässt sich nachweisen, indem der Erwartungswert der (OLS-)Schätzfunktion für die Parameter b und a gebildet wird. Für $\hat{b}$ ist die Schätzfunktion einzusetzen.

$$\begin{aligned}
E(\hat{b}) &= E\left[\frac{\sum(y_i - \bar{y})(x_i - \bar{x})}{\sum(x_i - \bar{x})^2}\right] \\
&= E\left[\sum_i y_i \cdot \underbrace{\frac{(x_i - \bar{x})}{\sum(x_i - \bar{x})^2}}_{w_i} - \bar{y} \underbrace{\sum_i \frac{x_i - \bar{x}}{\sum(x_i - \bar{x})^2}}_{0}\right] \\
&= \sum_i w_i E(y_i) = \sum w_i(a + bx_i) \\
&= a \underbrace{\sum w_i}_{0} + b \underbrace{\sum w_i x_i}_{\sum \frac{x_i^2 - x_i \bar{x}}{\sum(x_i - \bar{x})^2} = \frac{\sum x_i^2 - \bar{x}\sum x_i}{\sum(x_i - \bar{x})^2} = 1} \\
&= b.
\end{aligned}$$

Damit ist gezeigt, dass der OLS-Schätzer für b erwartungstreu ist. Ganz analog folgt das Vorgehen zum Nachweis der Unverzerrtheit von $\hat{a}$ für a, wobei das Ergebnis $E(\hat{b}) = b$ heranzuziehen ist.

$$\begin{aligned}
E(\hat{a}) &= E(\bar{y} - \hat{b}\bar{x}) = E(\bar{y}) - \bar{x}E(\hat{b}) \\
&= E(\frac{1}{n}\sum y_i) - b\bar{x} \\
&= E(\frac{1}{n}\sum(a + bx_i + u_i)) - b\bar{x} \\
&= a + b\bar{x} - b\bar{x} = a.
\end{aligned}$$

Somit ist auch der Nachweis der Erwartungstreue des OLS-Schätzers für a geführt.

2.2 Koeffizientenschätzung und Eigenschaften

Linearität. Von Interesse ist, ob die Schätzfunktionen eine lineare Funktion der Zufallsvariablen des Modells bilden

$$\hat{b} = \sum_i y_i \frac{x_i - \bar{x}}{\sum (x_i - \bar{x})^2} = \sum y_i w_i$$

$$= \sum (a + bx_i + u_i) w_i$$

$$= a \underbrace{\sum w_i}_{0} + b \underbrace{\sum x_i w_i}_{1} + \sum w_i u_i$$

$$= b + \sum w_i u_i$$

$$\hat{a} = \bar{y} - \hat{b}\bar{x} = \sum y_i (\frac{1}{n} - w_i \bar{x})$$

$$= \sum (a + bx_i + u_i)(\frac{1}{n} - w_i \bar{x})$$

$$= a + b\bar{x} + \frac{1}{n} \sum u_i - \bar{x} a \underbrace{\sum w_i}_{0} - b\bar{x} \underbrace{\sum x_i w_i}_{1} - \bar{x} \sum u_i w_i$$

$$= a + \frac{1}{n} \sum u_i - \bar{x} \sum u_i w_i.$$

Beide Schätzfunktionen $(\hat{a}, \hat{b})$ sind linear abhängig von den Zufallsvariablen y_i und u_i.

Konsistenz. Wenn die Wahrscheinlichkeit, dass eine Schätzfunktion $\hat{\Theta}$ in ein kleines Intervall ϵ um den wahren Parameter Θ fällt, für $n \to \infty$ gegen Eins geht, spricht man von einer konsistenten Schätzfunktion

$$\lim_{n \to \infty} P(|\hat{\Theta} - \Theta| < \epsilon) = 1.$$

Intuitiv ist diese Eigenschaft erstrebenswert oder gar eine Mindestanforderung. Bei (unendlich) großen Stichprobenumfängen besteht weitgehende Sicherheit, dass der Schätzer in der Nähe des wahren Parameters liegt. Erfüllt ein Schätzer diesen Tatbestand nicht, dann kann, selbst wenn die Stichprobe mit der Grundgesamtheit übereinstimmt, das Ziel einer guten Schätzung weit verfehlt werden. Eine hinreichende Bedingung (starke Konsistenz) dafür, dass die Konsistenzeigenschaft erfüllt ist, lässt sich mit dem mittleren quadratischen Fehler (mean square error - MSE)

$$\lim_{n \to \infty} MSE(\hat{\Theta}) = \lim_{n \to \infty} V(\hat{\Theta}) + \lim_{n \to \infty} B^2(\hat{\Theta}) = 0$$

angeben, wobei $B(\hat{\Theta}) = E(\hat{\Theta}) - \Theta$ den Bias bezeichnet. Da der OLS-Schätzer unverzerrt ist, folgt (starke) Konsistenz für $\lim_{x \to \infty} V(\hat{\Theta}) = 0$. Wegen

$$\lim_{n \to \infty} V(\hat{b})_{OLS} = \lim_{n \to \infty} [\frac{\sigma^2/n}{\sum_{i=1}^{n} x_i^2/n}] = 0$$

sowie $\sigma^2/n \to 0$ und $\sum_{i=1}^n x_i^2/n \neq 0$ ist $\hat{b}$ konsistent. Entsprechendes gilt für $\hat{a}$ (vgl. z.B. Baltagi 1998, S.47).

Varianzen der Schätzfunktionen. Die Varianzen der Schätzfunktionen besitzen vor allem im Rahmen von Konfidenzintervallen und Tests – vgl. Kapitel 2.3 – Bedeutung. Aufgrund der allgemeinen Definition einer Varianz lässt sich der folgende Ausdruck ableiten

$$V(\hat{b}) = E\big[(\hat{b}-b)^2\big] = E(\sum w_i u_i)^2$$
$$= E\big[w_1^2 u_1^2 + ... + w_n^2 u_n^2 + 2w_1 u_1 w_2 u_2 + ... + 2w_{n-1} u_{n-1} w_n u_n\big]$$
$$= \sum_i w_i^2 E(u_i^2) + 2\sum_i \sum_{i^*} w_i w_{i^*} \underbrace{E(u_i u_{i^*})}_{0}$$
$$V(\hat{b}) = \sigma^2 \sum_i w_i^2 = \sigma^2 \cdot \frac{1}{\sum(x_i-\bar{x})^2}$$
$$V(\hat{a}) = E\big[(\hat{a}-a)^2\big] = E\Big(\sum u_i \underbrace{(\frac{1}{n} - w_i \bar{x})}_{=:v_i}\Big)^2$$
$$= E\big[\sum u_i^2 v_i^2 + 2\sum_i \sum_{i^*} u_i u_{i^*} v_i v_{i^*}\big]$$
$$= \sum v_i^2 E(u_i^2) + 2\sum_i \sum_{i^*} v_i v_{i^*} \underbrace{E(u_i u_{i^*})}_{0}$$
$$= \sigma^2 \sum (\frac{1}{n} - w_i \bar{x})^2$$
$$= \sigma^2 \Big[\frac{1}{n} - 2\bar{x} \cdot \frac{1}{n} \underbrace{\sum w_i}_{0} + \bar{x}^2 \sum w_i^2\Big]$$
$$= \sigma^2 \Big[\frac{1}{n} + \frac{\bar{x}^2}{\sum(x_i-\bar{x})^2}\Big]$$
$$V(\hat{a}) = \sigma^2 \frac{\overline{x^2} - \bar{x}^2 + \bar{x}^2}{\sum(x_i-\bar{x})^2} = \sigma^2 \frac{\overline{x^2}}{\sum(x_i-\bar{x})^2}.$$

Praktisch handhabbar sind die Varianzen der Schätzfunktionen erst, wenn auch die Störgrößenvarianz geschätzt worden ist. Eine unverzerrte Schätzung liefert

$$\hat{\sigma}^2 = \frac{\hat{u}'\hat{u}}{n-2}$$

für das Zweivariablenmodell. Für das multiple Modell sind nicht nur zwei Parameter, sondern K+1 Parameter zu schätzen. Daraus folgt, dass für eine unverzerrte Schätzung von σ^2 die Residuenquadratsumme nicht durch n-2, sondern durch n-K-1 zu teilen ist.

Effizienz. Stehen mehrere erwartungstreue Schätzfunktionen zur Verfügung, dann wird man den Schätzer auswählen, der die kleinste Varianz aufweist. Dies bedeutet, im ungünstigsten Fall, d.h. bei einer sehr schlechten Stichprobe, gemessen an der Grundgesamtheit, weichen die Schätzergebnisse vom unbekannten wahren Wert weniger als bei vergleichbaren Schätzern ab. Es lässt sich folgendes zeigen (**Gauß-Markov-Theorem**):

> Unter allen linearen, unverzerrten Schätzern besitzt der OLS-Schätzer die kleinste Varianz (BLUE - best, linear, unbiased estimator).

Der Nachweis dieses Satzes ist wie folgt zu führen. Angenommen, es existiert ein weiterer unverzerrter, von y linear abhängiger Schätzer $\tilde{b} = k_i y_i = w_i y_i + w_i^* y_i$, wobei w_i^* neben w_i eine andere Konstante ist, so dass $k_i = w_i + w_i^*$. Dann folgt

$$\tilde{b} = \sum k_i y_i = \sum (w_i + w_i^*) y_i = \sum (w_i + w_i^*)(a + b x_i + u_i)$$
$$= a \sum w_i^* + b + b \sum w_i^* x_i + \sum (w_i + w_i^*) u_i$$

wegen $\sum w_i = 0$ und $\sum (w_i x_i) = 1$ – vgl. Abschnitt über Erwartungstreue. Da $\tilde{b}$ annahmegemäß unverzerrt ist

$$E(\tilde{b}) = b,$$

muss unter Berücksichtigung von $E(u_i) = 0$ auch

$$\sum w_i^* = 0 \quad und \quad \sum w_i^* x_i = 0$$

Gültigkeit besitzen. Somit ist

$$\tilde{b} = b + \sum (w_i + w_i^*) u_i.$$

Die Varianz von $\tilde{b}$ ist damit

$$V(\tilde{b}) = V(b + \sum (w_i + w_i^*) u_i) = \sum (w_i + w_i^*)^2 V(u_i) = \sigma^2 \sum (w_i + w_i^*)^2$$
$$= \sigma^2 \sum w_i^2 + \sigma^2 \sum (w_i^*)^2 = V(\hat{b}) + \sigma^2 \sum (w_i^*)^2 \geq V(\hat{b}),$$

da $\sum (w_i^*)^2 \geq 0$ und $\sum w_i w_i^* = 0$ wegen $\sum w_i^* = 0$ und $\sum w_i^* x_i = 0$. Damit ist für das Zweivariablenmodell gezeigt, dass in der Klasse der linearen, unverzerrten Schätzer jeder Schätzer eine mindestens so große Varianz wie der OLS-Schätzer besitzt. Die Eigenschaften Erwartungstreue, Linearität, Konsistenz und Effizienz, die hier für das Zweivariablenmodell nachgewiesen wurden, besitzen auch für das multiple Modell Gültigkeit. Unter Verwendung der Matrixalgebra sind die Beweise leicht zu führen (z.B. Hübler 1989, S. 45ff).

Monte-Carlo-Experiment: Kleine Stichprobeneigenschaften. Die voranstehenden Stichprobeneigenschaften wurden analytisch abgeleitet und ein Teil ist nur asymptotisch gültig. In diesem Fall lässt sich wenig über die Schätzeigenschaften bei endlichen realen Datensätze aussagen. Im Grundlagenteil wurde auf eine alternative Möglichkeit hingewiesen, Aussagen über die Schätzgüte zu treffen. Mit Hilfe von Simulationen, auch Monte-Carlo-Experimente genannt, kann unter Verwendung konstruierter Daten geprüft werden, ob und mit welcher Güte einzelne Schätzverfahren vorgegebene Koeffizienten reproduzieren. Unter Annahme einer statistischen Verteilung werden für die unbeobachtbare Störgröße u wiederholt Zufallsstichproben vom Umfang n gezogen. Bei den Regressoren $x_1, x_2, ..., x_K$ werden entweder für alle Beobachtungen feste Werte vorgegeben oder auch hier erfolgen Stichprobenziehungen auf Basis angenommener statistischer Verteilungen. Die Werte für den Regressanden ergeben sich, indem ein Modell mit numerisch vorgegebenen Koeffizienten formuliert wird. Unter Verwendung der so induzierten Werte für $y, x_1, x_2, ..., x_K$ lassen sich mit Hilfe verschiedener Schätzverfahren die Koeffizienten bestimmen und mit den vorgegebenen Parameterwerten vergleichen. Aufgrund eines Distanzmaßes sind dann Aussagen über die Güte der Schätzungen möglich. Im Folgenden sollen für drei Schätzverfahren die Prognoseeigenschaften aufgezeigt werden. Ausgangspunkt bildet das einfache Regressionsmodell

$$y = \beta_0 + \beta_1 \cdot x + u = 10 + x + u,$$

für das also $\beta_0 = 10$ und $\beta_1 = 1$ angenommen wird. Zudem soll der Regressor x aus einer Gleichverteilung (UNI) im Wertebereich [0;1] und die Störgröße u aus einer Standardnormalverteilung gezogen werden

$$x \sim UNI(0;1); \quad u \sim N(0;1).$$

Als Schätzverfahren dienen der OLS-Schätzer und der Waldschätzer (W)

$$\hat{\beta}_{1W} = \frac{\bar{y}_2 - \bar{y}_1}{\bar{x}_2 - \bar{x}_1}$$
$$\hat{\beta}_{0W} = \bar{y} - \hat{\beta}_1 \cdot \bar{x},$$

wobei $\bar{y} = (\bar{y}_2 - \bar{y}_1)/2$ und $\bar{x} = (\bar{x}_2 - \bar{x}_1)/2$. Außerdem wird ein modifizierter (verzerrter) Wald-Schätzer (MW) benutzt

$$\hat{\beta}_{1MW} = \frac{\bar{y}_2 - \bar{y}_1 - 3}{\bar{x}_2 - \bar{x}_1 + 3}$$
$$\hat{\beta}_{0MW} = \bar{y} - 3 - \hat{\beta}_1 \cdot \bar{x}.$$

Gezogen werden jeweils 20 Beobachtungen und dieses Experiment wird 500-mal wiederholt. Als Distanzmaß dient $1/n \sum (y_i - \hat{y}_i)^2$. Die Schätzungen erfolgen mit SHAZAM. Folgendes Programm kann hierfür verwendet werden

OLS-Schätzung

```
SAMPLE 1 20
GENR X1=UNI(1)
DIM BOLS 2 500 STDOLS 2 500
SET RANFIX
SET NODOECHO
SET NOWARN
DO #=1,500
SAMPLE 1 20
GENR V=NOR(1)
SAMPLE 1 20
GENR Y=10+X1+V
?OLS Y X1 / COEF=BOLS:# STDERR=STDOLS:# / PREDICT=YD
GEN1 MSE0=(Y-YD)**2/20
GEN1 MSE:#=MSE0
ENDO

MATRIX BOLS=BOLS'
MATRIX STDOLS=STDOLS'
SAMPLE 1 500
STAT BOLS / MEAN=B STDEV=ASE
STAT MSE SAMPLE 1 2
FORMAT(2F8.4)
PRINT B ASE / FORMAT PRINT MSE
STOP
```

WALD-SCHÄTZUNG

```
SAMPLE 1 20
GENR X1=UNI(1)
SORT X1
SET NOWARN
DIM BW1 1 500 BW0 1 500
SET RANFIX
SET NODOECHO
GEN1 t=20
DO #=1,500
SAMPLE 1 t
GENR V=NOR(1)
GENR Y=10+X1+V
smpl 1 10
?STAT Y / MEAN=YQ10
?STAT X1 / MEAN=X1Q10
GEN1 YQ1:#=YQ10
GEN1 X1Q1:#=X1Q10
SMPL 11 20
```

```
?STAT Y / MEAN=YQ20
?STAT X1 / MEAN=X1Q20
GEN1 YQ2:#=YQ20
GEN1 X1Q2:#=X1Q20
GEN1 YQ0=(YQ1+YQ2)/2
GEN1 YQ:#=YQ0
GEN1 X1Q0=(X1Q1+X1Q2)/2
GEN1 X1Q:#=X1Q0
GEN1 BW10=(YQ20-YQ10)/(X1Q20-X1Q10)
GEN1 BW1:#=BW10
GEN1 BW00=YQ0-BW10*X1Q0
GEN1 BW0:#=BW00 GENR YD0=BW00+BW10*X1
GENR YD:#=YD0
GEN1 MSE0=(Y-YD)**2/20
GEN1 MSE:#=MSE0
ENDO


MATRIX BW1=BW1'
MATRIX BW0=BW0'
SAMPLE 1 500
STAT BW1 BW0 / MEAN=MM STDEV=ASEM
STAT MSE
SAMPLE 1 2
FORMAT(2F8.4)
PRINT MM ASEM / FORMAT
PRINT MSE
SAMPLE
STOP
```

Modifizierte WALD-SCHÄTZUNG

```
SAMPLE 1 20
GENR X1=UNI(1)
SORT X1
SET NOWARN
DIM BW1 1 500 BW0 1 500
SET RANFIX
SET NODOECHO
GEN1 t=20
DO #=1,500
SAMPLE 1 t
GENR V=NOR(1)
GENR Y=10+X1+V
SMPL 1 10
?STAT Y / MEAN=YQ10
?STAT X1 / MEAN=X1Q10
```

2.2 Koeffizientenschätzung und Eigenschaften

```
GEN1 YQ1:#=YQ10
GEN1 X1Q1:#=X1Q10
SMPL 11 20
?STAT Y / MEAN=YQ20
?STAT X1 / MEAN=X1Q20
GEN1 YQ2:#=YQ20
GEN1 X1Q2:#=X1Q20
GEN1 YQ0=(YQ1+YQ2)/2
GEN1 YQ:#=YQ0
GEN1 X1Q0=(X1Q1+X1Q2)/2
GEN1 X1Q:#=X1Q0
GEN1 BW10=(YQ20-YQ10-3)/(X1Q20-X1Q10+3)
GEN1 BW1:#=BW10
GEN1 BW00=YQ0-3-BW10*X1Q0
GEN1 BW0:#=BW00
GENR YD0=BW00+BW10*X1
GENR YD:#=YD0
GEN1 MSE0=(Y-YD)**2/20
GEN1 MSE:#=MSE0
ENDO


MATRIX BW1=BW1'
MATRIX BW0=BW0'
SAMPLE 1 500
STAT BW1 BW0 / MEAN=MM STDEV=ASEM
STAT MSE
SAMPLE 1 2
FORMAT(2F8.4)
PRINT MM ASEM / FORMAT
PRINT MSE
SAMPLE
STOP
```

Bei einem Simulationsexperiment ergaben sich folgende Resultate:

OLS-Schätzung

```
||_STAT BOLS / MEAN=B STDEV=ASE
```

NAME	N	MEAN	ST. DEV	VARIANCE	MINIMUM	MAXIMUM
BOLS	500	1.0912	0.78829	0.62140	-2.3087	4.1259
BOLS	500	9.9491	0.45025	0.20273	8.6169	11.686

```
||_SAMPLE 1 2
||_FORMAT(2F8.4)
||_PRINT B ASE / FORMAT
```

B	ASE
1.0912	0.7883
9.9491	0.4503

‖_PRINT MSE
MSE
0.1515288E-01

WALD-Schätzung

‖_STAT BW1 BW0 / MEAN=MM STDEV=ASEM

NAME	N	MEAN	ST. DEV	VARIANCE	MINIMUM	MAXIMUM
BW1	500	1.0326	0.83880	0.70359	-1.1293	3.1556
BW0	500	10.377	0.47917	0.22961	9.1642	11.612

‖_SAMPLE 1 2
‖_FORMAT(2F8.4)
‖_PRINT MM ASEM / FORMAT

MM	ASEM
1.0326	0.8388
10.3769	0.4792

‖_PRINT MSE
MSE
7.105707

Modifizierte WALD-Schätzung

‖_STAT BW1 BW0 / MEAN=MM STDEV=ASEM

NAME	N	MEAN	ST. DEV	VARIANCE	MINIMUM	MAXIMUM
BW1	500	-0.74439	0.12699	0.16127E-01	-1.1641	-0.40304
BW0	500	7.7956	0.68902E-01	0.47475E-02	7.6104	8.0233

‖_SAMPLE 1 2
‖_FORMAT(2F8.4)
‖_PRINT MM ASEM / FORMAT

MM	ASEM
-0.7444	0.1270
7.7956	0.0689

‖_PRINT MSE
MSE
5.170761

2.2 Koeffizientenschätzung und Eigenschaften

Die Ergebnisse zeigen, dass die OLS-Schätzung die vorgegebenen Koeffizienten $\beta_0 = 10$ und $\beta_1 = 1$ gut reproduziert (1,0912; 9,9491). Ähnliches gilt für den WALD-Schätzer (1,0326; 10,3769). Letzterer hat jedoch einen sehr viel größeren mittleren quadratischen Fehler (MSE). Dies zeigt sich auch an den größeren geschätzten Varianzen für die Schätzfunktionen der Parameter. Der modifizierte WALD-Schätzer weist zwar einen etwas kleineren MSE aus als der WALD-Schätzer. Die Koeffizientenschätzungen sind jedoch deutlich verzerrt. Sowohl für β_0 als auch für β_1 weichen die auf 500 Durchläufen basierenden durchschnittlichen Schätzungen ($\hat{\bar{\beta}}_{0MW} = 7,7956$ und $\hat{\bar{\beta}}_{1MW} = -0,74439$), wie aufgrund der Konstruktion des Schätzers auch nicht anders zu erwarten, erheblich von den vorgegebenen Parameterwerten (10;1) ab.

Literaturhinweise:
Koeffizientenschätzung im klassischen Regressionsmodell ist Gegenstand jedes ökonometrischen Lehrbuches. Exemplarisch seien genannt: Greene (2003, Chapter 3+4), Griffiths, Hill und Judge (1993, Chapter 8+9), Hübler (1989, Kapitel 4), Stock und Watson (2002, Chapter 4+5), Winker (1997, Kapitel 6+7) sowie Wooldridge (2003, Chapter 2, 3+6). Zum Teil wird sofort das multiple Modell behandelt, so z.B. in Davidson und MacKinnon (1993). Meist ist jedoch eine mehr oder weniger ausführliche Darstellung des einfachen Regressionsmodells mit nur einer erklärenden Variablen vorangestellt. Recht ausführlich geschieht dies z.B. bei Baltagi (1998), soweit es die formale Darstellung betrifft. Zur Interpretation der Ergebnisse und zur Variablentransformation findet sich mehr bei Griffiths, Hill und Judge (1993) sowie Wooldridge (2003).

2.3 Konfidenzintervalle und Tests

Bisher haben sich die Überlegungen auf Punktschätzungen konzentriert. Für jeden Parameter wurde genau ein Wert bestimmt. Dies Vorgehen suggeriert, dass damit genau der wahre Wert getroffen wird. Der Wirtschaftspolitiker wünscht sich solch eindeutige Aussagen. Dazu ist die Statistik als Lehre der Massenerscheinungen, die von Stichprobenergebnissen auf die Grundgesamtheit schließt, nicht in der Lage. Je nach gezogener Stichprobe ergeben sich andere Schätzwerte für die Parameter. Um Aussagen treffen zu können, in welchem Wertebereich die Parameterschätzungen unabhängig von der speziellen Stichprobe mit hoher Wahrscheinlichkeit $(1-\alpha)$, d.h. bei vorgegebener Irrtumswahrscheinlichkeit α, zu erwarten sind, werden Konfidenzintervalle (Vertrauensintervalle) gebildet. Das allgemeine Prinzip ist, um die Punktschätzung herum einen zentralen Bereich zu ermitteln. Die Abweichungen werden als Vielfaches (c) der Standardabweichung ausgedrückt. Heißt der interessierende Parameter θ, so lautet das dazugehörige Konfidenzintervall

$$\hat{\theta} - c \cdot \sigma_{\hat{\theta}} \leq \theta \leq \hat{\theta} - c \cdot \sigma_{\hat{\theta}}.$$

Für die praktische Handhabung ist der meist unbekannte Parameter $\sigma_{\hat{\theta}}$ durch einen Schätzwert $(\hat{\sigma}_{\hat{\theta}})$ zu ersetzen.

Aus solchen Intervallen lassen sich auch Angaben darüber machen, ob die Empirie mit vorher aufgestellten Hypothesen über die Parameter in der Grundgesamtheit vereinbar ist. Zu prüfen ist, ob das Konfidenzintervall den vermuteten Wert des Parameters überdeckt. Um die Grenzen des Intervalls numerisch angeben zu können, bedarf es der Festlegung von c. Diese Größe ist vor der Realisierung eine Zufallsvariable und in Abhängigkeit von α zu bestimmen.

Das Testen von Hypothesen erfolgt jedoch üblicherweise in einer etwas anderen Art. Zu einer Nullhypothese (H_0) ist eine Gegenhypothese (H_1) zu formulieren. Die beiden Hypothesen sind gegeneinander zu prüfen. Hierzu werden Teststatistiken (Prüfgrößen) konstruiert, die als Zufallsvariable einer bekannten statistischen Verteilung folgen. Wenn der Wert der Teststatistik einen vorgegebenen niedrigen Prozentpunkt der statistischen Verteilung (kritischen Wert) unterschreitet oder einen hohen Prozentpunkt überschreitet, ist H_0 abzulehnen. Die Realisation der Teststatistik ergibt sich aufgrund der Stichprobeninformation. Meist ist es jedoch nicht so einfach wie Arthur Conan Doyle seinen Helden Sherlock Holmes in 'A Study in Scarlet' sagen lässt: "That is a question which has puzzled many an expert, and why? Because there was no reliable test. Now we have the Sherlock Holmes test, and there will no longer be any difficulty."

2.3.1 Zweivariablenmodell

Ausgehend von dem Modell

$$y = a + bx + u$$

lautet das **Konfidenzintervall** für das absolute Glied

$$\hat{a} - t_{\nu,1-\alpha/2}\hat{\sigma}_{\hat{a}} \leq a \leq \hat{a} + t_{\nu,1-\alpha/2}\hat{\sigma}_{\hat{a}}$$

2.3 Konfidenzintervalle und Tests

Die Zufallsvariable c folgt einer t-Verteilung, so dass $c = t_{1-\alpha/2,\nu}$. Der Anzahl der Freiheitsgrade entspricht $\nu = n - 2$, d.h. Zahl der Beobachtungen abzüglich der Zahl der geschätzten Parameter. Geschätzt werden muss nicht nur der Parameter a, der als Punktschätzung in das Intervall eingeht, sondern auch b. Letzteres ist notwendig, um $\hat{u} = y - \hat{a} + \hat{b}x$ und damit die geschätzte Varianz der Schätzfunktion für a errechnen zu können. Sie lautet

$$\boxed{\hat{\sigma}_{\hat{a}}^2 = \hat{\sigma}^2 \cdot \frac{\overline{x^2}}{\sum(x_i - \bar{x})^2} = \hat{\sigma}_{\hat{b}}^2 \cdot \overline{x^2}}$$

Völlig analog lässt sich das Intervall für den Steigungskoeffizienten b bilden

$$\boxed{\hat{b} - t_{1-\alpha/2,\nu}\hat{\sigma}_{\hat{b}} \leq b \leq \hat{b} + t_{1-\alpha/2,\nu}\hat{\sigma}_{\hat{b}}}$$

mit $\hat{\sigma}_{\hat{b}}^2 = \hat{\sigma}^2 \cdot \frac{1}{\sum(x_i - \bar{x})^2}$ und $\hat{\sigma}^2 = \hat{u}'\hat{u}/(n-2)$.

Soll ein **zweiseitiger Test** für b durchgeführt werden, so kann, wie oben bereits allgemein beschrieben, einfach überprüft werden, ob das Intervall den Wert b_0 überdeckt, der dem Hypothesenwert aus $H_0 : b = b_0$ entspricht. Alternativ folgt ausgehend von der Null- und Gegenhypothese

$$H_0 : b = b_0 \qquad H_1 : b \neq b_0$$

die Teststatistik für den Steigungskoeffizienten im Zweivariablenmodell

$$\frac{\hat{b} - b_0}{\sigma_{\hat{b}}} \sim z,$$

die einer Standardnormalverteilung folgt. Dieser Ausdruck eignet sich jedoch nicht für Anwendungen, da σ^2 unbekannt ist. Vielmehr ist, wie auch schon beim Konfidenzintervall, die geschätzte Störgrößenvarianz heranzuziehen. Für diese Teststatistik gilt

$$\boxed{\frac{\hat{b} - b_0}{\hat{\sigma}_{\hat{b}}} \sim t_\nu}$$

wobei im Zweivariablenmodell $\nu = n - 2$ ist und dem Parameter der t-Verteilung entspricht, mit dem inhaltlich die Zahl der Freiheitsgrade beschrieben wird. H_0 ist ablehnen, wenn $\frac{|\hat{b}-b_0|}{\hat{\sigma}_{\hat{b}}} > t_{1-\alpha/2,\nu}$. Alternativ lässt sich formulieren: H_0 wird verworfen, wenn $\hat{b} > b_0 + t_{1-\alpha/2,\nu}\hat{\sigma}_{\hat{b}}$ oder $\hat{b} < b_0 - t_{1-\alpha/2,\nu}\hat{\sigma}_{\hat{b}}$.

Analog ist im Zweivariablenmodell der Test auf das absolute Glied a durchzuführen

$$H_0 : a = a_0 \qquad H_1 : a \neq a_0.$$

H_0 wird abgelehnt, wenn $\frac{|\hat{a}-a_0|}{\hat{\sigma}_{\hat{a}}} > t_{1-\alpha/2,\nu}$. **Einseitige Test**s folgen ganz entsprechend. Im Falle **rechtsseitiger Tests** ist

$$H_0 : b \leq b_0 \qquad H_1 : b > b_0$$

zu formulieren. Die Entscheidung lautet: H_0 ablehnen, wenn $\frac{\hat{b}-b_0}{\hat{\sigma}_{\hat{b}}} > t_{1-\alpha,\nu}$. Für a muss bei

$$H_0 : a \leq a_0 \qquad H_1 : a > a_0$$

H_0 abgelehnt werden, wenn $\frac{\hat{a}-a_0}{\hat{\sigma}_{\hat{a}}} > t_{1-\alpha,\nu}$.

Der linksseitige Test

$$H_0 : b \geq b_0 \qquad H_1 : b < b_0$$

lehnt H_0 ab, wenn $\frac{\hat{b}-b_0}{\hat{\sigma}_{\hat{b}}} < t_{\alpha,\nu} = -t_{1-\alpha,\nu}$. Und für

$$H_0 : a \geq a_0 \qquad H_1 : a < a_0$$

ist H_0 zu verwerfen, wenn $\frac{\hat{a}-a_0}{\hat{\sigma}_{\hat{a}}} < t_{\alpha,\nu} = -t_{1-\alpha,\nu}$.

Den interessantesten Spezialfall bildet der Test auf $H_0 : b = 0$ gegen $H_1 : b \neq 0$. Hiermit wird überprüft, ob y **im Mittel linear unabhängig** von x ist. Bei Ablehnung der Nullhypothese bedeutet dies, der Koeffizient ist signifikant von Null verschieden, oder anders ausgedrückt, x übt auf einen statistisch gesicherten (linearen) Einfluss auf y aus. Statistisch-ökonometrische Programmpakete weisen routinemäßig hierfür die Teststatistiken aus.

Beispiel Sparfunktion(Fortsetzung)

Für die unbereinigte (U) und die saisonbereinigte (S) Sparfunktion – vgl. Kapitel 2.2.1 – hat SHAZAM zu folgendem Ergebnis geführt:

VARIABLE NAME	ESTIMATED COEFFICIENT	STANDARD ERROR	T-RATIO 138 DF
YV(U)	0.13833E-01	0.8079E-02	1.712
CONSTANT	11.682	0.4041	28.91
YV(S)	0.10629	0.3112E-01	3.416
CONSTANT	11.599	0.2327	49.84

2.3 Konfidenzintervalle und Tests

Daraus ist abzulesen, dass bei einem üblichen Signifikanzniveau von $\alpha = 0,05$ für die nichtsaisonbereinigte Sparfunktion die Nullhypothese $H_0 : b = 0$ gegenüber $H_1 : b \neq 0$ nicht abgelehnt werden kann. Die Teststatistik TS=1,712 übersteigt nicht den 97,5-Prozentpunkt der t-Verteilung mit DF=138 (Freiheitsgrade; 140 Beobachtungen abzüglich 2 (Zahl der geschätzten Parameter)), der sich aus einer t-Verteilungstabelle ablesen lässt. Da die Tabellen nur für ausgewählte Freiheitsgrade und $\alpha - Werte$ die kritischen Werte angeben, muss auf den nächstgrößeren kritischen Wert zurückgegriffen werden. Das ist in den meisten Tabellen derjenige für $\nu = 150$, für den sich $t(0,975; 150) = 1,9759$ ergibt. Dies bedeutet, die vorgegebene Irrtumswahrscheinlichkeit wird nicht voll ausgeschöpft. Die Aussage lautet: Bei $\alpha \leq 0,05$ übt das nichtsaisonbereinigte verfügbare Einkommen keinen statistisch signifikanten Einfluss auf den nichtsaisonbereinigten Konsum aus. Naheliegender ist bei dem vorliegenden Beispiel, einen einseitigen Test durchzuführen. Da die marginale Sparneigung kaum negativ sein kann, wäre $H_0 : b \leq 0$ gegen $H_1 : b > 0$ zu testen. In diesem Fall muss H_0 abgelehnt werden, da $t(0,95; 150) = 1,6551 < 1,7122$. Eine Alternative zum Ablesen der kritischen Werte aus der t-Tabelle bietet SHAZAM mit den Befehlen

```
. OLS    S(U)   YV(U) /  TRATIO=TR
. SAMPLE    1   1
. DISTRIB   TR /  TYPE=T   DF=138
```

Dies führt zu folgendem Output:

$\|\_SAMPLE\ 1\ 1$
$\|\_distrib\ TR/type = t\ df = 138$

T DISTRIBUTION DF= 138.000
$VARIANCE = 1.0147\ H = 1.0000$

	DATA	PDF	CDF	1-CDF
TR				
ROW 1	1.7122	0.92385E-01	0.95545	0.44549E-01
ROW 2	28.912	0.41646E-59	1.0000	0.0000

In ROW 1 stehen die Angaben zu YV(U) und in ROW 2 diejenigen für das absolute Glied (CONSTANT). Aus Spalte 3 ROW 1 ist der Wert 1.7122 zu entnehmen. Dies enspricht genau der obigen t-Teststatistik.

In der letzten Spalte der voranstehenden Tabelle findet sich das **empirische Signifikanzniveau** (p-Wert oder Prob.value) für den rechtsseitigen Test, das angibt, wie groß der Anteil der Beobachtungen ist, der im kritischen Bereich liegt, wenn kritischer Wert und Teststatistik zusammenfallen. Die Entscheidungsregel lautet:

> Wenn das empirische Signifikanzniveau kleiner ist als das vorgegebene α, muss H_0 abgelehnt werden.

Da 0,044549<0,05, ist H_0, wie oben schon angegeben, beim rechtsseitigen Test zu verwerfen. Im Fall der saisonbereinigten Zeitreihen ist H_0 bereits beim zweiseitigen Test abzulehnen. ⋄

2.3.2 Gemeinsamer Konfidenzbereich für a und b

Die voranstehende Konfidenzbetrachtung wurde getrennt für a und b durchgeführt. Auch wenn sich Zusammenhänge über die Residuenvarinz $\hat{\sigma}^2$ ergeben, die in beide Intervalle eingehen, so wird doch implizit unterstellt, dass eine unabhängige Analyse zulässig ist. Für das Zweivariablenmodell mag diese Vermutung für a und b im Allgemeinen korrekt sein. Wenn trotz allem nach einem gemeinsamen Konfidenzbereich gesucht wird, so ist dieses Vorgehen vor allem als Vorstufe für das multiple Modell zu verstehen. Außerdem können auch das absolutes Glied und der Steigungskoeffizient über unbeobachtete Drittvariablen in einem engen Zusammenhang miteinander stehen. Angenommen, es wird eine gesamtwirtschaftliche Konsumfunktion betrachtet. Dann nimmt mit steigendem Wohlstand einerseits der Basiskonsum zu, der sich als gesellschaftlicher Minimalkonsum interpretieren lässt, und andererseits besteht eine Tendenz zur Abnahme der marginalen Konsumneigung. Das Einkommen wird vermehrt zur Ersparnisbildung verwendet.

Intuitiv ist als gemeinsamer Konfidenzbereich von a und b ein Rechteck zu erwarten. Diese Vermutung erweist sich jedoch als trügerisch. Vielmehr ergibt sich eine Ellipse, wie im Folgenden zu zeigen ist. Bei mehr als zwei Parametern entsteht ein Ellipsoid als gemeinsamer Konfidenzbereich, den man sich im Dreiparameterfall als eine Art Rugbyball vorzustellen hat. Im Inneren des Konfidenzbereiches liegen dann die Parameterkombinationen, die mit vorgegebener Wahrscheinlichkeit zu erwarten sind. Je größer α gewählt wird, um so kleiner ist dieser Bereich.

Zum Nachweis für die Konfidenzellipse wird vom Zweiparameterfall ausgegangen

$$y = a + bx + u = Y + u = E(y) + u$$
$$\hat{y} = \hat{a} + \hat{b}x$$
$$\hat{u} = y - \hat{y}$$
$$u = (y - \hat{y}) + (\hat{y} - Y)$$
$$\frac{\sum u_i^2}{\sigma^2} = \frac{\sum \hat{u}_i^2}{\sigma^2} + \frac{\sum (\hat{y}_i - Y_i)^2}{\sigma^2}.$$

Aufgrund der Normalverteilungsannahme von u sind alle drei Ausdrücke in der letzten Beziehung χ^2-verteilt, so z.B.

$$\frac{\sum (\hat{y}_i - Y_i)^2}{\sigma^2} \sim \chi_2^2$$

2.3 Konfidenzintervalle und Tests

mit zwei Freiheitgraden ($\nu = 2$). Als Konfidenzbereich folgt

$$\boxed{\sum_i [(\hat{a} - a) + (\hat{b} - b)x_i]^2 \leq \sigma^2 \chi^2_{2,1-\alpha}}$$

Die Quadratsumme aufgelöst, ergibt

$$n\hat{a}^2 - 2na\hat{a} + na^2 + 2\hat{a}\hat{b}\sum_i x_i - 2a\hat{b}\sum_i x_i - 2b\hat{a}\sum_i x_i + 2ab\sum_i x_i$$
$$+ \hat{b}^2 \sum_i x_i^2 - 2b.$$

Der Konfidenzbereich für (a;b) ist eine Ellipse. Dies ergibt sich aus der Analyse einer allgemeinen Gleichung 2. Grades:

$$c_{11}u^2 + c_{12}uv + c_{22}v^2 + c_{13}u + c_{23}v + c_{33} = 0$$

$c_{12}^2 < 4c_{11}c_{22}$ Ellipse (falls $c_{11} = c_{22}$ und $c_{12} = 0$, dann Kreis)
$c_{12}^2 = 4c_{11}c_{22}$ Parabel
$c_{12}^2 > 4c_{11}c_{22}$ Hyperbel.

Die allgemeine Gleichung zweiten Grades auf den vorliegenden Spezialfall angewandt, wobei $u =: a$, $v =: b$ und $c_{12} =: 2\sum x_i; c_{11} =: n; c_{22} =: \sum x_i^2$, führt zu

$$4(\sum x_i)^2 < 4n \sum x_i^2$$
$$n^2 \bar{x}^2 < n^2 \overline{x^2}.$$

Da $n\bar{x} = \sum x_i$, $\overline{x^2} = \frac{1}{n}\sum x_i^2$ und $d^2 = \overline{x^2} - \bar{x}^2 \geq 0$, ist die Ungleichung erfüllt.

Bei Anwendungen muss in der Ungleichung für den Konfidenzbereich von a und b zunächst σ^2 durch $\hat{\sigma}^2$ ersetzt werden. Daraus ergibt sich eine Modifikation für die Konfidenzellipse $\sum(\hat{y}_i - Y_i)^2/\sigma^2$. Wird der Zähler durch 2 (Zahl der Freiheitsgrade) geteilt, so ist die Teststatistik F-verteilt.

$$\boxed{\frac{1}{2}\sum[(\hat{a} - a) + (\hat{b} - b)x_i] \leq \hat{\sigma}^2 F^2_{n-2,1-\alpha}}$$

Dieser Ansatz ist auch für Tests zu nutzen. Prüfen lässt sich

$$H_0 : \begin{pmatrix} a \\ b \end{pmatrix} = \begin{pmatrix} a_0 \\ b_0 \end{pmatrix} = \begin{pmatrix} 0 \\ 0 \end{pmatrix} \quad \text{gegen} \quad H_1 : \begin{pmatrix} a \\ b \end{pmatrix} \neq \begin{pmatrix} a_0 \\ b_0 \end{pmatrix} = \begin{pmatrix} 0 \\ 0 \end{pmatrix}.$$

Die Hypothese, dass die Scheinvariable und der Regressor x auf den Regressanden y keinen gemeinsamen Einfluss ausüben, ist abzulehnen, wenn die Teststatistik F größer ist als der kritische Wert der F-Verteilung ($F^2_{n-2,1-\alpha}$ – vgl. Kapitel 2.3.4)

$$F = \frac{(\hat{y}_i - Y_i)^2/2}{\hat{\sigma}^2} = \frac{\sum_{i=1}^{n}[(\hat{a} - a_0) + (\hat{b} - b_0)x_i]^2/2}{\hat{u}'\hat{u}/(n-2)} > F^2_{n-2,1-\alpha}$$

Beispiel: Geschlecht und Einkommen 1997

Ausgehend vom SOEP 1997 wird unter Verwendung von n=4972 Personen (Beobachtungen) folgende einfache Einkommensfunktion geschätzt:

$$\ln\hat{y} = \hat{a} + \hat{b}\,SEX$$
$$= 2{,}8686 - 0{,}2733\,SEX$$
$$(124{,}38)(18{,}14)$$

Unter den geschätzten Koeffizienten stehen in Klammern die absoluten t-Werte. Sie zeigen, dass sowohl die Scheinvariable als auch das Geschlecht einen statistisch gesicherten Einfluss auf das (log.) Einkommen ausüben. Im nächsten Schritt soll die Hypothese

$$H_0: \begin{pmatrix} a \\ b \end{pmatrix} = \begin{pmatrix} 3 \\ -0{,}25 \end{pmatrix} \quad \text{gegen} \quad H_1: \begin{pmatrix} a \\ b \end{pmatrix} \neq \begin{pmatrix} 3 \\ -0{,}25 \end{pmatrix}$$

getestet werden. Die Variable SEX ist eine kategoriale Variable

$$SEX = \begin{cases} 1, \text{ wenn Mann} \\ 2, \text{ wenn Frau.} \end{cases}$$

Unter Verwendung der nachstehenden deskriptiven Statistiken aus der Stichprobe $\overline{SEX} = 1{,}5153$, $\overline{SEX^2} = 2{,}5460$ sowie $\hat{\sigma}^2 = 0{,}28$ lässt sich die gemeinsame Teststatistik TS für a und b berechnen

$$TS = \frac{1}{2 \cdot 0{,}28} \sum_{i=1}^{4972}[(2{,}8686 - 3) + (-0{,}2733 + 0{,}25)SEX_i]^2$$

$$= 1{,}7857 \sum_{i=1}^{4972}[(-0{,}1314) - (0{,}0233\,SEX_i)]^2$$

$$= 1{,}7857 \cdot 4972[0{,}1314^2 + 2 \cdot 0{,}1314 \cdot 0{,}0233 \cdot 1{,}5153 + 0{,}0233^2 \cdot 2{,}5460]$$

$$= 247{,}95 > F^2_{4970;0{,}95} \sim F^2_{\infty;0{,}95} = 2{,}996.$$

H_0 ist aufgrund des Tests abzulehnen. Die Scheinvariable und das Geschlecht üben nicht den unter H_0 formulierten gemeinsamen Effekt auf das (logarithmierte) Einkommen

2.3 Konfidenzintervalle und Tests

aus, obwohl die Hypothesenwerte nahe an die geschätzten Einzeleffekte herankommen. Selbst bei $H_0 : a = 2,9$ und $b = -0,27$ muss die Hypothese noch abgelehnt werden, wie sich leicht nachrechnen lässt. Die Erfahrung mit derlei großen Stichproben zeigt, dass fast alle Nullhypothesen abzulehnen sind. Naheliegend ist, das Signifikanzniveau α gegenüber üblichen Werten zu senken. ⋄

2.3.3 Multiples Modell

Die Beziehungen aus dem Zweivariablenmodell lassen sich auf das multiple Modell übertragen. Im Regressionsmodell $y = X\beta + u$ ist der Einfluss eines Regressors x_k auf y signifikant, wenn

- das Konfidenzintervall des entsprechenden Koeffizienten (β_k) den Wert Null nicht überdeckt;
- der empirische Testwert

$$t_{emp} = \frac{|\hat{\beta}_k - 0|}{\hat{\sigma}_{\hat{\beta}_k}}$$

den kritischen Wert der t-Verteilung ($t_{df, 1-\alpha/2}$) übersteigt (df- Anzahl der Freiheitsgrade $= n - K - 1$, wobei $K + 1$ die Anzahl der zu schätzenden Parameter ist. Als grober Richtwert, ob der Einfluss statistisch signifikant ist, gilt: $t_{emp} > 2$. Der genaue theoretische t-Wert ist als $100(1 - \alpha)$-Prozentpunkt der t-Verteilung aus einer entsprechenden Tabelle abzulesen oder vom Computer zu berechnen.

Der Schätzer $\hat{\sigma}^2_{\hat{\beta}_k}$ für $\sigma^2_{\hat{\beta}_k}$ folgt als Diagonalelement der geschätzten Kovarianzmatrix für $\hat{\beta}$

$$\hat{V}(\hat{\beta}) = \hat{\sigma}^2 (X'X)^{-1}.$$

Es ergibt sich

$$\hat{\sigma}^2_{\hat{\beta}_k} = \hat{\sigma}^2 (X'X)^{-1}_{kk} = \frac{\hat{u}'\hat{u}}{n - K - 1} e'_k (X'X)^{-1} e_k,$$

wobei $e'_k = (0, ...0, 1, 0, ..., 0)$. Wenn Regressionsergebnisse nicht im originären Output der verwendeten Programmpakete wiedergegeben werden, sondern in Form einer Tabelle oder als Einzelgleichung, dann finden sich unter oder neben den Koeffizientenschätzungen in Klammern entweder die empirischen t-Werte oder die geschätzten Standardabweichungen ($\hat{\sigma}_{\hat{\beta}_k}$)

$$\hat{y} = \hat{\beta}_0 + \hat{\beta}_1 x_1 + \hat{\beta}_2 x_2 + \cdots + \hat{\beta}_K x_K$$

$(t_0^{emp}) \ (t_1^{emp}) \ (t_2^{emp}) \ \cdots \ (t_K^{emp})$

$[\hat{\sigma}_{\hat{\beta}_0}] \ [\hat{\sigma}_{\hat{\beta}_1}] \ [\hat{\sigma}_{\hat{\beta}_2}] \ \cdots \ [\hat{\sigma}_{\hat{\beta}_K}]$

Etwas ungenau steht auf der linken Seite bisweilen nicht $\hat{y}$, sondern y. Die Notation mit den t-Werten oder den absoluten t-Werten statt $\hat{\sigma}_{\beta_k}$ hat den Vorteil, dass anhand der groben Richtwerte sofort zu erkennen ist, ob der Einfluss statistisch gesichert ist. In Tabellen ist häufig durch Symbole (z.B. ** signifikant bei $\alpha = 0,01$; * signifikant bei $\alpha = 0,05$; ○ signifikant bei $\alpha = 0,1$) hinter den geschätzten Koeffizienten markiert, für welche Determinanten bei welchem Signifikanzniveau die Nullhypothese ($H_0 : \beta_k = 0$) zu verwerfen ist.

Beispiel: Schönheit und Einkommen

Übliche Bestimmungsgründe des individuellen Einkommens sind Schulbildung, Berufserfahrung, Tätigkeits- und Arbeitsplatzmerkmale. Hamermesh und Biddle (1994) haben aber auch untersucht, ob gutes Aussehen einen Einfluss auf das Einkommen hat. Verwendet wird folgendes Modell

$$\ln Y = \alpha_1 + \alpha_2 UNTDA + \alpha_3 UEBDA + u$$

$$UNTDA = \begin{cases} 1, \text{ wenn unterdurchschnittliches Aussehen} \\ 0 \text{ sonst} \end{cases}$$

$$UEBDA = \begin{cases} 1, \text{ wenn überdurchschnittliches Aussehen} \\ 0 \text{ sonst} \end{cases}$$

$$lnY = \text{logarithmierter Stundenlohn}$$

Dabei ergab sich für α_2 und α_3 das nachstehende Schätzergebnis

Aussehen	Frauen	Männer
unterdurchschnittlich	-0,054 (0,038)	-0,091 (0,031)
überdurchschnittlich	0,038 (0,022)	0,053 (0,019)

Quelle: Hamermesh/Biddle (1994, S.1185)

In Klammern sind hier die geschätzten Standardabweichungen angegeben. Die Ergebnisse des Beispiels legen die Vermutung nahe, dass ein gutes Aussehen sich positiv auf das Einkommen auswirkt. Statistisch abgesichert ist das Ergebnis allerdings nur für Männer, ein auf den ersten Blick vielleicht überraschendes Ergebnis. Vorsicht ist bei einer kausalen Interpretation geboten. Die umgekehrte Kausalität erscheint keineswegs abwägig. Diejenigen, die ein hohes Einkommen erzielen, haben die Mittel etwas für ihr Äußeres zu tun. Notwendig wäre sicherlich zwischen Berufe zu trennen und weitere Determinanten des Einkommens aufzunehmen. Bei Frauen kann auch folgende Überlegung bedeutsam sein: Diejenigen, die besonders gut aussehen, haben bessere Chancen reiche Männer zu heiraten und sind daher weniger auf eine eigene Erwerbstätigkeit angewiesen. Dies könnte zur Folge haben, dass dem im Prinzip positiven Einfluss des Aussehens auf das Einkommen negative Selektionseffekte entgegen wirken. Der nichtsignifikante Gesamteffekt in der Schätzung wäre damit erklärbar. Ein erhebliches Problem stellt zweifellos die Messung von über- und unterdurchschnittlichem Aussehen dar. Trotz allem scheint das

2.3 Konfidenzintervalle und Tests

Aussehen nicht völlig ohne Belang zu sein. In eine ähnliche Richtung geht das Ergebnis einer Befragung unter Studenten der Wirtschaftswissenschaften an der Universität Hannover. Danach glauben ca. 75% aller Befragten, dass sich gutes Aussehen bei Studentinnen positiv auf die Note bei mündlichen Prüfungen auswirkt. Demgegenüber wird gutes Aussehen männlicher Studenten überwiegend als notenneutral eingestuft. ◇

Beispiel: Statistiknoten und Geschlecht

Verdeutlicht werden soll der Einfluss einer alternativen Messung von qualitativen Regressoren mit zwei Ausprägungen auf die Koeffizientenschätzung sowie die t-Werte. Zudem werden verschiedene Spezifikationen präsentiert. Zunächst zeigt die Schätzung in der ersten der beiden folgenden eingerahmten Tabellen, dass sich die Koeffizienten der Regressoren SEX und FRAU nur im Vorzeichen unterscheiden. Dies Ergebnis ist aufgrund der linearen Transformation von SEX zu FRAU

$$FRAU = \begin{cases} 1, \text{ wenn SEX=1} \\ 2, \text{ wenn SEX=0,} \end{cases}$$

d.h. $FRAU = c_1 \cdot SEX + d_1 = -1 \cdot SEX + 2$, zu erwarten. Weniger intuitiv ist der Unterschied im absoluten Glied. Aufgrund der formalen Beziehung - vgl. Kapitel 2.2.3 -

$$\hat{\tilde{\beta}}_0 = c_y \hat{\beta}_0 + d_y - \sum_{k=1}^{K} d_k \frac{c_y}{c_k} \hat{\beta}_k \quad \text{und} \quad \hat{\tilde{\beta}}_1 = \frac{\hat{\beta}_1}{c_1},$$

folgt, wobei K=1, d_y=0, c_y=1: $\hat{\tilde{\beta}}_0 = 3,171 - 2 \cdot \frac{1}{-1}(-0,293) = 2,585$ und $\hat{\tilde{\beta}}_1 = \frac{-0,293}{-1} = 0,293$. Zur Gleichheit der t-Werte vgl. Hübler (2002, S.205f)

Inhaltlich zeigt sich, dass das Geschlecht und das Alter der Studenten keinen signifikanten Einfluss auf die Statistiknoten ausüben, wohl aber die Abiturnote. Das Ergebnis in Statistik I sagt jedoch sehr viel mehr über die erwartete Note in Statistik II aus als die Note im Abitur. ◇

Beispiel: Statistiknoten im Grundstudium

In der Veranstaltung "Methoden der empirischen Wirtschaftsforschung" am Fachbereich Wirtschaftswissenschaften der Universität Hannover wurde bei Studenten die Note in Statistik I und II erfragt. In Verbindung mit anderen Determinanten

- ABITUR - Abiturnote
- ALTER - Alter in Jahren
- FRAU =2, wenn Frau;=1, wenn Mann
- SEX - Dummy (=1, wenn Mann; =0 sonst)
- STATISTIK I - Statistik-I-Note
- STATISTIK II - Statistik-II-Note

ergaben sich folgende OLS-Schätzungen

	abhängige Variable: STATISTIK I			
CONST	3,171	2,585	2,661	2,021
	(14,89)	(8,19)	(5,10)	(3,44)
ABITUR			0,487	0,487
			(2,53)	(2,53)
ALTER			-0,025	-0,025
			(1,48)	(1,48)
SEX		-0,293		-0,320
		(1,21)		(1,36)
FRAU			0,293	0,320
			(1,21)	(1,36)

	abhängige Variable: STATISTIK II		
CONST	3,224	2,194	0,576
	(13,30)	(3,74)	(0,99)
STATISTIK I			0,608
			(5,35)
			[0,530]
ABITUR		0,648	0,352
		(2,99)	(1,84)
			[0,188]
ALTER		-0,0174	-0,0024
		(0,93)	(0,15)
			[-0,015]
SEX	-0,441	-0,481	-0,286
	(1,60)	(1,82)	(1,26)
			[-0,120]

absolute t-Werte in runden Klammern, BETA-Koeffizienten in eckigen Klammern

2.3 Konfidenzintervalle und Tests

Beispiel: Einkommensdynamik von 1991 auf 1997

Untersucht wird, wie sich Koeffizienten und t-Werte im Zeitablauf verändern. Zu diesem Zweck werden zwei Einkommensfunktionen abhängig Beschäftigter für die Jahre 1991 und 1997 geschätzt. Datengrundlage bildet das Sozio-ökonomische Panel (SOEP). Die OLS-Schätzungen haben zu folgenden Ergebnissen (t-Werte in Klammern) geführt

1991: $n = 5449$

lny= 2,2683   + 0,0157ALTER   - 0,0153AZEIT   - 0,4069SEX   + 0,0304S
     (30,15)   (23,76)   (-13,04)   (-24,82)   (7,73)

1997: $n = 4972$

lny= 1,6292   + 0,0193ALTER   - 0,0013AZEIT   - 0,2806SEX   + 0,0582S
     (26,76)   (33,15)   (-1,44)   (-19,83)   (17,91)

Festzustellen ist eine zunehmende Ertragsrate der Schulbildung S. Die Einkommensunterschiede zwischen Frauen und Männern (SEX) haben abgenommen. Die Arbeitszeit (AZEIT) wird zunehmend weniger relevant für die Höhe des Einkommens, während sich der Alterseinfluss (ALTER) kaum geändert hat. ⋄

2.3.4 Test auf Signifikanz aller Koeffizienten

Wenn im multiplen Modell geprüft werden soll, ob alle K echten Regressoren zusammen keinen statistisch gesicherten Einfluss auf y haben, also

$$H_0: \beta^* = 0 \text{ gegen } H_1: \beta^* \neq 0$$

geprüft wird, wobei $\beta' = (\beta_0, \beta^{*'})$, dann lautet die Teststatistik

$$\boxed{F = \frac{(\hat{u}'_R \hat{u}_R - \hat{u}'_U \hat{u}_U)/K}{(\hat{u}'_U \hat{u}_U)/(n - K - 1)} \sim F^K_{n-K-1}.}$$

Diese Teststatistik ist F-verteilt mit den Parametern Zählerfreiheitsgrade (hier: K) und Nennerfreiheitsgrade (hier: n-K-1). Der Index R steht für restringiertes und der Index U für unrestringiertes Modell. Letzteres entspricht H_1. Unter H_0 hängt y nur von der Scheinvariablen und der Störgröße ab. Dieser Ansatz ist ein Spezialfall (nested model, restringiertes Modell) des allgemeinen multiplen Modells $y = X\beta + u$ unter H_1. In F entspricht damit $\hat{u}'_R \hat{u}_R$ der Residuenquadratsumme des restringierten Modells bei Gültigkeit von H_0, d.h. wenn $y = \beta_0 + u$, während $\hat{u}'_U \hat{u}_U$ der Residuenquadratsumme des unrestringierten Modells entspricht. Dem Koeffizientenvektor β im multiplen Modell sind a priori keine Restriktionen bei der Schätzung auferlegt worden. Gilt

$$F > F^K_{n-K-1; 1-\alpha},$$

dann ist H_0 abzulehnen. Übliche Programmpakete wie SHAZAM weisen den empirischen F-Wert, d.h. die Teststatistik, meist im Zusammenhang mit einer Varianzanalyse aus. Die Werte der F-Verteilung für verschiedene α-Werte und $(\nu_1; \nu_2)$-Kombinationen liegen tabelliert vor. Alternativ können die empirischen Signifikanzniveaus wie bei der t-Verteilung von SHAZAM (oder anderen Programmpaketen) ermittelt werden. Wurde der empirische F-Wert berechnet und gespeichert (z.B. mit FEMP), so kann α_{emp} bei SHAZAM durch den Befehl

.SMPL 1 1
.DISTRIB FEMP/ TYPE = F DF1 = ν_1 DF2 = ν_2

erzeugt werden. Für ν_1 und ν_2 sind die konkreten Werte anzugeben.

Beispiel: Konsumfunktion (Fortsetzung)

Geschätzt wird mit Jahresdaten für die Bundesrepublik Deutschland 1962-1994 (n=33) der private Konsum in Abhängigkeit vom verfügbaren Einkommen (Y_v = BIP - indirekte Steuern) und dem Preisindex P für die gesamte Lebenshaltung. Geprüft werden soll, ob Y_v und P zusammen einen signifikanten Einfluss auf C ausüben. Dies ist direkt durch den SHAZAM-Befehl

. OLS C Y_v P/ ANOVA

möglich. Durch die Option "ANOVA", mit der die Varianzanalyse angefordert wird, erhält man den empirischen F-Wert. Der verkürzte Output lautet:

‖_ OLS C Y_v P/ ANOVA

ANALYSIS OF VARIANCE - FROM MEAN

	SS	DF	MS	F
REGRESSION	0.78765E+06	2.	0.39382E+06	3181.046
ERROR	3714.1	30.	123.80	P-VALUE
TOTAL	0.79136E+06	32.	24730.	0.000

ANALYSIS OF VARIANCE - FROM ZERO

	SS	DF	MS	F
REGRESSION	0.83532E+07	3.	0.27844E+07	22490.626
ERROR	3714.1	30.	123.80	P-VALUE
TOTAL	0.83569E+07	33.	0.25324E+06	0.000

VARIABLE NAME	ESTIMATED COEFFICIENT	STANDARD ERROR	T-RATIO 30 DF	P-VALUE
Y_v	0.52759	0.2384E-01	22.13	0.000
P	0.77536	0.1070	7.243	0.000
CONSTANT	-51.279	7.130	-7.192	0.000

Der F-Wert bei ANALYSIS OF VARIANCE - FROM MEAN, d.h. F=3181,046 entspricht der Teststatistik. Zu diesem Wert kommt man über die Formel der Teststatis-

2.3 Konfidenzintervalle und Tests

tik, wenn die Residuenquadratsumme aus dem unrestringierten und dem restringierten Modell bekannt ist. Erstere folgt aus der Zeile ERROR und der Spalte SS (sum of squares), d.h. $\hat{u}'_U \hat{u}_U = 3714,1$. Entsprechend erhält man über den Output des restringierten Modells $C = c_0 + u$ den Wert $\hat{u}'_R \hat{u}_R = 0,79136E+06$. Wie ein Vergleich mit der Varianzanalyse für das unrestringierte Modell zeigt, findet sich dieser Wert auch dort (Zeile: TOTAL), so dass keine gesonderte Schätzung für das restringierte Modell notwendig ist, die zum Vergleich nachstehend ausgewiesen ist.

||_ OLS C/ ANOVA

ANALYSIS OF VARIANCE - FROM MEAN

	SS	DF	MS	F
REGRESSION	0.0000	0.	0.0000	0.000
ERROR	0.79136E+06	32.	24730.	P-VALUE
TOTAL	0.79136E+06	32.	24730.	0.000

ANALYSIS OF VARIANCE - FROM ZERO

	SS	DF	MS	F
REGRESSION	0.75656E+07	1.	0.75656E+07	305.927
ERROR	0.79136E+06	32.	24730.	P-VALUE
TOTAL	0.83569E+07	33.	0.25324E+06	0.000

VARIABLE NAME	ESTIMATED COEFFICIENT	STANDARD ERROR	T-RATIO 32 DF	P-VALUE
CONSTANT	478.81	27.38	17.49	0.000

Aus den beiden Angaben $\hat{u}'_U \hat{u}_U = 3714,1$ und $\hat{u}'_R \hat{u}_R = 0,79136E+06$ lässt sich die F-Teststatistik bestimmen, die mit dem oben aufgeführten Wert übereinstimmt

$$F = \frac{(\hat{u}'_R \hat{u}_R - \hat{u}'_U \hat{u}_U)/K}{(\hat{u}'_R \hat{u}_R)/(n - K - 1)} = \frac{[0,79136E+06 - 3714,1]/2}{3714,1/30} = 3181,037.$$

Die Teststatistik F kann auch, ohne dass die Ergebnisse der Varianzanalyse vorliegen, über temporär von SHAZAM gespeicherte Variablen gebildet werden, so dass daraus auch das empirische Signifikanzniveau zu ermitteln ist. Hierzu sind folgende Befehle notwendig:

. ?OLS C
. gen1 RQSR = $SSE
. ?OLS C Y_v P
. gen1 RQSU = $SSE
. gen1 NOB = $N
. gen1 NOR = $K
. gen1 FG1 = NOR − 1
. gen1 FG2 = NOB − NOR
. F = (NOB − NOR)(RQSR − RQSU)/(FG1 ∗ RQSU)

. $DISTRIB \ F/ \ TYPE = F \ DF1 = FG1 \ DF2 = FG2$

Als Ausdruck erhält man:

$\|\_ \ DISTRIB \ F/ \ TYPE = F \ DF1 = FG1 \ DF2 = FG2$
$F \ DISTRIBUTION - DF1 = \ 2.0000 \ DF2 = 30.000$
$MEAN = 1.0714 \ VARIANCE = 1.3246 \ MODE = 0.0000$

```
              DATA       PDF        CDF       1-CDF
F
ROW    1     3181.0    0.55418E-37  1.0000   0.11808E-34
```

Der numerische Wert unter DATA entspricht der Teststatistik und der Wert unter 1-CDF ist das empirische Signifikanzniveau. ◇

Literaturhinweise:
Konfidenzintervalle und Tests zu Regressionskoeffizienten behandeln alle ökonometrischen Lehrbücher. In ausführlicher Weise gehen Hill, Griffiths und Judge (1997) im Rahmen des Zweivariablenmodells auf einfache Ansätze ein. Ansonsten sind z.B. Greene (2003, Chapter 6), Hübler (1989, Kapitel 4), Stock und Watson (2002, Chapter 4+5) oder Wooldridge (2003, Chapter 4) zu empfehlen.

2.4 Annahmenüberprüfung und Anpassungsgüte

2.4.1 Normal-Plots und Tests auf Normalverteilung

Am einfachsten sind graphische Möglichkeiten, Abweichungen von der Normalverteilung darzustellen. Mit dem Programmpaket SPSS kann z.B. ein Normal Q-Q Plot erstellt werden, der die Quantile der beobachteten Verteilung vergleicht mit denen der Normalverteilung, die sich aufgrund der Skalierung auf der Ordinate als Gerade präsentieren. Oder die kumulierten beobachteten und erwarteten Wahrscheinlichkeiten werden in einem Diagramm dargestellt (Normal P-P Plot). Auch hier dient eine Gerade als Referenzkurve. In beiden Fällen (Q-Q, P-P) bedeutet ein starkes Abweichen der Beobachtungen von der Geraden, dass die Normalverteilungsannahme nicht erfüllt ist.

Daneben existiert eine ganze Reihe an Tests auf Normalverteilung. Unter anderem sind dies:

(1) χ^2-Test
Prinzipiell ließe sich mit Hilfe eines χ^2-Anpassungstests überprüfen, ob die Störgrößen normalverteilt sind. Da die u_i nicht beobachtbar sind, kann dies nur für $\hat{u}_i$ oder y_i durchgeführt werden. Diese Variablen sind eine lineare Funktion von u_i. Der χ^2-Anpassungstest besitzt nur approximativ Gültigkeit. Eine Klassenbildung ist notwendig. Daraus resultiert ein Informationsverlust.

(2) Kolmogorov-Smirnov-Test
Der Test ordnet y-Werte der Größe $(y_{[x]})$ nach und bildet

$$KS = \max_{[\nu]} |\frac{[\nu]}{n} - F(y_{[x]})|,$$

wobei $F(\cdot)$ eine Normalverteilung ist. Sie muss vollständig spezifiziert sein. Übersteigt die Teststatistik KS den kritischen Wert, dann ist H_0, wonach eine Normalverteilung vorliegt, abzulehnen. Die kritischen Werte sind tabelliert - vgl. z.B. Büning/Trenkler 1994, S.391.

(3) Shapiro-Wilk-Statistik
Gebildet wird die Teststatistik

$$W = \frac{[\sum_{i=1}^{k} a_{in}(u_{(n-i+1)} - u_{(i)})]^2}{\sum_{i=1}^{n} u_i^2},$$

wobei $u_{(1)} \leq u_{(2)} \leq \ldots \leq u_{(n)}$, $k = \frac{n}{2}$, bzw. $\frac{n-1}{2}$. Die Werte für $a_{in}(=-a_{n-i+1})$ und die kritischen Werte $W_{\alpha,n}$ sind bei Shapiro/Wilk (1965) tabelliert. Da die Störgrößen u nicht beobachtbar sind, muss mit den Residuen gearbeitet werden. H_0(Normalverteilung) ist ablehnen, wenn $W < W_{\alpha,n}$.

(4) Momente-Test
Die Normalverteilung besitzt ganz spezielle Werte für das dritte und das vierte standardisierte Moment. Diese sind als Grundlage für Tests auf Normalverteilung geeignet. Das dritte standardisierte Moment

$$\hat{\mu}_3^* =: d_s^3 = \frac{1}{n} \sum_{\nu=1}^{n} \hat{u}_\nu^3 / d^3$$

ist ein Maß für die Schiefe und besitzt bei der Normalverteilung den Wert Null, wobei $d^2 = \frac{1}{n} \sum \hat{u}^2$. Das vierte standardisierte Moment

$$\hat{\mu}_4^* =: d_s^4 = \frac{1}{n} \sum_{\nu=1^n} \hat{u}_\nu^4 / d^4$$

ist ein Maß für die Wölbung und weist bei Normalverteilungen den Wert 3 auf. Es gilt also

$$\sqrt{b_1} = \mu_3^* = \frac{E(u^3)}{(\sigma^2)^{3/2}} = \frac{E(u^3)}{\sigma^3} = 0$$

$$b_2 = \mu_4^* = \frac{E(u^4)}{\sigma^4} = 3.$$

Ob die Hypothesen

$$H_{01} : \mu_3^* = 0 \quad \text{und} \quad H_{02} : \mu_4^* = 3$$

aufrecht zu erhalten sind, kann anhand kritischer Werte aus Pearson/Hartley (1966, Table 32, siehe Beispiel S.34) entschieden werden.

(5) Jarque-Bera-Test
Ein gemeinsamer Test auf das dritte und vierte standardisierte Moment ist von Jarque und Bera (1980) entwickelt worden

$$\boxed{TS = n \cdot [\frac{(d_s^3)^2}{6} + \frac{(d_s^4 - 3)^2}{24}] \sim \chi_2^2}$$

wobei d_s^3 dem dritten standardisierten Moment $d_s^3 = (1/n) \sum \hat{u}^3 / d^3$ mit $d^3 = ((1/n) \sum \hat{u}^2)^{3/2}$ und d_s^4 dem vierten standardisierten Moment $d_s^4 = (1/n) \sum \hat{u}^4 / d^4$ mit $d^4 = ((1/n) \sum \hat{u}^2)^2$ entspricht. Wenn TS$> \chi_2^2$, dann ist H_0 : „normalverteilte Störgrößen" abzulehnen.

Simulationsstudien sind im Vergleich der verschiedenen Normalverteilungstests zu recht unterschiedlichen Ergebnissen gekommen. Bisweilen wird der Shapiro-Wilk-Ansatz als überlegener Test identifiziert. Zwar gilt der Jarque-Bera-Test im Allgemeinen als gut, wird bei kleinem Stichprobenumfang jedoch von Shapiro-Wilk dominiert. Gegen den Jarque-Bera-Test (JB-Test) spricht die alleinige Verwendung des dritten und vierten standardisierten Moments. Obwohl dieser kombinierte Ansatz im Vergleich zu den isolierten Tests auf das Schiefe- und Wölbungsmaß empfindlich gegenüber Abweichungen hinsichtlich Schiefe und Wölbung der Normalverteilung reagiert, ist die Konvergenz gegen die χ^2-Verteilung mit zwei Freiheitsgraden im Hinblick auf praktische Anwendungen häufig schlecht. Vorsicht ist bei diesem Typ auch deshalb angebracht, weil er bei Ablehnung von H_0 nicht notwendigerweise das diagnostiziert, was beabsichtigt ist, da statt der Prüfung auf eine Verteilung auf zwei verteilungsfreie Größen Bezug genommen wird, die vor allem einzeln auch mit anderen Verteilungen vereinbar sind. Neuere Studien (Thadewald und Büning 2004) zeigen, dass der Jarque-Bera-Test bei symmetrischen Verteilungen, geringer Schiefe sowie langen Verteilungsenden gegenüber alternativen Testverfahren Vorteile besitzt. Die Macht des Tests zeigt sich jedoch als sehr

2.4 Annahmenüberprüfung und Anpassungsgüte

schwach bei sehr kurzen Verteilungsenden und bimodalen Verteilungen. Festzuhalten ist schließlich, dass bei großen Datensätzen der JB-Test die Nullhypothese der Normalverteilung fast immer verwirft, während er bei kleineren und mittelgroßen Datensätzen H_0 durchaus häufiger akzeptiert.

Mit SHAZAM wird die Jarque-Bera-Teststatistik ermittelt, wenn zu dem OLS-Befehl die LM-Option hinzugefügt wird

`OLS y x/LM`

STATA führt den JB-Test für Zeitreihendaten bei VAR(p)-Modellen mit

`varnorm, jbera`

durch.

Beispiel: Einkommensfunktion 2001

Herangezogen werden Individualdaten für die Bundesrepublik Deutschland. Datengrundlage bildet das SOEP. Unter Verwendung des SHAZAM-Befehls

`ols lnY S EXP EXPSQ TEN TENSQ / LM`

ergab sich aufgrund von n=4139 abhängig Beschäftigten im Jahr 2001

```
 REQUIRED MEMORY IS PAR=    1263 CURRENT PAR=    2000
  OLS ESTIMATION
      4139 OBSERVATIONS    DEPENDENT VARIABLE= LNY
 ...NOTE..SAMPLE RANGE SET TO:      1,    4139

  R-SQUARE =    0.4073    R-SQUARE ADJUSTED =    0.4066
 VARIANCE OF THE ESTIMATE-SIGMA**2 =   0.18252
 STANDARD ERROR OF THE ESTIMATE-SIGMA =   0.42722
 SUM OF SQUARED ERRORS-SSE=   754.35
 MEAN OF DEPENDENT VARIABLE =    2.6134
 LOG OF THE LIKELIHOOD FUNCTION = -2349.97


 VARIABLE    ESTIMATED   STANDARD    T-RATIO         PARTIAL
  NAME       COEFFICIENT   ERROR     4133 DF      P-VALUE CORR.
 S           0.13011      0.4446E-02   29.26       0.000 0.414
 EXP         0.79939E-01  0.2494E-02   32.05       0.000 0.446
 EXPSQ      -0.13705E-02  0.4880E-04  -28.08       0.000-0.400
 TEN         0.22675E-01  0.2241E-02   10.12       0.000 0.155
 TENSQ      -0.28472E-03  0.6712E-04   -4.242      0.000-0.066
 CONSTANT    0.17104      0.5520E-01    3.099      0.002 0.048

 DURBIN-WATSON = 1.8772 VON NEUMANN RATIO = 1.8776  RHO =  0.06120
 RESIDUAL SUM = -0.51019E-10  RESIDUAL VARIANCE =   0.18252
 SUM OF ABSOLUTE ERRORS=   1317.9
 R-SQUARE BETWEEN OBSERVED AND PREDICTED = 0.4073
 RUNS TEST: 2007 RUNS, 2137 POS,    0 ZERO, 2002 NEG
```

```
NORMAL STATISTIC = -1.9079
COEFFICIENT OF SKEWNESS =   -0.5039 WITH STANDARD DEVIATION OF 0.0381
COEFFICIENT OF EXCESS KURTOSIS = 2.9843 WITH STANDARD DEVIATION OF 0.0761

JARQUE-BERA NORMALITY TEST- CHI-SQUARE(2 DF)= 1705.7315 P-VALUE= 0.000
```

Symbole: lnY - logarithmierter Stundenlohn, S - Zahl der Schuljahre, EXP - Berufserfahrung in Jahren, EXPSQ=EXP^2, TEN - Betriebszugehörigkeitsdauer, ausgedrückt in Jahren, TENSQ=TEN^2.

Das Schiefemaß (coefficient of skewness = -0,5039) scheint zwar nicht allzu stark vom Wert Null, der sich bei Normalverteilung ergibt, abzuweichen. Der Wert zeigt, dass die Verteilung rechtssteil verläuft. Und das Wölbungsmaß ist nahe am Wert 3, der bei Normalverteilung vorliegt. Die empirische Verteilung verläuft etwas flacher. Der Jarque-Bera-Test lehnt aber H_0: „Normalverteilung" für lnY eindeutig ab. Angemerkt sei, dass bei Verwendung des Stundenlohnes Y und nicht lnY die Abweichung von der Normalverteilung noch deutlich größer ausfällt. Die Jarque-Bera-Teststatistik ist bisweilen so groß, dass SHAZAM diese gar nicht ausweist, sondern stattdessen nur ***** angibt. ⋄

2.4.2 Erwartungswert der Störgrößen

Die Annahme $E(u) = 0$ lässt sich wegen der Unbeobachtbarkeit von u nicht überprüfen. Der Versuch, dies indirekt über $E(\hat{u}) = 0$ nachzuweisen, schlägt fehl.

$$\begin{aligned} E(\hat{u}) &= E(y - \hat{y}), \text{ wobei } y = a + bx + u; \quad \hat{y} = \hat{a} + \hat{b}x \\ &= E(y) - E(\hat{a}) - E(\hat{b}x) \\ &= E(y) - a - bx = 0 \end{aligned}$$

$E(\hat{u}) = 0$ folgt, weil E(u)=0 angenommen wurde. Aber wir können damit nicht beweisen, dass E(u)=0 richtig ist. Es lässt sich auch nicht ersatzweise $\bar{\hat{u}} = 0$ prüfen, denn

$$\bar{\hat{u}} = \frac{1}{n}\sum \hat{u} = \frac{1}{n}\sum(y - \hat{a} - \hat{b}x) = \bar{y} - \hat{a} - \hat{b}\bar{x} = 0$$

folgt zwingend aufgrund der ersten Normalgleichung – vgl. 2.2.1., Abschnitt SZweivariablenmodell".

2.4.3 Unkorreliertheit zwischen Regressor und Störgröße

Zu prüfen ist hier, ob die Störgröße u und die exogene Variable unkorreliert sind ($E(ux) = 0$). Falls x deterministisch ist, wie im klassischen Regressionsmodell angenommen wird, folgt wegen $E(u) = 0$ zwingend $xE(u) = 0$. Außerdem gilt $(1/n)\sum \hat{u}x = 0$ aufgrund der Normalgleichungen

$$\frac{1}{n}\sum_{i=1}^{n}[(y_i - \hat{a} - \hat{b}x_i)x_i] = \overline{xy} - \hat{a}\bar{x} - \hat{b}\overline{x^2} = xy - xy + \hat{b}\bar{x}^2 - \hat{b}\bar{x}^2 = 0.$$

Bei stochastischen exogenen Variablen könnte folgendes Vorgehen vorgeschlagen werden. Schätze $x = c_0 + c_1\hat{u} + \varepsilon_1$ oder $\hat{u} = d_0 + d_1 x + \epsilon_2$ nach der KQ-Methode und teste auf $c_1 = 0$ bzw. $d_1 = 0$. Dieses Vorgehen ist jedoch ungeeignet, wenn $\hat{u}$ nach der Methode der kleinsten Quadrate bestimmt worden ist. In diesem Fall besteht keine Korrelation zwischen $\hat{u}$ und x, denn für das multiple Modell gilt: $X'\hat{u} = 0$ (Hübler 1989, S.41). Daraus folgt, auch für jeden einzelnen Regressor muss $x'_k \hat{u} = 0$ Gültigkeit besitzen. Da aber $c_1 = cov(x, \hat{u})/s_{\hat{u}}^2 = x'\hat{u}/(n s_{\hat{u}}^2)$, erhält man $c_1 = 0$.

Eine indirekte Überprüfung der Annahme lässt sich vornehmen, wenn mögliche Ursachen für die Verletzung dieser klassischen Regressionsannahme bekannt sind. $E(u) \neq 0$ wird induziert bei unberücksichtigten nichtlinearen Zusammenhängen, bei unterdrückten, wichtigen Einflussgrößen oder bei Ausreißern. Zu prüfen wäre daher, ob diese Gründe vorliegen. Einen ersten Eindruck darüber könnte man aus einem Scatter-Plot (Punktwolke) zwischen den Residuen ($\hat{u}$) und den vorhergesagten Werten für den Regressanden ($\hat{y}$) gewinnen. Aber auch hier führt das Vorgehen nicht zum Ziel, denn es gilt: $\hat{y}'\hat{u} = 0$ – vgl. z.B. Hübler (1989, S.41). Ganz hilfreich ist, den Residuenwertebereich in Teilintervalle $s = 1, ..., S$ aufzuspalten und dann durch Augenschein oder einen Test zu prüfen, ob in allen Teilintervallen $\bar{\hat{u}} = 0$ gilt. Für den gesamten Wertebereich folgt bei inhomogenen Regressionen zwangsläufig $\bar{\hat{u}} = 0$. Gleichbedeutend ist dies mit $\hat{y}'\hat{u} = 0$. Bei Gültigkeit der klassischen Annahme $E(u) = 0$ darf diese Annahme aber auch nicht lokal, d.h. für Teilabschnitte, verletzt sein. Für alle s muss $\bar{\hat{u}}_s = 0$ sein.

2.4.4 Konstante Störgrößenvarianzen

Es ist zu prüfen, ob $E(u_i^2) = \sigma^2 =$const. für alle i Gültigkeit besitzt. Da $\sigma^2 = \sigma_y^2$ bei deterministischen x_i gilt, kann aus Diagrammen für y und x ein erster Eindruck gewonnen werden, ob die Varianzen von y und damit von u von der exogenen Variablen x abhängen.

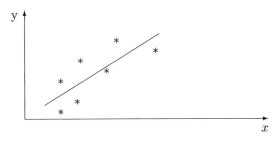

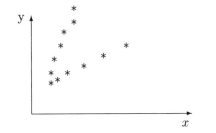

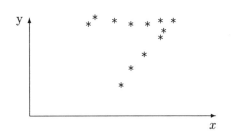

Wenn mit steigendem x die y-Werte zunehmend weiter auseinander oder enger beieinander liegen, ist $E(u_i^2) = \sigma^2 =$ const. nicht erfüllt, wie im Falle der beiden unteren Graphiken.

Beispiel: Studentenbefragung

In einer Veranstaltung zu Methoden der empirischen Wirtschaftsforschung an der wirtschaftswissenschaftlichen Fakultät der Universität Hannover wurden im SS 2001 Studenten unter anderem nach dem monatlich verfügbaren Betrag (MVB) und nach der erwarteten prozentualen Einkommenssteigerung nach 10 Berufsjahren befragt. Dabei ergab sich folgendes Bild für die durchschnittlichen Einkommenssteigerungsraten ($\bar{x}_{\Delta y}$) und die entsprechenden Standardabweichungen ($s_{\Delta y}$) für vorher gebildete Klassen von MVB:

	MVB			
	0 - <300	≥ 300 - <800	≥ 800 - <1100	≥ 1100
N	8	54	49	43
$\bar{x}_{\Delta y}$	39,38	53,43	59,16	85,10
$s_{\Delta y}$	29,33	60,10	66,37	107,17

Die Ergebnisse zeigen, dass mit steigendem MVB nicht nur die erwarteten Einkommenssteigerungen zunehmen, sondern dass auch die Streuung in den Schätzungen zunimmt. Erklärbar ist dies Phänomen damit, dass Studenten, die über einen hohen monatlichen Betrag verfügen, sei es, weil die Eltern ihnen viel zahlen, oder sei es, weil sie während des Studiums selbst hinzuverdienen, stark einkommensorientiert sind. Insbesondere erstere glauben, im Berufsleben hohe Einkommen sowie hohe Einkommenszuwächse erzielen zu können. Das Vorbild sind ihre Eltern. Diejenigen, die während des Studiums berufstätig sind, wissen jedoch, wie schwer es ist, hohe Einkommenszuwächse zu erzielen. Daraus ergibt sich für die Gruppe mit hohem MVB eine starke Streuung bei Δy. Studenten, die nur über einen niedrigen monatlichen Betrag verfügen, werden von dieser Erfahrung geprägt und daher auch nur geringe Einkommenserwartungen haben. Das gilt gleichermaßen für diejenigen, die während des Studiums erwerbstätig sind, als auch für diejenigen, die nur mit einem geringen BAFÖG-Betrag oder einem kleinen Monatswechsel der Eltern zurechtkommen müssen, so dass die Gruppe der Studenten mit einem kleinen MVB hinsichtlich der Einkommenserwartungen homogener sind. Das empirische Resultat, dass $s_{\Delta y}$ mit MVB steigt, bedeutet: Bei einer Regression $\Delta y = a + b \cdot VMB + u$ sind die klassischen Regressionsbedingungen verletzt. Die Varianz der endogenen Variablen und der Störgröße ist nicht konstant. ◇

Zur genaueren Überprüfung der Hypothese

H_0: konstante Störgrößenvarianz (Homoskedastie) gegen

H_1: variable, von x_1 abhängige Störgrößenvarianz (Heteroskedastie)

existieren verschiedene Tests. Für den im Beispiel geschilderten Fall, wenn ein Regressor (x_1) die variable Störgrößenvarianz erzeugt, kann das nachstehende Testverfahren genutzt werden. Folgende Schritte sind durchzuführen:

(i) Daten nach der Größe von x_1 ordnen.
(ii) Zwei (gleichgroße) Teildatensätze (G,K)bilden
 - Beobachtungen mit kleinen x_1-Werten (K)
 - Beobachtungen mit großen x_1-Werten (G)
(iii) Getrennte Schätzungen für den G- und K-Datensatz durchführen

$$y_K = X_K \beta_K + u_K$$
$$y_G = X_G \beta_G + u_G$$

und Ermittlung der Residuen $(\hat{u}_K, \hat{u}_G)$.

(iv) Bestimmung der Teststatistik

$$F = \frac{\hat{u}'_G \hat{u}_G}{\hat{u}'_K \hat{u}_K} \sim F^{n/2}_{n/2}$$

(v) Testentscheidung: H_0 ablehnen, wenn $F > F^{n/2}_{n/2, 1-\alpha}$, falls H_1 formuliert, dass die Störgrößenvarianz mit x_1 steigt ($H_1 : \sigma^2_G > \sigma^2_K$). Im anderen Fall, d.h. $H_1 : \sigma^2_G < \sigma^2_K$, ist H_0 ebenfalls abzulehnen, wenn $F > F^{n/2}_{n/2, 1-\alpha}$, aber $F = (\hat{u}'_K \hat{u}_K)/\hat{u}'_G \hat{u}_G)$.

In der Literatur ist dieser Ansatz als Goldfeld-Quandt-Test bekannt.

Beispiel: Phillipskurve 1962-2000

Auf Basis gesamtwirtschaftlicher Jahresdaten für Deutschland der Periode 1962-2000 wird die Inflationsrate in Abhängigkeit von der Arbeitslosenquote und der erwarteten Inflation nach OLS geschätzt. Verwendet werden die Variablen

```
|_PI    - Preisindex Lebenshaltung
|_ALQ   - Arbeitslosenquote
|_eINFL - erwartete Preissteigerungsrate
|_genr INFL=(PI-lag(PI))/PI
```

Als SHAZAM-Output ergab sich Folgendes

```
..NOTE.LAG VALUE IN UNDEFINED OBSERVATIONS SET TO ZERO
|_smpl 2 39

|_ols INFL ALQ eINFL

 REQUIRED MEMORY IS PAR=       4 CURRENT PAR=    2000
 OLS ESTIMATION
       38 OBSERVATIONS     DEPENDENT VARIABLE= INFL
...NOTE..SAMPLE RANGE SET TO:      2,      39

 R-SQUARE =    0.7179    R-SQUARE ADJUSTED =    0.7018
 VARIANCE OF THE ESTIMATE-SIGMA**2 =   0.97476E-04
```

```
STANDARD ERROR OF THE ESTIMATE-SIGMA =   0.98730E-02
SUM OF SQUARED ERRORS-SSE=   0.34117E-02
MEAN OF DEPENDENT VARIABLE =   0.29526E-01
LOG OF THE LIKELIHOOD FUNCTION =   123.125

VARIABLE    ESTIMATED    STANDARD   T-RATIO
  NAME     COEFFICIENT    ERROR      35 DF     P-VALUE
ALQ        -0.74279E-03  0.4867E-03  -1.526     0.136
eINFL       0.10891E-01  0.1395E-02   7.808     0.000
CONSTANT   -0.10570E-03  0.6241E-02  -0.1694E-01 0.987
```

Geprüft werden soll, ob die Störgrößenvarianz von ALQ abhängt. Durchgeführt werden soll der Goldfeld-Quandt-Test. Dafür stehen folgende Ergebnisse zur Verfügung

```
|_sort ALQ
DATA HAS BEEN SORTED BY VARIABLE ALQ
|_set nowarnskip
|_skipif (ALQ.LE.5)

|_ols INFLA ALQ eINFL

REQUIRED MEMORY IS PAR=       4 CURRENT PAR=      2000
 OLS ESTIMATION
       20 OBSERVATIONS     DEPENDENT VARIABLE= INFL
...NOTE..SAMPLE RANGE SET TO:      2,     39

 R-SQUARE =   0.7124     R-SQUARE ADJUSTED =    0.6785
VARIANCE OF THE ESTIMATE-SIGMA**2 =   0.97431E-04
STANDARD ERROR OF THE ESTIMATE-SIGMA =   0.98707E-02
SUM OF SQUARED ERRORS-SSE=   0.16563E-02
MEAN OF DEPENDENT VARIABLE =   0.22510E-01
LOG OF THE LIKELIHOOD FUNCTION =   65.6101

VARIABLE    ESTIMATED    STANDARD   T-RATIO
  NAME     COEFFICIENT    ERROR      17 DF     P-VALUE
ALQ        -0.25558E-02  0.1557E-02  -1.642     0.119
eINFL       0.11080E-01  0.2297E-02   4.823     0.000
CONSTANT    0.16026E-01  0.1734E-01   0.9241    0.368

|_gen1 r1v=$SIG2
..NOTE..CURRENT VALUE OF $SIG2=   0.97431E-04
|_delete skip$
VARIABLE SKIP$    IS DELETED         39 WORDS RELEASED
|_set nowarnskip
|_skipif (ALQ.GT.5)
```

2.4 Annahmenüberprüfung und Anpassungsgüte

```
|_ols INFL ALQ eINFL

REQUIRED MEMORY IS PAR=        4 CURRENT PAR=      2000
OLS ESTIMATION
      18 OBSERVATIONS      DEPENDENT VARIABLE= INFL
...NOTE..SAMPLE RANGE SET TO:        2,      39

 R-SQUARE =    0.6436     R-SQUARE ADJUSTED =    0.5961
VARIANCE OF THE ESTIMATE-SIGMA**2 =   0.10117E-03
STANDARD ERROR OF THE ESTIMATE-SIGMA =   0.10058E-01
SUM OF SQUARED ERRORS-SSE=   0.15175E-02
MEAN OF DEPENDENT VARIABLE =   0.37322E-01
LOG OF THE LIKELIHOOD FUNCTION =  58.8885

VARIABLE    ESTIMATED    STANDARD       T-RATIO
  NAME      COEFFICIENT   ERROR         15 DF     P-VALUE
ALQ         0.10802E-02  0.1588E-02     0.6802    0.507
eINFL       0.95314E-02  0.2081E-02     4.581     0.000
CONSTANT   -0.26532E-04  0.7559E-02    -0.3510E-02 0.997
|_gen1 r2v=$SIG2
..NOTE..CURRENT VALUE OF $SIG2=   0.10117E-03
|_smpl 1 1
|_gen1 F=r1v/r2v
|_distrib F/ type=F DF1=20 DF2=18
F DISTRIBUTION- DF1=    20.000      DF2=    18.000
MEAN=    1.1250    VARIANCE=   0.32545    MODE=   0.81000

              DATA         PDF         CDF        1-CDF
  F
 ROW    1    0.96305     0.88677     0.46454     0.53546
```

Die Nullhypothese der Homoskedastie, d.h. dass die Störgrößenvarianz zwischen Perioden mit einer prozentualen Arbeitslosenquote bis 5% und solchen über 5% gleich ist, kann aufgrund des durchgeführten Tests nicht abgelehnt werden.

2.4.5 Keine Autokorrelation

Überprüft wird die Annahme „keine Autokorrelation", d.h. $E(u_t u_{t'}) = 0$, in der empirischen Wirtschaftsforschung am häufigsten mit Hilfe des Durbin-Watson-Tests. Dies ist ein Test auf Autokorrelation erster Ordnung. Die Nullhypothese

H_0: keine Autokorrelation

wird gegen den Spezialfall

H_1: Autokorrelation erster Ordnung

getestet. In diesem Spezialfall beschreibt

$$u_t = \rho u_{t-1} + \varepsilon_t$$

unter H_1 die autoregressive Störgrößenbeziehung. Der Wertebereich von ρ ist

$$0 \leq |\rho| \leq 1,$$

da ρ den Autokorrelationskoeffizienten erfasst. Die Teststatistik nach Durbin-Watson lautet

$$\hat{d} = DW = \frac{\sum_{t=2}^{T}(\hat{u}_t - \hat{u}_{t-1})^2}{\sum_{t=1}^{T}\hat{u}_t^2} \sim 2 - 2\hat{\rho}.$$

Zur Überprüfung von H_0 ist $\hat{d}$ zu vergleichen mit den Werten aus der Durbin-Watson-Tabelle (d). Da die Verteilung von DW von den Stichprobenwerten abhängt, müsste für jede Datenkonstellation eine eigene Tabelle konstruiert werden. Um dies zu vermeiden, haben Durbin und Watson die kritischen Werte nur näherungsweise ermittelt. Entstanden sind dadurch Unbestimmtheitsbereiche, in denen keine Entscheidung zugunsten von H_0 oder H_1 zu treffen ist. Die folgende Graphik macht die Situation klar.

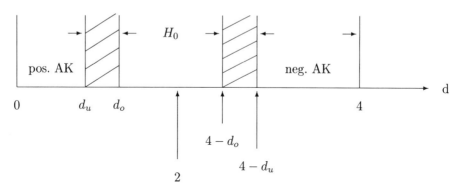

Nur unterhalb von d_u und oberhalb von $4-d_u$ ist bis auf eine geringe Unsicherheit (α) die Entscheidung eindeutig. Im ersten Fall liegt positive Autokorrelation erster Ordnung (pos.AK) vor und im zweiten Fall negative Autokorrelation (neg.AK). Falls $d_o < DW < 4 - d_o$, wird zugunsten von H_0 entschieden,während die schraffierten Bereiche hinsichtlich H_0 und H_1 indeterminiert sind.

Beispiel: $K + 1 = 3$ (exogene Variablen + absolutes Glied); $\quad n = 20$

Aus der Durbin-Watson-Tabelle lässt sich $d_u = 1,10$ und $d_o = 1,54$ ablesen. Dies bedeutet, H_0 ist nicht ablehnen, wenn $\quad 1,54 < \hat{d} < 4 - 1,54 = 2,46.$ ⋄

2.4 Annahmenüberprüfung und Anpassungsgüte

Mit SHAZAM kann die Durbin-Watson-Teststatistik ermittelt werden, und zwar muss als Option nach dem Schätzbefehl RSTAT (residual summary statistics) hinzugefügt werden

`OLS y x1 ... xK / RSTAT`

Gegenüber anderen Programmpaketen besteht hier auch die Möglichkeit, einen exakten Durbin-Watson-Test durchzuführen, bei dem der Indeterminiertheitsbereich entfällt. Es werden in jedem Einzelfall unter Berücksichtigung der Beobachtungen und der Modellspezifikation die kritischen Werte bestimmt. Dies geschieht durch die Option EXACTDW. Der allgemeine Befehl lautet

`OLS y x1 ... xK / EXACTDW`

Beispiel: Konsumfunktion (Fortsetzung)

Der jährliche Konsum der Jahre 1980–1994 wird in Abhängigkeit vom Nettoinlandsprodukt zu Faktorkosten (NIF), dem Preisindex für die gesamte Lebenshaltung (PREIS) und der Verschuldung (SCHULD) bestimmt. Der SHAZAM-Output führt zu

```
|_ols C NIF PREIS SCHULD /Rstat exactdw resid=ud

 REQUIRED MEMORY IS PAR=     14 CURRENT PAR=     2000
  OLS ESTIMATION
        15 OBSERVATIONS     DEPENDENT VARIABLE= C
 ...NOTE..SAMPLE RANGE SET TO:    1,    15

 DURBIN-WATSON STATISTIC   =  1.58596
 DURBIN-WATSON POSITIVE AUTOCORRELATION TEST P-VALUE =    0.035261
             NEGATIVE AUTOCORRELATION TEST P-VALUE =    0.964739

 R-SQUARE =  0.9930     R-SQUARE ADJUSTED =   0.9910
 VARIANCE OF THE ESTIMATE-SIGMA**2 =    127.15
 STANDARD ERROR OF THE ESTIMATE-SIGMA =    11.276
 SUM OF SQUARED ERRORS-SSE=   1398.6
 MEAN OF DEPENDENT VARIABLE =    612.84
 LOG OF THE LIKELIHOOD FUNCTION = -55.2980


 VARIABLE    ESTIMATED    STANDARD   T-RATIO
   NAME      COEFFICIENT    ERROR    11 DF     P-VALUE
 NIF         0.54096      0.4741E-01   11.41    0.000
 PREIS       0.90856      0.3810       2.385    0.036
 SCHULD      0.32186E-04  0.7461E-05   4.314    0.001
 CONSTANT   -23.966       46.18       -0.5189   0.614

 DURBIN-WATSON = 1.5860   VON NEUMANN RATIO = 1.6992   RHO =   0.20666
 RESIDUAL SUM =  0.88818E-15  RESIDUAL VARIANCE =     127.15
 SUM OF ABSOLUTE ERRORS=    119.97
 R-SQUARE BETWEEN OBSERVED AND PREDICTED = 0.9930
 RUNS TEST: 6 RUNS, 8 POS, 0 ZERO, 7 NEG  NORMAL STATISTIC = -1.3282
```

Die Durbin-Watson-Teststatistik ist 1,58596 und dies bedeutet positive Autokorrelation erster Ordnung. Das empirische Signifikanzniveau auf Basis des exakten DW-Tests auf positive Autokorrelation erster Ordnung ist 0,035. ◇

2.4.6 Stabilitätskontrolle

Nicht explizit, aber implizit haben die Annahmen des klassischen Regressionsmodells zur Folge, dass die Parameter unverändert bleiben, egal welche Stichprobe zugrunde gelegt wird, ob mit einer Teilstichprobe oder der Gesamtstichprobe gearbeitet wird. Für die Überprüfung von $E(ux)$ – vgl. Kapitel 2.4.3 – wurde darauf bereits verwiesen.

Für Querschnittsdaten ist die Frage der Konstanz dann bedeutsam, wenn in Gruppen aufgeteilt wird. Bei getrennter Schätzung z.B. für Frauen und Männer oder für einzelne Wirtschaftsbereiche sollten sich nach klassischer Modellvorstellung keine systematischen Unterschiede bei den ermittelten Koeffizienten ergeben. Bei Zeitreihendaten ist entsprechend zu überprüfen, ob die Parameterstruktur im Zeitablauf stabil bleibt. Im Folgenden soll nur auf diesen Typ von Daten abgestellt werden. Die Überlegungen lassen sich im Wesentlichen auf Querschnittsdaten übertragen, wenn sich die Beobachtungen der Gruppierungsvariablen der Größe nach ordnen lassen.

Konkret ist bei Stabilitätsuntersuchungen zu prüfen, ob

- die Koeffizienten im Zeitablauf konstant bleiben;
- die Störgrößenvarianz sich im Zeitablauf nicht ändert.

Im Zweivariablenmodell

$$y = a + bx + u$$
$$u \sim N(0, \sigma^2)$$

ist zu testen, ob Strukturbrüche bei a, b oder σ^2 vorliegen. Die nachfolgenden Graphiken verdeutlichen, wie sich die drei Strukturbrüche ab einem bestimmten Zeitpunkt τ bemerkbar machen.

2.4 Annahmenüberprüfung und Anpassungsgüte

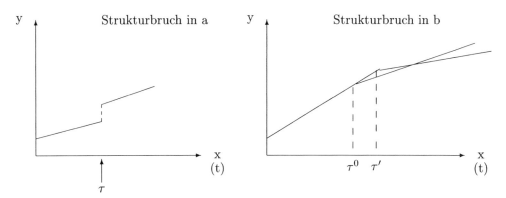

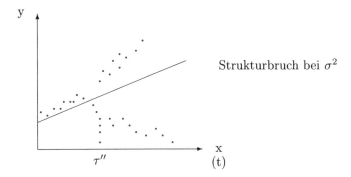

Ein Beispiel für einen Strukturbruch in a ist die Anhebung des Sozialhilfeniveaus, interpretiert als Basiskonsum. Die Abbildung zum Strukturbruch in b macht deutlich, dass es bei Unkenntnis des genauen Strukturbruchzeitpunktes (τ^0 oder τ') schwierig wird, eine klare Entscheidung zu treffen, ob der Strukturbruch in τ^0 oder τ' eingetreten ist. Die Anhebung des Mehrwertsteuersatzes ist ein Beispiel für einen Strukturbruch in b. Die Graphik für den Strukturbruch in σ^2 soll verdeutlichen, dass die Streuung der endogenen Variablen y als Hinweis für die Streuung von u im ersten Zeitabschnitt bis τ'' abnimmt und danach wieder zunimmt.

Zum Testen bedarf es üblicherweise der Schätzung von drei Regressionen, d.h. der getrennten Schätzung für den Gesamtzeitraum (Periode $1...T = T_1 + T_2$), den ersten Zeitabschnitt bis T_1 sowie den zweiten Zeitraum ($1...T_2$), beginnend nach dem Strukturbruch. Der Zeitpunkt für den möglichen Strukturbruch muss bekannt sein.

$$\begin{aligned} y_t &= a + bx_t + u_t; & \sigma^2; & \quad t = 1...T \\ y_t &= a_1 + b_1 x_t + u_{1t}; & \sigma_1^2; & \quad t = 1...T_1 \\ y_t &= a_2 + b_2 x_t + u_{2t}; & \sigma_2^2; & \quad t = 1...T_2 \end{aligned}$$

Konfidenzintervall für σ^2. Ein erster Ansatz zur Überprüfung, ob ein Strukturbruch in den Störgrößenvarianzen vorliegt, könnte darin bestehen festzustellen, ob das Konfidenzintervall für σ^2 die Stichprobenwerte $\hat{\sigma}_1^2$ und $\hat{\sigma}_2^2$ überdeckt. Für die Konstruktion des Konfidenzintervalles von σ^2 ist Folgendes zu beachten. Da $\hat{u}$ eine lineare Funktion von u ist, hier demonstriert für das Zweivariablenmodell (für das multiple Modell vgl. z.B. Hübler 1989, S.40),

$$\hat{u} = y - \hat{y} = y - \hat{a} - \hat{b}x$$
$$= a + bx + u - \hat{a} - \hat{b}x = f(u)$$

und da angenommen wird, dass $u \sim N(0, \sigma^2)$, ist auch $\hat{u}$ normalverteilt. Daraus ergibt sich: $\sum \hat{u}_t^2 \sim \chi^2$-verteilt, wenn $\hat{u}$ standardisiert normalverteilt, d.h. N(0,1) bzw. aus $\hat{u}/\sigma \sim N(0,1)$ folgt $\sum \hat{u}^2/\sigma^2 \sim \chi^2$-verteilt. Die χ^2-Verteilung hängt von den Freiheitsgraden ab. Ein typischer Verlauf ist in der nachstehenden Graphik skizziert.

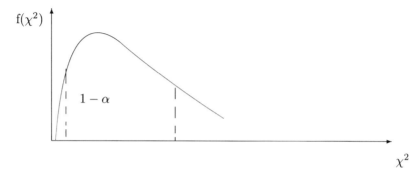

Ausgehend von dem Schwankungsintervall für $\sum \hat{u}^2/\sigma^2$

$$P(\chi^2_{\alpha/2} \leq \frac{\sum \hat{u}_t^2}{\sigma^2} \leq \chi^2_{1-\alpha/2}) = 1 - \alpha$$

folgt sofort das Konfidenzintervall für σ^2

$$\boxed{P(\frac{\sum \hat{u}_t^2}{\chi^2_{1-\alpha/2}} \leq \sigma^2 \leq \frac{\sum \hat{u}_t^2}{\chi^2_{\alpha/2}}) = 1 - \alpha}$$

Wenn dieses Intervall $\hat{\sigma}_1^2$ und $\hat{\sigma}_2^2$ einschließt, ist dies ein Hinweis darauf, dass H_0, die Hypothese konstanter Störgrößenvarianzen in beiden Zeitabschnitte, nicht abgelehnt werden kann.

Insgesamt muss dies Vorgehen jedoch als unbefriedigend angesehen werden, da die Hypothesenwerte $\hat{\sigma}_1^2, \hat{\sigma}_2^2$ und die Intervallgrenzen aufgrund des gleichen Datenmaterials zustande kommen. Alternativ lässt sich prüfen, ob sich die Konfidenzintervalle für σ_1^2 und σ_2^2 überdecken. In diesem Fall liefert das Ergebnis einen Hinweis für die Gültigkeit von H_0. Die Hypothese der Gleichheit von σ_1^2 und σ_2^2 kann nicht abgelehnt werden. Zu beachten ist, dass mit fallender Irrtumswahrscheinlichkeit die Wahrscheinlichkeit eines gemeinsamen Konfidenzbereichs zunimmt. Die Beurteilung statistischer Signifikanz von Differenzen durch die Überprüfung, ob sich die Konfidenzintervalle überlappen, ist eine recht konservative Methode (Schenker/ Gentleman 2001). Die Nullhypothese wird bei Gültigkeit von H_0 weniger häufig abgelehnt als bei Standardmethoden. Der Test versagt beim Ablehnen von H_0 häufiger, wenn H_0 falsch ist. Obwohl die Überprüfung des Überlappens sehr einfach ist, sollte sie im Allgemeinen nur als Schnelltest dienen, um einen ersten Hinweis zu bekommen. Falls sich herausstellt, dass H_0 abzulehnen ist, ist dies Vorgehen ausreichend, impliziert dies Ergebnis doch auch ein Ablehnen bei Verwendung der Standardmethoden.

Vergleich der geschätzten Störgrößenvarianzen. Übliche Vorgehensweisen folgen einem F-Test. Analog der voranstehenden Argumentation kann jetzt auch für die beiden Perioden $(1,...,T_1,1,...,T_2)$ getrennt die χ^2-Verteilung der nachstehenden Ausdrücke begründet werden

$$\frac{\hat{\sigma}_1^2(T_1-2)}{\sigma^2} \sim \chi_\nu^2$$
$$\frac{\hat{\sigma}_2^2(T_2-2)}{\sigma^2} \sim \chi_\nu^2.$$

Im Zweivariablenmodell entsprechen die Freiheitsgrade ν der Zahl der Beobachtungen minus 2 (Zahl der zu schätzenden Parameter (a,b)), also $T_1 - 2$ und $T_2 - 2$. Geprüft wird

$$H_0: \quad \sigma_1^2 = \sigma_2^2 = \sigma^2.$$

Setzt man zwei χ^2-verteilte, unabhängige Zufallsvariablen in Beziehung, so erhält man eine F-verteilte Zufallsvariable, wenn noch durch die Zahl der Freiheitsgrade geteilt wird

$$\boxed{F = \frac{\hat{\sigma}_1^2(T_1-2)/(T_1-2)}{\hat{\sigma}_2^2(T_2-2)/(T_2-2)} = \frac{\hat{\sigma}_1^2}{\hat{\sigma}_2^2}.}$$

H_0 wird abgelehnt, wenn

$$F > F_{T_2-2,1-\alpha/2}^{T_1-2}$$
$$\text{oder} \quad F < F_{T_2-2,\alpha/2}^{T_1-2} = \frac{1}{F_{T_1-2,1-\alpha/2}^{T_2-2}}.$$

Die Formulierung für den unteren kritischen Wert $F_{T_2-2,\alpha/2}^{T_1-2}$ erfolgt in der alternativen Form, da die F-Verteilungstabelle üblicherweise nur für rechtsseitige Tests konstruiert ist. Es gilt jedoch allgemein

$$F_{\nu_2,1-\alpha}^{\nu_1} \cdot F_{\nu_1,\alpha}^{\nu_2} = 1.$$

Dieser Test kann als Spezialfall des Tests auf Homoskedastie aufgefasst werden – vgl. Kapitel 2.4.4. Der dort formulierte Test basiert auf der Vermutung, dass ein Regressor die variablen Varianzen induziert und diese sich damit von Beobachtung zu Beobachtung verändern. Hier besteht dagegen die Hypothese, dass die Störgrößenvarianzen im Prinzip konstant sind, aber zwischen den Zeitpunkten T_1 und T_1+1 eine einmalige Änderung erfahren.

Beispiel: Vorgegeben seien $\hat{\sigma}_1^2 = 2$, $T_1 = 7$, $\hat{\sigma}_2^2 = 8$, $T_2 = 22$, $\alpha = 0,02$.

Daraus folgt als Teststatistik: $F = \frac{1}{4} = 0,25$. Die Freiheitsgrade sind $t_1 = T_1 - 2 = 5$ und $t_2 = T_2 - 2 = 20$. Der Vergleich mit den kritischen Werten $F^5_{20;0,99} = 4,1$ und $\frac{1}{F^{20}_{5;0,99}} = \frac{1}{9,55} \sim 0,1 < F = 0,25$ macht deutlich, dass $H_0 : \sigma_1^2 = \sigma_2^2$ nicht abgelehnt werden kann. ⋄

Isolierter Koeffizientenvergleich. Analog zur Methode des Überlappens im Abschnitt über das Konfidenzintervall für σ^2 kann auch hier ein Schnelltest für a und b zur Anwendung kommen. Zu prüfen ist im Zweivariablenmodell z.B. $H_0 : a_1 = a_2$ gegen $H_1 : a_1 \neq a_2$, wobei der Index 1 den ersten und der Index 2 den zweiten Zeitabschnitt charakterisiert. Aus der getrennten Schätzung ergeben sich zwei Verläufe. Daraus lassen sich die Konfidenzintervalle bilden. Falls sich die Konfidenzintervalle für a_1 und a_2 überdecken, kann H_0 nicht verworfen werden.

Ein ganz analoges Vorgehen ist für $H_0 : b_1 = b_2$ gegen $H_1 : b_1 \neq b_2$ zu wählen. Die Überlappungsmethode ist wiederum nur als Schnelltest brauchbar. Als Standardtest kommt das nachstehende Vorgehen in Betracht. Zu testen ist erneut

$$H_0 : a_1 = a_2 \text{ gegen } H_1 : a_1 \neq a_2,$$

wobei von der Annahme $\sigma_1^2 = \sigma_2^2$ auszugehen ist. Wenn diese aufgrund des Tests im vorangegangenen Abschnitts verworfen werden muss, ist nach Alternativen zu suchen. Wird die Hypothese $\sigma_1^2 = \sigma_2^2$ nicht abgelehnt, lautet die Teststatistik

$$TS = \frac{\hat{a}_1 - \hat{a}_2}{\sqrt{\hat{\sigma}_{\hat{a}_1}^2 + \hat{\sigma}_{\hat{a}_2}^2}}$$

$$= \frac{\hat{a}_1 - \hat{a}_2}{\hat{\sigma}\sqrt{\dfrac{\overline{x_1^2}}{\sum(x_{1\nu} - \bar{x}_1)^2} + \dfrac{\overline{x_2^2}}{\sum(x_{2\nu} - \bar{x}_2)^2}}}$$

$$= \frac{\hat{a}_1 - \hat{a}_2}{\hat{\sigma}\sqrt{\dfrac{1}{\tilde{x}'_{11}\tilde{x}_{11}} + \dfrac{1}{\tilde{x}'_{21}\tilde{x}_{21}}}} \sim t_{T-4}.$$

H_0 ist abzulehnen, wenn $|TS| > t_{T-4, 1-\frac{\alpha}{2}}$.

2.4 Annahmenüberprüfung und Anpassungsgüte

Wäre die Störgrößenvarianz und damit σ bekannt, folgte TS einer Standardnormalverteilung. Ganz entsprechend ist $H_0: b_1 = b_2$ gegen $H_1: b_1 \neq b_2$ zu testen, wobei als Annahme wiederum $\sigma_1^2 = \sigma_2^2$ gilt. Die Teststatistik lautet

$$TS = \frac{\hat{b}_1 - \hat{b}_2}{\hat{\sigma}\sqrt{\dfrac{1}{(T_1-1)s_1^2} + \dfrac{1}{(T_2-1)s_2^2}}}.$$

Die hier für das Zweivariablenmodell angegebene Teststatistik lässt sich in der letzten Formulierung für den Test $H_0: a_1 = a_2$ gegen $H_1: a_1 \neq a_2$ auf das multiple Modell anwenden, wenn $\hat{a}_1 - \hat{a}_2$ durch $\hat{\beta}_{1k} - \hat{\beta}_{2k}$ ersetzt, $k = 1, 2$ durch $k = 0, 1, 2, ..., K$ erweitert und $\tilde{x}_l = (I - X_{l(k)}(X'_{l(k)}X_{l(k)})^{-1}X'_{l(k)})x_{lk}$ mit $l = 1, 2$ als Index für den Zeitabschnitt beachtet wird.

Beispiel: Konsumfunktion (Fortsetzung)

Mit Hilfe der gesamtwirtschaftlichen Daten für die Bundesrepublik Deutschland über den Zeitraum 1962-1994 soll geprüft werden, ob die marginale Konsumneigung b in $C_t = a + bY_{vt} + u_t$ einen Strukturbruch zwischen den Jahren 1979 und 1980 aufgrund der zweiten Ölpreiskrise aufweist. Auf Basis der Schätzungen ergibt sich dabei als Teststatistik

$$TS = \frac{0,8492 - 0,7218}{16,33\sqrt{\dfrac{1}{17 \cdot 88,91^2} + \dfrac{1}{14 \cdot 162,54^2}}} = \frac{0,1274}{0,052} = 2,45,$$

wobei für die geschätzte Störgrößenvarianz

$$\hat{\sigma}^2 = \frac{1}{T_1 + T_2 - 4}\left(\sum_{t=1}^{T_1} \hat{u}_t^2 + \sum_{t=T_1+1}^{T} \hat{u}_t^2\right)$$

$$= \frac{1}{33-4}(1796,1 + 5935,9) = 266,62$$

folgt. Die Entscheidung ist insofern nicht ganz eindeutig, als bei $\alpha = 0,01$

$$|TS| = |2,45| > t_{T-4;0,975} = 2,0452$$

H_0 abzulehnen ist, während bei $\alpha = 0,05$

$$|TS| < t_{T-4;0,975} = 2,7564$$

folgt. $\diamond$

Für die Bestimmung der Störgrößenvarianz bietet sich als Alternative an, die Residuen aus der Schätzung des restringierten Modells zu verwenden, d.h. aus der Schätzung für die Gesamtperiode (1,...,T). Da der Test $\sigma_1^2 = \sigma_2^2 = \sigma^2$ unterstellt, spricht einiges für dieses Vorgehen bei Gültigkeit von $H_0: b_1 = b_2$.

Strukturbruchtest auf a und b simultan. Wie schon bei der Konfidenzellipse – vgl. Kapitel 2.3..2 – und allgemeiner im multiplen Modell beim F-Test auf Signifikanz aller Regressoren- vgl. Kapitel 2.3.4 – kann auch beim Strukturbruchtest das Zusammenwirken verschiedener Faktoren analysiert werden. Für den Zweivariablenfall heißt dies, es ist zu prüfen, ob a und b gleichzeitig einen Strukturbruch aufweisen.

$$H_0: a_1 = a_2 = a; \quad b_1 = b_2 = b$$

ist gegen $H_1: a_1 \neq a_2 = a$ und/oder $b_1 \neq b_2 = b$ zu testen. Auch hier wird $\sigma_1^2 = \sigma_2^2 = \sigma^2$ angenommen. Die Gültigkeit muss vorher getestet werden. Der Grundgedanke des Tests auf gemeinsamen Strukturbruch ist, die Abstände zwischen der geschätzten Geraden des restringierten Modells (iii) und den beiden unrestringierten Modellen (i) und (ii) zu bilden. Dies ist anhand der nachfolgenden Graphik verdeutlicht.

$$(i) \quad \hat{y}_t = \hat{a}_1 + \hat{b}_1 x_t \quad t = 1, ..., T_1$$
$$(ii) \quad \hat{y}_t = \hat{a}_2 + \hat{b}_2 x_t \quad t = T_1 + 1, ..., T$$
$$(iii) \quad \hat{\hat{y}}_t = \hat{a} + \hat{b} x_t \quad t = 1, ..., T$$

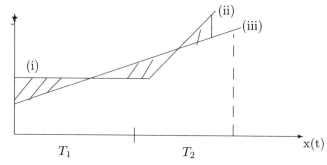

Da $\sum_{t=1}^{T}(\hat{y}_t - \hat{\hat{y}}_t)$ unter H_0 gegen Null tendiert, wird wie bei der Streuung wegen $\frac{1}{n}\sum(x_t - \bar{x}) = 0$ mit quadratischen Größen gearbeitet, d.h.

$$Q = \sum_{t=1}^{T}(\hat{y}_t - \hat{\hat{y}}_t)^2$$

ist der Ausgangspunkt des Tests. Die Teststatistik im Zweivariablenmodell lautet

$$\boxed{TS = \frac{\frac{1}{t_1}Q}{\frac{1}{t_2}\sum_{t=1}^{T}\hat{u}_t^2} \sim F_{t_2}^{t_1}}$$

Dieser Test heißt üblicherweise Chow-Test. Es gilt im Zweivariablenmodell ($t_1 = 2$ und $t_2 = T - 4$)

$$\hat{\hat{u}}_t = y_t - \hat{\hat{y}}_t$$
$$= (y_t - \hat{y}_t) + (\hat{y}_t - \hat{\hat{y}}_t)$$
$$\hat{\hat{u}}_t^2 = (y_t - \hat{y}_t)^2 + 2\hat{u}_t(\hat{y}_t - \hat{\hat{y}}_t) + (\hat{y}_t - \hat{\hat{y}}_t)^2.$$

2.4 Annahmenüberprüfung und Anpassungsgüte   137

Diese Zerlegung wird über alle Beobachtungen summiert. Dabei entfällt das gemischte Glied der binomischen Formel. Aufgrund der Normalgleichungen – vgl. Kapitel 2.2.1 -

$$\sum y_t = \sum \hat{a} + \hat{b} \sum x_t$$
$$\sum y_t x_t = \sum \hat{a} x_t + \hat{b} \sum x_t^2$$

folgt

$$\sum \hat{u}_t = 0 \quad \text{und} \quad \sum \hat{u}_t x_t = 0.$$

Analog gilt auch

$$\sum \hat{\hat{u}}_t = 0 \quad \text{und} \quad \sum \hat{\hat{u}}_t x_t = 0.$$

Daraus ergibt sich

$$\sum \hat{u}_t \hat{y}_t = \hat{a}_l \sum \hat{u}_t + \hat{b}_l \sum \hat{u}_t x_t = 0; \quad l = 1,2$$
$$\sum \hat{\hat{u}}_t \hat{\hat{y}}_t = \hat{a} \sum \hat{\hat{u}}_t + \hat{b} \sum \hat{\hat{u}}_t x_t = 0,$$

so dass

$$\sum_{t=1}^{T} \hat{\hat{u}}_t^2 = \sum_{t=1}^{T} (y_t - \hat{y}_t)^2 + \sum_{t=1}^{T} (\hat{y}_t - \hat{\hat{y}}_t)^2$$
$$= \sum_{t=1}^{T} \hat{u}_t^2 + \sum_{t=1}^{T} (\hat{y}_t - \hat{\hat{y}}_t)^2.$$

$$T-2 \qquad T-4 \qquad 2$$

Die unteren Angaben bezeichnen die Freiheitsgrade. Somit lässt sich die F-Teststatistik für den Zweivariablenfall noch genauer spezifizieren

$$F = \frac{\frac{1}{2}Q}{\frac{1}{T-4}\sum \hat{u}_t^2} = \frac{\frac{1}{2}(\sum \hat{\hat{u}}_t^2 - \sum_{t=1}^{T} \hat{u}_t^2)}{\frac{1}{T-4}\sum \hat{u}_t^2} = \frac{\frac{1}{2}(\hat{\hat{u}}'\hat{\hat{u}} - \hat{u}_1'\hat{u}_1 - \hat{u}_2'\hat{u}_2)}{\frac{1}{T-4}\hat{u}'\hat{u}} \sim F_{T-4}^2$$

Für praktische Zwecke ist die rechte Formulierung von Q, d.h. über die Residuen, besser geeignet. Der Zusammenhang ergibt sich direkt aus der obigen Beziehung

$$Q = \sum_{t=1}^{T} (\hat{y}_t - \hat{\hat{y}}_t)^2 = \sum_{t=1}^{T} \hat{\hat{u}}_t^2 - \sum_{t=1}^{T} (y_t - \hat{y}_t)^2 = \sum_{t=1}^{T} \hat{\hat{u}}_t^2 - \sum_{t=1}^{T} \hat{u}_t^2.$$

Wenn $F > F^2_{T-4, 1-\alpha}$, dann wird die Hypothese H_0 – es liegt kein Strukturbruch vor – abgelehnt.

Im $K+1$-Variablen-Modell gilt in Abwandlung zum Zweivariablenmodell

$$t_1 = K + 1$$
$$t_2 = T - 2(K + 1).$$

Ansonsten stimmen die Strukturbruchtests im Vorgehen überein.

Beispiel: Konsumfunktion (Fortsetzung)

Mit SHAZAM werden die Schätzungen durchgeführt und die daraus verfügbaren Informationen zur Berechnung der Teststatistik herangezogen. Benötigt werden die Schätzungen für den Gesamtzeitraum (1962-1994: smpl 1 33) sowie für die beiden Teilzeiträume 1962-1979 (smpl 1 18) und 1980-1994 (smpl 19 33). Neben dem Nettoinlandsprodukt zu Faktorkosten (NIF) werden der Preisindex für die gesamte Lebenshaltung (PREIS) und die staatliche Verschuldung (SCHULD in Mio. DM/1000) zur Bestimmung des realen privaten Konsums (C) herangezogen. Außer den Kommandos wird der SHAZAM-Output insoweit mit ausgewiesen, als zu erkennen ist, welche Ergebnisse in die Berechnung der Teststatistik eingehen und wie.

```
|_smpl 1 33
|_ols C NIF PREIS SCHULD
|_gen1 udgsq1=$SSE
..NOTE..CURRENT VALUE OF $SSE =    4080.2
|_gen1 df11=$K
..NOTE..CURRENT VALUE OF $K   =    4.0000
|_gen1 df21=$N-2*$K
..NOTE..CURRENT VALUE OF $N   =    33.000
..NOTE..CURRENT VALUE OF $K   =    4.0000

|_smpl 1 18
|_ols C NIF PREIS SCHULD / RSTAT
|_gen1 ud2sq1=$SSE
..NOTE..CURRENT VALUE OF $SSE =    408.72

|_smpl 19 33
|_ols C NIF PREIS SCHULD / RSTAT
|_gen1 ud2sq1=$SSE
..NOTE..CURRENT VALUE OF $SSE =    534.89

|_gen1 F1 = ((udgsq1-ud1sq1-ud2sq1)/df11)/((ud1sq1+ud2sq1)/df21)
|_smpl 1 1

|_print F1
```

```
    F1
 20.77532

|_distrib F1 / Type=F df1=df11 df2=df21
F DISTRIBUTION-  DF1=     4.0000       DF2=    25.000
MEAN=    1.0870      VARIANCE=   0.75952      MODE=  0.46296

                  DATA         PDF           CDF         1-CDF
    F1
    ROW    1      20.775     0.54027E-07   1.0000      0.11941E-06
```

Der aufgrund der Schätzungen berechnete Wert der Teststatistik F1 (H_0: kein Strukturbruch in a und b) führt zu der Entscheidung, dass H_0 abzulehnen ist. Es liegt also ein Strukturbruch vor. Der kritische Wert aus der F-Verteilungstabelle lautet bei $\alpha=0{,}05$: F(4;25;0,05)=2,759. Statt den kritischen Wert aus einer F-Verteilungstabelle abzulesen, bietet SHAZAM auch hier die Möglichkeit, die empirische Wahrscheinlichkeit (Prob.value) direkt auszuweisen, da eine Reihe statistischer Verteilungen in SHAZAM implementiert ist. Im konkreten Fall einer F-Verteilung lautet der Befehl:

distrib $F1/Type = F df1 =? \quad df2 =?$,

wobei die Fragezeichen nach df1 und df2, den Parametern der F-Verteilung, vom Anwender durch entsprechend festgelegte Symbole zu ersetzen sind. Sie wurden im Beispiel oben bereits mit df11 und df21 definiert. Ebenfalls vom Nutzer ist F1, der Name der Teststatistik, anzugeben. Als Output weist SHAZAM numerisch df1, df2 und F1 aus. Zudem erhält man die Wahrscheinlichkeitsdichte (PDF) und die Verteilungsfunktion (CDF bzw. 1-CDF). Der Prob.value entspricht dem Wert 1-CDF=$0{,}11941 \cdot 10^{-6}$, ist also im vorliegenden Fall sehr klein, so dass die Entscheidung eindeutig ist. H_0 muss abgelehnt werden. ◇

2.4.7 Anpassungsgüte des Modells

Selbst wenn alle Annahmen des klassischen Regressionsmodells erfüllt sind, zumindest aufgrund des Datenmaterials nicht abgelehnt werden, ist noch wenig über die Güte des Modells gesagt. Gewisse Hinweise lassen sich aus den bereits behandelten Signifikanztests gewinnen. Sie sagen uns, ob einzelne Determinanten oder alle explizit erfassten Determinanten x für y aus statistischer Sicht von Bedeutung sind. Aber wie gut erklären die exogenen Variablen den Verlauf der endogenen Variablen insgesamt bei Annahme eines linearen Zusammenhangs? Wie ist der "goodness of fit"? Hierzu wird das Bestimmtheitsmaß berechnet.

Totales Bestimmtheitsmaß. Zunächst sei das Bestimmtheitsmaß für den Spezialfall einer Regression mit nur einem echten Regressor definiert, um dann zum multiplen Modell überzugehen.

- **Zweivariablenmodell**: einfaches Bestimmtheitsmaß

$$r^2 = \frac{d_{\hat{y}}^2}{d_y^2} = 1 - \frac{d_{\hat{u}}^2}{d_y^2},$$

wobei $\hat{y} = \hat{a} + \hat{b}x$ und $\hat{u} = y - \hat{y}$.

- **multiples Regressionsmodell**: totales Bestimmtheitsmaß

$$R^2_{y,\hat{y}} = \frac{d^2_{\hat{y}}}{d^2_y} = 1 - \frac{d^2_{\hat{u}}}{d^2_y} = R^2_{y;x_1...x_K} =: R^2_{y;1...K}$$

Dies ist ein Maß für die Güte der Anpassung, in das alle explizit berücksichtigten exogenen Variablen eingehen. Es spiegelt den Anteil der durch die Regressoren erklärten Varianz von y wider. Mit Hilfe der OLS-Methode werden von $y = \sum_{k=0}^{K} \beta_k x_k + u$ die Schätzwerte für y und u bestimmt:

$$\hat{y} = \sum_{k=0}^{K} \hat{\beta}_k x_k; \quad \hat{u} = y - \hat{y}.$$

Wenn eine inhomogene Regression, d.h. ein Modell mit absolutem Glied, zugrunde liegt, dann gilt

$$0 \leq R^2_{y;x_1...x_K} \leq 1.$$

Eine weitere Eigenschaft des (totalen) Bestimmtheitsmaßes ist die der Invarianz linearer Transformation. Werden die Regressoren $x_1, x_2, ..., x_K$ und der Regressand y überführt in $\tilde{x}_1 = c_{01} + c_{11}x_1, \tilde{x}_2 = c_{02} + c_{12}x_2, ..., \tilde{x}_K = c_{0K} + c_{1K}x_K, \tilde{y} = c_{0y} + c_{1y}y$, so bleibt R^2 erhalten

$$R^2_{y;x_1...x_K} = \tilde{R}^2_{\tilde{y};\tilde{x}_1...\tilde{x}_K}.$$

Für das Zweivariablenmodell lässt sich dieser Zusammenhang schnell verdeutlichen – zum multiplen Modell vgl. Hübler (2002). Einerseits sollen x und y aus $y = a + bx + u$ durch einen Absolutbetrag verändert werden, d.h. in $x'_i = x_i - A$ und $y'_i = y_i - B$ für $i = 1, ..., n$ überführt werden, und andererseits erfolgt eine proportionale Änderung $x'_i = px_i$ und $y'_i = qy_i$ für alle i. In beiden Fällen bleibt das Bestimmtheitsmaß unverändert, während dies für die Koeffizienten keineswegs durchgängig gilt.

- absolute Änderung

$$\bar{x}' = \bar{x} - A \qquad x'_i - \bar{x}' = x_i - \bar{x} \qquad \bar{y}' = \bar{y} - B \qquad y'_i - \bar{y}' = y_i - \bar{y}$$

$$\hat{b}' = \frac{\sum(x'_i - \bar{x}')(y'_i - \bar{y}')}{\sum(x'_i - \bar{x}')^2}$$

$$= \frac{\sum(x_i - \bar{x})(y_i - \bar{y})}{\sum(x_i - \bar{x})^2} = \hat{b}$$

$$\hat{a}' = \bar{y}' - \hat{b}'\bar{x}' = \bar{y} - B - \hat{b}'(\bar{x} - A)$$

$$= \bar{y} - \hat{b}'\bar{x} - B + \hat{b}'A = \hat{a} - (B - \hat{b}A)$$

$$(r')^2 = (\hat{b}')^2 \cdot \frac{\sum(x'_i - \bar{x}')^2}{\sum(y'_i - \bar{y}')^2}$$

$$= \hat{b}^2 \cdot \frac{\sum(x_i - \bar{x})^2}{\sum(y_i - \bar{y})^2} = r^2$$

- proportionale Änderung

$$\bar{x}' = p\bar{x} \qquad \bar{y}' = q\bar{y} \qquad x'_i - \bar{x}' = p(x_i - \bar{x}) \qquad y'_i - \bar{y}' = q(y_i - \bar{y})$$

$$\hat{b}' = \frac{\sum(x'_i - \bar{x}')(y'_i - \bar{y}')}{\sum(x'_i - \bar{x}')^2}$$

$$= \frac{pq\sum(x_i - \bar{x})(y_i - \bar{y})}{p^2\sum(x_i - \bar{x})^2} = \frac{q}{p}\hat{b}$$

$$\hat{a}' = \bar{y}' - \hat{b}'\bar{x}' = q\bar{y} - \frac{q}{p}\hat{b}p\bar{x} = q(\bar{y} - \hat{b}\bar{x}) = q\hat{a}$$

$$(r')^2 = \frac{(pq)^2[\sum(x_i - \bar{x})(y_i - \bar{y})]^2}{p^2\sum(x_i - \bar{x})^2 q^2\sum(y_\nu - \bar{y})^2} = r^2$$

Gegenüber dem Zweivariablenmodell stellt sich im multiplen Modell die Frage, wie man den Einfluss einer exogenen Variablen zur Erklärung des Verlaufs von y bestimmt. Ein erster naheliegender Gedanke ist die Ermittlung des einfachen Bestimmtheitsmaßes. Für die einzelnen Zweivariablenmodelle

$$y = a_1 + b_1 x_1 + u_1; \quad y = a_2 + b_2 x_2 + u_2; \quad ...; \quad y = a_K + b_K x_K + u_K$$

lässt sich

$$r^2_{yx_1} =: r^2_{y1}; \quad r^2_{yx_2} =: r^2_{y2}; \quad ...; \quad r^2_{yx_K} =: r^2_{yK}$$

berechnen. Die Vermutung lautet: $R^2_{y,\hat{y}} = \sum_{k=1}^{K} r^2_{yx_k}$. Dies ist jedoch falsch, denn es gilt im Allgemeinen

$$R^2_{y\hat{y}} < \sum_{k=1}^{K} r^2_{yx_k}.$$

Zu beachten ist weiterhin für alle k:

$$R^2_{y\hat{y}} \geq r^2_{yx_k}.$$

Nur wenn die Regressoren untereinander unkorreliert sind, besitzt die obige Vermutung Gültigkeit. Im Dreivariablenfall bedeutet dies z.B.

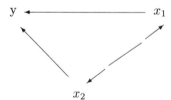

Wenn die gestrichelte Beziehung entfällt, also $r^2_{x_1,x_2} = 0$, dann ist die Vermutung korrekt.

Partielle Bestimmtheitsmaße. Die voranstehenden Ausführungen, insbesondere die Ungleichungen, legen es nahe, die einzelnen Regressoren und den Regressanden von dem Einfluss der anderen Regressoren zu bereinigen, um dann Zweivariablenmodelle der bereinigten Variablen zu schätzen sowie die einfachen Bestimmtheitsmaße zu berechnen. Ausgegangen wird davon, dass auch zwischen den exogenen Variablen nur lineare Zusammenhänge bestehen. Man spricht in diesem Fall von partiellen Bestimmtheitsmaßen. Vermuten lässt sich, dass dann die Summe der partiellen Bestimmtheitsmaße mit dem totalen Bestimmtheitsmaß übereinstimmt. Am Beispiel des Dreivariablenfalls sei auch diese Vermutung widerlegt:

$$y = a_0 + a_1 x_2 + u_1 \qquad x_1 = b_0 + b_1 x_2 + u_2$$
$$\hat{y} = \hat{a}_o + \hat{a}_1 x_2 \qquad \hat{x}_1 = \hat{b}_0 + \hat{b}_1 x_2$$
$$y - \hat{y} = \hat{u}_1 \qquad x_1 - \hat{x}_1 = \hat{u}_2$$

$$r^2_{\hat{u}_1 \hat{u}_2}$$

Das partielle Bestimmtheitsmaß $r^2_{\hat{u}_1 \hat{u}_2}$ gibt an, wie gut der von x_2 bereinigte Einfluss von x_1 den Verlauf von y, bereinigt um x_2, erklärt

$$r^2_{y_1.2}.$$

Unterbleibt die Bereinigung des Regressanden von x_2, so hat dies im Gegensatz zu den geschätzten Koeffizienten der echten Regressoren durchaus Auswirkungen auf das Ergebnis. Es ist also sowohl bei x_1 als auch bei y eine Bereinigung durchzuführen. Zu beachten ist weiterhin, dass unbeobachtete, nicht explizit aufgenommene exogene Variablen sowohl bei der Bereinigung von x_1 als auch gegebenenfalls bei y unberücksichtigt bleiben. Als Zusammenhang zwischen $r_{y1.2}^2$ und den einfachen Bestimmtheitsmaßen folgt

$$r_{y1.2}^2 = \frac{(r_{y1} - r_{y2}r_{12})^2}{(1 - r_{y2}^2)(1 - r_{12}^2)}$$

$$r_{y2.1}^2 = \frac{(r_{y2} - r_{y1}r_{12})^2}{(1 - r_{y1}^2)(1 - r_{12}^2)}$$

wobei

r_{y1} über $y = a_0 + a_1 x_1 + \epsilon_{y1}$

r_{y2} über $y = b_0 + b_1 x_2 + \epsilon_{y2}$

r_{12} über $x_1 = c_0 + c_1 x_2 + \epsilon_{12}$

zu ermitteln ist mit $\epsilon_{..}$ als Störgröße. Die Vermutung $R_{y\hat{y}}^2 = \sum_{j=1}^{K} \sum_{j*=1}^{K} r_{yj.j*}^2$ ist nicht richtig. Vielmehr gilt für das Dreivariablenmodell:

$$R_{y\hat{y}}^2 = r_{y2}^2 + (1 - r_{y2}^2)r_{y1.2}^2 = r_{y2}^2 + \frac{(r_{y1} - r_{y2}r_{12})^2}{1 - r_{12}^2}$$

Alternativ lässt sich formulieren:

$$R_{y\hat{y}}^2 = r_{y1}^2 + (1 - r_{y1}^2)r_{y2.1}^2 = r_{y1}^2 + \frac{(r_{y2} - r_{y1}r_{12})^2}{1 - r_{12}^2}$$

Symbole:
r_{y2}^2: Anteil der erklärten Varianz von y durch x_2
$1 - r_{y2}^2$: Anteil der ungeklärten Varianz von y durch x_2
$r_{y1.2}^2$: Anteil der durch x_1 geklärten Varianz von y, bereinigt um x_2

Die Beziehungen machen deutlich, dass sich das totale Bestimmtheitsmaß vollständig durch einfache Korrelations- bzw. Bestimmtheitsmaße darstellen lässt. Diese Aussage gilt auch für ein lineares Modell mit mehr als zwei echten Regressoren. Als Spezialfall bei Unkorreliertheit zwischen x_1 und x_2, d.h. bei $r_{12} = 0$, ergibt sich im Dreivariablenmodell

$$R_{y\hat{y}}^2 = (1 - r_{y1}^2)r_{y2.1}^2 + (1 - r_{y2}^2)r_{y1.2}^2 = r_{y2}^2 + r_{y1}^2.$$

Auch zwischen Korrelationskoeffizienten und Regressionskoeffizienten existieren im Dreivariablenfall einfache Zusammenhänge

$$\hat{b}_1 = \hat{b}_{y1.2} = \frac{r_{y1} - r_{y2}r_{12}}{1 - r_{12}^2} \cdot \frac{s_y}{s_1}$$
$$= r_{y1.2}^2 \frac{1 - r_{y2}^2}{r_{y1} - r_{y2}r_{12}} \cdot \frac{s_y}{s_1}$$

$$\hat{b}_2 = \hat{b}_{y2.1} = \frac{r_{y2} - r_{y1}r_{12}}{1 - r_{12}^2} \cdot \frac{s_y}{s_2}$$
$$= r_{y2.1}^2 \frac{1 - r_{y1}^2}{r_{y2} - r_{y1}r_{12}} \cdot \frac{s_y}{s_2}$$

Wiederum für den Spezialfall $r_{12} = 0$ folgt

$$\hat{b}_1 = r_{y1}\frac{s_y}{s_1} \quad \text{und} \quad \hat{b}_2 = r_{y2}\frac{s_y}{s_2}.$$

Wenn also x_1 und x_2 standardisiert und unkorreliert sind, dann gilt auch hier wie im Zweivariablenmodell

$$\hat{b}_1^* = r_{y1} \quad \hat{b}_2^* = r_{y2}.$$

Zusammengefasst lässt sich aufgrund der hergestellten Beziehungen zu einfachen Zweivariablenregressionen behaupten: Die direkte Schätzung eines Dreivariablenmodells ist nicht notwendig. Die Parameter lassen sich indirekt über die Schätzungen der Zweivariablenmodelle ermitteln.

An dieser Stelle sollte noch einmal auf den Zusammenhang zwischen Regressions- und Korrelationskoeffizienten, Bestimmtheitsmaßen, t-Werten und der Stärke des Einflusses eines Regressors auf den Regressanden eingegangen werden. In vielen Anwendungen wird bei der Interpretation dieser Größen nicht sauber unterschieden. Bisweilen werden sowohl große (positive) geschätzte Werte für die Regressionskoeffizienten, hohe Bestimmtheitsmaße und hohe t-Werte völlig gleich interpretiert: Sie sind ein Indiz dafür, dass die Regressoren des Modells einen wichtigen Beitrag für die Erklärung des Regressanden liefern. Das (totale) Bestimmtheitsmaß sagt, wie groß der Anteil der durch das (lineare) Modell erklärten Varianz von y ist, wie gut sich die y-Beobachtungen an das Modell anpassen. Große oder kleine Koeffizienten sagen zunächst überhaupt nichts über die Stärke des Einflusses eines Regressors x auf y, da die geschätzten Koeffizienten skalenabhängig sind. Erst wenn BETA-Koeffizienten oder andere skalenunhängige Größen herangezogen werden, lässt sich etwas über den vergleichsweise Einfluss einzelner x-Variablen auf die y-Variable aussagen. Große oder kleine t-Werte liefern keine Aussagen darüber, ob ein Einfluss stark oder schwach ist, sondern nur wie groß die Wahrscheinlichkeit ist, dass der Einfluss statistisch gesichert ist oder ob überhaupt ein Einfluss besteht. Es kann also durchaus sein, dass eine erklärende Variable einen statistisch gesicherten Effekt auf y ausübt, dieser aber numerisch, inhaltlich nur eine geringe

Bedeutung besitzt. Trotz allem bestehen aber zwischen $\hat{b}_k$, einfachen Korrelationskoeffizienten (r_{yk}), Bestimmtheitsmaßen (R^2) und t-Werten formale Zusammenhänge. Dies lässt sich besonders einfach für das Zweivariablenmodell klar machen. Die Verbindung zwischen $\hat{b}_k$ und r_{yk} ergibt sich aus der obigen Beziehung und r_{yk}^2 ist dann R^2. Der Regressionskoeffizient $\hat{b}_k$ ist aber gleichzeitig ein wesentlicher Bestandteil des t-Wertes ($t_k = \hat{b}_k/\hat{\sigma}_{\hat{b}(k)}$). Die Kette großer Korrelationskoeffizient → großer Regressionskoeffizient → großer t-Wert ist aber nicht zwingend.

Beispiel: Wohnfläche pro Einwohner (Fortsetzung)

Die Merkmale Pro-Kopf-Einkommen 1994 (BIP pro Einwohner - Y), Wohnfläche pro Einwohner (WF), Arbeitslosenquote des Bundeslandes (ALQ) bilden das Regressionsmodell. Demonstriert werden soll, dass sich aus den Schätzungen für Zweivariablenmodelle die Koeffizienten für ein Dreivariablenmodell $WF = \beta_0 + \beta_1 Y + \beta_2 ALQ + u$ sowie die dazugehörigen partiellen Bestimmtheitsmaße ermitteln lassen. Es folgt zunächst der SHAZAM-Output für die Zweivariablenmodelle

```
|_ols   Y   WF

OLS ESTIMATION
R-SQUARE =  0.3159
VARIABLE    ESTIMATED       STANDARD  T-RATIO
NAME        COEFFICIENT     ERROR     14 DF
WF           1.9846         0.7805     2.543
CONSTANT   -30.412  27.49  -1.106

|_ols   WF  ALQ

OLS ESTIMATION
R-SQUARE =  0.6170
VARIABLE    ESTIMATED    STANDARD   T-RATIO
NAME        COEFFICIENT  ERROR      14 DF
ALQ         -1.0717      0.2257     -4.749
CONSTANT    47.085       2.642      17.82

|_ols   Y   ALQ

OLS ESTIMATION
R-SQUARE =  0.4055
VARIABLE    ESTIMATED    STANDARD   T-RATIO
NAME        COEFFICIENT  ERROR      14 DF
ALQ         -3.0679      0.9927     -3.090
CONSTANT    73.668       11.62      6.338
```

Aus den einfachen Bestimmtheitsmaßen (0,3159, 0,6170 und 0,4055) sowie den Standardabweichungen der Variablen

	$\bar{x}$	s
WF	34,975	4,3170
Y	39,000	15,243
ALQ	11,310	3,164

lassen sich das totale Bestimmtheitsmaß, die partiellen Bestimmtheitsmaße sowie die Regressionskoeffizienten des Dreivariablenmodells ermitteln. Zum Vergleich wird weiter unten die Dreivariablenschätzung angegeben. Dort ist das multiple Bestimmtheitsmaß zu entnehmen. Im Vergleich zeigt sich, dass

$R^2 = 0,6234 < r^2(WF,Y) + r^2(WF,ALQ) = 0,3159 + 0,6170$

$r^2(WF,Y.ALQ) = \dfrac{(\sqrt{0,3159} - \sqrt{0,4055} \cdot \sqrt{0,6170})^2}{(1-0,6170)(1-0,4055)} = 0,01688$

$r^2(WF,ALQ.Y) = 0,44955$

$R^2 = 0,3159 + (\sqrt{0,6170} - \sqrt{0,3159} \cdot \sqrt{0,4055})^2/(1-0,4055) = 0,6234$

$b(Y) = [(\sqrt{0,3159} - \sqrt{0,6170} \cdot \sqrt{0,4055})/(1-0,4055)][4,317/15,243] = 0,02946$

$b(ALQ) = [(\sqrt{0,6170} - \sqrt{0,3159} \cdot \sqrt{0,4055})/(1-0,4055)][4,317/3,164] = -0,9813$

Zu beachten ist, welche Koeffizienten in den Zweivariablenschätzungen negativ sind. In diesen Fällen ist bei den Berechnungen von Wurzeln der negative Wert zu verwenden. Z.B. ist in der Regression ols WF ALQ der ALQ-Koeffizient -1,0717, d.h. der Korrelationskoeffizient aus R^2=0,6170 ist -0,7855.

```
|_OLS WF Y ALQ

REQUIRED MEMORY IS PAR=         3 CURRENT PAR=     2000
  OLS ESTIMATION
        16 OBSERVATIONS     DEPENDENT VARIABLE= WF
...NOTE..SAMPLE RANGE SET TO:       1,     16

 R-SQUARE =    0.6234     R-SQUARE ADJUSTED =    0.5655
VARIANCE OF THE ESTIMATE-SIGMA**2 =      8.0982
STANDARD ERROR OF THE ESTIMATE-SIGMA =    2.8457
SUM OF SQUARED ERRORS-SSE=    105.28
MEAN OF DEPENDENT VARIABLE =     34.975
LOG OF THE LIKELIHOOD FUNCTION = -37.7751


 VARIABLE    ESTIMATED    STANDARD     T-RATIO
   NAME      COEFFICIENT    ERROR       13 DF     P-VALUE
 Y          0.29482E-01  0.6252E-01    0.4715      0.645
 ALQ         -0.98128      0.3012     -3.258       0.006
 CONSTANT     44.914       5.348       8.398       0.000
```

Die Dreivariablenmodell-Schätzung zeigt, dass die obigen Berechnungen für R^2, b(Y) und b(ALQ) korrekt sind. ⋄

Literaturhinweise:
Die Überprüfung der Annahmen des klassischen Regressionsmodells erfolgt meist an späterer Stelle, und zwar wenn Erweiterungen des linearen Modells behandelt werden. Direkt im Zusammenhang mit dem klassischen Modell untersuchen Hansen (1993), Kohler/Kreuter (2001), Vogelvang (2005) oder Winker (1997) die Annahmen und stellen Prüfverfahren vor.

2.5 Modellbildung und Spezifikationstests

2.5.1 Grundprinzipien

Eine der schwierigsten Aufgaben in der empirischen Wirtschaftsforschung besteht darin, ein akzeptables Modell zu formulieren. Eine vollständig korrekte Abbildung der Realität ist weder möglich noch Ziel der Analyse. Vielmehr geht es darum, die wesentliche Bestimmungsgründe zu berücksichtigen. Soweit besteht Einigkeit. Was wesentlich ist, darüber gehen die Meinungen bereits auseinander. Je nachdem, welche Aufgabe verfolgt wird, kann das Urteil unterschiedlich ausfallen. Zwischen folgenden beiden Grundrichtungen der Modellbildung wird in der Ökonometrie unterschieden:

(i) Modelle sollen und können die Grundstruktur „wahrer" Wirkungsmechanismen erfassen. Die ökonomische Theorie liefert die zentralen Bausteine für ein ökonometrisches Modell.

(ii) „Wahre" Strukturen lassen sich nicht abbilden und erkennen, weil zu viele Einflüsse wirksam sind, weil die Zusammenhänge einem ständigen Wandel unterliegen. Wir sind nur in der Lage, explorative Datenanalysen vorzunehmen. Wir können bestenfalls beschreiben und aufzeigen, zwischen welchen Variablen statistisch eine starke Verbindung besteht und wie stabil diese Interdependenzen sind, ohne dass sich damit etwas über die Kausalität aussagen lässt. Die Aufnahme ökonomischer Bestimmungsgründe in ein Modell oder deren Eliminierung wird anhand statistischer Kriterien entschieden.

Es besteht also entweder die Möglichkeit, von einer bestimmten Theorie auszugehen und darauf das weitere Vorgehen wie Modellbildung, Festlegung der Variablen sowie Auswahl der Daten aufzubauen. Oder man arbeitet zunächst ohne Theorie, d.h. man betreibt "measurement without theory", wie es Koopmans (1947) charakterisiert, und versucht erst im Nachhinein die vorliegenden Resultate inhaltlich zu erklären.

Der theoriebezogene Ansatz ist sicher dann zu präferieren, wenn durch ihn die Wirkungsmechanismen in der Realität hinreichend genau abgebildet werden, wenn bekannt ist, welche Einflüsse direkt oder indirekt über Drittgrößen in welcher Form wirksam werden. Formal bedeutet dies für die quantitative Analyse: Zahl und Art der exogenen und endogenen Variablen, deren Messgröße, der Typ des Funktionalzusammenhangs und dessen Änderungen im Zeitablauf müssen bekannt sein. Ob und in welchem Ausmaß dies der Fall ist, hängt von den Annahmen der jeweiligen Theorie ab. Die Prämissen, von denen ökonomische Theorien ausgehen, werden zwar niemals in der Realität alle genau zutreffen. Es geht aber nicht darum, dass die Annahmen strikt zutreffen und alle Einflüsse vollkommen richtig erfasst werden. Dann könnte man sich das Überprüfen von Theorien sparen. Sie wären aus logischen Gründen richtig. Vielmehr soll die aus den Annahmen deduzierte Konstanz der Wirkungen einzelner Größen im realen ökonomischen Prozess vergleichsweise, d.h. gemessen an den Variablen, zutreffend sein. Es ist lediglich eine relative Stabilität von den als konstant angenommenen Größen zu fordern (Schlicht 1977, S.18ff). Häufig werden jedoch, was den ökonomischen oder allgemeiner den sozialwissenschaftlichen Bereich betrifft, existierende Theorien wegen ihrer unrealistischen Annahmen, wegen der Beschränkung der Analyse auf Teilbereiche und wegen der Vernachlässigung von Interdependenzen von vornherein als Grundlage empirischer Forschung verworfen. Dies Verdikt veranlasst nicht wenige Forscher sich für den zweiten Weg zu entscheiden.

Für das scheinbar theorielose Vorgehen könnte zunächst eine größere Flexibilität sprechen. Man ist nicht festgelegt auf eine Theorie, die unter Umständen falsch oder inadäquat ist. Die Resultate, die sich bei Verwendung empirischer Informationen ergeben, sind a priori viel offener für eine Erklärung der Zusammenhänge. Beliebige Kombinationen der verschiedensten Theorieelemente sind möglich, das Geschehen kausalanalytisch zu erklären.

Genau genommen stellt sich aber die Alternative zwischen theoriegebundenem und theorielosem Vorgehen nicht. Dem empirischen Aufhellen des Wirtschaftsgeschehens liegen immer explizit oder implizit Theorievorstellungen zugrunde. Indirekt baut jede empirische Wirtschaftsforschung auf Theorieelementen auf, und zwar bei der Auswahl der Erklärungsvariablen und deren Operationalisierung. Schon die Entscheidung, unter vorhandenen Statistiken einige Größen auszuwählen oder die Abgrenzung bzw. Definition von Messgrößen bei eigenen Erhebungen ist nicht beliebig. Ebenso bedeutet der zumeist ohne weitere Begründung ausgewählte lineare Ansatz bereits eine implizite Theorieentscheidung und damit eine Einengung, die durch nichts gerechtfertigt sein muss.

Ähnliches gilt bei der Auswahl der Variablen. Aufgrund seines Kenntnisstandes hat der Empiriker auf jeden Fall gewisse Vorstellungen über den Ablauf von Ereignissen, über die Ursachen für das Auftreten bestimmter Phänomene. Dafür können eigene Beobachtungen oder die Akzeptierung von Erklärungen anderer Personen oder die Übernahme der öffentlichen Meinung verantwortlich sein. Zweifellos gehen Elemente expliziter wissenschaftlicher Theorien mit in dieses Vorwissen ein. Unklar bleibt aber meist, welche dies sind. Der Lebensbereich des Einzelnen und Grundströmungen der Gesellschaft bestimmen und formen die Herausbildung imliziter Theorien, die sich von expliziten wissenschaftlichen Theorien durch eine geringere logische Stringenz und eine geringere interne Konsistenz unterscheiden. Es ist weniger möglich, die zugrunde liegenden Prämissen darzulegen. Sie entziehen sich einer intersubjektiven Nachprüfbarkeit. Dies führt dazu, wenn man impliziten Theorien folgt, dass die Auswahl der Variablen und der vermutete Zusammenhang nicht oder nur bruchstückhaft begründet wird.

Modellansätze mit impliziter Theorie weisen also erhebliche Probleme auf. Gründe dafür, dass ein solches Vorgehen trotz allem gewählt wird, können sein, dass (Opp 1970, S. 58ff)

- man sich selbst nicht ganz sicher ist über die Zusammenhänge;
- die Nennung vermuteter Abhängigkeiten Inkonsistenzen offenbaren würde;
- man meint, die Zusammenhänge seien so offensichtlich, dass es keiner Erwähnung bedarf;
- die eigentlichen Einflüsse nicht messbar sind und daher globale Indikatoren (Proxies) verwendet werden, die mehrere Einflüsse bündeln oder das eigentliche Phänomen teilweise oder nur ersatzweise beschreiben, für die sich kaum direkte Kausalzusammenhänge formulieren lassen.

Am wichtigsten ist zweifellos der letzte Punkt. Man spricht hier häufig auch von "soft modelling" oder weichen Modellen (Hujer/Cremer 1978, Menges 1975). Sie haben vor allem explorativen Charakter und dienen weniger der Überprüfung von Theorien, sind eher daten- als konzeptorientiert. Grundlage für die Erklärung von Phänomenen bilden unbeobachtbare Problembereiche, für die Indikatoren definiert werden, die messbar sind und von denen man erwartet, dass sie in statistisch signifikanter Weise zur Erklärung der endogenen Variablen beitragen.

Zwar haben auch Modelle mit expliziten Theorien ihre Tücken, immerhin wird aber dadurch klar, wie der Ablauf sein könnte. Widersprechen die empirischen Resultate dem, so hat man zumindest ein starkes Indiz gegen die Theorie. Aber selbst wenn es nur um die Wirkungsrichtung geht, muss beim Auseinanderklaffen von erwartetem und geschätztem Vorzeichen nicht zwangsläufig geschlossen werden, dass das Modell unzureichend ist. Erstens besteht die Möglichkeit einer falschen Theorie und zweitens können Daten sowie angewandte Methoden unzureichend gewesen sein. Denkbar ist natürlich auch, dass durch eine inadäquate Form der Operationalisierung empirisches Resultat und Theorie auseinander fallen. Dies bedeutet dann keine Widerlegung der Theorie, sondern die Operationalisierung hat sich als unzureichend erwiesen. Als Möglichkeit muss außerdem in Betracht gezogen werden, dass Theorie und deren Operationalisierung im Prinzip richtig sind, jedoch erhebliche kurzfristige instabile Einflüsse oder aber langfristige Trends auftreten, die die eigentlich ständig vorhandenen Reaktionen überdecken oder als unwirksam erscheinen lassen. Diesem Problem kann man jedoch prinzipiell durch Einführung von Dummy-Variablen, Trendvariablen oder Transformation der Daten begegnen, sobald das Phänomen bekannt ist.

Schwieriger wird der Fall, wenn empirisches Resultat und theoretisch erwartete Reaktion miteinander vereinbar sind, vor allem wenn mehrere Erklärungsansätze mit der Empirie kompatibel sind. In solchen Fällen kann man versuchen, von einer übergeordneten Theorie auszugehen, die nur einige wenige wesentliche Elemente (hard core) enthält, ansonsten aber verschiedene, unter Umständen kontroverse Teilerklärungen (protective belt) in sich vereint, wie dies von Blaug (1976, S. 828ff) für die Humankapitaltheorie formuliert wird. Ein anderes, stärker formalanalytisches Beispiel ist die Translog-Produktionsfunktion, die sowohl die Cobb-Douglas- als auch die CES-Funktion als Spezialfälle enthält. Zu hoffen bleibt dann, dass die Empirie zwischen den Teilerklärungen diskriminiert. Ist dies nicht der Fall, sind weitere Untersuchungen heranzuziehen.

Häufig lässt sich keine übergeordnete Theorie formulieren, so dass ersatzweise parallel zueinander die Alternativen behandelt und verglichen werden müssen. Man wird sich dann am ehesten – jeweils unter Berücksichtigung aller Einschränkungen, die gegen jede Empirie im Verhältnis zu Theorien zu machen sind – für den Ansatz entscheiden, der die größtmögliche Übereinstimmung mit beobachtbaren Vorgängen aufweist und die relativ meisten und wichtigsten Phänomene erklären kann.

In einem etwas anderen Licht könnte die Auseinandersetzung zwischen Modellen mit expliziter und impliziter Theorie erscheinen, wenn es um die Evaluation (wirtschafts)politischer Maßnahmen geht. Nicht die Richtigkeit der Theorien, sondern die Effektivität der Maßnahmen im Hinblick auf bestimmte Zielsetzungen steht im Vordergrund. Ob eine Politikvariable in ihrem Einfluss auf die Zielgröße richtig erfasst, richtig prognostiziert wird, ist bedeutsam. Die Gefahr eines starken systematischen Fehlers kann als vergleichsweise gering angesehen werden, wenn kausaltheoretisch wirksame Faktoren unterdrückt werden, die jedoch zu anderen, explizit aufgenommenen Variablen eine hohe Korrelation aufweisen, da ihr Einfluss statistisch gesehen durch Proxies zum Tragen kommt.

Damit ist aber noch keineswegs gesagt, dass Ansätze mit impliziter Theorie denen mit expliziter Theorie überlegen sind. Ganz im Gegenteil, auch bei der Politikevaluation oder Prognose sind prinzipiell Ansätze mit expliziter Theorie zu präferieren, vorausgesetzt, die Theorie genügt gewissen Mindestanforderungen. Anzumerken bleibt, dass Theorien in den Wirtschafts- und Sozialwissenschaften im Allgemeinen deutliche Mängel aufweisen. Man müsste demnach mit der Politikevaluation solange warten, bis ausgebaute, auf einem sicheren Fundament stehende Theorien existieren. Damit würde man sich eine Reihe an Möglichkeiten nehmen. Erstens lassen sich zum Teil auch mit fehlerbehafteten Theorien verwertbare Prognosen erzielen (Opp 1970, S.75ff). Zweitens können Ansätze mit impliziter Theorie vernünftige Prognosen und akzeptable Ergebnisse bei der Politikevaluation erzielen, die unter Umständen besser sind als die aufgrund mangelhafter expliziter Theorien. Der Grund ist darin zu sehen, dass man durch Erfahrung, durch ständige Beobachtung sehr erfolgreich im Erkennen von gleichlaufenden und konträren Entwicklungen einzelner Indikatoren sein kann, ohne dass die Zusammenhänge bekannt sein müssen, die dahinter stecken.

Ein Kompromiss bei der Politikevaluation sollte dahingehen, sowohl Soft-modelling-Ansätze als auch Ansätze, die in der theoretischen Durchdringung bis zu den verwendeten, beobachtbaren Variablen vorstoßen, zu verwenden. Erstere können sich durch ihre Prognosegüte für eine gewisse Zeit durchaus bewähren. Von letzteren ist zu erwarten, dass durch sie Wendepunkte in der Entwicklung besser erfasst werden. Letztlich dient das Nebeneinander von Vorgehensweisen auch der Verringerung von Diskrepanzen und der Ausarbeitung von Theorien. Während die weichen Modellen zur Theoriegenerierung beitragen, liefert der Ausbau expliziter Theorien dem "soft modelling" eine festere Grundlage.

2.5.2 Ökonomische Plausibilitätstests und statistische Absicherung

Wenn sich ökonometrische Modelle an expliziten Theorien orientieren oder stärker noch, diese soweit wie möglich abbilden, dann wird die Güteberteilung eines geschätzten Modells zunächst anhand ökonomischer **Plausibilitätstest**s erfolgen. Zu prüfen ist, ob die Koeffizientenschätzungen kompatibel sind mit der ökonomischen Theorie. Das Problem besteht häufig darin, dass die Theorie keine genauen (numerischen) Aussagen treffen kann. Zum Teil lassen sich jedoch Wertebereiche angeben. Beispiele sind die folgenden

(i) Die Konsumquote c bewegt sich im Bereich $0 < c < 1$.

(ii) Die Nachfrageelastizität $\epsilon_{q,p}$ ist positiv.

(iii) Die Summe der partiellen Produktionselastizitäten aus einer Cobb-Douglas-Produktionsfunktion $Y = \gamma \cdot K^{\beta_1} \cdot L^{\beta_2}$ ist Eins ($\beta_1 + \beta_2 = 1$).

Derartige ökonomische Vorgaben können entweder als Nebenbedingungen explizit in einem ökonometrischen Modell berücksichtigt werden, oder es wird nach der Schätzung des Modells geprüft, ob diese mit den Vorgaben vereinbar sind. Angenommen, es soll eine empirische Untersuchung für das dritte Beispiel vorgenommen werden, dann bestehen zwei Möglichkeiten

- OLS-Schätzung der Cobb-Douglas-Produktionsfunktion unter der Nebenbedingung $\beta_1 + \beta_2 = 1$:
  Anstelle der üblichen OLS-Schätzung ist
  $$\hat{\beta}^r = \hat{\beta} + (X'X)^{-1}R'[R(X'X)^{-1}R']^{-1}(r - R\beta)$$
  zu bestimmen, wobei
  $$R\beta = (1;1)\begin{pmatrix}\beta_1 \\ \beta_2\end{pmatrix} = r = 1.$$

- OLS-Schätzung von $lnY = ln\gamma + \beta_1 lnK + \beta_2 lnL + u$ und testen auf $H_0 : \beta_1 + \beta_2 = 1$ gegen $H_1 : \beta_1 + \beta_2 \neq 1$.

Statt einen harten statistischen Test auf Gültigkeit der theoretischen Vorgabe durchzuführen, schlägt Hamermesh (1999) eine weichere Form vor, einen **Sniff-Test**. Wenn die Schätzung Ergebnisse hervorbringt, denen einfache ökonomische Tatbestände entgegenstehen, dann ist dies ein Hinweis auf ein wenig sinnvolles Modell. Wenn z.B. eine negative marginale Konsumneigung resultiert, um auf das erste Beispiel zurückzugreifen, dann sollte eine Revision der Modellspezifikation vorgenommen werden. Recht einprägsam beschreibt Hamermesh seinen Sniff-Test so: Wenn man ein empirisch-ökonometrisches Ergebnis einem Laien sorgfältig erklärt und dieser fängt an zu lachen, weil ihm das Ergebnis so widersinnig erscheint, dann ist der Sniff-Test nicht bestanden. Bei negativen marginalen Konsumquoten ist dies einleuchtend. Aber bei anderen Beispielen können Zweifel aufkommen, ob es sich tatsächlich um ein Ergebnis handelt, das bar jeder ökonomischen Logik ist. In diese Kategorie fällt ein Resultat, das eine sinkende Beschäftigung (B) bei sinkender Arbeitslosenunterstützung (ALU) ausweist. Normalerweise sollte man erwarten, dass ein negativer Zusammenhang zwischen B und ALU besteht. Kurzfristig kann aber durchaus das Gegenteil eintreten. Ähnlich ist folgender historisch belegter Fall zu sehen: In der Weimarer Republik hat Reichkanzler Brüning die Gehälter der Staatsbediensteten drastisch gekürzt. Es folgte aber kurz- bis mittelfristig kein Beschäftigtenanstieg, sondern das Gegenteil trat ein.

Diese Beispiele zeigen, dass ökonomische Plausibilitätstests nicht unbedingt weiterhelfen, dass sie zwar notwendig, aber nicht hinreichend zur Gütebeurteilung sind. Eine ergänzende **statistische Absicherung** erscheint ausgesprochen ratsam.

Hohe Bestimmtheitsmaße (R^2) und signifikante Koeffizientenschätzungen (hohe t-Werte) sind aus statistischer Sicht zwar ein erster Hinweis, dass das Modell einigen Ansprüchen genügt. Aber wie soll verfahren werden, wenn alternative Modelle im Wettstreit miteinander stehen? Sich für das Modell mit dem größten R^2 zu entscheiden, wäre unbefriedigend, denn es lässt sich leicht zeigen, dass R^2 nicht sinken kann, wenn ein weiterer Regressor aufgenommen wird. Wäre R^2 das einzige Gütekriterium, so hätte dies zur

2.5 Modellbildung und Spezifikationstests

Konsequenz, dass ein Modell mit möglichst vielen Regressoren zu bilden ist. Dem widerspricht der empirische Grundsatz einer sparsamen Parametrisierung, die schon aus Gründen der Übersichtlichkeit naheliegend ist – vgl. auch Kapitel 1.3.1. Eine Verbesserung gegenüber R^2 als Indikator zur Beurteilung der Modellgüte liefert das korrigierte Bestimmtheitsmaß (adjusted R^2)

$$\bar{R}^2 = 1 - \frac{K-1}{n-K}(1-R^2).$$

Zum Weiteren soll auf drei Tests zur Gütebeurteilung hingewiesen werden, die mit dem bisher entwickelten Instrumentarium durchzuführen sind:

(i) Sollen zusätzlich zu den bereits berücksichtigten Regressoren (X) weitere Bestimmungsgründe (Z) aufgenommen werden?

H_0: $y = X\beta + u_1$ gegen H_1: $y = X\beta + Z\gamma + u_2$ testen.

Anwenden lässt sich der F-Test aus Kapitel 2.3.4, nur dass das restringierte Modell nicht $y = \beta_o + u$ ist, sondern $y = X\beta + u_1$. Und das unrestringierte Modell lautet nicht $y = X\beta + u$, sondern $y = X\beta + Z\gamma + u_2$. Voraussetzung für die Nutzung dieses Tests ist die Kenntnis der z-Variablen.

(ii) Welches von zwei formulierten Modellen (A: $y = X\beta + u_1$ oder B: $y = Z\gamma + u_2$) ist vorzuziehen?

H_0: $y = X\beta + u_1$ gegen H_1: $y = Z\gamma + u_2$ testen.

1. Schritt: Modell A und B schätzen sowie $\hat{y}_A = X\hat{\beta}$ und $\hat{y}_B = Z\hat{\gamma}$ bilden.
2. Schritt: $y = X\beta + \hat{y}_B \delta_1 + \tilde{u}_1$ und $y = Z\gamma + \hat{y}_A \delta_2 + \tilde{u}_2$ schätzen.
3. Schritt: Testen auf $H_{01} : \delta_1 = 0$ und $H_{02} : \delta_2 = 0$.

Wenn H_{01}, aber nicht H_{02} abgelehnt wird, ist Modell B vorzuziehen. Im umgekehrten Fall Modell A. Keine eindeutige Entscheidung ist möglich, wenn beide Hypothesen abgelehnt oder nicht abgelehnt werden.

(iii) Ist ein explizit formuliertes Modell ($y = X\beta + u$) ohne Kenntnis von Alternativen als befriedigend einzustufen?

H_0 : Modell $y = X\beta + u$ ist korrekt spezifiziert.
H_1 : Das Modell ist fehlspezifiziert.

Die beiden Hypothesen sind gegeneinander zu testen.
1. Schritt: $y = X\beta + u$ schätzen.
2. Schritt: $y = X\beta + \hat{y}^2 \delta + \tilde{u}$ schätzen.
3. Schritt: Testen auf $H_0 : \delta = 0$.

Wenn H_0 nicht abgelehnt wird, gilt das Modell als korrekt spezifiziert.

Beispiel: Wohnraum (Fortsetzung)

Die auf Bundesländerebene aggregierten Daten für die Variablen Wohnfläche pro Einwohner (WF), BIP pro Einwohner (Y), Arbeitslosenquote (ALQ), Ausländeranteil (AA), altes Bundesland (ABL=1; ABL=0, wenn neues Bundesland), Zahl der Wohngebäude (ZWG), Miete pro m^2 (M), Stadtstaat (S=1; wenn Flächenstaat S=0). Zur Auswahl stehen die nachfolgenden Spezifikationen 1-3, wobei die Modelle 1 und 2 jeweils Spezialfälle von Modell 3 sind (genested). Dies gilt im Vergleich zwischen Modell 1 und 2 nicht. Sie sind weitgehend unverbunden (non-nested). Für die Entscheidung, welches der drei Modelle aus statistischer Sicht vorzuziehen ist, werden die um künstliche Regressoren erweiterten Modelle 1a-3a herangezogen. Mit SHAZAM ergibt sich folgender Output. Die geschätzten Prognosewerte der endogenen Variablen werden durch die Option

```
predict=yd
```

erfasst, eingefügt nach dem letzten Regressor. Das Symbol yd ist frei wählbar vom Nutzer.

Modell 1:

```
ols WF Y ALQ AA ABL/predict=WFd1

OLS ESTIMATION

R-SQUARE =   0.8935 ANALYSIS OF VARIANCE - FROM MEAN
                SS        DF      MS        F
REGRESSION    249.78      4.    62.444    23.071
ERROR          29.772    11.     2.707
TOTAL         279.55     15.    18.637


VARIABLE     ESTIMATED         STANDARD        T-RATIO

NAME         COEFFICIENT       ERROR           11 DF
Y            -0.47175E-02      0.7285E-01      -0.6476E-01
ALQ          -0.20902          0.2277          -0.9179
AA           -0.44894E-01      0.2450E-01      -1.832
ABL          10.798            2.048            5.271
CONSTANT     33.394            3.851            8.672
```

Modell 2:

```
ols WF Y ZWG M S /predict=WFd2

OLS ESTIMATION

R-SQUARE =   0.7099

ANALYSIS OF VARIANCE - FROM MEAN
                SS        DF      MS        F
REGRESSION    198.46      4.    49.616    6.731
ERROR          81.088    11.     7.3716
TOTAL         279.55     15.    18.637
```

VARIABLE	ESTIMATED	STANDARD	T-RATIO
NAME	COEFFICIENT	ERROR	11 DF
Y	-0.16663	0.1532	-1.088
ZWG	-0.58490E-03	0.1049E-02	-0.5574
M	2.9279	0.9956	2.941
S	-1.6637	3.022	-0.5505
CONSTANT	18.260	3.521	5.186

Modell 1a:

ols WF Y ALQ AA ABL WFd2

OLS ESTIMATION

R-SQUARE = 0.9013 ANALYSIS OF VARIANCE - FROM MEAN

	SS	DF	MS	F
REGRESSION	251.97	5.	50.394	18.272
ERROR	27.579	10.	2.7579	
TOTAL	279.55	15.	18.637	

VARIABLE	ESTIMATED	STANDARD	T-RATIO
NAME	COEFFICIENT	ERROR	10 DF
Y	0.40762E-01	0.8949E-01	0.4555
ALQ	-0.40506	0.3181	-1.274
AA	-0.66781E-01	0.3485E-01	-1.916
ABL	12.981	3.205	4.051
WFd2	-0.38436	0.4310	-0.8917
CONSTANT	47.385	16.16	2.932

Modell 2a:

ols WF Y ZWG M S WFd1

OLS ESTIMATION

R-SQUARE = 0.9399

ANALYSIS OF VARIANCE - FROM MEAN

	SS	DF	MS	F
REGRESSION	262.74	5.	52.548	31.259
ERROR	16.811	10.	1.6811	
TOTAL	279.55	15.	18.637	

VARIABLE	ESTIMATED	STANDARD	T-RATIO
NAME	COEFFICIENT	ERROR	10 DF
Y	0.24053	0.9842E-01	2.444
ZWG	-0.51823E-03	0.5012E-03	-1.034
M	-2.0343	0.9328	-2.181
S	-3.3526	1.469	-2.282
WFd1	1.4093	0.2279	6.184
CONSTANT	-5.8477	4.246	-1.377

Modell 3:

ols WF Y ALQ AA ZWG M S ABL/predict=WFd

OLS ESTIMATION

R-SQUARE =   0.9426

ANALYSIS OF VARIANCE - FROM MEAN

	SS	DF	MS	F
REGRESSION	263.50	7.	37.643	18.767
ERROR	16.046	8.	2.0058	
TOTAL	279.55	15.	18.637	

VARIABLE	ESTIMATED	STANDARD	T-RATIO
NAME	COEFFICIENT	ERROR	8 DF
Y	0.20918	0.1396	1.498
ALQ	-0.10957	0.3317	-0.3303
AA	-0.52402E-01	0.3142E-01	-1.668
ZWG	-0.62453E-03	0.6610E-03	-0.9448
M	-1.7748	1.124	-1.579
S	-4.2536	2.169	-1.961
ABL	15.240	2.953	5.161
CONSTANT	37.409	7.930	4.717

Modell 3a:

genr WFdsq=WFd*WFd

ols WF Y ALQ AA ZWG M S ABL WFdsq

OLS ESTIMATION

R-SQUARE =   0.9474

2.5 Modellbildung und Spezifikationstests

```
ANALYSIS OF VARIANCE - FROM MEAN

                     SS         DF         MS          F
REGRESSION        264.85       8.       33.106     15.765
ERROR              14.700      7.        2.1000
TOTAL             279.55      15.       18.637

VARIABLE    ESTIMATED       STANDARD     T-RATIO
NAME        COEFFICIENT     ERROR         7 DF
Y              2.8952          3.358       0.8623
ALQ           -1.4176          1.669      -0.8496
AA            -0.71904         0.8332     -0.8630
ZWG           -0.88096E-02     0.1024E-01 -0.8599
M            -24.790          28.77       -0.8618
S            -58.268          67.49       -0.8633
ABL          199.61          230.3         0.8668
WFdsq         -0.16794         0.2097     -0.8007
CONSTANT     284.97          309.3         0.9214
```

Für die drei durchzuführenden Tests werden einerseits die Residuenquadratsummen benötigt, die aus den Schätzungen Modell 1-3 „ANALYSIS OF VARIANCE", Zeile ERROR, Spalte SS zu entnehmen sind. Und andererseits werden die t-Werte der Modelle 1a-3a für die künstlichen Regressoren WFd1, WFd2 und WFdsq herangezogen, die den vorhergesagten Werten der endogenen Variablen aus Modell 1 und 2 bzw. dem Quadrat der Prognosewerte von Modell 3 entsprechen.

Test 1:

Sollten in die Spezifikation 1 und 2 weitere bekannte Variablen (z) aus dem Konkurrenzmodell neben den Determinanten x aufgenommen werden?

(i) Tragen die Regressoren aus Modell 2 zur Verbesserung des Modells 1 bei?

$$F = \frac{(29{,}772 - 16{,}046)/3}{16{,}046/8} = \mathbf{2{,}281} < F(3,8;0,95) = 4{,}066$$

$$\text{DF1} = 8 - 5 = 3 \quad \text{und} \quad \text{DF2} = 16 - 8 = 8$$

Antwort: nein

(ii) Tragen die Regressoren aus Modell 1 zur Verbesserung des Modells 2 bei?

$$F = \frac{(81{,}088 - 16{,}046)/3}{16{,}046/8} = \mathbf{10{,}809} > F(3,8;0.95) = 4{,}066$$

Antwort: ja

Test 2:

Welches der beiden „unverbundenen" (non-nested) Modelle - 1 (WF= f(Y, ALQ, AA, ABL)) oder 2 (WF= f(Y, ZWG, M, S)) - ist vorzuziehen?

Modell 1a:
WF=f(Y, ALQ, AA, ABL, WFd2): t(WFd2) = **- 0,89**

Modell 2a:
WF= f(Y, ZWG, M, S, WFd1): t(WFd1) = **6,18**

Modell 1 ist vorzuziehen, da die Schätzwerte aus Modell 1 in Modell 2 als künstlicher Regressor statistisch einen signifikanten Einfluss auf WF ausüben, jedoch nicht umgekehrt.

Test 3:

Ist die Spezifikation von Modell 3 (WF = f(Y, ALQ, AA, ABL, ZWG, M, S)) angemessen?

Modell 3a:
WF = f(Y, ALQ, AA, ABL, ZWG, M, S, WFd3^2): t(WFd3^2) = **- 0,80**

Ergebnis: ja

Anzumerken bleibt, dass Modell 1 und 2 nicht vollständig unverbunden sind, da die Variable Y in beiden Modellen als Regressor auftaucht. Test 1 und 2 laufen bei den hier vorliegenden Spezifikationen weitgehend auf das gleiche hinaus. Unter diesem Blickwinkel ist Test 2 vorzuziehen, da er rigoroser vorgeht. Die Entscheidung nach Test 1 kann zur Folge haben, dass das ausgewählte Modell überflüssigen Ballast (unwirksame Regressoren) enthält. ◇

Tests dieser Art sind besonders wichtig, da fehlspezifizierte Modelle zu verzerrten Schätzungen führen. Aber selbst wenn Modelle mit der ökonomischen Theorie vereinbar sind und statistisch nicht als fehlspezifiziert eingestuft werden, können sie wenig robust sein. Bereits geringfügige Änderungen in der Spezifikation führen nicht selten zu erheblich veränderten Schätzergebnissen. Diesem Problem wird in der empirischen Wirtschaftsforschung viel zu wenig Aufmerksamkeit geschenkt. **Sensitivitätsanalysen**, wie sie von Leamer (1983, 1985) vorgeschlagen werden, erscheinen dringend notwendig und sollten als Ergänzung bei allen empirischen Untersuchungen hinzugefügt werden. Cooley und LeRoy (1981) argumentieren: Ökonomische Theorie erzeugt üblicherweise keine vollständige Spezifikation. Es bleibt offen, welche Variablen als Rahmen zu berücksichtigen sind, wenn statistische Tests zur Überprüfung des Zusammenhangs der eigentlich interessierenden Variablen durchgeführt werden sollen. Wenn z.B. der Frage nachgegangen wird, ob und in welcher Periode gegebenenfalls die Phillips-Kurve empirisch tragfähig ist, dann können die Ergebnisse sehr unterschiedlich ausfallen, je nachdem, welche weiteren Variablen berücksichtigt werden. Entscheidend ist hier die Frage, wie robust der Einfluss der Arbeitslosenquote auf die Inflationsrate ist. Wie stark ändern sich die Koeffizienten, wenn weitere Determinanten aufgenommen werden? Bei der Aufnahme einiger Bestimmungsgrößen besteht sicherlich kein Dissens. Wenn z.B. auf Variablen zurückgegriffen wird, die andere Inflationstheorien operationalisiert widerspiegeln wie

2.5 Modellbildung und Spezifikationstests

Kapazitätsauslastung, Importpreisentwicklung oder Geldmenge. Insgesamt existiert jedoch kein Konsens. Deshalb sollte bei Sensitivitätsanalysen zwischen drei Arten an Einflüssen unterschieden werden

- zentrale, durch das Untersuchungsziel bestimmte Variablen (z). Ob z nur eine Variable oder ein Vektor von Variablen ist, hängt vom Untersuchungsgegenstand ab.
- Variablen, über die Konsens besteht, dass sie als Regressoren (als Kontrollvariablen) aufzunehmen sind (x_1).
- Variablen, die weiterhin verfügbar sind und in früheren Untersuchungen möglicherweise statistisch als wichtige Erklärungsvariablen identifiziert worden sind, aber als zweifelhafte Regressoren gelten (x_2).

Ziel der Sensitivitätsanalysen ist, aus dem Modell

$$y = z\alpha + X_1\beta_1 + X_2\beta_2 + u$$

herauszufinden, in welchem Bereich der Koeffizient α variiert, wenn die Teildesignmatrix X_2 verändert wird, ohne dass die theoretisch erwartete Hypothese verworfen wird. Um den Rahmen übersichtlich zu gestalten, sollte die Zahl der Variablen in X_2 nicht zu groß werden, z.B. zwei bis fünf. In den Ergebnissen ist zunächst die Schätzung der Standardspezifikation, die nur z und x_1 enthält, auszuweisen. Daneben sollten die Schätzungen mit den X_2-Spezifikationen, die zu den größten Veränderungen bei $\hat{\alpha}$ führen (extreme bound analysis - EBA), angegeben werden, jeweils mit dem dazugehörigen $\hat{\alpha}$. Wenn der z-Einfluss signifikant bleibt und durch die X_2-Spezifikation kein Vorzeichenwechsel eintritt, kann der Zusammenhang zwischen y und z als **robust** bezeichnet werden. Anderenfalls besteht eine **fragile** Beziehung. Diejenigen X_2-Variablen sollten identifiziert werden, die gegebenenfalls die Insignifikanz oder die Vorzeichenänderung bei α bewirken. Schließlich erscheint es auch sinnvoll, die Schätzungen solcher X_2-Spezifikationen zu präsentieren, die gegenüber der Standardspezifikation $y = z\alpha + X_1\beta_1 + u_0$ zu keiner signifikanten Veränderung von α führen. Hierzu sind Sensitivitätstests angebracht (Hübler 1989, S. 122ff).

Für ein Dreivariablenmodell

$$y = b_0 + b_1 z + b_2 x_2 + u$$

lässt sich angeben, unter welchen Bedingungen die Berücksichtigung eines zweifelhaften Regressors (x_2) eine Vorzeichenänderung bei der zentralen Variablen (z) bewirkt. Zu diesem Zweck wird die KQ-Schätzung für b_1 aus diesem Dreivariablenmodell ($\hat{b}_1$) mit der aus dem Zweivariablenmodell ($\tilde{b}_1$), in dem x_2 unterdrückt ist, verglichen

$$\hat{b}_1 = \frac{r_{yz} - r_{y2}r_{z2}}{1 - r_{z2}^2} \cdot \frac{s_y}{s_z}$$

$$\tilde{b}_1 = \frac{s_{yz}}{s_z^2} = r_{yz} \cdot \frac{s_y}{s_z}.$$

Die zweite Schätzung in die erste eingesetzt

$$\hat{b}_1 = \frac{\tilde{b}_1 - r_{y2} r_{z2} \cdot \frac{s_y}{s_z}}{1 - r_{z2}^2}$$

zeigt, dass $\hat{b}_1$ unter der Voraussetzung $\tilde{b}_1 > 0$ nur dann ein anderes Vorzeichen als $\tilde{b}_1$ hat, falls

$$\tilde{b}_1 < r_{y2} r_{z2} \cdot \frac{s_y}{s_z}.$$

Notwendige Voraussetzung hierfür ist, dass

$$r_{yz} < r_{y2}.$$

Aber selbst wenn diese Ungleichung erfüllt ist, müssen für $0 < r_{yz} < r_{z2}$ die Variablen z und x_2 hinreichend korreliert sein ($r_{z2} > \frac{r_{yz}}{r_{y2}}$), damit ein Vorzeichenwechsel zustande kommt. Für das multiple Modell lassen sich Bedingungen mit Hilfe der Residuenquadratsummen angeben (McAleer/Pagan/Visco 1986, S.287ff).

Eine Tendenz zu instabilen Beziehungen besteht immer dann, wenn z und X_2 multikollinear verknüpft sind, also eine starke Korrelation aufweisen. Nur solche Regressoren aufzunehmen, für die dieses Problem nicht existiert, stellt keine Lösung dar. Die Übergänge sind fließend, ob eine X_2-Variable im Prinzip nur eine andere Form der Operationalisierung von z ist, z.B. in Form einer Proxy-Variablen, die eine Wirkung oder einen Bestimmungsgrund von z widerspiegelt, oder ob mit X_2 der Wirkungsrahmen von y mit abgesteckt wird.

Literaturhinweise:
Greene (2003, Chapter 8), Hübler (1989, Kapitel 8) oder Wooldridge (2003, Chapter 9) diskutieren den Stoff des Kapitels 2.5, aber auch in anderen Lehrbüchern finden sich entsprechende Ausführungen über Spezifikationstests, so z.B. in Davidson/MacKinnon (2004, Chapter 15).

2.6 Wirtschaftspolitische Effekte und Prognosen

2.6.1 Wirkung wirtschaftspolitischer Instrumente

Wenn in einer geschätzten Regressionsbeziehung, z.B. der gesamtwirtschaftlichen Konsumfunktion, eine exogene Variable ein wirtschaftspolitisches Instrument charakterisiert, z. B. die Einkommensteuer T, dann kann durch Einsetzen eines veränderten Volumens, z. B. von ΔT in

$$\hat{C} = \hat{\beta}_0 + \hat{\beta}_1 Y + \hat{\beta}_2 T,$$

der Effekt auf den Konsum, ermittelt werden

$$\Delta C = \hat{\beta}_2 \, \Delta T.$$

Mit $\hat{\beta}_2$ wird der direkte Multiplikatoreffekt angegeben. Treten weitere indirekte Effekte z. B. über die Einkommen auf oder nehmen die Effekte im Zeitablauf in ihrer Wirksamkeit ab, so sind diese zusätzlich in einem Mehrgleichungssystem oder in einem dynamischen Modell zu erfassen – vgl. Kapitel 3.3 und 3.7 Wesentliche Probleme der Erfassung wirtschafts- oder auch unternehmenspolitischer Effekte bestehen darin, dass sich die Verhaltensweisen häufig ändern, wenn das Volumen wirtschaftspolitischer Maßnahmen angepasst wird, insbesondere wenn es sich nicht nur um marginale Änderungen handelt. Formal bedeutet dies z. B. ΔT beeinflusst β_2 oder auch β_1. Daraus kann folgen, dass die intendierten Effekte zumindest bei dauerhaftem Einsatz wirtschaftspolitischer Maßnahmen nicht eintreten (Lucas-Kritik). Zu beachten sind weiterhin mögliche Vorzieh- und Substitutionseffekte. Wenn z.B. eine zeitlich begrenzte Erhöhung von Lohnsubventionen eingeführt wird, dann werden Betriebe möglicherweise kurzfristig die Produktion erhöhen, mehr Arbeitskräfte einstellen und diese nach Auslaufen der Maßnahme wieder entlassen und die Produktion drosseln. Oder Haushalte reduzieren ihren Konsum bei einer zeitlich befristeten Erhöhung der Einkommensteuer und holen den vorhandenen Bedarf später nach. Soll der kurzfristige Effekt bei der Bestimmung der Wirkungen staatlicher Maßnahmen berücksichtigt werden, wenn nicht gleichzeitig die Auswirkungen in späteren Perioden erfasst werden? Oder wenn es zu selektiven Steuererhöhungen kommt, wenn z.B. die Mehrwertsteuer auf spezielle Druckerzeugnisse erhöht wird, dann wird unter Umständen die Produktion auf andere Druckerzeugnisse verlagert. Eine isolierte Berechnung der Wirkungen nur auf die direkt betroffenen Produkte wäre also völlig unzureichend, um die Gesamtwirkung zu erfassen.

Bei der Bestimmung mikroökonomischer Wirkungen besteht die Gefahr, dass unbeobachtete Heterogenität und Zeitdauereffekte nicht hinreichend erfasst, dass nicht zwischen diesen Einflüssen getrennt wird und dass sich immer nur eine Situation erfassen lässt, während die zu vergleichende Situation nicht zu beobachten ist. Wird nicht eine geeignete Kontrollgruppe herangezogen, so führt dies zur Fehleinschätzung wirtschaftspolitischer Effekte. Zu beachten ist, dass es Bestimmungsgründe geben kann, die sowohl das Ergebnis der Zielvariablen als auch die individuelle Beteiligung an einer Maßnahme oder den Effekt der Maßnahme auf die Individuen beeinflussen. Wird letzteres nicht explizit modelliert, so werden die Maßnahmeneffekte fehlerhaft erfasst. Stehen z.B. Arbeitsämter vor der Entscheidung, Bewerber für ABM auszuwählen, so kann die konjunkturelle Situation hierauf einen wesentlichen Einfluss haben. Die zentrale Frage ist, ob vor allem erfolgversprechende Bewerber ausgewählt werden oder eher solche Personen, die durch eigene Initiativen kaum eine neue Beschäftigung finden. In konjunkturell ungünstigen Zeiten, in denen es viele Bewerber, viele Arbeitslose und wenige Arbeitsplatzangebote gibt, sind dauerhafte Vermittlungschancen gering. Die Arbeitsvermittler stehen unter Erfolgszwang. Sie werden überwiegend gut vermittelbare Bewerber auswählen. In allgemein günstigen Phasen schlägt möglicherweise eher ihr soziales Gewissen, sie können es sich eher leisten, schwer vermittelbaren Personen ABM anzubieten. Bei einem solchen Verhalten, das sich nur schwer direkt beobachten und erfassen lässt, werden Beschäftigungseffekte von ABM in Rezessionsphasen über- und in Boomsituationen unterschätzt, wenn das Verhalten der Vermittler nicht explizit in die Untersuchung eingeht.

Um auf mikroökonomischer Ebene die Wirkungen einer Politikmaßnahme D auf die Zielvariable y zu erfassen, muss eine Situation mit und ohne Maßnahme miteinander verglichen werden. Beobachtet wird nur y_{it}^T, der Wert von y des i-ten Individuums in Periode t, das an der Maßnahme teilgenommen hat (T-treatment). Nicht beobachten lässt sich dagegen die Vergleichssituation y_{it}^{NT} (counterfactual). Was wäre in t eingetreten, wenn i nicht an der Maßnahme teilgenommen hätte (non-treatment)? Die Aufgabe besteht darin, den erwarteten kausalen Maßnahmeneffekt

$$E(y^T - y^{NT}|D = 1)$$

zu messen. Die Schwierigkeit ergibt sich aufgrund der Notwendigkeit, y_{it}^{NT} durch eine geeignete beobachtbare Größe zu substituieren. Kein Ausweg stellt

$$E(y^T - y^{NT}|D = 0)$$

dar. In diesem Fall wird zwar y von Nichtteilnehmern (NT) beobachtet, nicht jedoch der erwartete Wert, der bei einer Teilnahme eingetreten wäre. Verschiedene deskriptive Indikatoren sind zur Bestimmung dieses potenziellen Maßnahmeneffektes entwickelt worden, wobei das Counterfactual unterschiedlich erfasst wird (vgl. z.B. Hübler 2001).

(i) Vorher-Nachher-Vergleich

$$\bar{\Delta}^T = \frac{1}{n_T} \sum_{i=1}^{n_T} (y_{i,t+1}^T - y_{i,t-1}^T).$$

Hat die Maßnahme in Periode t stattgefunden, so wird von den Teilnehmern ($i = 1, ..., n_T$) die durchschnittliche Zielvariable y in der Periode vor und nach der Maßnahme erfasst. Das Problem ist, dass zwischen $t-1$ und $t+1$ auch andere Veränderungen außer der Maßnahmenteilnahme eingetreten sein können, die die Zielvariable beeinflussen. Denkbar ist auch, dass Personen in Erwartung der Teilnahme ihr Verhalten bereits vor der Maßnahme ändern und daraus Konsequenzen für $y_{i,t-1}$ folgen. Hier wird in der Evaluationsliteratur häufig von "Ashenfelter's dip" gesprochen. Ashenfelter (1978) hat nämlich für die USA festgestellt, dass kurz vor der Beteiligung an arbeitsmarktpolitischen Maßnahmen die Beschäftigung bereits deutlich zurückgeht.

(ii) Teilnehmer-Nichtteilnehmer-Vergleich

$$\bar{\Delta} = \frac{1}{n_T} \sum_{i=1}^{n_T} y_{i,t+1}^T - \frac{1}{n_{NT}} \sum_{i=1}^{n_{NT}} y_{i,t+1}^{NT}.$$

Gemessen wird der Durchschnittswert von y in der Periode nach der Maßnahme (t+1) für Teilnehmer (n_T) und Nichtteilnehmer (n_{NT}). Der Kausaleffekt wird nur dann korrekt erfasst, wenn sich Teilnehmer und Nichtteilnehmer nicht bereits vor der Maßnahme in relevanten Merkmalen unterscheiden, die auf y wirken. Auch dürfen in Periode t keine Einflüsse auftreten, die das Verhalten der beiden Gruppen in unterschiedlicher Weise tangieren. Diesem Umstand kann durch Regressionsschätzungen Rechnung getragen werden

$$y_{i,t+1} = x'_{it}\beta + D_{it}\alpha + u_{i,t+1},$$

wobei

$$D_{it} = \begin{cases} 1, \text{ wenn } i \text{ an einer Maßnahme } M \text{ in } t \text{ teilgenommen hat} \\ 0 \text{ sonst} \end{cases}$$

und x_{it} Regressoren sind, die $y_{i,t+1}$ beeinflussen. Alternativ kann die Nichtteilnehmergruppe (Kontrollgruppe) so ausgewählt werden, dass sie sich in den x-Merkmalen nicht von der Teilnehmergruppe unterscheidet (conditional independence assumption - CIA, vgl. Rosenbaum/Rubin 1983). Ist die Annahme

$$E(y_{t-1}^T | D = 1, X = x_{t-1}) = E(y_{t-1}^{NT} | D = 0, X = x_{t-1})$$

nicht erfüllt, dann liegt eine Selektionsverzerrung in Bezug auf unbeobachtete Heterogenität vor.

(iii) Differenz-von-Differenzen (DvD)-Schätzer

$$\bar{\Delta}_{t+1} - \bar{\Delta}_{t-1} = (\bar{y}_{t+1}^T - \bar{y}_{t+1}^{NT}) - (\bar{y}_{t-1}^T - \bar{y}_{t-1}^{NT}).$$

Wenn sich die Teilnehmer und Nichtteilnehmer bereits vor der Maßnahme unterscheiden, dann kommt dies durch $\bar{y}_{t-1}^T - \bar{y}_{t-1}^{NT}$ zum Ausdruck. Falls sich dieser Unterschied im Zeitablauf ändert und durch keine weiteren Einflüsse tangiert wird, kann $\bar{\Delta}_{t+1} - \bar{\Delta}_{t-1}$ als kausaler Maßnahmeneffekt interpretiert werden. Äquivalent zur Bestimmung des DvD-Schätzers ist die Schätzung des Regressionsmodells

$$y_{it} = \beta_0 + \beta_1 D_i^T + \beta_2 D_{t+1} + \beta_3 D_{i,t+1}^T + u_{it}$$

wobei

$$D_i^T = \begin{cases} 1, \text{ wenn Person } i \text{ an } M \text{ in } t \text{ teilgenommen hat} \\ 0 \text{ sonst} \end{cases}$$

$$D_{t+1} = \begin{cases} 1, \text{ wenn Periode t+1} \\ 0 \text{ wenn Periode } t-1 \end{cases}$$

$$D_{i,t+1}^T = \begin{cases} 1, \text{ wenn } i \text{ an } M \text{ in } t \text{ teilgenommen hat und } t+1 \text{ vorliegt} \\ 0 \text{ sonst} \end{cases}$$

Der kausale Effekt ist dann

$$\hat{\beta}_3 = \hat{y}_{it}^{(4)} - \hat{y}_{it}^{(3)} - \hat{y}_{it}^{(2)} + \hat{y}_{it}^{(1)} = \bar{\Delta}_{t+1} - \bar{\Delta}_{t-1}$$

soweit u_{it} den klassischen Regressionsbedingungen genügt, da

$$\begin{aligned}
\hat{y}_{it}^{(1)} &= (\hat{y}_{it}|D_i^T = 0; D_{t+1} = 0) = \bar{y}_{t-1}^{NT} = \hat{\beta}_0 \\
\hat{y}_{it}^{(2)} &= (\hat{y}_{it}|D_i^T = 1; D_{t+1} = 0) = \bar{y}_{t-1}^{T} = \hat{\beta}_0 + \hat{\beta}_1 \\
\hat{y}_{it}^{(3)} &= (\hat{y}_{it}|D_i^T = 0; D_{t+1} = 1) = \bar{y}_{t+1}^{NT} = \hat{\beta}_0 + \hat{\beta}_2 \\
\hat{y}_{it}^{(4)} &= (\hat{y}_{it}|D_i^T = 1; D_{t+1} = 1) = \bar{y}_{t+1}^{T} = \hat{\beta}_0 + \hat{\beta}_1 + \hat{\beta}_2 + \hat{\beta}_3.
\end{aligned}$$

Das Regressionsmodell lässt sich um zusätzliche beobachtbare Regressoren x erweitern, die die Zielvariable y beeinflussen, um der CIA-Bedingung besser Rechnung zu tragen

$$\begin{aligned}
\hat{\beta}_3^* = &(\hat{y}_{it}|D_i^T = 1; D_{t+1} = 1; X = x) - (\hat{y}_{it}|D_i^T = 0; D_{t+1} = 1; X = x) \\
&- (\hat{y}_{it}|D_i^T = 1; D_{t+1} = 0; X = x) + (\hat{y}_{it}|D_i^T = 0; D_{t+1} = 0; X = x).
\end{aligned}$$

Eine Alternative besteht darin, Teilnehmer und Nichtteilnehmer nach einem Zufallsmechanismus auszuwählen und dann einen der genannten Indikatoren zu berechnen. Man spricht in diesem Fall von einem sozialen Experiment. Dem stehen natürliche Experimente gegenüber, bei denen die Auswahl der Kontrollgruppenmitglieder nach einem Matchingverfahren erfolgt, das jedem Teilnehmer einen statistischen Zwilling zuordnet, der in den relevanten Merkmalen übereinstimmt.

2.6.2 Prognose

Prognoseintervalle. Soll die endogene Variable eines linearen Modells bestimmt werden, so sind drei Formen der Prognose zu unterscheiden

- ex post Prognose
- quasi (pseudo-) ex ante Prognose
- ex ante Prognose.

Sie unterscheiden sich durch folgende Charakterisierung:

- Wenn die Prognoseperiode t im Bereich des Schätzzeitraums $(1, ..., T)$ liegt, dann spricht man von ex post Prognose.
- Bei der ex ante Prognose sind sowohl die Werte der exogenen Variablen als auch die der endogenen Variablen zu schätzen, wobei $t > T$.
- Pseudo ex ante Prognose bedeutet, die Werte der exogenen Variablen werden als bekannt vorausgesetzt, wobei $t > T$.

2.6 Wirtschaftspolitische Effekte und Prognosen

Analytisch lassen sich die Unterschiede der drei Prognosearten wie folgt hervorheben

$$\hat{y}_t = \sum_{k=0}^{K} x_{kt}\hat{\beta}_k \quad t = 1,\ldots,T$$

$$\hat{y}_{T+\tau} = \sum_{k=0}^{K} x_{k,T+\tau}\hat{\beta}_k;$$

$$\hat{\hat{y}}_{T+\tau} = \sum_{k=0}^{K} \hat{x}_{k,T+\tau}\hat{\beta}_k.$$

Zu beachten sind die nachstehenden Beziehungen

$$y_{T+\tau} = \hat{y}_{T+\tau} + \hat{u}_{T+\tau} = E(y_{T+\tau}) + u_{T+\tau}.$$

Der Fehler für die individuell zu erwartende Größe, der sich aus der Prognose gegenüber dem wahren, aber zunächst unbekannten Wert der endogenen Variablen in Periode $T+\tau$ ergibt, lässt sich zerlegen in einen Zufalls- und einen Schätzfehler

$$y_{T+\tau} - \hat{y}_{T+\tau} = [y_{T+\tau} - E(y_{T+\tau})] + [E(y_{T+\tau}) - \hat{y}_{T+\tau}]$$
$$u_{T+\tau} \qquad + \qquad \hat{u}_{\overline{T+\tau}}$$
$$\text{Zufallsfehler} \qquad \text{Schätzfehler}$$

Demgegenüber ist der Fehler im Mittel definiert durch

$$E(y_{T+\tau}) - \hat{y}_{T+\tau} = \hat{u}_{\overline{T+\tau}}.$$

Im Zweivariablenmodell $y = a + bx + u$ erhält man für das Prognoseintervall

$$\boxed{\hat{y}_{T+\tau} - t_{T-2;1-\alpha/2}\hat{\sigma}_{T+\tau}; \hat{y}_{T+\tau} + t_{T-2;1-\alpha/2}\hat{\sigma}_{T+\tau}.}$$

Für Intervallprognosen werden die (geschätzten) Varianzen der Prognosewerte benötigt, wobei auch hier zwischen dem individuellen Prognosewert und dem Prognosewert im Mittel zu unterscheiden ist.

- geschätzte Störgrößenvarianz für den Prognosewert im Mittel

$$\hat{\sigma}_{\overline{T+\tau}}^2 = \hat{\sigma}^2 \left(\frac{1}{T} + \frac{(x_{T+\tau} - \bar{x})^2}{\sum_{t=1}^{T}(x_t - \bar{x})^2}\right)$$

$$= \frac{1}{T}\hat{\sigma}^2 + \hat{\sigma}_{\hat{b}}^2(x_{T+\tau} - \bar{x})^2$$

- geschätzte Störgrößenvarianz für den individuellen Prognosewert

$$\boxed{\hat{\sigma}_{T+\tau}^2 = \hat{\sigma}^2 + \hat{\sigma}_{\overline{T+\tau}}^2}$$

Damit ist zwar klar, in welchem Bereich sich aufgrund der Prognose zukünftige Werte bei vorgegebener Irrtumswahrscheinlichkeit bewegen werden. Aber es lässt sich noch nichts über die Güte aussagen.

Tendenz-und Genauigkeitsanalyse. Anhand einer einfachen graphischen Darstellung lassen sich erste Eindrücke über die Prognosegüte gewinnen, allerdings erst wenn auch die realisierten Werte vorliegen. Zur Beschreibung dieser Tendenzen dienen die progostizierten und realisierten Wachstumsraten

$$\hat{P}_t = w_p = \frac{\hat{y}_t - y_{t-1}}{y_{t-1}};$$
$$\hat{R}_t = w_r = \frac{y_t - y_{t-1}}{y_{t-1}},$$

wobei $\hat{y}_t$ – prognostizierte Werte und y_t – realisierte Werte sind. Je nachdem in welches Feld des nachstehenden Diagramms das Punktepaar $(\hat{P}_t; \hat{R}_t)$ fällt, wobei $\hat{P}_t$ auf der Ordinate und $\hat{R}_t$ auf der Abzisse abgetragen wird, ist die Prognose mehr oder weniger gut.

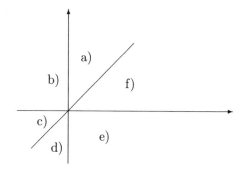

Die einzelnen Felder im Diagramm, die durch die Koordinatenachsen und die Winkelhalbierende (WH) gebildet werden, bedeuten

WH	- perfekte Prognose
a)	- Überschätzung der positiven Wachstumsraten
d)	- Überschätzung der negativen Wachstumsraten
f)	- Unterschätzung der positiven Wachstumsraten
c)	- Unterschätzung der negativen Wachstumsraten
b) e)	- Vorzeichenfehler

Kritisch gegenüber der Tendenzanalyse ist anzumerken, dass keine Abstände berücksichtigt werden. Zwei Prognosen im gleichen Segment, z.B. in a), können erheblich voneinander abweichen. Daher ist eine Genauigkeitsanalyse nützlich, die auch die Abstände erfasst, wobei weiter y_t realisierte Werte und $\hat{y}_t$ prognostizierte Werte sind. Benötigt werden Indikatoren. Analog zu $d^2 = \frac{1}{T} \sum (y_t - \bar{y})^2$ ist der mittlere quadratische Prognosefehler

$$MQPF = \frac{1}{T} \sum_{t=1}^{T} (y_t - \hat{y}_t)^2.$$

zu bilden, hier für den Fall der ex post Prognose angegeben. Diese Größe lässt sich in drei Teile zerlegen

$$MQPF = (\bar{\hat{y}} - \bar{y})^2 + (d_{\hat{y}} - d_y)^2 + 2(1 - r_{y\hat{y}}) \cdot d_y d_{\hat{y}}$$

Der erste Teil sagt etwas darüber, wie dicht der mittlere Beobachtungswert von y und der mittlere Ex-post-Prognosewert nebeneinander liegen. Diese Differenz ist bei unverzerrten Schätzern null. Der zweite Teil bringt zum Ausdruck, wie stark die Standardabweichung der beobachteten endogenen Variablen y von der Ex-post-Prognose-Streuung abweicht. Bei einer guten Prognose sollten die ersten beiden Teile von MQPF klein sein. Dies gilt auch für den dritten Teil. Je besser das Modell die Streuung von y erklärt, d.h. je größer $r_{y\hat{y}}$ ist, um so kleiner wird der dritte Teil. Insgesamt reagiert der MQPF empfindlich auf große Prognosefehler. Schon einige wenige Fehler größeren Ausmaßes haben hohe MQPF-Werte zur Folge. In der Praxis findet die Wurzel des MQPF (root of mean square error - RMSE) noch häufiger Verwendung als der MQPF selbst.

Erwähnt werden sollte, dass MQPF vom Messniveau abhängt. Damit lassen sich auf diesem Wege keine Vergleiche hinsichtlich der Prognosegüte für Variablen mit unterschiedlichem Messniveau anstellen. Dieser Vorwurf ist auch beim mittleren absoluten Prognosefehler (MAPF, mean absolute error - MAE)

$$MAPF = \frac{1}{T} \sum |y_t - \hat{y}_t|$$

zu erheben. Hier fallen allerdings starke Abweichungen weniger ins Gewicht. Als Alternative zur Messung der Prognosegenauigkeit ist in der empirischen Wirtschaftsforschung der Theilsche Ungleichheitskoeffizient U (Theil 1978, S. 368) entwickelt worden

$$\boxed{U = \sqrt{\frac{\frac{1}{T}\sum(\Delta P_t - \Delta R_t)^2}{\frac{1}{T}\sum(\Delta R_t)^2}} = \sqrt{\frac{\sum[\hat{y}_t - y_t]^2}{\sum[y_t - y_{t-1}]^2}}}$$

wobei

$$\Delta P_t = \hat{y}_t - y_{t-1}; \quad \Delta R_t = y_t - y_{t-1}$$
$$t = T+1, T+2, ...$$

Somit gilt

$$\Delta P_t - \Delta R_t = \hat{y}_t - y_{t-1} - y_t + y_{t-1} = \hat{y}_t - y_t.$$

Zwei Benchmarkfälle lassen sich danach hervorheben

- U=0: ideale Prognose, d.h. $\hat{y}_t = y_t$ für alle t
- U=1: Status-Quo-Prognose, d.h. $\hat{y}_t = y_{t-1}$ für alle t.

Die Status-Quo-Prognose erscheint auf den ersten Blick der ungünstigste Fall. Es bedarf keiner Prognoseverfahren, sondern es wird einfach gesagt, es bleibt alles wie es ist. Tatsächlich können sich jedoch Prognosen aufgrund des unterstellten Modells ergeben, die noch schlechter als die Status-Quo-Prognose sind. Dies ist ein eindeutiger Hinweis dafür, dass das Modell wenig aussagefähig ist.

Zum Teil werden in U anstelle der absoluten Veränderungsgrößen ΔP und ΔR auch die Veränderungsraten (Wachstumsraten) verwendet (z.B. Hujer/Cremer 1978, S.265), d.h.

$$w_P = \frac{\hat{y}_t - y_{t-1}}{y_{t-1}}; \quad w_R = \frac{y_t - y_{t-1}}{y_{t-1}}.$$

Als Ergänzung lässt sich prüfen, ob die Prognosen systematisch von den realisierten Größen abweichen. Im Zweivariablenmodell

$$R_t = a + bP_t + u_t$$

ist auf $a = 0$ und $b = 1$ zu testen. Das ZEW hat, ausgehend von der Untersuchung in der nachstehenden Tabelle, für das BIP und die Inflation die Nullhypothese $H_0 : a = 0$ und $b = 1$ aufgrund der Prognosen des DIW, des IfW, des ifo-Instituts und des RWI geprüft. Sie kann in keinem Fall bei $\alpha = 0,05$ abgelehnt werden. Dies spricht für die Qualität der Prognosen.

Gründe für Prognosefehler

Zeigen sich aufgrund der vorgestellten Verfahren deutliche Abweichungen der Prognosen gegenüber den realisierten Werten, so können dafür verschiedene Gründe verantwortlich sein. Zu nennen sind insbesondere

(1) Wichtige Einflüsse bleiben unberücksichtigt.

(2) Ein Strukturbruch außerhalb des Schätzzeitraums tritt auf.

(3) Es kommt zu Fehlern bei der Prognose von X.

(4) (Zufalls-)Messfehler bei X oder y machen sich bemerkbar.

(5) Das angewandte Schätzverfahren muss als ungenügend eingestuft werden.

(6) Ein falscher Funktionstyp ist zugrunde gelegt.

Beispiel: Wie treffsicher sind die Prognosen der Wirtschaftsforschungsinstitute?

Jedes Jahr geben die Forschungsinstitute Prognosen über die wichtigsten makroökonomischen Kennziffern zur Charakterisierung der erwarteten Konjunkturentwicklung ab. Das Zentrum für Europäische Wirtschaftsforschung (ZEW Konjunkturreport, 5.Jg., Nr.1, März 2002, S.10-12) hat die Treffsicherheit des Deutschen Instituts für Wirtschaftsforschung (DIW), des Instituts für Weltwirtschaft (IfW), des ifo-Instituts und des Rheinisch-Westfälischen Instituts (RWI) über den Zeitraum von 1980-2000 verglichen. Getrennt wird dabei zwischen 18-, 12- und 6-monatigen Prognosen zur Inflationsrate und zum Bruttoinlandsprodukt (BIP). Als Gütemaße dienen RMSE und U, wobei die Veränderungsraten für P und R verwendet werden. Folgende Ergebnisse zeigen sich:

Prognose	BIP		Inflation	
Gütemaß	RMSE	U	RMSE	U
18-monatige Prognose				
DIW	1,5778	0,5983	0,8947	0,3709
IfW	1,3824	0,5566	1,0812	0,3561
ifo	1,4994	0,6037	0,9878	0,3254
RWI	1,5727	0,5829	0,8100	0,3413
12-monatige Prognose				
DIW	1,1212	0,4515	0,7801	0,2569
IfW	1,0806	0,4351	0,8516	0,2805
ifo	1,1179	0,4361	0,8343	0,2993
RWI	1,1043	0,4446	0,5486	0,1807
6-monatige Prognose				
DIW	0,6609	0,2565	0,3301	0,1258
IfW	0,7323	0,2948	0,3192	0,1051
ifo	0,4558	0,1835	0,2903	0,0956
RWI	0,6017	0,2282	0,2761	0,1145

Die Untersuchung zeigt, dass nicht beide Gütemaße zur gleiche Rangfolge führen. Durchgängig gilt aber: Je kürzer der Prognosezeitraum ist, um so besser sind bei allen vier Instituten die Prognosen. Bei der 18-monatigen Prognose schneidet das IfW beim BIP am besten ab, während die Inflation vom RWI am besten vorausgesagt wird, wenn RMSE als Gütemaß dient. Kurzfristig, d.h. bei der 6-monatigen Prognose, liegt das ifo-Institut beim BIP vorn. Das ZEW vergleicht die Institute auch, wie gut sie Richtungsänderungen beim BIP und der Beschäftigungsentwicklung erkennen. Kurzfristig ist die Fehlerhäufigkeit beim DIW am geringsten. Langfristig schneidet dagegen das ifo-Institut im Durchschnitt am besten ab. Keines der Institute ist also bei allen untersuchten Kennziffern überlegen.

Die Auswirkungen auf die drei Arten der Prognose sind z.T. unterschiedlich, wie die nachfolgende Zusammenstellung offenbart.

	ex post	quasi-ex ante	ex ante
(1)	X	X	X
(2)		X	X
(3)			X
(4)	X	X	X
(5)	X	X	X
(6)	X	X	X

Bevor ein endgültiges Urteil über die Prognose und deren Güte abzugeben ist, sollte versucht werden, die Ursachen für die Fehler zu beseitigen.

Literaturhinweise:
Zu empfehlen sind Hackl (2004, Kapitel 8), Hujer/Cremer (1978, Kapitel 13+14), Stock/Watson (2002, Chapter 11) oder Winker (1997, Kapitel 11), vor allem soweit es die Prognose betrifft. In Lehrbüchern zur empirischen Wirtschaftsforschung ist bisher wenig über mikroökonometrische Methoden der Evaluation wirtschaftspolitischer Maßnahmen zu finden. Stock und Watson (2002, Chapter 11) erörtern diesen Aspekt bereits vergleichsweise ausführlich. Ansonsten ist auf Spezialliteratur zu verweisen. Einen Überblick liefern z.B. Hübler (2001) und Lechner (2003), während Frölich (2003) spezielle Probleme behandelt.

3 Erweiterungen des Regressionsmodells

3.1 Modifikationen der Basisannahmen

Bei realen ökonomischen Problemstellungen, die empirisch untersucht werden sollen, sind die Bedingungen des klassischen Regressionsmodells häufig nicht erfüllt. Dann dient dieser Ansatz lediglich als Referenzmodell. Ansonsten ist zu versuchen, die Spezifikation den Gegebenheiten anzupassen sowie die Schätz- und Testmethoden zu modifizieren.

Neben der Erweiterung und Eliminierung erklärender Variablen geht es vor allem darum, die Modellrestriktionen, die Annahmen, zu lockern sowie den verfügbaren Informationen Rechnung zu tragen. Modifizierte Modelle lassen sich dann erneut auf ihre Güte hin überprüfen, mit den Daten und dem Referenzmodell konfrontieren, um letztlich zu entscheiden, welcher Ansatz zu verwenden ist.

Möglichkeiten zur Variation der Annahmen bestehen insbesondere bei der Störgröße. Auf das Abweichen von $E(u) = 0$ wird hier verzichtet. $E(u) \neq 0$ zieht im praktisch wichtigsten Fall, d. h. wenn $E(u) = c \neq 0$, lediglich Inkonsistenz des üblicherweise weniger interessierenden absoluten Gliedes nach sich. Aufgrund des zentralen Grenzwertsatzes konvergiert bei $u \not\sim N(\cdot)$ die Verteilung der Schätzfunktionen für die Koeffizienten bei identisch unabhängig verteilten Störgrößen u mit einem Erwartungswert von Null und einer endlichen Varianz gegen eine Normalverteilung. Die klassischen Koeffiziententests sind damit asymptotisch weiterhin valide. Es zeigt sich allerdings bei großen Individualdatensätzen stärker noch als bei kleinen, aggregierten Datensätzen, dass die Hypothese der Normalverteilung eindeutig abzulehnen ist. Deshalb wird in neuerer Zeit zunehmend auf verteilungsfreie Methoden beim Schätzen und Überprüfen von Hypothesen ausgewichen.

Zu den traditionellen Feldern der Ökonometrie, die sich abseits des klassischen Regressionsmodells bewegen, gehören Analysen, die variable Varianzen und Abhängigkeiten der Störgrößen zulassen. Daneben sind Interdependenzen der beobachteten Variablen, nichtmetrische Variablen und dynamische Betrachtungen von Bedeutung. Aber auch Modifikationen bei den Daten ziehen Veränderungen nach sich. Insbesondere das Gebiet der Paneldatenanalyse ist hier zu nennen. Auf die Methoden des klassischen Modells kann vor allem deshalb nicht zurückgegriffen werden, weil die günstigen Schätzeigenschaften verlorengehen, die durch den Annahmenkatalog bedingt sind. Auch wenn in der Realität mehr oder weniger deutliche Abweichungen von den Bedingungen des klassischen Modells festzustellen sind, besitzt es noch als Referenzmodell seine Bedeutung.

3.2 Verallgemeinerte lineare Modelle

Der Kovarianzmatrix der Störgrößen u, die im klassischen Modell wegen $V(u_t) = \sigma^2$ und $\text{Cov}(u_\tau u_t) = 0$

$$V(u) = \sigma^2 I$$

lautet, soll nur noch die Restriktion, dass $V(u)$ positiv definit ist, auferlegt werden. Es wird dann von einem verallgemeinerten linearen Regressionsmodell mit nichtsphärischen Störgrößen gesprochen

$$V(u) = \sigma^2 \Omega = \begin{pmatrix} \sigma_{11} & \sigma_{12} & \cdots & \sigma_{1n} \\ \sigma_{21} & \sigma_{22} & \cdots & \sigma_{2n} \\ \vdots & & \ddots & \vdots \\ \sigma_{n1} & \sigma_{n2} & \cdots & \sigma_{nn} \end{pmatrix},$$

wobei auf der Hauptdiagonalen Varianzen für die Störgrößen der einzelnen Beobachtungsträger ($\sigma_{ii} = \sigma_i^2$) und ansonsten Kovarianzen ($\sigma_{ij} = \text{Cov}(u_i u_j) \neq 0$) stehen. Die Abweichungen von der Kovarianzmatrix der Störgrößen $\sigma^2 I$ im klassischen Modell werden durch zwei Phänomene erzeugt, die im Wesentlichen datenbedingt sind:

(1) Bei Querschnittsdaten – Individual-, Betriebs-, Regionaldaten – lassen sich häufig Gruppen bilden, deren Mitglieder untereinander in einzelnen Merkmalen und Verhaltensweisen ähnlich sind. Aber zwischen den Gruppen bestehen wesentliche Unterschiede. Eine Möglichkeit, die Heterogenität der Gruppen zu beschreiben, kann in den Störgrößenvarianzen bestehen. Nichtkonstante Varianzen der Störgrößen werden als heteroskedastisch bezeichnet.

Beispiele:

(i) Große Betriebe haben mehr Möglichkeiten als kleine auf ökonomische Herausforderungen zu reagieren.
(ii) Stadtstaaten sind in ihrer Wirtschaftsstruktur ähnlicher als Flächenstaaten.

Für diese Fälle wird die Kovarianzmatrix der Störgrößen durch

$$V(u) = \begin{pmatrix} \sigma_{11} & & 0 \\ & \ddots & \\ 0 & & \sigma_{nn} \end{pmatrix}$$

beschrieben. Die Eigenschaft der Heteroskedastie ist nicht zwangsläufig auf Querschnittsdaten beschränkt. Möglich ist z. B., dass mit zunehmendem Wohlstand der Volkswirtschaften die Handlungsalternativen im Laufe der Zeit zunehmen. Die Bevölkerung ist nicht mehr auf die Grundversorgung beschränkt. Daraus können sich unterschiedliche Präferenzen entwickeln. Während bei geringem Wohlstand weitgehend homogene Präferenzen beobachtet werden, schwanken diese stärker, wenn das allgemeine Wohlstandsniveau zunimmt.

3.2 Verallgemeinerte lineare Modelle

(2) Bei Zeitreihendaten besteht meist eine Abhängigkeit zeitlich aufeinander folgender Beobachtungen. Gewöhnungseffekte sind hierfür unter anderem verantwortlich. Daneben entwickeln sich insbesondere aggregierte monetäre Größen in die gleiche Richtung. Die Störgröße beschreibt ein Konglomerat verschiedener Faktoren, so dass auch für diese Variable Abhängigkeiten im Zeitablauf zu vermuten sind. Außerdem können Messfehler der beobachteten, sich gleichförmig entwickelnden Determinanten, die nicht zufällig, sondern proportional zu den wahren Größen sind, in die Störgröße eingehen. Dies bedeutet, die Störgröße ist keine reine Zufallsvariable, sondern weist einen systematischen Bestandteil auf, durch den eine Abhängigkeit zeitlich aufeinander folgender Störgrößen zum Ausdruck kommt. Die Störgrößen sind dann mit sich selbst korreliert. Das Phänomen heißt Autokorelation und lässt sich durch die folgende Störgrößenkovarianzmatrix charakterisieren

$$V(u) = \begin{pmatrix} \sigma^2 & \sigma_{12} & \cdots & & \sigma_{1n} \\ \sigma_{21} & \ddots & & & \vdots \\ \vdots & & \ddots & & \sigma_{n-1,n} \\ \sigma_{n1} & \cdots & & \sigma_{n,n-1} & \sigma^2 \end{pmatrix}.$$

Eine ökonomische Erklärung autokorrelierter Störgrößen erster Ordnung ergibt sich für statische Modelle, mit denen ein Gleichgewichtszustand beschrieben wird $(y = X\beta)$ und bei denen die Störgrößen die Abweichungen erfassen.
Wenn in Periode $t-1$ ein Ungleichgewicht von

$$y_{t-1} - x'_{t-1}\beta = u_{t-1}$$

vorlag, dann erfolgt in Periode t nicht nur durch Änderungen von x_{t-1} auf x_t eine Anpassung von y_{t-1} auf y_t, sondern auch aufgrund des Ungleichgewichts, d. h.

$$y_t = x'_t\beta + \rho u_{t-1} + \varepsilon_t = x'_t\beta + u_t.$$

Mit $0 \leq \rho \leq 1$ kommt zum Ausdruck, wie gut die Anpassung an das Gleichgewicht erreicht wird.

Bei Querschnittsdaten kann auch Autokorrelation auftreten, wird aber weit seltener entdeckt, da es kein eindeutiges Anordnungskriterium wie bei der Zeit gibt. Denkbar ist aber ein Süd-Nord- oder West-Ost-Gefälle. Es kann auch eine beliebige Variable, z.B. der Gewinn, als Ordnungskriterium dienen.

Autokorrelation oder Heteroskedastie haben zwar keine Auswirkungen auf den Koeffizientenschätzer, wenn nach der Methode der kleinsten Quadrate vorgegangen wird. Wohl aber weichen der Schätzer für die Kovarianzmatrix der Koeffizientenschätzer im klassischen Modell

$$V(\hat{\beta}) = \sigma^2 (X'X)^{-1}$$

und im verallgemeinerten Regressionsmodell

$$V(\hat{\beta}) = \sigma^2 (X'X)^{-1} X'\Omega X (X'X)^{-1}$$

voneinander ab, wenn nach der Methode der kleinsten Quadrate geschätzt wird.
Wenn nicht beachtet wird, dass die klassischen Annahmen über die Störgrößenkovarianzmatrix verletzt sind, werden die Varianzen für $\hat{\beta}$ nicht mehr unverzerrt geschätzt – über- oder unterschätzt, je nach Struktur von Ω. Der gewöhnliche Kleinst-Quadrate-Schätzer (OLS-Schätzer) ist somit nicht mehr effizient.

Vorzuziehen ist ein verallgemeinerter Kleinst-Quadrate-Schätzer (GLS-Schätzer)

$$\hat{\beta} = (X'\Omega^{-1}X)^{-1}X'\Omega^{-1}y$$

Dieser Schätzer ist bei Vorliegen von $V(u) = \sigma^2\Omega \neq \sigma^2 I$ weiterhin effizient (kleinste Varianz).

Für das Vorgehen in der Praxis bietet sich die Transformation des Ausgangsmodells an, um dieses dann nach der KQ-Methode zu schätzen.

1. Fall: Heteroskedastie ($\sigma_1^2 \neq \sigma_2^2 \neq \ldots \neq \sigma_n^2$)

$$\frac{y_i}{\sigma_i} = \frac{\beta_0}{\sigma_i} + \beta_1 \frac{x_{1i}}{\sigma_i} + \cdots + \beta_k \frac{x_{ki}}{\sigma_i} + \frac{u_i}{\sigma_i}$$

wobei i=1,...,n.

2. Fall: Autokorrelation erster Ordnung ($u_t = \rho u_{t-1} + \varepsilon_t$)

$$y_t - \rho y_{t-1} = (x_t - \rho x_{t-1})'\beta + u_t - \rho u_{t-1},$$

wobei t=1,...,T.

Üblicherweise sind σ_i^2 und ρ unbekannt und müssen daher zuvor aus dem vorliegenden Datenmaterial bestimmt werden. Die Varianz σ^2 kann z.B. durch

$$\hat{\sigma}_s^2 = \frac{1}{n_s} \sum_{l=1}^{n_s} (y_{sl} - \bar{y}_s)^2 \qquad s = 1\ldots,S$$

ermittelt werden, wenn jeder Beobachtungsträger $i = 1, \ldots, n$ zu einer Gruppe $s = 1, \ldots, S$ gehört, und ρ, der Autokorrelationskoeffizient, lässt sich mit Hilfe von

$$\hat{\rho} = \frac{\sum\limits_{t=2}^{T} \hat{u}_t \hat{u}_{t-1}}{\sum\limits_{t=2}^{T} \hat{u}_{t-1}^2}$$

schätzen. Die Effizienzeigenschaft des GLS-Schätzers kann allerdings nicht einfach übertragen werden, wenn $\hat{\sigma}_i^2$ statt σ_i^2 oder $\hat{\rho}$ statt ρ verwendet wird. In diesen Fällen wird

3.2 Verallgemeinerte lineare Modelle

von EGLS-Schätzern oder zulässigen GLS-Schätzern (FGLS) gesprochen. Ob Autokorrelation oder Heteroskedastie vorliegen, ob es notwendig ist, das Ausgangsmodell zu transformieren, sollte vorher getestet werden. In Kapitel 2.4.4 und 2.4.5 wurden bereits Möglichkeiten hierfür vorgestellt.

Im Falle von Heteroskedastie ist häufig, wie schon die beiden voranstehenden Beispiele verdeutlicht haben, ein spezieller Einfluss (x_k) für die variable Varianz der Störgrößen verantwortlich. Wenn z.B. $\sigma_i^2 = x_{ik}^2 \sigma^2$ gilt, dann erfolgt die Transformation durch

$$\frac{y_i}{x_{ik}} = \beta_0 \frac{1}{x_{ik}} + \beta_1 \frac{x_{i1}}{x_{ik}} + ... + \beta_k + ... + \beta_K \frac{x_{iK}}{x_{ik}} + \frac{u_i}{x_{ik}}.$$

Bei einer solchen nach OLS geschätzten Gleichung ist bei der Interpretation zu beachten, dass das absolute Glied der transformierten Gleichung (β_k) dem Effekt der heteroskedastieerzeugenden Variablen x_k im Ausgangsmodell entspricht und dass das ursprüngliche absolute Glied mit dem Koeffizienten der Variablen $1/x_k$ übereinstimmt.

Beispiel: Einkommensfunktion 2001

Auf Basis der Daten des SOEP für das Jahr 2001 wird mit STATA eine OLS-Schätzung für folgende Einkommensfunktion durchgeführt

$$lnY = \beta_0 + \beta_1 S + \beta_2 EXP + \beta_3 EXPSQ + \beta_4 TEN + \beta_5 SEX + u,$$

wobei lnY-logarithmierter Stundenlohn, S-Zahl der Schuljahre, EXP-(potentielle) Berufserfahrung (ALTER-S-6), EXPSQ=EXP*EXP, TEN-Dauer der Betriebszugehörigkeit (tenure), SEX-Geschlechtsvariable(=1, wenn Mann; =2, wenn Frau). Tests auf Homoskedastie zeigen, dass die Nullhypothese der Gleichheit der Störgrößenvarianzen bei Frauen und Männern (F=1,85>F(∞, ∞;0,05)=1) abzulehnen ist, aber nicht so deutlich wie bei der Trennung zwischen Personen mit $TEN \leq 5$ und solchen, für die $TEN > 5$ gilt.

In Spalte (1) der nachfolgenden Tabelle sind die Koeffizientenschätzung und die absoluten t-Werte der Ausgangsgleichung wiedergegeben. In Spalte (2) finden sich die entsprechenden Werte für die durch die Variable SEX geteilte Gleichung und in Spalte (3) die analogen Werte der durch die Variable TEN geteilten Gleichung, wobei $gSEX = 1/SEX$, $gTEN = 1/TEN$, $lnYt = lnY/SEX$, $lnYt1 = lny/TEN$. Analog sind die anderen Variablen mit ·t und ·t1 definiert. Es zeigt sich, dass die SEX-heteroskedastierobuste Schätzung nur vergleichsweise geringfügige Änderungen gegenüber der ursprünglichen OLS-Schätzung hervorbringt. Demgegenüber sind die Unterschiede bei der TEN-transformierten OLS-Schätzung doch wesentlich deutlicher. Vor allem erweist sich der Einfluss der Determinante TEN als nicht mehr statistisch gesichert. ⋄

Tabelle: Zusammengefasste Darstellung für die ursprüngliche OLS-Schätzung sowie die OLS-Schätzung des transformierten Modells bzgl. SEX und TENURE

```
. regress   lnY    S     EXP    EXPSQ    TEN    SEX
. regress   lnYt   St    EXPt   EXPSQt   TENt          gSEX
. regress   lnYt1  St1   EXPt1  EXPSQt1         SEXt1  gTEN
```

	(1) untransformiert		(2) SEX-transformiert		(3) TEN-transformiert	
lny	Coef.	|t|	Coef.	|t|	Coef.	|t|
S	0,0879	27,66	0,0920	28,85	0,0523	21,38
EXP	0,0777	33,44	0,0879	37,32	0,0669	27,53
EXPSQ	-0,0013	28,82	-0,0014	32,12	-0,0012	23,50
TEN	0,0102	12,12	0,0078	9,66	0,0170	1,49
SEX	-0,2708	19,90	-0,2753	15,27	-0,1869	12,83
cons	1,0661	22,75	0,9163	19,22	1,3961	34,12
R^2		0,4268		0,8442		0,9535

Wenn nicht so ganz klar ist, worauf die Heteroskedastie zurückzuführen ist, wird in der empirischen Wirtschaftsforschung üblicherweise auf eine heteroskedastierobuste Kovarianzmatrixschätzung nach White (1980) zurückgegriffen:

$$\hat{V}(\hat{\beta}) = n(X'X)^{-1}[\frac{1}{n}\sum_{i=1}^{n} \hat{u}^2 x_i x_i'](X'X)^{-1}$$

Dieser Schätzer ist konsistent und kann als asymptotische Kovarianzmatrix von $\hat{\beta}$ verwendet werden. Das Ergebnis ist deshalb besonders wichtig, weil es ohne spezielle Heteroskedastieannahme und ohne Annahme über die Verteilung der Störgrößen abgeleitet wird. Die ursprüngliche OLS-Koeffizientenschätzung bleibt von der robusten Kovarianzmatrixschätzung unberührt, wohl aber ändern sich die geschätzten Standardabweichungen und damit die t-Werte (White-Schätzer). Für $\hat{u}$ werden die OLS-Residuen des Ausgangsmodells $y = X\beta + u$ verwendet.

SHAZAM weist die White-Schätzer bei Verwendung der Option HETCOV in Verbindung mit der Koeffizientenschätzung aus

```
OLS   y   x1   ...   xn   /   HETCOV
```

Bei STATA erhält man die robusten Standardfehler und die dazugehörigen t-Werte durch die Option „robust" in Verbindung mit dem Befehl für die Koeffizientenschätzung

```
regress   y   x1   ...   xn,   robust
```

3.2 Verallgemeinerte lineare Modelle

Beispiel: Einkommensfunktion (Fortsetzung)

Heteroskedastierobuste Schätzung (der Standardfehler) nach White

. regress   lnY   S   EXP   EXPSQ   TEN   SEX,   robust

lnY	Coef.	Std. Err.	|t|	P>|t|
S	0,0879	0,0051	17,19	0,000
EXP	0,0777	0,0031	25,03	0,000
EXPSQ	-0,0013	0,0001	21,54	0,000
TEN	0,0102	0,0008	12,37	0,000
SEX	-0,2708	0,0140	19,24	0,000
cons	1,0661	0,0717	14,87	0,000
R^2	0,4268			
N	4236			

Der Vergleich mit der vorhergehenden Tabelle, Spalte (1) zeigt, dass die Koeffizientenschätzungen übereinstimmen, während beim Standardfehler (Std.Err) und beim t-Wert Abweichungen vorliegen, wie vorher beschrieben. ◇

Auch wenn sich aufgrund der OLS-Schätzung das multiple Bestimmtheitsmaß R^2 für das transformierte Modell ausrechnen lässt und von Programmpaketen wie SHAZAM oder STATA ausgewiesen wird, so ist es doch nicht für die Interpretation wie beim klassischen Regressionsmodell geeignet. Der Grund liegt darin, dass das transformierte Modell kein absolutes Glied enthalten muss. In diesen Fällen muss R^2 nicht im Bereich zwischen 0 und 1 liegen. Aber selbst wenn das Modell eine Konstante beinhaltet, gilt das Interesse bei der Berechnung und Interpretation von R^2 dem Ausgangsmodell und nicht dem transformierten Modell. Es gibt zwar verschiedene Versuche, ein angemessenes Bestimmtheitsmaß für das verallgemeinerte lineare Regressionsmodell zu berechnen – vgl. z.B. Judge u.a. (1985, S.29ff). Letztlich können aber alle nicht vollständig befriedigen.

Bei Autokorrelation erster Ordnung ($u_i = \rho u_{i-1} + \epsilon_i$) kann die Ausgangsgleichung $y = X\beta + u$ wie folgt transformiert werden

$$y_1\sqrt{1-\rho^2} = \sum_{k=0}^{K} \beta_k(x_{1k}\sqrt{1-\rho^2}) + u_1\sqrt{1-\rho^2}$$

$$y_i - \rho y_{i-1} = \sum_{k=0}^{K} \beta_k(x_{ik} - \rho x_{i-1,k}) + u_i - \rho u_{i-1} \quad i = 2,...,n.$$

Die OLS-Schätzung hiervon entspricht der GLS-Schätzung . Für Anwendungen muss jedoch zuvor ρ bestimmt werden

$$\hat{\rho} = \frac{\sum_{i=2}^{n} \hat{u}_i \hat{u}_{i-1}}{\sum_{i=2}^{n} \hat{u}_i^2},$$

wobei die Residuen den OLS-Residuen der Ausgangsgleichung entsprechen. Dies ist zulässig, da bei Autokorrelation die OLS-Schätzung der Koeffizienten weiterhin konsistent ist. In der Praxis wird häufig bei der OLS-Schätzung des transformierten Modells mit geschätztem ρ die erste Gleichung weggelassen (Cochrane-Orcutt-Schätzer). Der Fehler ist für große Stichprobenumfänge im Allgemeinen zu vernachlässigen. Wenn $n < 50$, sollte jedoch auch die Transformationsgleichung der ersten Beobachtung berücksichtigt werden (Prais-Winsten-Schätzer). Bei SHAZAM ist zur Schätzung des Cochrane-Orcutt-Ansatzes folgender Befehl zu wählen

```
AUTO   y   x1, ...   xn / DROP
```

Zur Ermittlung des Prais-Winsten-Schätzers wird die Option DROP weggelassen. STATA hat den Cochrane-Orcutt-Schätzer durch

```
prais   y   x1   ...   xn, corc
```

implementiert. Wird die Option corc weggelassen, so folgt der Prais-Winsten-Schätzer. In beiden Fällen muss jedoch bei STATA zuvor der Zeitreihencharakter der Daten durch den Befehl

```
tsset   TIME, yearly
```

dokumentiert werden, wobei TIME eine im Datensatz vorhandene oder erzeugte Integervariable $1, 2, ..., n$ ist. Die Option bringt zum Ausdruck, dass es sich um Jahresdaten handelt, kann aber bei diesem Zeitreihentypus weggelassen werden.

Wenn die Art der Autokorrelation unbekannt ist, lässt sich der White-Schätzer, der für Heteroskedastie abgeleitet wurde, auf den Fall der Autokorrelation übertragen. Von der Intuition aus betrachtet, müsste man

$$\hat{V}(\hat{\beta}) = n(X'X)^{-1}[\frac{1}{n}\sum_{i=1}^{n}\sum_{j=1}^{n}\hat{u}_i\hat{u}_j x_i x_j'](X'X)^{-1}$$

verwenden. Damit wird jedoch nicht sichergestellt, dass der Schätzer positiv definit ist, dass die Varianzen positiv sind. Newey und West (1987) haben daher als Modifikation

$$\hat{V}(\hat{\beta}) = n(X'X)^{-1}[\frac{1}{n-K}\sum_{i=1}^{n}\hat{u}_i^2 x_i x_i'$$
$$+ \frac{n}{n-K}\sum_{j=1}^{L}\sum_{i=l+1}^{n} w_j \hat{u}_i \hat{u}_{i-j}(x_i x_{i-j}' + x_{i-j} x_i')](X'X)^{-1}$$

vorgeschlagen, wobei $w_j = 1 - (j/(L+1))$ und L dem maximal verfügbaren Lag entspricht. STATA bietet zur Durchführung dieses Ansatzes den Befehl

```
newey   y   x1   ...   xn,   lag(L)
```

an. Auch hier muss der Befehl tsset TIME, yearly vorangestellt werden. Die Größe L ist vorzugeben. Wird L=0, bleibt der White-Schätzer, ist also identisch mit

3.2 Verallgemeinerte lineare Modelle

```
regress   y   x1 ... xn, robust
```

Beispiel: Inflationsrate 1971-2000

Geschätzt wird mit Hilfe von STATA die Inflationsrate (IR) auf Basis von Jahresdaten für die Bundesrepublik Deutschland der Jahre 1971-2000 in Abhängigkeit vom reziproken Wert der Arbeitslosenquote (iALQ - Phillipskurve), der Wachstumsrate des Nominallohnes (wLOHNn) und der Wachstumsrate der Staatsverschuldung (wSCHULD). Die folgende Tabelle gibt die OLS-, Cochrane-Orcutt-, Prais-Winsten- und Newey-West-Schätzungen wieder.

Tabelle: Inflationsfunktionsschätzungen

Schätzverfahren: OLS, Cochrane-Orcutt, Prais-Winsten, Newey

```
(1) . regress IR iALQ wLOHNn wSCHULD
(2) . prais   IR iALQ wLOHNn wSCHULD, corc
(3) . prais   IR iALQ wLOHNn wSCHULD
(4) . newey   IR iALQ wLOHNn wSCHULD, lag(1)
```

IR	(1) OLS Coef.	$|t|$	(2) Cochrane-Orcutt Coef.	$|t|$	(3) Prais-Winsten Coef.	$|t|$	(4) Newey-West Coef.	$|t|$
iALQ	2,7790	5,36	-0,7628	0,41	2,8482	4,45	2,7790	6,44
wLOHNn	0,0223	1,03	0,0317	1,67	0,0184	0,90	0,0223	1,17
wSCHULD	0,1299	5,20	0,0443	1,48	0,1027	3,64	0,1299	5,06
Konstante	0,5803	1,66	1,7247	2,16	0,9170	2,01	0,5803	1,84
ρ			0,7580		0,3712			
F(3;26)							52,16	
R^2	0,7943		0,2495				0,7033	
N	30		29		30		30	

Der OLS-, Prais-Winsten- und Newey-West-Schätzer liegen nicht allzu weit auseinander und entsprechen den Erwartungen, während der Cochrane-Orcutt-Schätzer doch deutlich von den restlichen abweicht. Der Durbin-Watson-Test weist auf Basis der OLS-Schätzung eine unklare Entscheidung auf, da die Teststatistik bei n=30 und α=0,05 in den Indeterminiertheitsbereich fällt, aber eine Tendenz zur positiven Autokorrelation erster Ordnung hat. Gleiches gilt auch noch für die nach Cochrane-Orcutt transformierte Gleichung, während beim Prais-Winsten-Ansatz die Hypothese „keine Autokorrelation erster Ordnung" nicht abzulehnen ist. Diese Angaben sind nicht in der voranstehenden Tabelle zu finden. Aus den angegebenen ρ-Werten in Spalte (2) und (3) lassen sich aber näherungsweise die Durbin-Watson-Teststatistiken ermitteln – vgl. Kapitel 2.4.5.

Literaturhinweise:
Verallgemeinerte lineare Regressionsmodelle, die Heteroskedastie und Autokorrelation als Modifikationen des klassischen Regressionsmodells behandeln, fehlen in keinem Ökononometrielehrbuch. Empfohlen wird hier als ergänzende Literatur: Davidson/MacKinnon (2004, Chapter 7), Greene (2003, Chapter 10-12), Griffiths, Hill und Judge (1993, Chapter 15+16), Hackl (2004, Kapitel 11+12), Hübler (1989, Kapitel 10-12), Stock und Watson (2002, Chapter 15+16), Studenmund (2000, Chapter 9+10), Wooldridge (2003, Chapter 8).

3.3 Mehrgleichungsmodelle

Bisher sind nur ökonometrische Modelle betrachtet worden, in denen eine zu erklärende Variable und eine oder mehrere erklärende Variablen einbezogen wurden, d. h. Einzelgleichungsmodelle. Aus ökonomischer Sicht ist dies jedoch eine deutliche Einschränkung. Viele oder gar die meisten als exogen angesehenen ökonomischen Variablen sind selbst erklärungsbedürftig. So hängt z. B. die Nachfrage nach Arbeit vom Lohn ab, der aber selbst nicht vorgegeben ist. Oder die Produktivität eines Unternehmens wird unter anderem durch das eingesetzte Humankapital bestimmt. Das verfügbare oder vorhandene Humankapital ist aber selbst sowohl kurz- als auch langfristig eine Funktion einer ganzen Reihe von Determinanten. Die Frage drängt sich auf, ob es empirisch-ökonometrisch notwendig und wichtig ist, die Bestimmungsgründe des Lohnes oder des Humankapitals zu kennen und die Funktionen vorher oder gemeinsam mit den eigentlich interessierenden Zusammenhängen zu schätzen. Sollen also in den beiden Beispielen die Nachfrage nach Arbeit und der Lohn bzw. die Produktivitätsfunktion und das eingesetzte Humankapital gemeinsam ermittelt werden? Ein ähnliches Problem stellt sich, wenn Produktionsfunktionen vom Typ Cobb-Douglas oder CES für verschiedene Wirtschaftsbereiche ermittelt werden sollen. Ist es dann notwendig, diese gemeinsam zu ermitteln oder kann völlig isoliert, nacheinander, der Zusammenhang für die einzelnen Sektoren bestimmt werden?

Die Antwort auf diese Fragen fällt nicht einheitlich aus. Zu unterscheiden sind verschiedene Fälle:

(1) Unverbundene Regressionsgleichungen

(2) Scheinbar unverbundene Regressionsgleichungen

(3) Simultane Gleichungssysteme

Im ersten Fall kann getrost an der Einzelgleichungsschätzung festgehalten werden wie bisher, während sich in den Fällen (2) und (3) Probleme ergeben, wenn vorhandene Zusammenhänge unberücksichtigt bleiben.

3.3.1 Unverbundene Regressionsbeziehungen

Formal können hier zwei Unterfälle betrachtet werden, die jedoch schätztheoretisch auf das gleiche hinauslaufen. Der Einfachheit halber beschränkt sich die Analyse jeweils auf nur zwei Gleichungen. Im ersten Unterfall sei

$$y_1 = X_1\beta_1 + u_1$$
$$y_2 = X_2\beta_2 + u_2$$

gegeben. Dies könnten z. B. die Produktionsfunktionen für die Landwirtschaft und das produzierende Gewerbe sein. Wenn y_1 nicht in X_2 als Determinante enthalten ist und y_2 nicht in X_1 sowie die Störgrößen u_1 und u_2 stochastisch unabhängig voneinander sind, dann besitzen alle bisherigen Vorgehensweisen Gültigkeit. Es bedarf keiner Ergänzungen. Dies gilt auch für den zweiten Unterfall. Das Zweigleichungssystem hat dann folgende Gestalt

$$y_1 = X_1\beta_1 + \gamma y_2 + u_1$$
$$y_2 = X_2\beta_2 + u_2.$$

Vorausgesetzt ist auch hier, dass u_1 und u_2 stochastisch unabhängig sind und dass y_1 nicht in X_2 enthalten ist. Dies könnte dem Beispiel Produktivität und Humankapital entsprechen. Die These lautet: Der Umfang des Humankapitals bestimmt zwar die Produktivität, aber nicht umgekehrt.

In beiden Fällen kann man jedoch a priori nicht sicher sein, ob die für eine völlig getrennte Behandlung der beiden Gleichungen notwendigen Annahmen erfüllt sind. Theoretische Überlegungen und statistisch-ökonometrische Tests (Exogenitätstests) dienen der Rechtfertigung eines solchen Vorgehens oder sind ausschlaggebend dafür, warum ein anderer Ansatz gewählt wird. Über die Abhängigkeit der Störgrößen lässt sich im Allgemeinen aus ökonomisch-theoretischer Sicht wenig sagen, so dass insbesondere hier die Tests bedeutsam sind. Im Falle des Beispiels der beiden sektoralen Produktionsfunktionen könnte argumentiert werden, in die Störgrößen u_1 und u_2 gehen unbeobachtete gesamtwirtschaftliche Einflüsse ein, wie der allgemeine Produktivitätsanstieg oder die Leistungsbereitschaft der Bevölkerung. Dann müsste der im nächsten Abschnitt 3.3.2 behandelte Ansatz in Erwägung gezogen werden. Für das Beispiel des Zusammenhangs von Produktivität und Humankapital ist unter anderem folgende Überlegung anzustellen: Bleiben die Entwicklung und der Einsatz von Computern als Regressoren in diesen beiden Gleichungen unberücksichtigt, so ist eine Korrelation der Störgrößen u_1 und u_2 aufgrund unterdrückter Determinanten naheliegend. Die Ausbildung am Computer trägt zur Verbesserung des Humankapitals bei. Es werden Fähigkeiten erworben, die im Berufsleben von Vorteil sind. Diese führen jedoch nur dann zu einer Steigerung der Produktivität, wenn die so ausgebildeten Personen auch später, während der Berufstätigkeit, mit Computern arbeiten.

3.3.2 Scheinbar unverbundene Regressionsgleichungen

Dieser Ansatz, abgekürzt durch das Acronym SURE oder SUR (seemingly unrelated regressions), lässt sich im Zweigleichungssystem wie folgt darstellen:

$$y = \begin{pmatrix} y_1 \\ y_2 \end{pmatrix} = \begin{pmatrix} X_1 & 0 \\ 0 & X_2 \end{pmatrix} \begin{pmatrix} \beta_1 \\ \beta_2 \end{pmatrix} + \begin{pmatrix} u_1 \\ u_2 \end{pmatrix} =: X\beta + u \ .$$

Insoweit ist noch kein Unterschied zum Modell in Kapitel 3.3.1 zu erkennen. Dieser ergibt sich erst aus der Kovarianzmatrix der Störgrößen, die jetzt durch

$$\Omega = V\begin{pmatrix} u_1 \\ u_2 \end{pmatrix} = \begin{pmatrix} \sigma_{11}I & \sigma_{12}I \\ \sigma_{21}I & \sigma_{22}I \end{pmatrix}$$

abzubilden ist. Sind die Kovarianzen Null, variieren also nur die Varianzen, dann folgt der Spezialfall

$$\Omega = \begin{pmatrix} \sigma_{11} I & 0 \\ 0 & \sigma_{22} I \end{pmatrix}.$$

Damit liegt ein System unverbundener Gleichungen vor. Die Kovarianz $\sigma_{12}(=\sigma_{21})$ misst den Grad des Zusammenhangs zwischen u_1 und u_2, der bei Unabhängigkeit Null ist, so dass dann $\sigma_{12} = \sigma_{21} = 0$ gilt.

Da die Annahmen über die Störgrößen auf die Schätzung der Koeffizienten ($\beta' = (\beta_1', \beta_2')$) nach der Methode der kleinsten Quadrate keinen Einfluss haben, führt die getrennte und gemeinsame Schätzung der Koeffizienten in den beiden Gleichungen zum gleichen Ergebnis

$$\hat{\beta} = (X'X)^{-1}X'y = \begin{pmatrix} X_1'X_1 & 0 \\ 0 & X_2'X_2 \end{pmatrix}^{-1} \begin{pmatrix} X_1'y_1 \\ X_2'y_2 \end{pmatrix}$$

$$\begin{pmatrix} \hat{\beta}_1 \\ \hat{\beta}_2 \end{pmatrix} = \begin{pmatrix} (X_1'X_1)^{-1} & 0 \\ 0 & (X_2'X_2)^{-1} \end{pmatrix} \begin{pmatrix} X_1'y_1 \\ X_2'y_2 \end{pmatrix}.$$

Der KQ- bzw. OLS-Schätzer ist weiterhin erwartungstreu und konsistent, allerdings nicht mehr effizient. Die klassische Annahme der Unkorreliertheit zwischen den Störgrößen – hier jedoch nicht zwischen den Störgrößen für einzelne Beobachtungsträger, sondern zwischen denen von zwei interessierenden ökonomischen Beziehungen ($\sigma_{12} = 0$) – ist verletzt.

Wie in Kapitel 3.2 bei verallgemeinerten linearen Regressionsmodellen bietet sich zur verbesserten Schätzung erneut die GLS-Methode an

$$\boxed{\begin{aligned} \hat{\beta}_{GLS} &= (X'\Omega^{-1}X)^{-1}X'\Omega^{-1}y \\ &= \begin{pmatrix} \sigma^{11}X_1'X_1 & \sigma^{12}X_1'X_2 \\ \sigma^{21}X_2'X_1 & \sigma^{22}X_2'X_2 \end{pmatrix}^{-1} \begin{pmatrix} \sigma^{11}X_1'y_1 + \sigma^{12}X_1'y_2 \\ \sigma^{21}X_2'y_1 + \sigma^{22}X_2'y_2 \end{pmatrix} \end{aligned}}$$

wobei

$$\Omega^{-1} = \begin{pmatrix} \sigma_{11} & \sigma_{12} \\ \sigma_{21} & \sigma_{22} \end{pmatrix}^{-1} =: \begin{pmatrix} \sigma^{11} & \sigma^{12} \\ \sigma^{21} & \sigma^{22} \end{pmatrix}.$$

Die gemeinsame Schätzung der beiden Gleichungen nach GLS ist BLUE (beste lineare unverzerrte Schätzung).

Wenn $X_1 = X_2 = X^*$ gilt, dann bedarf es ebenso wenig wie im Fall $\sigma_{12} = \sigma_{21} = 0$ einer GLS-Schätzung oder anders ausgedrückt, OLS- und GLS-Schätzung führen zum gleichen Ergebnis bei der Koeffizientenschätzung. Wenn also z. B. zur Schätzung der sektoralen Preisentwicklung für alle Sektoren nur gesamtwirtschaftliche Determinanten, und zwar die gleichen Variablen, herangezogen werden, dann kann im Zweigleichungsfall

$$y_1 = X^*\beta_1 + u_1$$
$$y_2 = X^*\beta_2 + u_2 \quad,$$

aber auch im Mehrgleichungsfall bei der OLS-Methode geblieben werden.

Die Frage stellt sich, wie bei einem Zweigleichungsmodell

$$y = \begin{pmatrix} y_1 \\ y_2 \end{pmatrix} = \begin{pmatrix} X_1 & 0 \\ 0 & X_2 \end{pmatrix} \begin{pmatrix} \beta_1 \\ \beta_2 \end{pmatrix} + \begin{pmatrix} u_1 \\ u_2 \end{pmatrix},$$

– und analog dann auch bei einem Mehrgleichungsmodell – praktisch zu verfahren ist, wie die Schätzung zu erfolgen hat, wenn

$$\Omega = \begin{pmatrix} \sigma_{11}I & \sigma_{12}I \\ \sigma_{21}I & \sigma_{22}I \end{pmatrix}$$

gilt. Der GLS-Schätzer ist zwar effizient. In der Praxis muss jedoch genauso wie in Kapitel 3.2 – hier wegen Unkenntnis der Kovarianzmatrix Ω – auf einen EGLS-Schätzer ausgewichen werden. Das von Zellner (1962) empfohlene Vorgehen ist, aus der OLS-Schätzung der beiden Gleichungen die Residuen zu bestimmen, um dann auf dieser Basis die Schätzwerte

$$\hat{\sigma}_{ll} = \frac{1}{N - K_l} \hat{u}_l' \hat{u}_l \qquad l = 1, 2$$

$$\hat{\sigma}_{12} = \frac{1}{\sqrt{(N - K_1)(N - K_2)}} \sum_{i=1}^{N} \hat{u}_{1i} \hat{u}_{2i}$$

zu ermitteln. Zwar ist $\hat{\sigma}_{ll}$ eine unverzerrte Schätzung für σ_{ll}, nicht jedoch $\hat{\sigma}_{12}$ für σ_{12}. Ein konsistenter Schätzer folgt nach einer kleinen Modifikation, nämlich wenn

$$\hat{\sigma}_{12} = \frac{1}{N} \sum_{i=i}^{N} \hat{u}_{1i} \hat{u}_{2i}$$

gebildet wird. Zentral für die Frage, ob bei den in diesem Abschnitt behandelten Modellen unverbundene oder nur scheinbar unverbundene Regressionsgleichungen vorliegen, ist die Diagonalität der Kovarianzmatrix der Störgrößen. Dies lässt sich durch einen einfachen Test nach Breusch und Pagan (1980) überprüfen. Zu prüfen ist

$$H_0 : \Omega \text{ diagonal} \quad \text{gegen} \quad H_1 : \Omega \text{ nichtdiagonal}.$$

3.3 Mehrgleichungsmodelle

Die Teststatistik lautet

$$\lambda = N \sum_{l=2}^{L} \sum_{l'=1}^{l-1} r_{ll'}^2 \overset{a}{\sim} \chi^2_{L(L-1)/2}$$

wobei L die Zahl der Gleichungen angibt und $r_{ll'}$ die einfachen Korrelationskoeffizienten sind. Im Zweigleichungsmodell vereinfacht sich die Teststatistik zu

$$\lambda = N r_{12}^2 = N \frac{\hat{\sigma}_{12}^2}{\hat{\sigma}_{11} \hat{\sigma}_{22}} \overset{a}{\sim} \chi^2_1.$$

Bei $\lambda > \chi^2_1$ ist H_0 abzulehnen. In diesem Fall ist von der OLS-Methode zur Schätzung der Koeffizienten abzugehen. Einen alternativen Test auf Diagonalität bildet

$$TS = N[\sum_{l=1}^{L} ln(\hat{\sigma}_{ll}^2) - ln|\hat{\Omega}|] \sim \chi^2_{L(L-1)/2}$$

Ist die Teststatistik TS größer als ein aufgrund von α vorgegebener Prozentpunkt der χ^2-Verteilung bei $L(L-1)/2$ Freiheitsgraden, so ist die Hypothese der Diagonalität der Kovarianzmatrix abzulehnen.

Beispiel: Inflation in Deutschland, Frankreich und Italien

Für die Jahre 1978-2000 wird die Inflation (IR.) in Deutschland (D), Frankreich (F) und Italien (I) gemeinsam aufgrund gleicher Spezifikation mit Hilfe von STATA geschätzt, d.h. in Abhängigkeit von der inversen Arbeitslosenquote (iALQ.), der Wachstumsrate des Nominallohnes (wLOHNn.) und der Wachstumsrate der staatlichen Verschuldung (wSCHULD.). Zugrunde gelegt wird ein System scheinbar unverbundener Regressionsgleichungen (SUR). Es schließt sich ein Breusch-Pagan-Test auf Diagonalität der Kovarianzmatrix an.

. sureg (IRD iALQD wLOHNnD wSCHULDD)(IRF iALQF wLOHNnF wSCHULDF)
(IRI iALQI wLOHNnI wSCHULDI)

Equation	Obs	Parms	RMSE	"R-sq"	chi2	P
IRD	23	3	0,6870	0,7827	99,35	0,0000
IRF	23	3	1,7608	0,7795	85,22	0,0000
IRI	23	3	2,0027	0,8755	163,27	0,0000

	Coef.	Std. Err.	z	P>|z|
IRD				
iALQD	9,2202	1,9423	4,75	0,000
wLOHNnD	0,0456	0,0199	2,29	0,022
wSCHULDD	10,8217	3,0079	3,60	0,000
cons	-0,4232	0,3691	-1,15	0,252
IRF				
iALQF	100,2988	13,41858	7,47	0,000
wLOHNnF	-0,058224	0,077188	-0,75	0,451
wSCHULDF	16,87388	5,747834	2,94	0,003
cons	-7,8916	1,42923	-5,52	0,000
IRI				
iALQI	208,5775	31,05974	6,72	0,000
wLOHNnI	0,134476	0,045193	2,98	0,003
wSCHULDI	2,844505	5,85473	0,49	0,627
cons	-16,15248	2,84750	-5,67	0,000

Ein Vergleich des ersten Teils dieser Tabelle (Kapitel 3.2), der sich auf Deutschland bezieht, mit den Ergebnissen der Inflationsschätzung in der voranstehenden Tabelle dokumentiert die Unterschiede zwischen der SUR- und der OLS-Schätzung. Zu beachten ist die unterschiedliche Periode. Mit dem nachfolgenden Befehl, der durch notable und noheader die nochmalige Wiedergabe der Koeffizientenschätzung vermeidet, wird neben der Korrelationsmatrix der Residuen die Teststatistik nach Breusch-Pagan erzeugt.

. sureg, notable noheader corr

Correlation matrix of residuals:

	IRD	IRF	IRI
IRD	1,0000		
IRF	0,3659	1,0000	
IRI	-0,1349	0,3167	1,0000

Breusch-Pagan test of independence: chi2(3) = 5,806, Pr = 0,1215

Es zeigt sich aufgrund des ausgewiesenen empirischen Signifikanzniveaus von 0,1215, dass bei $\alpha = 0,05$ die Nullhypothese der Diagonalität der Kovarianzmatrix der Störgrößen nicht abgelehnt werden kann, so dass die SUR-Schätzung nicht notwendig ist. Der Test spricht also für ein System unverbundener Gleichungen. Werden nur die beiden Gleichungen für Deutschland und Frankreich betrachtet, so folgt ein Prob.value von 0,0793. Werden dagegen Deutschland und Italien oder Frankreich und Italien isoliert betrachtet, so liegen die empirischen Signifikanzniveaus über denen für den gemeinsamen Dreiländerfall. ◊

3.3.3 Simultane Gleichungssysteme

Der wichtigste Fall von Mehrgleichungsmodellen wurde bisher noch nicht behandelt. Er ist gegeben, wenn eine gegenseitige Abhängigkeit besteht, wenn im Zweigleichungsmodell die endogene Variable der einen Gleichung Bestimmungsgrund für die endogene Variable der zweiten Gleichung ist und umgekehrt

$$y_1 = \gamma_1 y_2 + X_1 \beta_1 + u_1$$
$$y_2 = \gamma_2 y_1 + X_2 \beta_2 + u_2.$$

Die Variablen y_1 und y_2 werden dann als gemeinsam abhängig bezeichnet, während X_1 und X_2 vorherbestimmt heißen. In jeder einzelnen Gleichung bleibt es bei der Unterscheidung zwischen exogenen und endogener Variablen, wobei erstere sowohl vorherbestimmt als auch gemeinsam abhängig sein können. Ob eine Variable den einen oder anderen Status erhält, lässt sich a priori nicht so ohne weiteres entscheiden. Einerseits dient hierfür die wirtschaftstheoretische Modellierung und andererseits kann mit Hilfe statistisch-ökonometrischer Tests geprüft werden, welchen Status eine beobachtbare Variable einnimmt.

Ein einfaches Beispiel für ein simultanes Modell ist der bereits genannte Zusammenhang von Arbeitsnachfrage und Lohn. Wenn der Lohn steigt, sinkt die Arbeitsnachfrage. Wird aber mehr Arbeit nachgefragt, so folgen daraus häufig Lohnsteigerungen, insbesondere wenn kein Arbeitsangebotsüberschuss vorliegt. Es besteht gegenseitige Abhängigkeit. Das klassische und am häufigsten in diesem Zusammenhang genannte Beispiel, bei dem nicht auf den ersten Blick die Verbindung zu simultanen Modellen hergestellt wird, beschreibt die lineare keynesianische Konsumfunktion (**strukturelle Form**)

$$C = c_0 + c_1 Y + u,$$

wobei C - Konsum, Y - (verfügbares) Einkommen, c_0 - Basiskonsum, c_1 - marginale Konsumneigung, in Verbindung mit der Identitätsgleichung

$$Y = C + I$$

in einer geschlossenen Volkswirtschaft ohne staatliche Aktivität (Havelmoo-Modell), wobei I den Investitionen entspricht. Zusammengefasst als Zweigleichungssystem ergibt sich

$$\begin{pmatrix} 1 & -c_1 \\ -1 & 1 \end{pmatrix} \begin{pmatrix} C \\ Y \end{pmatrix} = \begin{pmatrix} c_0 & 0 \\ 0 & 1 \end{pmatrix} \begin{pmatrix} 1 \\ I \end{pmatrix} + \begin{pmatrix} u \\ 0 \end{pmatrix}$$

oder allgemein notiert

$$\boxed{\Gamma y = Bx + u}$$

Nach den beiden gemeinsam abhängigen Variablen aufgelöst, folgt die **reduzierte Form**

$$C = \frac{c_0}{1-c_1} + \frac{c_1}{1-c_1}I + \frac{u}{1-c_1}$$
$$Y = \frac{c_0}{1-c_1} + \frac{1}{1-c_1}I + \frac{u}{1-c_1}$$

oder allgemein

$$\boxed{\begin{aligned} y &= \Gamma^{-1}Bx + \Gamma^{-1}u \\ &=: \Pi x + v \end{aligned}}$$

Wenn die Konsumfunktion nach OLS geschätzt wird, ergeben sich verzerrte und inkonsistente Schätzer für die Parameter. Offensichtlich ist eine wesentliche Annahme des klassischen Regressionsmodells verletzt. Im Kapitel 2.1 wurde hierzu unter anderem angenommen, dass die Störgrößen und die exogenen Variablen unabhängig sind. Wenn diese Annahme nicht gilt, folgen inkonsistente OLS-Schätzer. Die reduzierte Form macht klar, dass das Einkommen von der Störgröße der Konsumfunktion abhängt. Genauer lässt sich der Zusammenhang über die Kovarianz angeben

$$\text{Cov}(Y, u) = E(Yu) - E(Y) \cdot E(u).$$

Wenn $u \sim N(0, \sigma^2)$ gilt, wie im klassischen Regressionsmodell angenommen, ist

$$\begin{aligned} \text{Cov}(Y, u) = E(Yu) &= E\left[\frac{c_0 u}{1-c_1} + \frac{Iu}{1-c_1} + \frac{u^2}{1-c_1}\right] \\ &= \frac{c_0}{1-c_1}E(u) + \frac{I}{1-c_1}E(u) + \frac{1}{1-c_1}E(u^2) \\ &= \frac{\sigma^2}{1-c_1} \neq 0. \end{aligned}$$

Liegt eine aufgrund eines Mehrgleichungssystems induzierte Abhängigkeit einer erklärenden Variablen von der Störgröße vor, so nennt man die dadurch entstehende Verzerrung **Simultanitätsbias**. Aufgrund der KQ-Schätzung im Zweivariablenmodell folgt

$$\begin{aligned} E(\hat{c}_1) &= E\frac{\sum(C_i - \bar{C})(Y_i - \bar{Y})}{\sum(Y_i - \bar{Y})^2} = E\left[\sum C_i \frac{Y_i - \bar{Y}}{\sum(Y_i - \bar{Y})^2}\right] \\ &= E\left[\sum(c_0 + c_1 Y_i + u_i)\left(\frac{Y_i - \bar{Y}}{\sum(Y_i - \bar{Y})^2}\right)\right] \\ &= E\left[c_1 \frac{\sum(Y_i^2 - Y_i\bar{Y})}{\sum(Y_i - \bar{Y})^2} + \frac{\sum u_i Y_i - \bar{Y}\sum u_i}{\sum(Y_i - \bar{Y})^2}\right] \\ &= c_1 + E\left[\frac{\sum u_i Y_i - \bar{Y}\sum u_i}{\sum(Y_i - \bar{Y})^2}\right]. \end{aligned}$$

Der zweite Summand verschwindet hier wegen $E(uY) \neq 0$ nicht, so dass $E(\hat{c}_1) \neq c_1$. Es lässt sich weiterhin zeigen, dass die OLS-Schätzer für c_0 und c_1 inkonsistent sind.

Bevor auf eine adäquate Schätzung bei simultanen Gleichungssystemen eingegangen wird, ist ein mögliches vorgelagertes mathematisches Problem zu behandeln. Wenn sich zwei Variablen (Merkmale) gegenseitig beeinflussen, dann besteht, falls empirisch eine Variable (z.B. C) in Abhängigkeit von der anderen (z.B. Y) und weiteren Einflüssen geschätzt wird, keine Sicherheit, dass in unserem Beispiel eine Konsumfunktion und keine Einkommensfunktion oder eine Mischung aus beiden ermittelt wurde, da jederzeit die korrekte Funktion (z.B. die Y-Funktion) nach C aufgelöst werden kann oder eine Mischung aus beiden Funktionen möglich ist. Das Problem, auch **Identifikationsproblem** genannt, lässt sich auch so formulieren: Kann eine Gleichung eindeutig von anderen Gleichungen oder Linearkombinationen unterschieden werden? Diese Frage ist sicherlich mit Nein zu beantworten, wenn z.B. in einem Zweigleichungssystem nur gegenseitige Abhängigkeit vorliegt und sonst keine weiteren Bestimmungsgrößen berücksichtigt werden. Das klassische ökonomische Beispiel ist das einer Angebots- und Nachfragefunktion. Hier wird jeweils nur die Menge in Abhängigkeit vom Preis betrachtet und als Ergänzung wird eine Marktgleichung formuliert, die das Angebot und die Nachfrage zum Ausgleich bringt. Daraus ergibt sich zwar ein Gleichgewichtspunkt. Die Parameter der Angebots- und Nachfragefunktion lassen sich jedoch nicht identifizieren. Im Folgenden soll das Problem der Identifizierbarkeit am Beispiel der erweiterten keynesianischen Konsumfunktion erörtert werden. Und zwar soll statt der Identitätsgleichung Y=C+I eine lineare Einkommensfunktion in Abhängigkeit vom Konsum formuliert werden. Mit steigendem Konsum nimmt die Produktion aufgrund gestiegener Nachfrage zu und daraus resultiert ein vermehrtes Gewinn- und Arbeitseinkommen. Wenn also z.B.

$$C = c_0 + c_1 Y + u_1$$
$$Y = d_0 + d_1 C + u_2$$

gegeben sind, dann kann aufgrund einer Schätzung für C nicht entschieden werden, aus welcher der drei folgenden Formen sie entstammt

$$C = c_0 + c_1 Y + u_1$$
$$C = -\frac{d_0}{d_1} + \frac{1}{d_1} Y - \frac{u_2}{d_1}$$
$$C = g c_0 - (1-g)\frac{d_0}{d_1} + (g c_1 + (1-g)\frac{1}{d_1})Y + g u_1 - (1-g)\frac{u_2}{d_1},$$

wobei g das Gewicht bezeichnet, mit dem die Konsumfuktion eingeht, während die Einkommensfunktion das Gewicht $1-g$ erhält.

Ob sich zwei oder mehrere Strukturgleichungen unterscheiden und damit identifizieren lassen, hängt davon ab, ob die Parameter der strukturellen Form eindeutig aus der reduzierten Form zu bestimmen sind. Im vorliegenden Fall ist dies nicht möglich, denn die reduzierte Form lautet

$$C = \pi_{01} + v_1$$
$$Y = \pi_{02} + v_2,$$

wobei

$$\pi_{01} = \frac{c_0 + c_1 d_0}{1 - c_1 d_1}$$
$$\pi_{02} = \frac{d_0 + d_1 c_0}{1 - d_1 c_1}.$$

Wenn die Parameter der reduzierten Form geschätzt vorliegen ($\hat{\pi}_{01}, \hat{\pi}_{02}$), dann können die Parameter der strukturellen Form daraus nicht eindeutig ermittelt werden (2 Gleichungen mit 4 Unbekannten). Wenn jedoch z.B. die Konsumfunktion um das Vermögen V als zusätzliche Bestimmungsgröße erweitert wird

$$C = c_0 + c_1 Y + c_2 V + u_1,$$

dann lauten die Beziehungen zwischen den Parametern der reduzierten Form

$$C = \pi_{01} + \pi_{11} V + v_1$$
$$Y = \pi_{02} + \pi_{12} V + v_2$$

und der strukturellen Form

$$\pi_{01} = \frac{c_0 + c_1 d_0}{1 - c_1 d_1}$$
$$\pi_{11} = \frac{c_2}{1 - c_1 d_1}$$
$$\pi_{02} = \frac{d_0 + d_1 c_0}{1 - d_1 c_1}$$
$$\pi_{12} = \frac{d_1 c_2}{1 - d_1 c_1}.$$

Aus diesem Viergleichungssystem mit den 5 Unbekannten c_0, c_1, c_2, d_0, d_1 können, wenn $\pi_{01}, \pi_{11}, \pi_{02}, \pi_{12}$ gegeben (geschätzt) sind,

$$\hat{d}_1 = \frac{\hat{\pi}_{12}}{\hat{\pi}_{11}}$$
$$\hat{d}_0 = \hat{\pi}_{02} - \hat{\pi}_{01} \cdot \frac{\hat{\pi}_{12}}{\hat{\pi}_{11}}$$

eindeutig bestimmt werden. Die strukturellen Parameter der Konsumfunktion bleiben jedoch nicht identifiziert. Ganz allgemein lässt sich als Identifikationskriterium in Form einer notwendigen Bedingung das sogenannte **Abzählkriterium** angeben:

> Die Zahl der ausgeschlossenen vorherbestimmten Variablen in einer Strukturgleichung darf nicht kleiner sein als die um eins verminderte Zahl der gemeinsam abhängigen Variablen in dieser Gleichung.

In dem obigen Zweigleichungssystem bedeutet dies für die Konsumfunktion, C und Y sind die gemeinsam abhängigen Variablen. Es ist jedoch keine vorherbestimmte Variable des Systems ausgeschlossen. Daraus folgt, dass die Konsumfunktion nicht identifiziert ist. In der Einkommensfunktion bleibt V als vorherbestimmte Variable ausgeschlossen, d.h. diese Gleichung erfüllt die notwendige Bedingung der Identifizierbarkeit.

Ausgeschlossene Variablen bedeuten, den Koeffizienten des allgemeinen Systems werden Nullrestriktionen auferlegt. Wird dies in dem allgemeinen Beziehungssystem struktureller und reduzierter Koeffizienten berücksichtigt, getrennt für jede Gleichung, so ergibt sich aus $\Gamma\Pi = B$ für die erste Gleichung

$$\Pi'\gamma_1 = \begin{pmatrix} \Pi_{++} & \Pi_{+-} \\ \Pi_{-+} & \Pi_{--} \end{pmatrix} \begin{pmatrix} \gamma_1^+ \\ \gamma_1^- \end{pmatrix} = \begin{pmatrix} \Pi_{++} & \Pi_{+-} \\ \Pi_{-+} & \Pi_{--} \end{pmatrix} \begin{pmatrix} \gamma_1^+ \\ 0 \end{pmatrix} = \beta_1 = \begin{pmatrix} \beta_1^+ \\ \beta_1^- \end{pmatrix} = \begin{pmatrix} \beta_1^+ \\ 0 \end{pmatrix},$$

wobei γ_1^- und β_1^- die strukturellen Koeffizienten der ersten Strukturgleichung sind, denen Nullrestriktionen auferlegt sind, d.h. die dazugehörigen Variablen tauchen in der ersten Strukturgleichung nicht auf. Dieses System enthält ein homogenes Teilgleichungssystem

$$\Pi_{-+}\gamma_1^+ = 0,$$

das nur eindeutig lösbar ist, wenn Π_{-+} den vollen Rang hat. Daraus folgt eine notwendige und hinreichende Bedingung für die genaue Identifizierbarkeit einer Strukturgleichung, die als **Rangkriterium** bezeichnet wird. Im Beispiel des speziellen Zweigleichungsmodells für die Konsum- und Einkommensfunktion

$$\Gamma y = \begin{pmatrix} 1 & -c_1 \\ -d_1 & 1 \end{pmatrix} \begin{pmatrix} C \\ Y \end{pmatrix} = \begin{pmatrix} c_0 & c_2 \\ d_0 & 0 \end{pmatrix} \begin{pmatrix} 1 \\ V \end{pmatrix} + \begin{pmatrix} u_1 \\ u_2 \end{pmatrix} = Bx + u$$

muss nur für die zweite Gleichung das notwendige und hinreichende Kriterium überprüft werden, da für die erste Gleichung bereits die notwendige Bedingung nicht erfüllt ist. Für die zweite Gleichung erhält man über das Gesamtsystem der reduzierten Form

$$y = \begin{pmatrix} C \\ Y \end{pmatrix} = \Pi x + v$$

$$= \Gamma^{-1}Bx + v = \begin{pmatrix} 1 & -c_1 \\ -d_1 & 1 \end{pmatrix}^{-1} \begin{pmatrix} c_0 & c_2 \\ d_0 & 0 \end{pmatrix} \begin{pmatrix} 1 \\ V \end{pmatrix} + \begin{pmatrix} v_1 \\ v_2 \end{pmatrix}$$

$$= \frac{1}{1 - c_1 d_1} \left[\begin{pmatrix} c_0 + c_1 d_0 & c_2 \\ d_0 + d_1 c_0 & d_1 c_2 \end{pmatrix} \begin{pmatrix} 1 \\ V \end{pmatrix} + \begin{pmatrix} u_1 + c_1 u_2 \\ u_2 + d_1 u_1 \end{pmatrix} \right]$$

das benötigte homogene Teilsystem. Da $\Pi = \Gamma^{-1}B$ und somit in ausführlicher Schreibweise

$$\Pi'\Gamma' = \begin{pmatrix} \pi_{01} & \pi_{02} \\ \pi_{11} & \pi_{12} \end{pmatrix} \begin{pmatrix} 1 & -d_1 \\ -c_1 & 1 \end{pmatrix} = \begin{pmatrix} c_0 & d_0 \\ c_2 & 0 \end{pmatrix} = B'$$

gilt, ergibt sich

$$\begin{pmatrix} \pi_{01} & \pi_{02} \\ \pi_{11} & \pi_{12} \end{pmatrix} \begin{pmatrix} -d_1 \\ 1 \end{pmatrix} = \begin{pmatrix} d_0 \\ 0 \end{pmatrix}.$$

Das benötigte homogene Teilsystem lautet daher

$$\Pi_{-+}\gamma_2^+ = (\pi_{11}\pi_{12}) \begin{pmatrix} -d_1 \\ 1 \end{pmatrix} = 0.$$

Für die gemeinsam abhängigen Variablen liegen keine Koeffizientenrestriktionen vor, wohl aber für die vorherbestimmten, nämlich $d_2 = 0$. Der Rang von Π_{-+} ist Eins. Angemerkt sei, dass die so abgeleitete Bedingung hier genau der Bestimmungsgleichung von $\hat{d}_1$ entspricht.

Damit auch die erste Strukturgleichung (Konsumfunktion) genau identifizierbar ist, müsste eine Determinante in die Einkommensgleichung aufgenommen werden, die nicht in der Konsumfunktion auftaucht. Der Zwang zu a priori Restriktionen kann bewirken, dass das Modell fehlspezifiziert ist und daraus inkonsistente Schätzungen folgen. Statt den Koeffizienten Nullrestriktionen aufzuerlegen, sind auch Kovarianzrestriktionen zulässig (Hübler 1989, S.270ff). Hier lassen sich allerdings noch weniger als bei Koeffizientenrestriktionen ökonomische Begründungen liefern.

Wenn eine Strukturgleichung genau identifiziert ist, dann lässt sich das Schätzproblem recht einfach lösen. Die KQ-Schätzung der strukturellen Gleichung ist zwar inkonsistent, nicht jedoch die KQ-Schätzung der reduzierten Form, da in $y = \Pi x + v$ die Störgrößen v und die vorherbestimmten Variablen x unkorreliert sind. Die strukturellen Parameter lassen sich dann eindeutig aus den Koeffizientenschätzungen der reduzierten Form ermitteln. Ein solches Verfahren heißt **indirekte KQ – Schätzung**.

Dieses Vorgehen ist nur für exakt identifizierte Strukturgleichungen geeignet. Wäre die Konsumfunktion neben dem Vermögen um eine zusätzliche Erklärungsgröße, z.B. eine Preisvariable (p), erweitert worden, die für die Einkommensfunktion nichts zur Erklärung beiträgt, so läge Überidentifikation vor. In diesem Fall kann zur konsistenten, wenn auch im Allgemeinen verzerrten Schätzung der Parameter die **zweistufige Methode der kleinsten Quadrate** (2SLS-Methode) angewendet werden. In der ersten Stufe wird die Schätzung der reduzierten Form $\Pi x + v$ durchgeführt. Daraus erfolgt die Ex-post-Schätzung $\hat{y} = \hat{\Pi}x$. Auf der zweiten Stufe schließt sich die KQ-Schätzung der strukturellen Parameter an, nachdem die gemeinsam abhängigen Variablen, die in einer

Strukturgleichung die erklärenden Variablen bilden, durch die Ex-post-Schätzung der ersten Stufe ersetzt worden sind. Die veränderte erste Strukturgleichung lautet dann

$$y_1 = \gamma \hat{y}_2 + X_1 \beta_1 + u_1.$$

Ganz analog ist die zweite Strukturgleichung zu modifizieren und dann nach der KQ-Methode zu schätzen.

Bei dem betrachteten Zweigleichungsmodell (C,Y) bedeutet dies für die Schätzung der Einkommensgleichung

1. Stufe:
$$\hat{C} = \hat{\pi}_{01} + \hat{\pi}_{11} V + \hat{\pi}_{21} p$$

2. Stufe:
$$Y = d_0 + d_1 \hat{C} + u_2$$
$$\hat{d}_1^{2SLS} = \frac{\text{Cov}(y, \hat{C})}{d_{\hat{C}}^2}.$$

Während $E(Cu_2) \neq 0$, da $E[(c_0 + c_1(d_0 + d_1 C + u_2) + c_2 p + u_1) u_2] = c_1 E(u_2^2)$, sind u_2 und $\hat{C}$ unkorreliert, denn es gilt $E[\hat{C} u_2] = E[(\hat{\pi}_{01} + \hat{\pi}_{11} V + \hat{\pi}_{21} p) u_2] = 0$.

Wesentlich ist, dass Regressoren und Störgrößen unabhängig voneinander sind. Statt der 2SLS-Methode können auch andere Ansätze verwendet werden, bei denen Regressoren durch Hilfsvariablen ersetzt werden, die mit den ursprünglichen Variablen hoch und mit der Störgröße nicht korrelieren. Dann wird von **Instrumentalvariablen** (IV-Variablen) gesprochen. Allgemein entspricht der 2SLS-Schätzer einer gewichteten KQ-Schätzung und ist eine spezielle IV-Schätzung. Lautet die allgemeine Form einer Strukturgleichung

$$y_1 = Y_1 \gamma_1 + X_1 \beta_1 + u_1 =: Z_1 \alpha_1 + u_1$$

und ist die Ex-post-Prognose von Y_1 aus der ersten Stufe

$$\hat{Y}_1 = X \hat{\pi}_1 = X(X'X)^{-1} X' Y_1 =: C Y_1,$$

dann wird für das Modell

$$y_1 = \hat{Y}_1 \gamma_1 + X_1 \beta_1 + u_1 =: \hat{Z}_1 \alpha_1 + u_1$$

die KQ-Schätzung der zweiten Stufe durch

$$\boxed{\hat{\alpha}_1^{2SLS} = (\hat{Z}_1' \hat{Z}_1)^{-1} \hat{Z}_1' y_1 = (Z_1' C Z_1)^{-1} Z_1' C y_1}$$

bestimmt. Die 2SLS-Schätzung basiert darauf, dass in der ersten Stufe jede gemeinsam abhängige Variable durch alle vorherbestimmten Variablen des Systems erklärt wird und nicht nur die der jeweiligen Gleichung herangezogen werden. Aber auch wenn nicht alle X des Systems bekannt oder verfügbar sind, kann die 2SLS-Schätzung verwendet werden.

Ob die in $\hat{Z}_1 = (\hat{Y}_1, X_1)$ enthaltenen Variablen als Instrumente für $Z_1 = (Y_1, X_1)$ ausreichend sind oder weitere Instrumente von W benötigt werden, kann durch einen **Test auf Überidentifikationsrestriktionen** geprüft werden. Ist W* eine Teilmenge aller möglichen Instrumente von W und linear unabhängig von $\hat{Z}_1 = (\hat{Y}_1, X_1)$, dann kann

$$H_0 : y_1 = \hat{Z}_1 \alpha_1 + u_{1R} \quad \text{gegen} \quad H_1 : y = \hat{Z}_1 \alpha_1 + W^* \alpha_1^* + u_{1U}$$

getestet werden, wobei R für restringiert und U für unrestringiert steht. Wenn H_0 und damit $\alpha_1^* = 0$ abgelehnt wird, reichen die in $\hat{Z}_1$ enthaltenen Instrumente nicht aus. Als Teststatistik kann

$$\boxed{TS = \frac{\hat{u}'_{1R}\hat{u}_{1R} - \hat{u}'_{1U}\hat{u}_{1U}}{\hat{u}'_1\hat{u}_1} \cdot \frac{n-l}{l-g_1-k_1+1} \sim F^{l-g_1-k_1+1}_{n-l}}$$

herangezogen werden – vgl. Kapitel 2.3.4 –, wobei die Residuen $\hat{u}_1, \hat{u}_{1R}, \hat{u}_{1U}$ aus

$$\hat{u}_1 = y_1 - Z_1 \hat{\alpha}_1^{2SLS} - W^* \hat{\alpha}_1^{*2SLS}$$
$$\hat{u}_{1R} = y_1 - \hat{Z}_1 \tilde{\alpha}_1^{2SLS}$$
$$\hat{u}_{1U} = y_1 - \hat{Z}_1 \tilde{\tilde{\alpha}}_1^{2SLS} - W^* \tilde{\tilde{\alpha}}_1^{*2SLS}$$

stammen. Hierbei bedeuten:
l - Zahl der Instrumente in $W = (\hat{Z}_1, W^*)$
$l - g_1 - k_1 + 1$ - Zahl der Instrumente in W^*
g_1 - Zahl der in Gleichung 1 enthaltenen, gemeinsam abhängigen Variablen
k_1 - Zahl der in Gleichung 1 enthaltenen, vorherbestimmten Variablen.

Wird H_0 abgelehnt, d.h $TS > F^{l-g_1-k_1+1}_{n-l,\,1-\alpha}$, dann ist die erste Strukturgleichung $y_1 = Y_1\gamma_1 + X_1\beta_1 + u_1 =: Z_1\alpha_1 + u_1$ entweder fehlspezifiziert oder die Validität der Instrumentalvariablenmatrix $\hat{Z}_1$ ist unzureichend.

Ein zweiter Test, der hier Bedeutung besitzt, ist ein **Exogenitätstest**. Besteht Unsicherheit darüber, ob ein Teil der als vorherbestimmt angenommenen Variablen nicht doch gemeinsam abhängig ist, d.h. X_{11} aus $X_1 = (X_{11}, X_{12})$, dann kann ein Hausman-Test angewandt werden. Und zwar wird der 2SLS-Schätzer mit dem OLS-Schätzer verglichen. Die Nullhypothese lautet: Die Variablen in X_{11} sind exogen. Zu testen ist H_0 gegen H_1, wobei die Gegenhypothese lautet: Die X_{11}-Variablen sind endogen. Bei Gültigkeit von H_0 ist der OLS-Schätzer, falls nicht noch weitere Defekte auftreten, die ein Abweichen vom klassischen Regressionsmodell bedeuten, effizient. Unter H_1 ist dieser

Schätzer dagegen inkonsistent, während der 2SLS-Schätzer sowohl unter H_0 als auch unter H_1 konsistent ist. Die Teststatistik lautet

$$TS = (\hat{\alpha}_1^{OLS} - \hat{\alpha}_1^{2SLS})'[\hat{V}(\hat{\alpha}^{OLS}) - \hat{V}(\hat{\alpha}^{2SLS})]^{-1}(\hat{\alpha}_1^{OLS} - \hat{\alpha}_1^{2SLS}).$$

Falls $TS > \chi^2_{g_1+k_1;1-\alpha}$, muss H_0 abgelehnt werden. Alternativ zur Teststatistik TS kann, ausgehend von einer erweiterten Version der Schätzgleichung für die zweite Stufe des 2SLS-Schätzers

$$y_1 = \hat{Z}_1 \alpha_1 + (\hat{\hat{Y}}_1, \hat{\hat{X}}_{11})\tilde{\alpha}_1 + \epsilon$$

die Hypothese

$H_0: \tilde{\alpha}_1 = 0 \quad \text{gegen} \quad H_1: \tilde{\alpha}_1 \neq 0$

getestet werden, wobei $\hat{\hat{Z}}_1 = (\hat{Y}_1, X_1)$ mit $\hat{Y}_1$ als Schätzung aus der reduzierten Form unter der Annahme, dass X_{11} vorherbestimmt ist, während $\hat{\hat{Y}}_1$ und $\hat{\hat{X}}_{11}$ der Schätzung aus der reduzierten Form entspricht, wenn Y_1 und X_{11} als gemeinsam abhängig aufgefasst werden. Wird H_0 nicht abgelehnt, so kann die Annahme der Exogenität von X_{11} nicht verworfen werden. H_0 wird abgelehnt, wenn

$$TS = \hat{\tilde{\alpha}}_1'[\hat{V}(\hat{\tilde{\alpha}}_1)]^{-1}\hat{\tilde{\alpha}}_1 > \chi^2_{l',1-\alpha},$$

wobei l' die Zahl der Elemente von $\tilde{\alpha}_1$ ist. Die Kovarianzmatrix $V(\tilde{\alpha}_1)$ ist eine Untermatrix der Gesamtkovarianzmatrix für $(\hat{\alpha}_1', \hat{\tilde{\alpha}}_1')'$.

Mit SHAZAM kann eine 2SLS-Schätzung z.B. für die erste Gleichung durch folgenden Befehl ermittelt werden

```
2SLS y11 y12 ... y1g1 (x1 ... xK)
```

Nach dem Methodenbefehl 2SLS folgen die in der (ersten) Strukturgleichung auftauchenden gemeinsam abhängigen Variablen $y_1, ..., y_{g_1}$, wobei am Anfang die in der betrachteten Gleichung als endogen aufgefasste Variable y_1 zu stehen hat. In Klammern folgen alle vorherbestimmten Variablen (VBV) des Gesamtsystems x_1 bis x_K.

STATA bietet ebenfalls die Möglichkeit einer 2SLS-Schätzung. Anzugeben ist z.B. für die erste Gleichung der Befehl

```
ivreg y11 x11 ... x1k1 (y12 ... y1g1=x21 ... xGkG)
```

Der Befehl ivreg steht für Instrumentalvariablenschätzung. Der 2SLS-Schätzer ist, wie bereits erwähnt, ein IV-Schätzer. Nach ivreg folgt die endogene Variable der betrachteten (ersten) Gleichung y_1 sowie die in dieser Gleichung auftauchenden vorherbestimmten Variablen x_{11} bis x_{1k_1}. In Klammern steht zunächst die Liste aller erklärenden, gemeinsam abhängigen Variablen (GAV) in der (ersten) Gleichung y_2 bis y_{g_1}. Es folgt, getrennt durch ein Gleichheitszeichen die Liste der Instrumente für diese GAV. Werden hier alle VBV des Gesamtsystems außer denjenigen der ersten Gleichung $(x_{11}...x_{1k_1})$ aufgeführt $(x_{21}, ..., x_{Gk_G})$, dann erhält man eine 2SLS-Schätzung. Schließen sich an den obigen 2SLS-Befehl ein Speicherbefehl dieser Schätzung sowie der Befehl für die OLS-Schätzung mit gleicher Spezifikation wie bei der 2SLS-Gleichung an

`est store ivreg`

`regress y11 y12 ... y1g1 x11 ... x1k1`

so kann der Hausman-Test auf Prüfung von Exogenität mit Hilfe von

`hausman ivreg . , constant sigmamore`

durchgeführt werden.

Beispiel: Einkommen und Arbeitsangebot

Auf Basis der Daten des SOEP aus dem Jahr 2002 wird die 2SLS-Schätzung für die Einkommensfunktion (lnY) mit Hilfe von STATA ermittelt. Zugrunde gelegt wird

$$lnY = \gamma_1 AZEIT + \beta_{10} + \beta_{11}S + \beta_{12}EXP + \beta_{13}EXPSQ + +\beta_{14}TEN + u_1,$$

wobei S - Zahl der Schuljahre, EXP - potentielle Berufserfahrung in Jahren (ALTER-S-6), EXPSQ=EXP·EXP, TEN - Betriebszugehörigkeitsdauer in Jahren. Die Determinante der wöchentlichen Arbeitszeit (AZEIT) als Proxy für das Arbeitsangebot wird als gemeinsam abhängig betrachtet, erklärt über das Modell

$$AZEIT = \gamma_1 lnY + \beta_{20} + \beta_{21}S + \beta_{22}MANAGER + \beta_{23}VERH + \beta_{24}SEX + u_2,$$

wobei MANAGER - Dummy-Variable (=1, wenn als Manager beschäftigt), VERH - Dummy-Variable(=1, wenn verheiratet), SEX - Geschlecht(=1, wenn Mann,=2, wenn Frau). Der STATA-Befehl lautet

ivreg lnY S EXP EXPSQ TEN(AZEIT = S MANAGER VERH SEX EXP EXPSQ TEN)

lny	Coef.	Std. Err.	t	P>|t|
AZEIT	0,0352	0,0014	25,57	0,000
S	0,0665	0,0033	20,30	0,000
EXP	0,0800	0,0024	33,00	0,000
EXPSQ	-0,0013	0,0001	-26.43	0,000
TEN	0,0111	0,0007	16,16	0,000
KONSTANTE	-0,4947	0,0659	-7,51	0,000
	R^2	0,1625	N	9743

Instrumented: AZEIT Instruments: S EXP EXPSQ TEN MANAGER VERH SEX

`. est store ivreg`

`. regress lnY S EXP EXPSQ TEN AZEIT`

lnY	Coef.	Std. Err.	t	P>|t|
S	0,0711	0,0021	33,58	0,000
EXP	0,0770	0,0016	47,46	0,000
EXPSQ	-0,0013	0,0001	-39,46	0,000
TEN	0,0144	0,0006	24,64	0,000
AZEIT	0,0049	0,0005	9,89	0,000
KONSTANTE	0,5932	0,0334	17,74	0,000
	R^2	0,3924	N	9743

. hausman ivreg . , constant sigmamore

	(b) ivreg	(B) .	(b-B) Difference	sqrt(diag($V_b - V_B$)) S.E.
AZEIT	0,0352	0,0049	0,0303	0,0011
S	0,0665	0,0710	-0,0045	0,0182
EXP	0,0800	0,0770	0,0030	0,0013
EXPSQ	-0,0013	-0,0013	7,68e-07	0,0001
TEN	0,0111	0,0144	-0,0033	0,0000
KONSTANTE	-0,4947	0,5932	-1,0878	0,0451

```
b = consistent under Ho and Ha; obtained from regress
B = inconsistent under Ha, efficient under Ho; obtained from ivreg
Test: Ho: difference in coefficients not systematic
chi2(5) = (b-B)'($V_b - V_B$)⁻¹(b-B) = 833.14 Prob>chi2 = 0.0000
```

chi2(5) = (b-B)'$(V_b - V_B)^{-1}$(b-B) = 833.14 Prob>chi2 = 0.0000

Der Exogenitätstest lehnt die Nullhypothese eindeutig ab. Wesentliche Unterschiede zwischen OLS- und 2SLS-Schätzung ergeben sich vor allem, abgesehen vom aboluten Glied, für die Koeffizienten der Variablen AZEIT. ⋄

Bei der Verwendung der 2SLS-Methode liegt zwar ein simultanes Gleichungssystem vor, die Parameter aus allen Gleichungen werden jedoch nicht simultan geschätzt. Vielmehr steht jeweils nur eine Gleichung im Zentrum der Betrachtung, während die Parameter der anderen Gleichungen lediglich "nuisance"-Charakter besitzen. Dies ändert sich, wenn von Einzelgleichungsschätzverfahren zu simultanen Schätzverfahren übergegangen wird. Die populärste Form in der empirischen Wirtschaftsforschung bildet die **dreistufige Methode der kleinsten Quadrate - 3SLS**. Sie baut direkt auf der 2SLS-Methode auf und fügt in der dritten Stufe die einzelnen Gleichungen zu einem Supereingleichungssystem zusammen, oder anders ausgedrückt, sie bildet ein SUR-System. Formal heißt dies, das für die 2SLS-Schätzung bekannte transformierte Strukturgleichungssystem

$$y = \begin{pmatrix} y_1 \\ \vdots \\ y_G \end{pmatrix} = \begin{pmatrix} \hat{Z}_1 \alpha_1 & & \\ & \ddots & \\ & & \hat{Z}_G \alpha_G \end{pmatrix} + \begin{pmatrix} u_1 \\ \vdots \\ u_G \end{pmatrix} = \hat{Z}\alpha + u$$

wird nach GLS geschätzt

$$\hat{\alpha} = (\hat{Z}'V^{-1}\hat{Z})^{-1}\hat{Z}'V^{-1}y$$

Die inverse Kovarianzmatrix V^{-1} ist zwar nicht bekannt, kann jedoch aus den Residuen der 2SLS-Schätzungen ermittelt werden

$$\hat{V}_{2SLS}^{-1} = \begin{pmatrix} \hat{\sigma}^{11}I & \cdots & \hat{\sigma}^{1G}I \\ \vdots & & \vdots \\ \hat{\sigma}^{G1}I & \cdots & \hat{\sigma}^{GG}I \end{pmatrix},$$

wobei $\hat{\sigma}^{gg'}$ das Element aus der g-ten Zeile und g'-ten Spalte der Inversen von $\hat{V}_{2SLS}$ ist. Die Elemente der geschätzten Matrix von V entsprechen

$$\hat{\sigma}^2_{gg'} = \frac{1}{n}\sum_{i=1}^{n} \hat{u}_{ig}^{2SLS}\hat{u}_{ig'}^{2SLS} \qquad g,g' = 1,...,G.$$

Von der Verwendung voller Information kann auch in diesem Fall nicht gesprochen werden, da bei der Schätzung der Kovarianzmatrix das mit beschränkter Information arbeitende 2SLS-Verfahren angewendet wird. Trotz allem liefert die 3SLS-Methode konsistente und asymptotisch normalverteilte Schätzer. Wenn die Störgrößenkovarianzmatrix eine diagonale Gestalt aufweist, dann stimmen der 2SLS- und der 3SLS-Schätzer überein. Eine Verbesserung der Effizienz ist durch iterative 3SLS-Schätzer oder durch ML-Schätzer mit voller Information möglich.

Ein Test auf korrekte Spezifikation des gesamten interdependenten Systems kann durch einen Vergleich der 2SLS- und der 3SLS-Schätzer nach dem Vorbild des Hausmantests erfolgen. Zu prüfen ist

H_0: korrekte Spezifikation des Gesamtsystems gegen H_1: Fehlspezifikation

Die Teststatistik lautet

$$TS = (\hat{\alpha}_{3SLS} - \hat{\alpha}_{2SLS})'[\hat{V}(\alpha_{3SLS}) - \hat{V}(\alpha_{2SLS})]^{-1}(\hat{\alpha}_{3SLS} - \hat{\alpha}_{2SLS})$$

H_0 ist abzulehnen, wenn $TS > \chi^2_{\sum_{i=1}^{G}(g_i+k_i-1);1-\alpha}$. Grundlage des Tests bildet die Überlegung, dass bei korrekter Spezifikation des Systems der 3SLS-Schätzer gegenüber dem 2SLS-Schätzer relativ effizient ist. Bei Fehlspezifikation einzelner Gleichungen werden beim 3SLS-Schätzer alle Koeffizientenschätzungen betroffen, so dass diese inkonsistent sind, während die 2SLS-Methode nur inkonsistente Schätzer in den fehlspezifizierten Gleichungen liefert.

Mit SHAZAM werden 3SLS-Schätzer durch den Befehl

```
SYSTEM 3 x1 ... xK
OLS y11 y12 ... y1g1 x11 ... x1k1
OLS y21 y22 ... y2g2 x21 ... x2k2
⋮
OLS yG1 yG2 ... yGgG xG1 ... xGkG
```

ermittelt. Obwohl Bestimmtheitsmaße nur für klassische Regressionsmodelle vernünftig zu interpretieren sind, liefert SHAZAM ein dem klassischen Eingleichungsmodell nachempfundenes Maß für die Güte des Fits (System-R^2)

$$\tilde{R}^2 = 1 - \frac{det\hat{U}'\hat{U}}{detY'Y}$$

das auf Berndt (1991, S. 468) zurückgeht. $\hat{U}'\hat{U}$ ist die Kreuzproduktmatrix der Residuen und Y'Y die Kreuzproduktmatrix der GAV. $\tilde{R}^2$ wird automatisch mit dem 3SLS-Befehl bei SHAZAM ausgewiesen, ebenso wie die Teststatistik auf Diagonalität der Störgrößenkovarianzmatrix – vgl. Abschnitt 3.3.2 – und eine χ^2-Teststatistik ($\chi^2 = -n(ln(1-\tilde{R}^2))$), die die Nullhypothese prüft, ob alle Koeffizienten des Systems Null sind. Die Zahl der Freiheitsgrade entspricht der Zahl der Parameter des Gesamtsystems. Vor einer weitergehenden Interpretation von $\tilde{R}^2$ ist auch hier wie bei den entsprechenden Maßen im verallgemeinerten linearen Regressionsmodell zu warnen.

Bei STATA lautet der Befehl für die 3SLS-Schätzung:

```
reg3
(y11 y11 ... y1g1 x11 ... x1k1)
(y21 y22 ... y2g2 x21 ... x2k2)
⋮
(yG1 yG2 ... yGgG xG1 ... xGkG)
```

Beispiel: Inflation und Lohnwachstum 1971-2000

Auf Basis der gesamtwirtschaftlichen Daten für die Bundesrepublik Deutschland werden die Inflation (IR) in Abhängigkeit von der inversen Arbeitslosenquote (iALQ), der Wachstumsrate der Staatsverschuldung (wSCHULD) sowie der Wachstumsrate des Nominallohnes (wLOHNn) für die Jahre 1971-2000 und das nominale Lohnwachstum in Abhängigkeit von der Inflation, vom langfristigen Zinssatz (lZINS), von den Terms-of-trade (ToT), vom Wechselkurs (WK) sowie von der Wachstumsrate des Konsums (wC) als simultanes Modell geschätzt. Im folgenden werden die Ergebnisse für den 2SLS- und den 3SLS-Schätzer wiedergegeben. Die STATA-Befehle hierfür lauten:

```
. ivreg  IR  iALQ  wSCHULD  (wLOHNn=  lZINS  ToT  WK  wC)

. reg3  (IR  iALQ  wSCHULD  wLOHNn)  (wLOHNn  IR  lZINS  ToT  WK  wC)
```

	3SLS			2SLS		
	Coef.	Std. Err.	z	Coef.	Std. Err.	z
IR						
iALQ	2,9769	0,4932	6,04	2,6824	0,5400	4,97
wSCHULD	0,1114	0,0218	5,12	0,1256	0,0258	4,86
wLOHNn	0,0278	0,0240	1,16	0,0321	0,0260	1,23
KONSTANTE	0,7092	0,3188	2,22	0,5833	0,3513	1,66
wLOHNn						
IR	3,6851	3,1792	1,16			
lZINS	-2,2360	2,0847	-1,07			
ToT	-0,3090	0,3006	-1,03			
WK	0,2113	0,1399	1,51			
wC	1,3005	0,3918	3,32			
KONSTANTE	13,9922	29,1630	0,48			

Endogenous variables: IR wLOHNn
Exogenous variables: iALQ wSCHULD lZINS ToT WK wC

Es zeigt sich, dass die beiden Schätzungen für die Inflationsfunktion nicht allzu stark voneinander abweichen. Dies spricht für eine korrekte Spezifikation des Gesamtmodells, ohne dass schon ein Hausmantest zum Vergleich der 3SLS- und 2SLS-Schätzung vorgenommen worden ist. Eine wechselseitige Abhängigkeit zwischen Inflation und Lohnentwicklung, wie sie von der Theorie erwartet wird, lässt sich bei der vorgegebenen Spezifikation nicht feststellen. Der Hausman-Test auf Exogenität führt auch nicht zur Ablehnung der Nullhypothese. Aufgrund der ermittelten Teststatistik TS=0,47 ergibt sich ein Prob.value von 0,4952. Auf die 2SLS-Schätzung der Lohnfunktion wurde hier verzichtet.

Falls versehentlich ein nicht identifizierbares Modell geschätzt werden soll, wie z.B.

$$IR = \gamma_{11} wLOHNn + \beta_{01} + \beta_{11} iALQ + u_1$$

$$wLOHNn = \gamma_{21} IR + \beta_{02} + \beta_{12} iALQ + u_2$$

dann zeigt STATA an, dass die Gleichung nicht identifizierbar ist:

. ivreg IR iALQ (wLOHNn=iALQ)

equation not identified; must have at least as many instruments not in the regression as there are instrumented variables r(481); ⋄

Literaturhinweise:
Mehrgleichungsmodelle gehören zum Standard ökonometrischer Lehrbücher. Ausführlich werden sie z.B. in Frohn (1995, Kapitel 3), Greene (2003, Chapter 5, 14-15), Griffiths, Hill und Judge (1993, Chapter 17-19), Hackl (2004, Kapitel 20+21), Hübler (1989,

Kapitel 15-19), Studenmund (2000, Chapter 14), Stock und Watson (2002, Chapter 10) und Wooldridge (2003, Chapter 15+16) behandelt. In neueren Lehrbüchern wird den Mehrgleichungsmodellen allerdings, vom Umfang aus betrachtet, weniger Aufmerksamkeit als in den älteren gewidmet. Die Akzente der Betrachtung haben sich verschoben. Instrumentalvariablen rücken ins Zentrum der Betrachtung. Als Literatur hierfür ist z.B. Stock und Watson (2002) gut geeignet.

3.4 Modelle mit nichtnormalverteilten Störgrößen

Die Annahme normalverteilter Störgrößen ist eine der zentralen Prämissen in der klassischen Ökonometrie. Sie bewirkt, dass OLS-Schätzer unter allen unverzerrten Schätzern für β asymptotisch effizient und konsistent sind, die Rao-Cramersche Untergrenze wird erreicht. Weiterhin ist $\hat{\beta}$ normalverteilt. Daraus folgt, dass $\sum \hat{u}_i^2/\sigma^2 \sim \chi^2_{n-k-1}$. F- und t-Tests für Koeffizienten sind bei endlichen Stichproben gerechtfertigt. Der Durbin-Watson-Test basiert auf der Annahme der Normalverteilung. Auch hängt die asymptotische Validität des Heteroskedastie-Tests von Breusch und Pagan (1979) von der Gültigkeit der Normalverteilung ab.

Ob die Normalverteilungsannahme gerechtfertigt ist, lässt sich mit verschiedenen Tests überprüfen – vgl. Kapitel 2.4.1. Man könnte auf den ersten Blick meinen, dass dies nicht notwendig ist, denn OLS-Schätzungen sind verteilungsfrei, die notwendigen anderen Tests sind im Allgemeinen auch ohne Normalverteilung asymptotisch gerechtfertigt, ein Testergebnis für die Hypothese der Normalverteilung sagt nur, dass die Daten mit H_0 kompatibel sind, nicht ob H_0 richtig.

Für eine Überprüfung der Normalverteilungsannahme spricht, dass die OLS-Schätzung häufig zu restriktiv ist, verteilungsgebundene ML-Schätzer vorzuziehen sind, dass die Power asymptotischer Tests sensitiv auf Änderungen der Störgrößen reagiert, dass Tests auch auf endliche Stichproben anwendbar sein sollten, dass einige Tests auch asymptotisch nur bei Normalverteilung der Störgröße Gültigkeit besitzen, dass nichtlineare Schätzer häufig effizienter als OLS-Schätzer sind, wenn keine Normalverteilung vorliegt, dass Abweichungen von der Normalverteilung deutlich machen, ob robuste Schätzer sinnvoll sind und ob nichtparametrische Verfahren heranzuziehen sind.

3.4.1 Möglichkeiten bei nichtnormalverteilten Störgrößen

Wenn Tests auf Normalverteilung die Nullhypothese ablehnen, dann gibt es prinzipiell verschiedene Möglichkeiten damit umzugehen

(1) Verwendung der tatsächlichen Verteilung der Störgrößen:
Praktisch scheint dieses Vorgehen zunächst kaum handhabbar zu sein, da die wahre Verteilung üblicherweise nicht bekannt ist und Tests für spezielle Verteilungen wenig entwickelt sind. SHAZAM stellt für einige spezielle statistische Verteilungen ML-Schätzungen von Regressionsmodellen bereit. Außerdem können durch Bootstrap-Verfahren die Verteilungen simuliert werden.

(2) Nichtparametrische Verfahren:
Dieses Vorgehen hat in den letzten Jahren deutlich an Bedeutung gewonnen. Bisher sind aber nur wenige Ansätze in Programmpaketen implementiert.

(3) Prüfen, wie robust herkömmliche Tests bei nichtnormalverteilten Störgrößen sind:
Einige Tests sind robust, wie z.B. der Durbin-Watson-Test. Bei anderen sind die Freiheitsgrade zu verändern, falls die Störgrößen nur approximativ normalverteilt sind (t- und F-Tests), und der Breusch-Pagan-Test auf Heteroskedastie ist zu modifizieren.

3.4 Modelle mit nichtnormalverteilten Störgrößen

(4) Datentransformation:
Das Ziel ist nichtnormalverteilte Zufallsvariablen in normalverteilte Zufallsvariablen zu transformieren. Eine in der Praxis häufig genutzte Möglichkeit besteht in der Box-Cox-Transformation

$$y^{(\lambda)} = \begin{cases} \dfrac{y^\lambda - 1}{\lambda} & \lambda \neq 0 \\ \ln y & \lambda = 0 \end{cases}$$

Der Hauptanwendungsbereich der Box-Cox-Transformation liegt jedoch bei der Verbesserung der funktionalen Form. Unter Umständen wird durch die Transformation zwar ein Ziel, z.B. die Normalverteilungsanpassung, erreicht, von einem anderen entfernt man sich aber (z. B. Homoskedastie, richtiger Funktionstyp). Die Schätzung box-cox-transformierter Daten erfolgt mit Hilfe der ML-Methode. Erweiterungen des einfachen Box-Cox-Ansatzes sind u.a. folgende:

(i) Transformation bei y und x: $y^{(\lambda)} = x'^{(\lambda)}\beta + u$

(ii) Box-Tidwell-Transformation: $y = \beta_0 + \sum_{k=1}^{K} x_k^{(\lambda_k)} \beta_k + u$

(iii) Autoregressives Box-Cox-Modell: $y_t^{(\lambda)} = x_t'\beta + u_t$, wobei $u_t = \rho u_{t-1} + \epsilon_t$.

Mit SHAZAM können die genannten Transformationen und die Schätzungen dazu durchgeführt werden. Für den Typ (i) der Transformation lautet der Befehl
BOX y x1 ... xK / ALL
Bei den beiden anderen Transformationen ist als Option „/TIDWELL" bzw. „/AUTO" zu bilden.

3.4.2 Robuste Schätzer

Ursachen von nichtnormalverteilten Störgrößen sind häufig Ausreißer und extreme Beobachtungswerte. Der Einfluss dieser Fälle auf die Koeffizientenschätzung wird im Rahmen der Regressionsdiagnostik erörtert – vgl. Kapitel 3.9.3. Die Wirkung von Ausreißern auf die Störgröße äußert sich in großen (unendlichen) Varianzen. Die Verteilung der Störgröße weist dann stärkere Besetzungen an den Verteilungsenden auf. Eine Schätzung nach OLS bewertet in solchen Situationen die Ausreißer zu stark. Um dies zu vermeiden, bestehen zwei Ausweichstrategien:

- Ausschluss der Ausreißer (peeling)
- reduzierte Gewichtung von Ausreißern (robuste Ansätze).

Welcher der beiden Ansätze vorzuziehen ist, hängt vom Untersuchungsziel ab und davon, warum es im Einzelfall zu Ausreißern kommt. Auch lässt sich die Entscheidung, einen OLS- oder einen robusten Schätzer zu wählen, nicht so eindeutig treffen. Ein Vorschlag hierzu lautet: Wenn Ausreißer festgestellt werden, dann sollten der OLS-Schätzer und der robuste Schätzer ermittelt werden. Liegen diese eng beieinander, dann wird der OLS-Ansatz, ansonsten die robuste Schätzung präferiert.

Der einfachste Ansatz besteht darin, Ausreißer einfach wegzulassen und dann neu zu schätzen. Ein Nachteil dieses Vorgehens ist, dass die üblichen Signifikanztests nicht mehr anwendbar sind. Ganz ähnlich wie das Peeling sind Trimmed-Schätzer zu beurteilen. Es handelt sich um **abgeschnittene Kleinste-Quadrate-Schätzer** (Trimmed - Schätzer). Festgelegt wird ein Wert α ($0 < \alpha < 0.5$), der angibt, wieviel Prozent der Beobachtungen, bei denen die Abweichungen zwischen den (beobachteten) y-Werten und den $\hat{y}$-Werten ($= x'\hat{\beta}^*(\alpha)$ bzw. $= x'\hat{\beta}^*(1-\alpha)$) negativ oder positiv sind, bei der robusten Schätzung unberücksichtigt bleiben. $\hat{\beta}^*$ und $\hat{\beta}^*(1-\alpha)$ sind Quantilsschätzer.

Die Vorgehensweise lässt sich in folgende Schritte zerlegen:

Schritt 1 : Festlegung von α
2 : Ausschluss der Beobachtungen, für die gilt:
$y_i - x_i'\hat{\beta}^*(\alpha) \leq 0$ und $y_i - x_i'\hat{\beta}^*(1-\alpha) \geq 0$
3 : OLS-Schätzung auf Basis der verbliebenen Beobachtungen $\rightarrow \hat{\beta}_T(\alpha)$

Unter den robusten Schätzern werden vor allem drei Klassen unterschieden

- M-Schätzer (Maximum-Likelihood-Ansatz)
- L-Schätzer (basiert auf der Linearkombination von Order-Statistiken)
- R-Schätzer (basiert auf Rängen von Residuen linearer Schätzer).

Ein sehr populärer Ansatz ist die **Methode der minimalen absoluten Abweichung** (least absolute deviation - LAD). Geschätzt wird nach dem Prinzip

$$\text{Min} \sum_i |y_i - \sum_j x_{ij}\beta_j|$$

Der Vorteil ist klar. Da nicht die Quadrate der Differenzen, sondern die absoluten Abstände in das Optimierungskalkül eingehen, verlieren Ausreißer an Bedeutung. Diese Überlegung geht auf Edgeworth (1887) zurück. Die Lösung erfolgt über Lineares Programmieren. Wenn Störgrößen einer zweiseitigen Exponentialverteilung folgen, dann entspricht die Maximierung der ML-Funktion der Minimierung des absoluten Fehlers, d.h.

$$Max \prod f(n_i) = Max \prod (2\lambda)^{-1} \exp\{-\frac{|u_i|}{\lambda}\}$$

Die Verteilung verläuft steiler in der Spitze und hat breitere Schwänze als die Normalverteilung. Im Gegensatz zu anderen Verteilungen mit stark besetzten Rändern weist die Exponentialverteilung eine endliche Varianz auf. Die LAD-Schätzung lässt sich als gewichtete KQ-Schätzung darstellen:

$$\sum_i |u_i| = \sum_i (u_i^2/|u_i|) =: \sum_i w_i u_i^2$$

3.4 Modelle mit nichtnormalverteilten Störgrößen

wobei $w_i = 1/|u_i|$.

Als Anfangsschätzungen können OLS-Residuen verwendet werden, um daraus w_i zu bestimmen und die Beobachtungen mit $\sqrt{w_i}$ zu multiplizieren. Von den transformierten Daten kann eine erneute OLS-Schätzung durchgeführt werden, um modifizierte Residuen zu erhalten. Iterativ ist auf diesem Weg fortzufahren, wobei jeweils folgende Schritte zu bilden sind:

> Schritt 1: OLS-Schätzung $\Rightarrow \hat{u}_i^{(1)}$
> Schritt 2: Bestimmung von w_i
> Schritt 3: Transformation der Variablen
> Schritt 4: OLS-Schätzung des transformierten Modells $\Rightarrow \hat{u}_i^{(2)}$

Das Verfahren ist zu stoppen, wenn die Differenz $\hat{u}^{(s)}, \hat{u}^{(s)} - \hat{u}^{(s-1)}, \hat{u}^{(s-1)}$ einen vorgegebenen Wert nicht mehr überschreitet.

Eine weitere Möglichkeit besteht darin, einen **Schätzer aus linearen Funktionen von Regressionsquantilen** zu ermitteln. Grundlage bilden Quantilsschätzer. Man erhält das θ - Stichprobenregressionsquantil durch Minimierung der Funktion

$$\sum_{(i|y_i \geq x_i'\beta)=1}^{N_1} \theta \cdot |y_i - x_i'\beta| + \sum_{(i|y_i < x_i\beta)=N_1+1}^{N} (1-\theta) \cdot |y_i - x_i\beta|,$$

wobei θ vorgegeben ist. Für verschiedene θ-Werte wird der Schätzer von Koenker/Bassett (1978) ermittelt und als gewichteter Durchschnitt gebildet. Die Gewichte π sind festzulegen, wobei für kleine und große θ-Werte ($0 < \theta < 1$) die Gewichtung geringer ist als für mittlere, um den Median liegende θ-Werte. Wie beim LAD-Schätzer wird mit absoluten statt mit quadrierten Abweichungen gearbeitet. Zusätzlich erfahren Ausreißer eine geringere Bedeutung durch die θ-Gewichtung. In der Literatur sind vor allem folgende Vorschläge gemacht worden

Schätzer	θ-Werte	π-Werte
TUKEY	0,25; 0,50; 0,75	0,25; 0,50; 0,25
GASTWIRTH	0,33; 0,50; 0,67	0,30; 0,40; 0,30
FIVE QUANTILES	0,10; 0,25; 0,50; 0,75; 0,90	0,05; 0,25; 0,40; 0,25; 0,05

Die Schätzer lauten dann

$$\hat{\beta}(\pi) = \sum_{m=1}^{M} \pi_m \cdot \hat{\beta}(\theta_m).$$

Mit SHAZAM können die angesprochenen Schätzer ermittelt werden
```
ROBUST y x1 ... xK/ LAE
```

Die Option entspricht LAD und ist die Standardmethode. Alternative Optionen bilden:

TUKEY
GASTWIRT
FIVEQUAN
TRIM=α

Beispiel: Sparfunktion (Fortsetzung)

Auf Basis aggregierter, saisonbereinigter Quartalsdaten (1960.1-1994.4) werden für die alten Bundesländer robuste Sparfunktionen mit Hilfe des LAD-, Tuckey-, Gastwirt-, Fivequan- und Trim=0.2-Ansatzes geschätzt. Das verfügbare Einkommen ist durch die Variable x8 und das Sparvolumen durch x12 erfasst. Anlass, robuste Schätzer zu verwenden, ist die Abweichung der Störgrößenverteilung von der Normalverteilung. Hierfür sind üblicherweise Ausreißer verantwortlich. Der Jarque-Bera-Test - vgl. Kapitel 2.4.1 - führt bei einer Teststatistik von $\chi^2 = 2,1153$ zwar zu keiner Ablehnung der Nullhypothese. Wohl aber lassen sich Ausreißer bei 10 Werten feststellen. Zur Bestimmung von Ausreißern vgl. Kapitel 3.9.3. Neben den robusten Schätzern wird zum Vergleich auch der OLS-Schätzer ausgewiesen.

```
|_ols x12 x8

     140 OBSERVATIONS      DEPENDENT VARIABLE= X12
...NOTE..SAMPLE RANGE SET TO:      1,    140

 R-SQUARE =   0.0779     R-SQUARE ADJUSTED =    0.0713

VARIABLE    ESTIMATED   STANDARD    T-RATIO
  NAME     COEFFICIENT    ERROR     138 DF     P-VALUE
X8          0.10629     0.3112E-01   3.416      0.001
CONSTANT    11.599      0.2327       49.84      0.000

|_robust x12 x8 / lae

     140 OBSERVATIONS      DEPENDENT VARIABLE = X12
...NOTE..SAMPLE RANGE SET TO:      1,    140

LEAST ABSOLUTE ERRORS REGRESSION

VARIABLE    ESTIMATED   STANDARD    T-RATIO
  NAME     COEFFICIENT    ERROR     138 DF     P-VALUE
X8         0.53592E-01 0.3339E-01   1.605       0.111
CONSTANT   12.025      0.2497       48.15       0.000

|_robust x12 x8 / tukey

     140 OBSERVATIONS      DEPENDENT VARIABLE = X12
...NOTE..SAMPLE RANGE SET TO:      1,    140
```

REGRESSION QUANTILES USING TUKEY TRIMEAN SCHEME

```
VARIABLE    ESTIMATED    STANDARD      T-RATIO
  NAME      COEFFICIENT    ERROR        138 DF    P-VALUE
X8          0.60876E-01  0.1265E-01     4.813     0.000
CONSTANT    11.930       0.9460E-01    126.1      0.000
```

|_robust x12 x8 / gastwirt

```
    140 OBSERVATIONS      DEPENDENT VARIABLE = X12
...NOTE..SAMPLE RANGE SET TO:     1,    140
```

REGRESSION QUANTILES USING GASTWIRTH SCHEME

```
VARIABLE    ESTIMATED    STANDARD      T-RATIO
  NAME      COEFFICIENT    ERROR        138 DF    P-VALUE
X8          0.57132E-01  0.1559E-01     3.665     0.000
CONSTANT    11.991       0.1166       102.9       0.000
```

|_robust x12 x8 / fivequan

```
    140 OBSERVATIONS      DEPENDENT VARIABLE = X12
...NOTE..SAMPLE RANGE SET TO:     1,    140
```

REGRESSION QUANTILES USING FIVEQUAN SCHEME

```
VARIABLE    ESTIMATED    STANDARD      T-RATIO
  NAME      COEFFICIENT    ERROR        138 DF    P-VALUE
X8          0.65302E-01  0.3706E-02    17.62      0.000
CONSTANT    11.883       0.2772E-01   428.7       0.000
```

|_robust x12 x8 / trim=0.2

```
    140 OBSERVATIONS      DEPENDENT VARIABLE = X12
...NOTE..SAMPLE RANGE SET TO:     1,    140
```

USING TRIMMED PROPORTION =0.200

```
VARIABLE    ESTIMATED    STANDARD      T-RATIO
  NAME      COEFFICIENT    ERROR        138 DF    P-VALUE
X8          0.69381E-01  0.3352E-01     2.070     0.040
CONSTANT    11.900       0.2507        47.47      0.000
```

Die Ergebnisse machen deutlich, dass die geschätzten marginalen Spareigungen bei den robusten Schätzern eng beieinander liegen, aber deutlich niedriger sind als bei der OLS-Schätzung.

In die Klasse der M-Schätzer fällt der **Huber-Ansatz**. Die Grundidee ist die folgende. Bei OLS sind die Normalgleichungen

$$\sum_{i=1}^{n} x_i(y_i - x_i'\beta) = \sum_{i=1}^{n} x_i u_i = 0.$$

Für den ML-Schätzer gilt, wenn $-\sum ln f(u)$ in Bezug auf β minimiert wird,

$$\sum_{i=1}^{n} x_i \frac{f'(u_i)}{f(u_i)} = 0.$$

Diese Lösung ist bei Normalverteilung identisch mit der voranstehenden. Bei unbekanntem f'/f muss der Ausdruck durch irgendeine Funktion ersetzt werden, z.B. $\sum_{i=1}^{n} \rho(u_i)$ = Min. oder

$$\sum_{i=1}^{n} x_i \Psi(u_i) = \sum_{i=1}^{n} x_i \Psi(y_i - x_i'\beta) = 0,$$

wobei β so zu bestimmen ist, dass $\sum x \Psi = 0$. Es lässt sich damit ein ML-ähnlicher Schätzer ermitteln. Ψ sollte so gewählt werden, dass der Schätzer nicht sensitiv auf $f(u)$ reagiert. Im OLS-Fall ist

$$\Psi(u_i) = y_i - x_i'\beta.$$

Eine robuste Schätzung gewichtet Ausreißer weniger als OLS. Huber (1981) legt daher folgenden Ansatz zugrunde:

$$\rho(u) = \begin{cases} u^2, & \text{wenn } |u| \leq k \\ 2k|u| - k^2, & \text{wenn } |u| > k \end{cases}$$

oder alternativ

$$\Psi(u) = max\{-k, min(k, u)\} = \begin{cases} -k, & \text{wenn } u < -k = c\sigma \\ u, & \text{wenn } |u| \leq k \\ k, & \text{wenn } u > k, \end{cases}$$

wobei k ein geeignetes, vorher bestimmtes Maß für die Variabilität von $\hat{u}$ ist. Der Huber-Schätzer $\hat{\beta}^H$ folgt aus

$$\sum_{i=1}^{n} \rho(u_i) = Min.$$

Huber schlägt

$$k = 1,5\hat{\sigma}$$

vor, wobei $\hat{\sigma} = 1,483 MAD$ und MAD der Median der absoluten Abweichungen ist, d.h. von $|\hat{u}_i|$.

Das Vorgehen bei der Bestimmung des Huber-Schätzers lässt sich in sieben Schritten beschreiben:

(1) Schätzung nach OLS $\Rightarrow \hat{\beta}$

(2) $\hat{y}, \hat{u} = y - \hat{y}$, Berechnung von $|\hat{u}|$

(3) Bestimmung von MAD = Median $|\hat{u}|$

(4) $\hat{\sigma} = 1,483 \cdot MAD$

(5) $\hat{u}^* = \begin{cases} -1,5\hat{\sigma}, & \text{falls } \hat{u} < -1,5\hat{\sigma} \\ \hat{u}, & \text{falls } |\hat{u}| < 1,5\hat{\sigma} \\ +1,5\hat{\sigma}, & \text{falls } \hat{u} > +1,5\hat{\sigma} \end{cases}$

(6) $y^* = \hat{y} + \hat{u}^*$

(7) $y^* = x'\beta^* + u \Rightarrow \hat{\beta}_1$

Die Schritte (1)-(7) sind solange zu wiederholen, bis der Schätzer konvergiert. Der Faktor 1,483 wird gewählt, um sicher zu stellen, dass $\hat{\sigma}^2$ ein konsistenter Schätzer für σ^2 ist bei normalverteilten Störgrößen. Implementiert ist der Huber-Schätzer in S-Plus. Bei STATA besteht ebenfalls die Möglichkeit, einen robusten Schätzer mit den Huber-Gewichten durch

```
rreg y x1 ... xK
```

zu ermitteln.

Rousseeuw-Schätzer versuchen Nachteile anderer robuster Schätzer zu vermeiden. Man kann zeigen, dass Huber-Schätzer eine höhere asymptotische Effizienz erreichen als LAD-Schätzer. Sie schützen aber nicht gegenüber Ausreißern bei Regressoren. Rousseeuw schlägt daher einen "Least Median of Squares" (LMS)-Schätzer vor

$$\min_{\hat{\beta}} \operatorname{Median}_{i} u_i^2$$

Im Zweivariablenmodell bedeutet dies, der schmalste Streifen ist zu finden, der mindestens die Hälfte der Beobachtungen einschließt. Die LMS-Regressionsgrade ist dann die Mitte dieses Streifens. Auf diesem Weg lassen sich sehr viel besser als mit Hilfe der OLS-Methode Ausreißer identifizieren.

Beobachtungen, die die LMS-Methode als Ausreißer identifiziert, können dann vernachlässigt werden, d. h. sie erhalten das Gewicht Null bei sonstiger Anwendung des KQ-Verfahrens (reweighted least squares - RLS-Methode), auch als "least trimmed squares"- LTS- bezeichnet. Berechnungen über das kombinierte LMS/RLS-Verfahren liefert Rousseeuw durch sein Programm PROGRESS. S-Plus hat das LTS-Verfahren implementiert.

R-Schätzer basieren auf Rängen. Angenommen, es liegen N Beobachtungen einer Variablen x $(x_1, \ldots, x_N)$ vor. Der kleinste Wert erhält den Rang 1 und der größte den Rang N $(R_1, \ldots, R_N)$. Bei einer Folge von $N = 2T$ Beobachtungen $x_1, \ldots, x_N$, definiert durch $x_i = y_i - b$ für $i = 1, \ldots, T$ und $x_{T+i} = b - y_i$ für $i = 1, \ldots, T$, genügt der sogenannte Rangschätzer μ^*, der b entspricht, der Bedingung

$$\sum_{i=1}^{T} J(R_i/(2N+1)) = 0,$$

wobei J die Eigenschaft $\int_0^1 J(\lambda)d\lambda = 0$ besitzt. Dies gilt z. B. für $J(\lambda) = \lambda - \frac{1}{2}$. In diesem Fall ist $\mu^* = [(y_i + y_j)/2]$ für $1 \leq i \leq j < T$ der Median und asymptotisch normalverteilt. Im Falle eines Regressionsmodells $y = \beta_i 1 + X_* \beta_* + u$ wird von Jaeckel (1972) folgender Rangschätzer vorgeschlagen:

$$\text{Min } D(y - X_* \beta_*) = \sum_{i=1}^{N} [R_i - \frac{N+1}{2}](y_i - x'_{*i}\beta_*),$$

wobei $R_i = Rg(y_i - x'_{*i}\hat{\beta}_*)$. Der Schätzer $\hat{\beta}$ ist asymptotisch normalverteilt.

Literaturhinweise:
In traditionellen Lehrbüchern zur Ökonometrie wird die klassische Annahme normalverteilter Störgrößen kaum in Frage gestellt. Nur höchst selten erfolgt eine Erörterung von Modellen mit nichtnormalverteilten Störgrößen. Ausnahmen bilden z.B. Judge, Griffths, Hill, Lütkepohl und Lee (1985, Chapter 20) oder Rao und Toutenburg (1995, Chapter 9). Auf M-Schätzer geht Wooldridge (2002, Chapter 12) ein. Die Speziallliteratur über robuste Schätzer ist ausgesprochen umfangreich.

3.5 Nichtlineare Modelle

Lineare Modelle werden häufig deshalb präferiert, weil sie besser handhabbar sind, aber die ökonomische Theorie meist wenig über den nichtlinearen Funktionsverlauf sagen kann und eine lineare Approximation oder Transformation möglich ist – vgl. Kapitel 1.3.5. Wichtige Fälle der Linearisierung sind

- Umbenennung
$$y = a + \frac{b}{x} =: a + bz$$

- Logarithmierung
$$y = ax^b \rightarrow \ln y = \ln a + b \ln x$$
$$y = a\exp(bx) \rightarrow \ln y = \ln a + bx$$
$$\exp(y) = ax^b \rightarrow y = \ln a + b\ln x$$

- Darstellung als Polynom
$$y = f(x) + u := a_0 + a_1 x + a_2 x^2 + \ldots + a_K x^K + u.$$

Je besser die Anpassung der Funktion an die Daten erfolgen soll, um so größer ist K zu wählen, um so geringer ist aber auch im Allgemeinen die Stabilität. Bei den meisten ökonomischen Anwendungen wird kaum über K=3 hinausgegangen.

- Taylorreihenapproximation
$$f(x) = f(x^*) + \sum_{k=1}^{K}[\frac{\partial f}{\partial x_k}|x^*](x_k - x_k^*) + \ldots$$
$$+ \{1(K-1)!\} \sum_{k_1=1}^{K} \ldots \sum_{k_{K-1}=1}^{K} [\frac{\partial^{K-1} f}{\partial x_{k_1} \ldots \partial x_{k_{K-1}}}|_{x^*}]$$
$$\cdot (x_{k_1} - x_{k_1}^*) \cdot \ldots \cdot (x_{k_{K-1}} - x_{k_{K-1}}^*)$$
$$+ \{1/K!\} \sum_{k_1=1}^{K} \ldots \sum_{k_K=1}^{K} [\frac{\partial^K f}{\partial x_{k_1} \ldots \partial x_{k_K}}|_{x^*}]$$
$$\cdot (x_{k_1} - x_{k_1}^*) \cdot \ldots \cdot (x_{k_K} - x_{k_K}^*)$$

Beispiele:
$$\ln(1+x) = x - \frac{x^2}{2} + \frac{x^3}{3} - \frac{x^4}{4} \ldots$$
$$\exp(x) = 1 + \frac{x}{1!} + \frac{x^2}{2!} + \frac{x^3}{3!} \ldots$$
$$1/(1+x) = 1 - x + x^2 - x^3 \ldots$$

Die CES-Funktion $\ln y = \ln \gamma - \frac{\nu}{\rho} \ln[\delta K^{-\rho} + (1-\delta)L^{-\rho}] + u$ lässt sich z.B. über die Taylorreihenapproximation um $\gamma = 0$ darstellen durch
$$\ln y = \ln \gamma + \nu\delta \ln K + \nu(1-\delta)\ln L - \frac{1}{2}\gamma\nu\delta[\ln K - \ln L]^2 + u \diamond$$

- Box-Cox-Transformation

$$z^{(\lambda)} = \begin{cases} (z^\lambda - 1)/\lambda, & wenn \ \lambda \neq 0 \\ \ln z, & wenn \ \lambda = 0, \end{cases}$$

wobei $z = y, x$.

3.5.1 Parameterschätzung nichtlinearer Modelle

Wenn auf die Linearisierung verzichtet wird oder keine Möglichkeit dazu besteht, dann muss eine nichtlineare Schätzung durchgeführt werden. Soweit ein nichtlineares (Gauß-Newton-)Regressionsmodell (GNR)

$$y_i = F(x_i'\tilde{\beta}) + e_i$$

vorliegt, kann dieses durch Taylorreihenapproximation erster Ordnung dargestellt werden

$$y_i = F(x_i'\beta) + F'(x_i'\beta)x_i'(\beta - \beta^*) + \tilde{e}_i,$$

wobei $\tilde{\beta} = \beta - \beta^*$. Dies führt zu

$$\begin{aligned} y_i &= F_i + f_i x_i'\tilde{\beta} + \tilde{e}_i \\ \tilde{y}_i &= y_i - F_i = f_i x_i'\tilde{\beta} + \tilde{e}_i \\ \tilde{y}_i &= \tilde{x}_i'\tilde{\beta} + \tilde{e}_i. \end{aligned}$$

Da das Modell heteroskedastisch ist, wird ein „estimated generalized" GNR-Ansatz (=EGGNR) zum Schätzen gewählt

$$\begin{aligned} \hat{\tilde{\beta}}_{EGGNR} &= \left(\hat{\tilde{X}}'\hat{V}^{-1}\hat{\tilde{X}}\right)^{-1}\hat{\tilde{X}}'\hat{V}^{-1}\hat{\tilde{y}} \\ &= \left(\sum_{i=1}^n \frac{1}{\hat{\sigma}_i^2}\hat{\tilde{x}}_i\hat{\tilde{x}}_i'\right)^{-1}\left(\sum_{i=1}^n \frac{1}{\hat{\sigma}_i^2}\hat{\tilde{x}}_i\hat{\tilde{y}}_i\right) \\ &= \left(\sum_{i=1}^n \frac{f^2(x_i'\hat{\beta})x_i x_i'}{\hat{F}_i(1-\hat{F}_i)}\right)^{-1}\left(\sum_{i=1}^n \frac{f(x_i'\hat{\beta})x_i(y_i - \hat{F})}{\hat{F}_i(1-\hat{F}_i)}\right), \end{aligned}$$

wobei $\hat{F} = F(x'\hat{\beta})$. Analog zum linearen Modell lässt sich auch ein KQ-Schätzer nutzen

$$\begin{aligned} S(\beta) &= (y - f(x,\beta))'(y - f(x,\beta)) \\ &= u'u = Min. \\ \frac{\partial S}{\partial \beta_k}\bigg|_{\hat{\beta}_{NLS}} &= -2\sum_{i-1}^n (\partial f/\partial \beta_k)(y_i - f) = 0, \end{aligned}$$

wobei $k = 1, \ldots, K$. Hieraus ergibt sich ein System nichtlinearer Beziehungen.

Beim nichtlinearen ML-Schätzer wird von der Annahme u$\sim$ N(0, σ^2 I) ausgegangen. Die Likelihood-Funktion lautet:

$$L(\beta, \sigma^2) = (\frac{1}{2\pi\sigma^2})^{\frac{n}{2}} \exp(\frac{-S(\beta)}{2\sigma^2}) = Min.$$

bzw.

$$L^* = -2\ln L = n\ln(2\pi\sigma^2) + \frac{S(\beta)}{\sigma^2} = Min.$$

Über die partiellen Ableitungen

$$\frac{\partial L^*}{\partial \beta_k}|_{\hat{\beta}_{ML}, \hat{\sigma}^2_{ML}} = \frac{1}{\hat{\sigma}^2_{ML}} \cdot \frac{\partial S}{\partial \beta_k}|_{\hat{\beta}_{ML}} = 0$$

$$\frac{\partial L^*}{\partial \sigma^2}|_{\hat{\beta}_{ML}, \hat{\sigma}^2_{ML}} = \frac{2\pi n}{2\pi\hat{\sigma}^2_{ML}} - \frac{S(\hat{\beta}_{ML})}{\hat{\sigma}^4_{ML}} = 0$$

folgen

$$\hat{\sigma}^2_{ML} = \frac{1}{n} S(\hat{\beta}_{ML})$$

$$L^* = n\ln(2\pi \cdot \frac{1}{n} \cdot S(\beta)) + n.$$

3.5.2 Verfahren zur numerischen Optimierung

Die Lösungen der oben angegebenen nichtlinearen Schätzer lassen sich über iterative Verfahren numerisch gewinnen. Im Einzelnen existieren verschiedenen Lösungsverfahren.

(i) Gauß-Newton-Algorithmus

$$\hat{\beta}_{s+1} = \hat{\beta}_s + \{(\frac{\partial f}{\partial \beta}|_{\hat{\beta}_s})'(\frac{\partial f}{\partial \beta}|_{\hat{\beta}_s})\}^{-1}(\frac{\partial f}{\partial \beta}|_{\hat{\beta}_s})'(y - f)$$

(ii) Newton-Raphson-Algorithmus

$$\hat{\beta}_{s+1} = \hat{\beta}_s - [\frac{\partial^2 S}{\partial \beta \partial \beta'}|_{\hat{\beta}_s}]^{-1}[\frac{\partial S}{\partial \beta}|_{\hat{\beta}_s}]$$

(iii) Quasi-Newton-Algorithmus (Davidon-Fletcher-Powell-Methode (DFP))

$$P_{s+1} = P_s + \frac{d_s d'_s}{d'_s g_s} + \frac{P_s g_s g'_s P_s}{g'_s P_s g_s}$$

$$g_s = \Delta\beta_{s+1} - \Delta\beta_s$$

$$d_s = -t_s P_s \beta_s,$$

wobei P_s der im s-ten Schritt ermittelten Inversen der Hesse-Matrix entspricht.

(iv) Berndt-Hall-Hall-Hausman-Algorithmus (BHHH-Methode)

$$\hat{\beta}_{s+1} = \hat{\beta}_s + [\sum(\frac{\partial \ln f}{\partial \beta}|_{\hat{\beta}_s})(\frac{\partial \ln f}{\partial \beta}|_{\hat{\beta}_s})']^{-1}\frac{\partial f}{\partial \beta}|_{\hat{\beta}_s}$$

Statistisch-ökonometrische Programmpakete nutzen in unterschiedlicher Weise die verschiedenen Verfahren. Hier muss jeweils im Manual nachgeschlagen werden, bei welcher Methode welches Optimierungsverfahren zur Anwendung kommt. Zum Teil fehlt selbst dort ein Hinweis auf das genutzte Verfahren.

3.5.3 Stückweise Regression

Die duchgängig lineare Schätzung ist häufig unbefriedigend. Gründe hierfür sind

- Strukturbrüche
- gruppenspezifisches Verhalten.

Eine Alternative ist, nur für bestimmte Bereiche linear zu schätzen und die einzelnen Abschnitte so miteinander zu verknüpfen, dass keine Lücke entsteht. Im Zweivariablenfall bedeutet dies graphisch z.B.

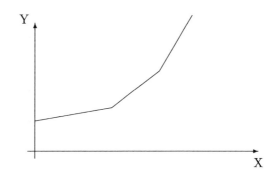

Man spricht von stückweiser linearer Regression oder linearen Splines, wobei die Verknüpfung der Abschnitte in Knoten (hier: 2) durch lineare Restriktionen sicherzustellen ist.

Beispiel:

$$y = \beta_0^{(1)} + \beta_1^{(1)}x + u, \text{wenn } x < x_1$$
$$y = \beta_0^{(2)} + \beta_1^{(2)}x + u, \text{wenn } x_1 \leq x < x_2$$
$$y = \beta_0^{(3)} + \beta_1^{(3)}x + u, \text{wenn } x_2 \leq x$$

x_1 und x_2 sind die Knoten. Mit Hilfe von Dummy-Variablen lassen sich die Abschnitte festlegen

$$D_1 = \begin{cases} 1, & \text{wenn } x \geq x_1 \\ 0 & \text{sonst} \end{cases} \qquad D_2 = \begin{cases} 1, & \text{wenn } x \geq x_2 \\ 0 & \text{sonst} \end{cases}$$

3.5 Nichtlineare Modelle

Dann können die drei Regressionen zusammengefasst werden zu einer Regression mit Interaktionen:

$$y = \gamma_0 + \gamma_1 x + \gamma_2 D_1 + \gamma_3 D_1 x + \gamma_4 D_2 + \gamma_5 D_2 x + u \ .$$

Damit ist noch nicht gesichert, dass die drei Abschnitte aneinanderstoßen, durch Knoten verbunden sind, wie in der Graphik. Notwendige Bedingungen hierfür sind:

$$\gamma_0 + \gamma_1 x_1 = (\gamma_0 + \gamma_2) + (\gamma_1 + \gamma_3) x_1$$
$$(\gamma_0 + \gamma_2) + (\gamma_1 + \gamma_3) x_2 = (\gamma_0 + \gamma_2 + \gamma_4) + (\gamma_1 + \gamma_3 + \gamma_5) x_2 \ .$$

Zusammengefasst ergeben die linearen Restriktionen

$$0 = \gamma_2 + \gamma_3 x_1$$
$$0 = \gamma_4 + \gamma_5 x_2.$$

Eingesetzt in die unbeschränkte Regression folgt

$$y = \gamma_0 + \gamma_1 x + \gamma_3 D_1 (x - x_1) + \gamma_5 D_2 (x - x_2) + u.$$

Nach Umdefinition ergibt sich

$$y = \alpha_0 + \alpha_1 z_1 + \alpha_2 z_2 + \alpha_3 z_3 + u,$$

wobei

$$z_1 = x$$
$$z_2 = x - x_1 \text{ falls } x \geq x_1;\ 0 \text{ sonst}$$
$$z_3 = x - x_2 \text{ falls } x \geq x_2;\ 0 \text{ sonst.}$$

Testen lässt sich bei diesem Ansatz, ob

- die Steigungen der linearen Abschnitte übereinstimmen ($\beta_1^{(1)} = \beta_1^{(2)} = \beta_1^{(3)}$)
  $H_0: \alpha_2 = \alpha_3 = 0$
- für $x < x_2$ eine konstante Steigung vorliegt ($\beta_1^{(1)} = \beta_1^{(2)}$)
  $H_0: \alpha_2 = 0$
- für $x \geq x_1$ eine konstante Steigung vorliegt ($\beta_1^{(2)} = \beta_1^{(3)}$)
  $H_0: \alpha_3 = 0 \diamond$

Durch den Befehl

```
mkspline xk1 *1 ... xk(L-1) *L−1 xkL=xk
regress y x1 ... x(k-1) xk1 ... xkL x(k+1) ... xK
```

können lineare Splines auch im Rahmen eines multiplen Modells mit Hilfe von STATA geschätzt werden, wobei für den Regressor x_k die stückweise lineare Regression erzeugt wird. Vom Anwender sind $xk1$ bis $xk(L-1)$ festzulegen durch numerische Spezifikation von $*_1 \ldots *_{L-1}$, die der Bedingung $*_1 < \ldots < *_{L-1}$ genügen müssen. Der mkspline-Befehl modelliert

$$\frac{dy}{dx_k} = \begin{cases} \beta_{k1}, & \text{wenn } xk < *_1 \\ \vdots \\ \beta_{k(L-1)}, & \text{wenn } *_{L-2} \leq xk < *_{L-1} \\ \beta_{kL} & \text{sonst.} \end{cases}$$

Wird nach dem mkspline-Kommando die Option

`marginal`

hinzugefügt, weist der STATA-Output bei den Koeffizienten die Unterschiede in der Steigung gegenüber dem vorangegangenen linearen Abschnitt aus.

3.5.4 Kernschätzer

Polynomiale Regression und lineare Splines sind in vielen Situationen hilfreich. Probleme können jedoch bei der Wahl des Polynomgrades auftreten und die linearen Splines verlaufen in den Knoten aufgrund der linearen Restriktionen zwar kontinuierlich, jedoch sind die ersten Ableitungen diskontinuierlich. Glättungsverfahren können diese Probleme überwinden.

Ausgangspunkt bildet die Schätzung der Dichtefunktionen von Zufallsvariablen. Der älteste Ansatz ist die Histogrammschätzung für die Dichte einer Variablen x im Punkt x_0:

$$\hat{f}_H(x_0, h) = \frac{\text{Anzahl der Elemente in } [x_0 - h; x_0 + h]}{n} \cdot \frac{1}{2h}$$

wobei n - Gesamtzahl der Elemente; $2h$ - Bandbreite.

Nach Rosenblatt ist als Schätzer

$$\hat{f}_R(x_0, h) = \frac{\hat{F}(x_0 + h) - \hat{F}(x_0 - h)}{2h}$$

zu verwenden, da $f(x_0) = \lim_{h \to 0} [F(x_0 + h) - F(x_0 - h)]/2h$. Sowohl $\hat{f}_H$ als auch $\hat{f}_R$ sind lokal verzerrt. Ansätze, die eine differenzierbare, glattere Dichteschätzung liefern, sind vorzuziehen. Hierzu gehören Kernschätzer.

3.5 Nichtlineare Modelle

Ausgehend von

$$f(x_0) = \frac{dF(x_0)}{dx}$$
$$dx \sim h$$
$$dF(x_0) = P(x_0 < x < x_0 + h)$$
$$\sim \frac{1}{n} \sum_{i=1}^{n} I_i[x_0 < x_i < x_0 + h]$$
$$I_i = \begin{cases} 1, \text{ wenn } x_0 < x_i < x_0 + h \\ 0 \text{ sonst} \end{cases}$$

bzw.

$$\frac{dF(x_0)}{dx} \sim \frac{1}{n \cdot h} \sum_{i=1}^{n} \frac{1}{2} I_i[-1 < \frac{x_i - x_0}{h} < +1]$$

beruht der Gedanke darauf, die Indikatorfunktion I zu verallgemeinern als Gewichtungsfunktion oder Kernfunktion K(z), wobei $z = (x_i - x_0)/h$. Anstelle von

$$K(z_i) = \frac{1}{2} I_i[-1 < z_i < +1]$$

in der Kerndichteschätzung

$$\hat{f}(x_0) = \frac{1}{n \cdot h} \sum_{i=1}^{n} K(z_i)$$

können andere Kerndichtefunktionen verwendet werden, die folgenden Bedingungen genügen:

(i) K(z) ist symmetrisch um Null und stetig

(ii) $\int K(z) dz = 1$ und $\int |K(z)| \cdot dz < \infty$

(iii) $|z| \cdot K(z) \to 0$, wenn $|z| \to 0$

(iv) $\int z K(z) dz = 0$ und $\int z^2 K(z) dz = \sigma^2 > 0$.

Gebräuchliche Kernfunktionen sind:

$$K_{BOX}(z) = \begin{cases} 1, \text{ wenn } |z| \leq 0.5 \\ 0, \text{ wenn } |z| > 0.5 \end{cases} \text{ Rechteckkern}$$

$$K_{TRI}(z) = \begin{cases} 1 - |z|/c, \text{ wenn } |z| \leq \frac{1}{c} \\ 0 \quad \text{ sonst} \end{cases} \text{ Dreieckskern}$$

$$K_{EPA}(z) = \begin{cases} \frac{3}{4}(1 - z^2), \text{ wenn } |z| \leq 1 \\ 0 \quad \text{ sonst} \end{cases} \text{ Epanechnikovkern}$$

$$K_{BI}(z) = \begin{cases} \frac{15}{16}(1 - z^2)^2, \text{ wenn } |z| \leq 1 \\ 0 \quad \text{ sonst} \end{cases} \text{ Biweightkern}$$

$$K_{PAR}(z) = \begin{cases} (k_1 - z^2)/k_2, & \text{ wenn } |z| \leq c_1 \\ (z^2/k_3) - k_4|z| + k_5, & \text{ wenn } c_1 < |z| \leq c_2 \\ 0 & \text{ sonst} \end{cases} \text{ Parzenkern}$$

$$K_{GAUSS}(z) = \phi(z), \text{ wobei } z \sim N(0,1) \quad \text{Gaußkern}$$

Die Gewichte, die einzelnen Beobachtungen zur Kerndichteschätzung beigemessen werden, variieren je nach Kernfunktion, hängen ansonsten aber nur von der Distanz von x_0 ab. Die Wahl des Kerns hat auf die Schätzung nur einen vergleichsweise geringen Einfluss. Viel wichtiger ist die Wahl der Bandbreite h.

Für univariate Regressionsmodelle $y = \beta_0 + \beta_1 x + u$ werden Kernfunktionen als Gewichte für nichtparametrische Schätzer des bedingten Erwartungswertes $E(Y|X = x_k)$ herangezogen. Jeder y-Wert (y_i) wird als gewichteter Stichprobendurchschnitt aus allen y-Beobachtungen geschätzt, wobei die Gewichte als Anteil des Kernfunktionswertes der i-ten Beobachtung an der Gesamtsumme der Kernfunktionswerte bestimmt werden

$$\hat{E}(Y|X = x_k) = \sum_{i=1}^{n} w_i y_i \qquad k = 1, \ldots, n.$$

Die Gewichte sind definiert durch

$$w_i = \frac{K(\frac{x_i - x_k}{h_x})}{\sum_{j=1}^{n} K(\frac{x_j - x_k}{h_x})}.$$

Für i=1,...,n sind die Gewichte zu berechnen. Der resultierende Schätzer $\hat{E}(Y|X = x_k)$ heißt Nadaraya-Watson-Kernschätzer und gibt einen geglätteten Verlauf von y in Abhängigkeit von x an, da für jeden bedingten Erwartungswert alle x-Werte eingehen, allerdings immer mit unterschiedlichen Gewichten, je nach Entfernung vom betrachteten Wert x_k. An den Rändern werden die Schätzungen weniger verlässlich, da nicht nach beiden Seiten, von x_k ausgehend, etwa die gleiche Zahl von Beobachtungen vorliegt. Die Symmetrieeigenschaft für Kernschätzer geht dort verloren.

Alternativ kann das Kernschätzproblem über

$$E(Y|X = x_k) = \int y \cdot f(y|x)dy$$
$$= \int y \cdot \frac{f(x,y)}{f_x(x)}dy$$

entwickelt werden. Und zwar dient ein Produkt-Kernschätzer zur Bestimmung von

$$\hat{f}(x,y) = \frac{1}{nh_xh_y}\sum_{i=1}^{n}K_x(\frac{x_i-x_0}{h_x})\cdot K_y(\frac{y_i-y_0}{h_y})$$

und ein einfacher Kernschätzer zur Bestimmung von

$$\hat{f}(x) = \frac{1}{nh_x}\sum_{i=1}^{n}K_x(\frac{x_i-x_0}{h_x})$$

In Anlehnung an diese beiden Schätzer schlagen Nadaraya und Watson ihren oben angegebenen Kernschätzer vor.

In S-Plus lässt sich der Kernschätzer ermitteln und graphisch darstellen durch

$> lines(ksmooth(x, y, kernel ="normal", bandwidth = \cdot))$

Anstelle von normal können andere Kerne verwendet werden. Für den Punkt ($\cdot$) ist eine Bandbreite vorzugeben. SHAZAM liefert uni- und multivariate Kernschätzer mit

```
NONPAR y x1 ... xK / DENSITY METHOD=? PCOEF
```

Vom Anwender ist an der Stelle ? festzulegen, welcher Kernschätzer benutzt werden soll. Von den oben angegebenen kann mit UNIFORM, TRIANG, EPAN oder NORMAL der Rechteck-, Dreiecks-, Epanechnikov- oder Gaußkern gewählt werden. Die Option PCOEF, die nur für das Zweivariablenmodell durchführbar ist, führt dazu, dass für jede Beobachtung der geschätzte Steigungskoeffizient ausgewiesen wird.

Mit STATA können Kerndichteschätzer mit Hilfe von

```
twoway kdensity y
```

für die Variable y geplottet werden, wobei auch hier zwischen verschiedenen Kernschätzern zu wählen ist.

3.5.5 Regressionssplines

Eine Erweiterung der „stückweisen Regression" in Verbindung mit der polynomialen Regression besteht darin, abschnittweise mit gegebenenfalls unterschiedlicher Ordnung zu schätzen. Obwohl es viele Möglichkeiten der Modellierung gibt, haben sich in der

Praxis vor allem kubische Splines bewährt, die kontinuierlich verlaufen und deren erste und zweite Ableitung stetig ist. Eine Variante zu polynomialen (kubischen) Splines sind natürliche (kubische) Splines. Die zusätzliche Beschränkung gegenüber polynomialen Splines besteht darin, dass die Funktion linear außerhalb der Grenzknotenpunkte verläuft, d.h. in den beiden Grenzbereichen $f''' = f'' = 0$ gilt. Die Hauptschwierigkeit bei Splines ist die Positionierung und Festlegung der Knotenzahl. Der einfachste Weg besteht in der Annahme einer Gleichverteilung, so dass nur K, die Zahl der Knoten, festzulegen ist.

Sind $\xi_1, \ldots, \xi_K$ die Knoten und ξ_0, ξ_{K+1} die Grenzknoten, dann ist die Basisfunktion für kubische Splines

$$s(x) = \beta_0 + \beta_1 x + \beta_2 x^2 + \beta_3 x^3 + \sum_{j=1}^{K} \theta_j (x - \xi_j)_+^3$$

analog der linearen stückweisen Regression definiert, + bedeutet, es wird nur der positive Teil verwendet. Die Basisfunktion s(x) ist somit eine Linearkombination aus K+4 Grundfunktionen mit

$$P_1(x) = 1;\, P_2(x) = x;\, P_3(x) = x^2;\, P_4(x) = x^3,\, P_5(x) = (x - \xi_1)_+^3 \ldots$$

Die Funktion $s(x)$ hat jedoch nicht die für Regressionssplines empfohlene Form, da in der Plus-Version (+) nur Punkte rechts vom Knoten berücksichtigt werden, so dass der Glättungswert sehr groß sein kann. Wenn die Zahl der Knoten klein ist, wird eine zu starke Glättung vorgenommen.

3.5.6 Kubische Glättungssplines

Als Maß dafür, wie gut sich die Daten durch eine spezielle Funktion g(x) anpassen lassen, gilt

$$\sum_{i=1}^{n}(y_i - g(x_i))^2.$$

Da bei der Glättung für jeden Punkt Berechnungen vorzunehmen sind, bedarf es zusätzlich eines Maßes für die lokale Variation. Hierfür eignen sich höhere Ableitungen der Funktion. Je geringer die lokale Variation ist, um so besser ist die lokale Anpassung. Allgemeine und lokale Anpassung werden zu einer Verlustfunktion zusammengefasst

$$S_\lambda(g) = \sum_{i=1}^{n}(y_i - g(x_i))^2 + \lambda \int_a^b [g''(x)] dx,$$

wobei λ der Glättungsparameter ist. Er ist ein zu wählender Parameter, der angibt, in welchem Umfang die lokale Variation in das Gesamtmaß der Datenanpassung ($S_\lambda(g)$) eingehen soll. Das Problem der Minimierung von $S_\lambda(g)$ über alle Abschnitte für zweifach differenzierbare Funktionen im Intervall $[a,b] = [X_{[1]}, X_{[n]}]$ hat eine eindeutige Lösung, die als kubischer Spline definiert ist: $\hat{m}_\lambda$. Bei n Beobachtungen ergibt sich

$$\hat{m}_\lambda(x) = \frac{1}{n} \sum_{i=1}^{n} w_{\lambda i} y_i$$

Damit zeigt sich eine von der Struktur her ähnliche Form wie bei den Kernschätzern. Für große n, kleine λ und x_i-Werte, die nicht zu nah an den Grenzen sind, kann als Approximation für die Gewichte

$$w_{\lambda i} \sim f(x_i)^{-1} h(x_i) K_s\left(\frac{x_i - x_k}{h(x_i)}\right)$$

mit

$$K_s(u) = \frac{1}{2} \exp\left[\frac{-|u|}{\sqrt{2}}\right] \sin\left(\frac{|u|}{\sqrt{2}} + \frac{\pi}{4}\right)$$

$$h(x_i) = \lambda^{\frac{1}{4}} n^{-\frac{1}{4}} f(x_i)^{-\frac{1}{4}}$$

verwendet werden. In S-Plus kann die Lösung für $S_\lambda(x)$ mit Hilfe der Funktion

`smooth.spline`

ermittelt werden.

```
> plot (x,y)
> lines(smooth.spline(x,y))
```

liefert eine graphische Darstellung für die Originalbeobachtungen und die Glättungsfunktion. λ wird von S-Plus gewählt, kann aber auch aufgrund anderer Untersuchungen (Schätzungen) vorgegeben werden.

3.5.7 Lokalgewichtete Glättungslinien

Vorgegangen wird hier wie folgt:

(i) Wähle einen Beobachtungspunkt x_0 und suche die k nächsten Nachbarn von x_0, wodurch eine Nachbarschaft $N(x_0)$ definiert ist. Die Zahl der Nachbarn k ist festgelegt als Prozentsatz aller Beobachtungen (span).

(ii) Berechne die größte Differenz (Distanz) zu einem Nachbarn in $N(x_0)$

$$\Delta(x_0) = \max_{N(x_0)} |x_0 - x_i|.$$

(iii) Ordne jedem Punkt in $N(x_0)$ ein Gewicht zu, wobei die Gewichtungsfunktion definiert ist durch

$$w\left(\frac{|x_0 - x_i|}{\Delta(x_0)}\right)$$

mit

$$w(u) = \begin{cases} (1-u^3)^3 & \text{für } 0 \leq u < 1 \\ 0 & \text{sonst} \end{cases}$$

(iv) Berechne die gewichtete KQ-Anpassung von y in $N(x_0)$ und verwende die Prognosewerte von y als Glättungswerte für y

$$\hat{y}_0 = s(x_0).$$

Wenn immer mit der gleichen "span" gearbeitet wird, also immer die gleiche Zahl an Beobachtungen verwendet wird, ist an den Rändern eine Verzerrung der Glättung zugunsten der inneren Werte die Folge.

In S-Plus erfolgt die Glättungsberechnung und die dazugehörige graphische Darstellung über

> *plot (x,y)*
> *lines(loess.smooth(x,y))*

SHAZAM nutzt

```
NONPAR y x1 ... xK / DENSITY METHOD=LOWESS
```

um diese Form der Glättung (locally weighted scatter plot smoothing - LOWESS) vorzunehmen.

Bei STATA macht man von

```
graph twoway lowess y x
```

Gebrauch, um für das Zweivariablenmodell eine graphische Darstellung für die LOWESS-Methode präsentieren zu können.

3.5.8 Additive Modelle

Gegenüber multiplen linearen Regressionsmodellen stellen additive Modelle eine Verallgemeinerung dar. Einige oder alle linearen Funktionen der Regressoren von y werden ersetzt durch beliebige Glättungsfunktionen, wobei die exogenen Variablen weiterhin additiv miteinander verknüpft sind, d. h. $y = X\beta + u$ wird ersetzt durch

$$y = \beta_0 + \sum_{k=1}^{K} f_k(x_k) + u.$$

Bei einer noch weiteren Verallgemeinerung zu

$$y = f(x_1, \ldots, x_K) + u$$

entsteht für eine Lösung das Problem der Dimensionalität. Im mehrdimensionalen Raum ist nur schwer zu entscheiden, welche bei verschiedenen Punktekombinationen die größte

3.5 Nichtlineare Modelle

Nähe (Nachbarschaft) zu einem Bezugspunkt aufweist. Eine Vereinfachung ergibt sich zwar, wenn eine sogenannte "projection-pursuit regression"

$$y = \sum_{k=1}^{K} f(x_k'\beta) + u$$

gebildet wird. Dann ist $x_k'\beta$ jeweils eine eindimensionale Projektion des Vektors x. Solange $\beta > 1$, entsteht jedoch ein Interpretationsproblem. Für jeden Summanden k bildet eine Linearkombination mit den gleichen Bestimmungsgrößen die Grundlage für die Projektion auf y. Wie lässt sich dann k=1 von k=2 usw. trennen? In additiven Modellen ist das Problem gelöst. Hier wird getrennt für jeden Regressor eine nichtlineare Beziehung mit y hergestellt. Durch Glättung an einer einzigen Koordinate wird jede Funktion geschätzt. In diesem Fall können hinreichend viele Punkte in der Nachbarschaft eines Bezugspunktes x_0 einbezogen werden, um die Varianz niedrig halten zu können, auch wenn sie je nach Bezugspunkt x_0 sehr unterschiedlich sein kann.

Je mehr Punkte in der Nachbarschaft von x_0 liegen, eine um so geringere Varianz ist zu erwarten, um so besser wird der (nichtlineare) Verlauf, die Projektion von x auf y, bestimmt. Additive Modelle können zwar zu verzerrten Schätzern für die wahre Regressionsoberfläche führen. Es wird aber vermutet, dass der Bias geringer als bei einer hochdimensionalen Glättung ausfällt (Hastie/Tibshirani 1986, S.305).

Dieser Modelltyp stellt einerseits eine Verallgemeinerung der linearen Modelle dar und löst andererseits den „Fluch der Dimensionalität" auf. Er lässt eine einfache Interpretation darüber zu, welchen Beitrag die einzelnen Regressoren leisten. In der Praxis wird häufig eine Mischung aus linearem und allgemein additivem Modell sinnvoll sein

$$y = \beta_0 + \sum_{k=1}^{K_1} f(x_k) + \sum_{k=K_1+1}^{K} x_k \beta_k + u.$$

Die Schätzung additiver Regressionsmodelle kann auf vielen Wegen erfolgen. Die Unterschiede bestehen in der Art der Glättung, in welcher Form den Funktionen Glättungsrestriktionen auferlegt werden (vgl. Hastie/Tibshirani 1997, S.89f).

Der "backfitting algorithm" ist ein allgemeines Lösungsverfahren, das es ermöglicht, eine additives Modell an die Daten anzupassen. Das Vorgehen ist iterativ. Angenommen

$$y = \beta_0 + \sum_{k=1}^{K} f_k(x_k) + u$$

ist korrekt und $f_1, ..., f_{j-1}, f_{j+1}, ..., f_K$ sind bekannt, dann lässt sich

$$u_j = y - \beta_0 - \sum_{k \neq j} f_k(x_k)$$

als partielles Residuum definieren. Dem „Kleinste-Quadrate"-Prinzip folgend, wird

$$E(y - \beta_0 - \sum_k f_k(x_k))^2$$

minimiert, um f_k zu schätzen. Der Backfitting-Algorithmus geht von einer Anfangsannahme aus.

Schritt 1:
$$\beta_0^1 = E(y), \quad f_1^{(1)} = f_2^{(1)} = ... = f_K^{(1)} = 0$$

Schritt 2:

Für $j = 1, ..., K$ ist

$$u_j^{(2)} = y - \beta_0 - \sum_{k=1}^{j-1} f_k^{(2)}(x_k) - \sum_{k=j+1}^{K} f_k^{(1)}(x_k)$$

zu bestimmen, wobei $f_k^{(2)} = E(u_j|x_j)$. Die Schätzung von $f_k^{(2)}$ kann mit Hilfe verschiedener Verfahren erfolgen, z.B. durch Kernschätzer, lokal gewichtete Regressionsglättung, Splineregressionsglättung als nichtparametrische Verfahren oder über parametrische Ansätze wie Polynome oder kubische Splines. Wenn für alle Regressoren $k = 1, ..., K$ die Schätzungen durchgeführt worden sind, folgt Schritt 3 und es wird erneut mit $j = 1$ begonnen, jetzt auf einer höheren Stufe der Information über $f_2(x_2), ..., F_K(x_K)$. Bei jedem Schritt müssen die zuerst ermittelten $u_j^{(m)}$ und folgend $f_j^{(m)}$ mit weniger Information auskommen als die späteren. Das Verfahren wird abgebrochen, wenn

$$E(y - \beta_0 - \sum_{k=1}^{K} f_k^{(m)}(x_k))^2$$

nicht weiter reduziert werden kann. Dann steht für jeden Regressor x_k und jede Beobachtung $i = 1, ..., n$ ein geschätzter Wert zur Verfügung, die den Verlauf der Projektion von x_k auf y beschreiben und sich graphisch darstellen lassen. Additive Modelle können mit S-Plus geschätzt werden

```
AM ← gam(y  s(x1)+ ... + s(xK))
plot(AM, se=T)
```

Die Funktion gam($\cdot$) zeigt an, dass der Backfitting-Algorithmus die Funktion $f(\cdot)$ glättet. Wird anstelle von $s(\cdot)$, das Symbol für "smoothing spline", $lo(\cdot)$ gewählt, kommt das LOWESS-Verfahren zur Anwendung.

Literaturhinweise:
Bei nichtlinearen Ansätzen ist zwischen solchen zu trennen, die beim Schätzverfahren in der Tradition linearer Modelle stehen, d.h. parametrische Verfahren anwenden, und solchen, die auf nichtparametrische Verfahren abstellen. Letztere haben in den vergangenen Jahren im Zentrum der Diskussion gestanden. Exemplarisch seien hierfür Härdle(1990), Horowitz (1998) und Pagan/Ullah (1999) genannt. Darstellungen zu ersterem Typus liefern z.B. Davidson/MacKinnon (2004, Chapter 6), Greene (2003, Chapter 7+9), Griffiths, Hill und Judge (1993, Chapter 22), Hübler (1989, Kapitel 9) und Stock/Watson (2002, Chapter 6). Einen kurzen Überblick zu Optimierungsverfahren für nichtlineare Modelle liefern z.B. Judge u.a. (1985, S.951ff) und Wooldridge (2002, S.372ff).

3.6 Modelle mit diskreten und zensierten Variablen

In den voranstehenden Abschnitten wurde fast durchgängig, zumindest implizit, davon ausgegangen, dass die beobachteten Variablen in ihrem Wertebereich nicht eingeschränkt sind. Im Kapitel 1.3.4 sowie 2.2.2 ist aber darauf aufmerksam gemacht worden, dass es andere Formen geben kann. Insbesondere bei mikroökonomischen Datensätzen besitzt ein Großteil der Informationen nur qualitativen Charakter. Daneben kann es sich um diskrete Variablen handeln, meist Zählvariablen (0,1,2,...) wie die Zahl der Beschäftigungsverhältnisse. Auch Variablen, die nur in einem vorgegebenen Bereich existieren können, wie Prozentzahlen oder Zahl der Arbeitsstunden pro Tag, sind zu beachten. Die Bedeutung qualitativer Variablen ist jedoch nicht auf den mikroökonomischen Bereich beschränkt. Auf aggregierter Ebene werden Ereignisse, wie die deutsche Einheit, die Einführung wirtschaftspolitischer Maßnahmen, etwa die Abschaffung der Vermögenssteuer, die Unterscheidung zwischen Kriegs- und Friedenszeiten oder politisch institutionelle Gegebenheiten, wie die regierende Partei oder die Zugehörigkeit zur EU, in ökonometrischen Modellen durch qualitative Variablen erfasst. Bei makroökonomischen Ansätzen ist diese Form der Variablenmessung im Wesentlichen auf erklärende Bestimmungsgrößen beschränkt. Kaum ist sie jedoch im Gegensatz zu mikroökonomischen Modellen für zu erklärende Größen zu finden. Aus methodischer Sicht haben qualitative endogene Variablen jedoch weitreichendere Konsequenzen.

3.6.1 Qualitative exogene Variablen

Qualitative Informationen werden üblicherweise durch [0,1]-Variablen gemessen

$$D = \begin{cases} 1, \text{ wenn ein Beobachtungsträger eine Eigenschaft besitzt} \\ 0 \text{ sonst.} \end{cases}$$

Sie heißen auch Dummy-Variablen – vgl. Kapitel 2.2.2. Bei aggregierten Zeitreihendaten wird eine Dummy-Variable D vor allem in zwei Fällen gebildet. Entweder nimmt D nur dann den Wert Eins an, wenn eine bestimmte Situation eintritt, eine Maßnahme ergriffen wird, oder solange diese Situation anhält, das heißt z. B. nur zu Beginn der Erhebung des Solidaritätszuschlags oder in allen Perioden, in denen der Solidaritätszuschlag erhoben wurde. Insbesondere im ersten Fall taucht ein Interpretationsproblem auf. Innerhalb einer Periode treten üblicherweise mehrere, die Outputvariable beeinflussende Ereignisse ein, so dass eine eindeutige Zuordnung, welches Ereignis wirksam ist, kaum möglich erscheint – vgl. auch Kapitel 2.6.1. Probleme beim Ermitteln des einperiodischen Effektes (Anstoßeffekt) sind auch dann zu erwarten, wenn eine Maßnahme nach einer Periode außer Kraft gesetzt und durch eine neue, ähnliche Maßnahme ersetzt wird. Vergleichbare Wirkungen sind in diesem Fall zu erwarten, oder anders ausgedrückt, die Variablen für die verschiedenen Maßnahmen korrelieren stark miteinander (Multikollinearität – vgl. Kapitel 3.9.2). Dies hat zur Konsequenz, dass sich große Varianzen der Schätzfunktionen für die Koeffizienten der Dummy-Variablen ergeben. Die Einflüsse der Maßnahmen werden damit häufig als statistisch insignifikant ausgewiesen, obwohl ein Zusammenhang besteht.

Im einfachsten Fall wird in einem Zweivariablenmodell eine zu erklärende Variable y nur durch eine Dummy-Variable erklärt, wenn z. B. untersucht wird, ob die Arbeitslosenquote (ALQ) in der BR Deutschland davon abhängt, welche Partei den Regierungschef stellt (z. B. SPD)

$$ALQ = \beta_0 + \beta_1 SPD + u,$$

wobei

$$SPD = \begin{cases} 1, \text{ wenn der Bundeskanzler der SPD angehört} \\ 0 \text{ sonst.} \end{cases}$$

In diesem Fall lassen sich die Koeffizienten β_0 und β_1 sehr einfach interpretieren, da

$$E(ALQ|SPD=1) = \beta_0 + \beta_1$$
$$E(ALQ|SPD=0) = \beta_0.$$

Die Schätzung von β_0 gibt an, wie groß im Durchschnitt die Arbeitslosenquote in der BR Deutschland bisher unter nicht SPD-geführten Regierungen war, während $\hat{\beta}_1$ anzeigt, wie groß der durchschnittliche Unterschied in der Arbeitslosenquote von SPD- und nicht SPD-geführten Regierungen war. Soll der Ansatz erweitert werden um

$$CDU = \begin{cases} 1, \text{ wenn der Bundeskanzler der CDU angehört} \\ 0 \text{ sonst,} \end{cases}$$

soll also

$$ALQ = \beta_0 + \beta_1 SPD + \beta_2 CDU + u =: X\beta + u$$

geschätzt werden, so führt dies Vorgehen in die **Dummy-Variablenfalle**. Da es in der BR Deutschland bisher nur CDU- oder SPD-geführte Regierungen gab, folgt eine singuläre Designmatrix X wegen SPD + CDU = 1. Die Scheinvariable für das absolute Glied, die für alle Beobachtungen, hier Jahre, den Wert Eins hat, ist eine Linearkombination aus den beiden Dummy-Variablen SPD und CDU. Eine Möglichkeit, die Dummy-Variablenfalle zu vermeiden, ist eine homogene Regression zu modellieren. Wird also auf das absolute Glied verzichtet

$$ALQ = \beta_1 SPD + \beta_2 CDU + u = X\beta + u,$$

dann ist die Designmatrix X nicht mehr singulär. In diesem Fall muss das Bestimmtheitsmaß R^2 – vgl. Abschnitt 2.4.7 – nicht mehr zwangsläufig im [0;1]-Bereich liegen.

3.6 Modelle mit diskreten und zensierten Variablen

Beispiel: Arbeitslosigkeit, Inflation und Bundeskanzler 1950-2003

Für den Zeitraum 1950-2003 wird untersucht, ob die Arbeitslosenquote (ALQ) und die Inflationsrate (IR) in Deutschland davon abhängt, welche Partei den Bundeskanzler stellt. Es heißt häufig, dass SPD-geführte Regierungen sich mehr um die Beseitigung der Arbeitslosigkeit kümmern, während CDU-geführte Regierungen besonders darauf achten, dass die Inflation niedrig ist. Der Ausspruch des früheren Bundeskanzlers Helmut Schmidt ist dafür ein Beleg: „Fünf Prozent Inflation sind mir lieber als fünf Prozent Arbeitslosigkeit." Als erklärende Variablen werden die Dummy-Variablen SPD-KANZLER (=1, wenn die SPD die Regierung führt) und EINHEIT (=1 ab 1990) aufgenommen. Einfache OLS-Schätzungen mit STATA haben zu folgenden Ergebnissen geführt:

. regress ALQ SPD-KANZLER if Jahr>1949 & Jahr<1990
. regress ALQ SPD-KANZLER EINHEIT if Jahr>1949 & Jahr<2001
. regress ALQ SPD-KANZLER EINHEIT if Jahr>1949 & Jahr<2004

ALQ	1950-1989		1950-2000		1950-2003	
	Coef.	t	Coef.	t	Coef.	t
SPD-KANZLER	-1,7969	-1,92	-1,2350	-1,40	-0,9243	-1,15
EINHEIT			5,8711	6,03	6,2751	7,27
KONSTANTE	4,2815	8,01	4,0989	7,71	3,9979	7,82
R^2	0,064		0,439		0,513	

. regress IR SPD-KANZLER if Jahr>1949 & Jahr<1990
. regress IR SPD-KANZLER EINHEIT if Jahr>1949 & Jahr<2001
. regress IR SPD-KANZLER EINHEIT if Jahr>1949 & Jahr<2004

IR	1950-1989		1950-2000		1950-2003	
	Coef.	t	Coef.	t	Coef.	t
SPD-KANZLER	2,8404	6,14	1,9846	4,00	1,5261	3,23
EINHEIT			-0,5740	-1,07	-1,1449	-2,30
KONSTANTE	2,1750	7,03	2,5586	7,26	2,7642	7,82
R^2	0,567		0,356		0,300	

Es zeigt sich, dass die Vorzeichen zwar den Erwartungen entsprechen, dass der Einfluss einer SPD-Kanzlerschaft auf die Arbeitslosenquote jedoch statistisch nicht gesichert ist. Je nachdem, welche Periode zugrunde gelegt wird, fallen die Koeffizientenschätzungen unterschiedlich aus. Dies macht das zuvor geschilderte Problem bei Dummy-Variablen deutlich, wenn aggregierte Zeitreihendaten verwendet werden. Die Schätzergebnisse zur Inflation entsprechen den Erwartungen und sind statistisch gesichert. Unter einer CDU-geführten Regierung betrug über die Gesamtperiode 1950-2003 die durchschnittliche Arbeitslosenquote ca 4% und die Inflationsrate $2\frac{3}{4}$%. Demgegenüber lag die Arbeitslosenquote ca 1% niedriger und die Inflationsrate 1,5% höher, wenn die SPD den Bundeskanzler gestellt hat. ⋄

Hat ein qualitatives Merkmal mehr als zwei Ausprägungen, so wird dies zerlegt in (L-1)-Dummy-Variablen, wenn L die Zahl der Ausprägungen ist.

Beispiele:

- Saisonabschnitte (1. Quartal, 2. Quartal, 3. Quartal, 4. Quartal)
- Wirtschaftsbereiche (Landwirtschaft, Produzierendes Gewerbe, Dienstleistungsbereich)
- Schulabschluss (Hauptschule, Realschule, Gymnasium). ⋄

Um die Dummy-Variablenfalle zu umgehen, kann, statt eine homogene Regression zu schätzen, die Zahl der Dummy-Variablen zur Erklärung einer endogenen Varibalen um Eins gegenüber der Zahl der Ausprägungen verringert werden. Die nicht explizit aufgenommene Ausprägung (Gruppe) heißt **Kontroll- oder Standardgruppe**. Die Wahl der Kontrollgruppe ist im Prinzip frei. Bei der Interpretation der Ergebnisse muss jedoch darauf geachtet werden. Außerdem ist die Wahl einer stark besetzten Kontrollgruppe empfehlenswert, da anderenfalls verstärkt insignifikante Koeffizientenschätzungen auftreten. Dies ist allerdings auch der Fall, wenn sich der Einfluss zwischen den einzelnen Ausprägungen kaum unterscheidet. Aus dieser Sicht empfiehlt sich die Wahl einer Randgruppe, also z. B. Hauptschulabschluss oder Gymnasium und weniger Realschulabschluss in dem dritten Beispiel.

Regressionsgleichungen, die neben einer Dummy-Variablen (D) auch eine stetige Variable als erklärende Größe beinhalten, lassen sich graphisch einfach darstellen. Angenommen, das Arbeitseinkommen (Y) in logarithmierter Form wird in Abhängigkeit von der Arbeitszeit (AZEIT) und dem Geschlecht (SEX = 1, wenn Mann) geschätzt, dann erhält man aus der Beziehung

$$\ln Y = \beta_0 + \beta_1 \, SEX + \beta_2 \, AZEIT + u$$

folgende Abbildung

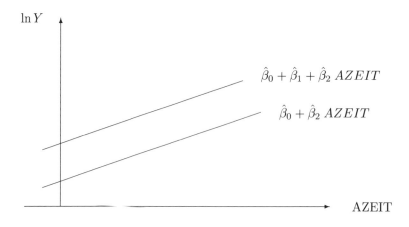

Die Dummy-Variable SEX drückt sich durch Parallelverschiebung der Einkommensfunktion für Männer gegenüber der von Frauen aus.

Eine Erweiterung des Ansatzes ergibt sich durch die Einführung von **Interaktionsvariablen**. In dem Beispiel sollte beachtet werden, dass Einkommensunterschiede zwischen Frauen und Männern, die auf nicht erfasste Variablen zurückzuführen sind und dann häufig als Diskriminierung interpretiert werden, auch von der Dauer der Arbeitszeit abhängen. Frauen haben im Durchschnitt eine kürzere Arbeitszeit als Männer. Um dies ökonometrisch zu erfassen, wird der Ansatz

$$\ln Y = \beta_0 + \beta_1 \, SEX + \beta_2 \, AZEIT + \beta_3 \, (SEX \cdot AZEIT) + u$$

gewählt. Hier ergeben sich als bedingte Erwartungswerte

$$E(\ln Y | SEX = 0) = \beta_0 + \beta_2 \, AZEIT$$
$$E(\ln Y | SEX = 1) = (\beta_0 + \beta_1) + (\beta_2 + \beta_3) \, AZEIT.$$

Dies entspricht graphisch einer Verschiebung und Drehung.

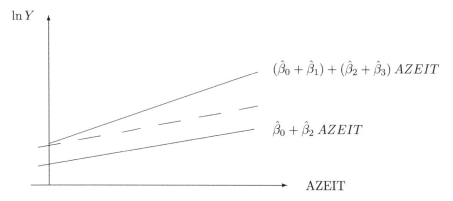

Bei dieser Modellbildung ist es auch möglich, dass sich die beiden Regressionsbeziehungen für SEX=1 und SEX=0 schneiden. Der Koeffizient β_3 müsste dann negativ sein und außerdem ist $\beta_2 - \beta_3 < 0$ notwendig. Inhaltlich bedeutete dies in unserem Beispiel, Männer erhalten pro zusätzliche Arbeitsstunde einen geringeren Lohnzuwachs als Frauen. Zu beachten ist, dass die Schätzung des Interaktionsmodells $lnY = \beta_0 + \beta_1 SEX + \beta_2 AZEIT + \beta_3 (SEX \cdot AZEIT) + u$ und die getrennte Schätzung $lnY = \beta_0 + \beta_2 AZEIT + u$ für Frauen und Männer üblicherweise nicht identisch sind. Der Unterschied besteht darin, dass die gemeinsame Schätzung von einer einheitlichen Störgröße bei Frauen und Männern ausgeht.

Beispiel: Lohn, unbezahlte Überstunden und Geschlecht 2002

Auf Basis der Daten des SOEP für das Jahr 2002 wird der logarithmierte Stundenlohn (lnY) in Abhängigkeit von der unbezahlten Wochenarbeitszeit (UESTU) zum einen getrennt für Frauen (SEX=0) und Männer (SEX=1) und zum anderen – wie oben beschrieben – als Interaktionsmodell geschätzt

. regress lnY SEX UESTU SEX·UESTU
. regress lnY UESTU if SEX==1
. regress lnY UESTU if SEX==0

lnY	alle Coef.	Std. Err.	Männer Coef.	Std. Err.	Frauen Coef.	Std. Err.
SEX	0,2229	0,0126				
UESTU	0,0146	0,0045	0,0342	0,0028	0,0137	0,0044
SEX·UESTU	0,0205	0,0053				
KONSTANTE	2,4443	0,0090	2,6672	0,0090	2,4443	0,0088
R^2	0,056		0,023		0,002	
N	9817		5176		4641	

Festzuhalten sind folgende Ergebnisse: Erstens ist die Differenz der Koeffizienten der Variablen UESTU in der getrennten Schätzung für Männer (0,0342) und Frauen (0,0137) gleich dem Koeffizienten des Interaktionsterms in der gemeinsamen Schätzung (0,0205). Zweitens ist die Differenz der absoluten Glieder aus den getrennten Schätzungen für Männer (2,6672) und Frauen (2,4443) gleich dem Koeffizienten für die Variable SEX in der gemeinsamen Schätzung (0,2229). Drittens ist das absolute Glied in dem Interaktionsmodell gleich dem absoluten Glied in der isolierten Schätzung für Frauen (2,4443). Diese Zusammenhänge sind nicht datenbedingt, sondern ergeben sich allgemein, vorausgesetzt die Variable SEX ist eine Dummy-Variable in der angegebenen Form. Anzumerken bleibt als interessantes Ergebnis, dass die Stundenlöhne signifikant mit den unbezahlten Überstunden zunehmen - zur Vertiefung dieser Thematik vgl. Hübler (2000, 2002). ⋄

3.6.2 Qualitative endogene Variablen

Erklärt werden soll, warum sich Wirtschaftssubjekte, Individuen oder Betriebe, in einer bestimmten Weise verhalten oder entscheiden. Aber auch die empirische Analyse, weshalb die Zuordnung zu einer Merkmalsausprägung wahrscheinlicher als zu einer anderen ist, je nachdem welche Merkmale eine Person, ein Unternehmen aufweist, gehört in diesen Untersuchungsabschnitt.

Den einfachsten Fall bildet eine Entscheidung zwischen zwei Alternativen (0,1). Situation (Zustand) 1 wird präferiert, wenn der Nutzen U größer als in Situation 0 ist. Formal wird dieser Zusammenhang beschrieben durch eine Indikatorvariable I

$$I = \begin{cases} 1, \text{ wenn } U_1 \geq U_0 \\ 0, \text{ wenn } U_1 < U_0. \end{cases}$$

Genau genommen müsste $U_1 = U_0$ ausgeschlossen werden. In diesem Fall ist eine Person indifferent.

Beispiele:

- exportieren oder nicht
- Subventionen beantragen oder nicht
- Werbungsausgaben erhöhen oder nicht
- Kredite aufnehmen oder nicht. ◊

Hängt die Entscheidung nur von einem beobachtbaren Bestimmungsgrund X ab, so lässt sich als Regressionsmodell schreiben

$$I = \beta_0 + \beta_1 X + u.$$

Z. B. kann die Entscheidung, die Werbungskosten zu erhöhen, von den Gewinnen der Vorperiode abhängen oder die Entscheidung, eine Nebentätigkeit aufzunehmen, vom Arbeitseinkommen bei der Haupterwerbstätigkeit.

Im Prinzip könnten die Koeffizienten β_0 und β_1 mit dem bisher entwickelten methodischen Instrumentarium geschätzt werden. Das zentrale Problem wird deutlich bei Bildung des Erwartungswertes. Da mit I eine diskrete, genauer gesagt, eine binäre endogene Variable vorliegt, folgt

$$E(I) = 1 \cdot P(I = 1) + 0 \cdot P(I = 0) = P(I = 1) = \beta_0 + \beta_1 X.$$

Im Durchschnitt beschreibt die angegebene Regression damit eine Wahrscheinlichkeit, die nur im Bereich [0,1] liegen kann. Eine KQ-Schätzung stellt jedoch nicht sicher, dass

$$0 \leq \hat{I} = \hat{\beta}_0 + \hat{\beta}_1 X \leq 1.$$

Vor allem, wenn P(I=1) in der Nähe von Null oder Eins liegt, muss nach alternativen, nichtlinearen Schätzansätzen gesucht werden. Anstelle der Indikatorvariablen, durch die die beobachtete Entscheidung zum Ausdruck kommt, kann ein Nutzenmodell betrachtet werden ($U = U_1 - U_0$)

$$U = \alpha_0 + \alpha_1 X + \varepsilon,$$

wobei für die Störgröße ε die Bedingungen des klassischen Regressionsmodells angenommen werden, ε folgt einer standardisierten Normalverteilung mit dem Erwartungswert Null und der Standardabweichung von Eins ($\varepsilon \sim N(0,1)$). Die endogene Variable U kann jedoch üblicherweise nicht beobachtet werden. Über die Verbindung mit I lässt sich ein schätzbarer Ansatz formulieren

$$\begin{aligned} P(I=1) &= P(U_1 \geq U_0) = P(U \geq 0) = P(\varepsilon \geq -\alpha_0 - \alpha_1 X) \\ &= 1 - P(\varepsilon < -\alpha_0 - \alpha_1 X) \\ &= 1 - \Phi(-\alpha_0 - \alpha_1 X) = \Phi(\alpha_0 + \alpha_1 X) \\ &= \int_{-\infty}^{E(U)} (2\pi)^{-\frac{1}{2}} \exp(-\frac{\varepsilon^2}{2}) d\varepsilon. \end{aligned}$$

Die Verteilungsfunktion stellt sicher, dass aus einer Schätzung von α_0 und α_1 über $\Phi(\hat{\alpha}_0 + \hat{\alpha}_1 X)$ ein Wert zwischen 0 und 1 folgt. Zwar ist das Nutzenmodell linear, nicht jedoch das Beobachtungsmodell $P(I=1) = \Phi(\alpha_0 + \alpha_1 X)$, das bei Annahme von $\varepsilon \sim N(0,1)$ **Probitmodell** heißt.

Die Schätzung erfolgt über die Likelihood-Funktion. Ziel ist, das Produkt der Wahrscheinlichkeiten der diskreten Variablen I zu maximieren

$$L = \prod_{i=1}^{n} P(I_i = 1)^{I_i} \cdot P(I_i = 0)^{1-I_i},$$

wobei n die Zahl der Beobachtungsträger ist und m die Zahl derjenigen Beobachtungsträger, die sich für Zustand 1 entschieden haben.

Der einfachere Weg besteht in der Maximierung der logarithmierten Likelihood-Funktion

$$\begin{aligned} \frac{\partial \ln L}{\partial \alpha_0} = \sum_{i=1}^{n} \Big(& I_i \frac{\partial \ln L}{\partial \Phi(\alpha_0 + \alpha_1 X_i)} \cdot \frac{\partial \Phi(\alpha_0 + \alpha_1 X_i)}{\partial \alpha_0} \\ & - (1 - I_i) \frac{\partial \ln L}{\partial (1 - \Phi(\alpha_0 + \alpha_1 X_i))} \cdot \frac{\partial (1 - \Phi(\alpha_0 + \alpha_1 X_i))}{\partial \alpha_0} \Big) = 0. \end{aligned}$$

Analog ist

$$\frac{\partial \ln L}{\partial \alpha_1} = 0$$

zu bilden. Für die Bestimmung von $\hat{\alpha}_0$ und $\hat{\alpha}_1$ bedarf es eines Lösungsverfahrens für nichtlineare Gleichungen – vgl. Kapitel 3.5.1 und 3.5.2. Das Vorgehen erfolgt iterativ. In üblichen Softwareprogrammen sind Schätzverfahren dieser Art implementiert. Das Beobachtungsmodell macht deutlich, dass die geschätzten Koeffizienten nicht wie im linearen (Regressions-)Modell als marginale Änderung der endogenen Variablen bei Änderung der exogenen Variablen um eine Einheit interpretiert werden können. Vielmehr gilt

$$\frac{\partial P(I_i = 1)}{\partial X_i} = \Phi'(\alpha_0 + \alpha_1 X_i)\alpha_1 = \varphi(\alpha_0 + \alpha_1 X_i)\alpha_1 \neq \alpha_1.$$

Während in Randbereichen der Standardnormalverteilung eine Veränderung von X_i kaum eine Änderung von $P(I_i = 1)$ bewirkt, ist der Einfluss im mittleren Bereich sehr viel größer.

Anstelle der Normalverteilungsannahme für die Störgröße im Nutzenmodell wird häufig eine logistische Verteilung zugrunde gelegt. Daraus folgt das **Logitmodell**, das analog zu dem des Probitmodells geschätzt wird. Die Wahrscheinlichkeit, dass die Indikatorvariable den Wert Eins annimmt, ist dann

$$P(I=1) = F(\alpha_0 + \alpha_1 X) = \frac{1}{1 + \exp(-\alpha_0 - \alpha_1 X)}.$$

Das Logitmodell ist leichter handhabbar, da P(I=1) nicht durch ein Integral darzustellen ist. Die bisher auf einen Regressor beschränkte Darstellung der Probit- und Logitmodelle kann problemlos auf K Regressoren erweitert werden. Eine eindeutige Antwort darauf, wann welches der beiden Modelle vorzuziehen ist, lässt sich nicht geben. In Eingleichungsmodellen weichen die Ergebnisse meist nicht sehr viel voneinander ab. Der Verlauf der Verteilungsfunktion der Standardnormalverteilung und der logistischen Verteilung ist ähnlich. Allerdings sind die Verteilungsenden bei letzterem Ansatz etwas stärker besetzt. Dies kann in Einzelfällen den Ausschlag geben, welches Modell verwendet werden soll.

Im Probit- und im Logitmodel lassen sich asymptotische t-Werte für die Schätzfunktionen der einzelnen Koeffizienten berechnen, die den Werten der standardisierten Normalverteilung entsprechen und ansonsten wie im linearen Modell zu interpretieren sind. Ein dem Bestimmtheitsmaß im linearen Modell ähnlicher Indikator ist das Pseudo-R^2 nach McFadden, das berechnet wird durch

$$Pseudo-R^2 = 1 - \frac{ln\hat{L}}{ln\hat{L}_0},$$

wobei $\hat{L}$ der Likelihoodfunktion unter Verwendung der ML-Schätzwerte entspricht. Die Größe $\hat{L}_0$ ist die entsprechende Größe, wenn das Modell nur aus einem absoluten Glied besteht. Da $ln\hat{L} \leq 0$, $ln\hat{L}_0 \leq 0$ und $|ln\hat{L}| \leq |ln\hat{L}_0|$, folgt

$$0 \leq Pseudo-R^2 \leq 1.$$

Obwohl der Wertebereich von Pseudo-R^2 dem von R^2 im klassischen linearen inhomogenen Regressionsmodell entspricht, kann diese Größe nicht als Anteil der erklärten Varianz der endogenen Variablen durch das Modell interpretiert werden. Das McFadden-Pseudo-R^2 ist zwar das am häufigsten verwendete Gütemaß bei Modellen mit qualitativ endogenen Variablen, es existieren jedoch andere, die der Bedeutung von R^2 sehr viel näher kommen. Neben dem Pseudo-R^2 nach McFadden kann auch ein Likelihood-Ratio-Test

$$\lambda = -2[lnL - lnL_0] \sim \chi_1^2$$

durchgeführt werden, der prüft, ob die exogene Variable X einen statistich gesicherten Einfluss auf die endogene Variable hat. Besteht das Modell aus K echten Regressoren, ist χ_1^2 durch χ_K^2 zu ersetzen.

Der Befehl bei SHAZAM zur Durchführung einer Probit- oder Logitschätzung lautet

PROBIT D $x1$ ... xK

LOGIT D $x1$ ... xK

wobei D die beobachtbare Dummy-Variable ist. Mit dieser Schätzung werden verschiedene Pseudo-R^2-Werte sowie die Likelihood-Teststatistik ausgewiesen. Aus letzterer ist zu entnehmen, ob die Regressoren zusammen einen statistisch signifikanten Einfluss auf die endogene Variable aufweisen. Genauso müssen bei STATA die beiden Schätzverfahren aufgerufen werden

probit D $x1$ ... xK

logit D $x1$ ... xK

Beispiel: Wer ist Manager?

Mit STATA wird auf Grundlage der Daten des SOEP 2002 eine Probit- und zum Vergleich eine Logitschätzung zur Bestimmung der Wahrscheinlichkeit, dass ein abhängig Beschäftigter Manager ist, durchgeführt. Beobachtbar ist der Status in Form einer Dummy-Variablen MANAGER (=1, wenn Manager). Als Bestimmungsmerkmale werden folgende persönliche Charakteristika herangezogen: Alter (ALTER), Geschlecht (SEX=1, wenn Mann; =0, wenn Frau), Schulabschluss, gemessen durch die Zahl der Schuljahre (SCHULE), Berufsausbildung, ausgedrückt in Jahren (BERUFSAUSB)

. probit MANAGER ALTER SEX SCHULE BERUFSAUSB
. logit MANAGER ALTER SEX SCHULE BERUFSAUSB

MANAGER	Probit			Logit		
	Coef.	Std. Err.	z	Coef.	Std. Err.	z
ALTER	0,0158	0,0012	13,01	0,0271	0,0021	12.81
SEX	0,6556	0,0286	22,90	1,1727	0,0522	22.47
SCHULE	0,1702	0,0074	23,08	0,3368	0,0147	22.96
BERUFSAUSB	0,2349	0,0168	14,00	0,3786	0,0305	12.42
KONSTANTE	-4,4370	0,1027	-43,19	-8,0191	0,1951	-41.10
Pseudo-R^2	0,146			0,150		
N	12450			12450		
LRT	1846,47			1895,09		

An den Ergebnissen fällt auf, dass zwar die asymptotischen t-Werte bei der Probit- und Logitschätzung sehr ähnlich sind. Dies gilt jedoch weniger für die Koeffizienten. Der Grund liegt darin, dass die Probitschätzung auf die standardisierte Normalverteilung abstellt, während die Logitschätzung die unstandardisierte logistische Verteilung zugrunde legt. Um die Koeffizienten vergleichbar zu machen, müssen die Logitkoeffizienten durch $\pi/\sqrt{3}$ geteilt werden, da $V(u) = \pi^2/3$ für die logistische Verteilung gilt. Amemiya (1981) schlägt als Alternative die Transformation $0{,}4 \cdot \beta_{logit}$ vor und glaubt dadurch eine Verbesserung erzielen zu können. Die in der voranstehenden Tabelle wiedergegebenen Logitkoeffizienten führen bei den beiden Transformationen zu nachstehenden Werten

	$\sqrt{3}/\pi \cdot \beta_{logit}$	$0{,}4 \cdot \beta_{logit}$
ALTER	0,0149	0,0108
SEX	0,6465	0,4691
SCHULE	0,1857	0,1343
BERUFSAUSB	0,2087	0,1514
KONSTANTE	-4,4212	-3,2076

Nach beiden Transformationen liegen die angepassten Logitkoeffizienten näher an den Probitkoeffizienten als vorher, wobei die Anpassung im ersten Fall entgegen Amemiyas Vermutung besser ausfällt. ⋄

3.6.3 Zähldaten, multinomiale und zensierte Variablen

Qualitative Variablen wurden bisher nur für den Fall interpretiert, dass lediglich zwei Ausprägungen vorliegen. Auch wenn sich qualitative Merkmale mit mehr als zwei Ausprägungen immer auf diesen Standardfall zurückführen lassen, ist damit ein Informationsverlust verbunden. Wird z.B zwischen der Stellung im Beruf unterschieden – Arbeiter, Angestellter, Beamter, Selbstständiger –, dann bedeutet z.B die Zusammenfassung Beamter und Nichtbeamter eine Vergröberung, die unterschiedliche Verhaltensweisen zudeckt. Zwar ist bei einzelnen Problemstellungen, wie Arbeitsplatzsicherheit, die Gruppe der Nichtbeamten, gleichgültig welcher Teilgruppe sie entstammen, recht klar gegenüber Beamten abzugrenzen. Beim Einkommen geht dies schon sehr viel weniger. In der empirischen Wirtschaftsforschung werden daher gesonderte Methoden zur Behandlung für **multinomiale Merkmale**, d.h. Merkmale mit mehr als zwei Ausprägungen, entwickelt. Der einfachste Ansatz ist stark an dem binären Logitansatz orientiert. STATA bietet hierfür die Möglichkeit zur Schätzung mit

`mlogit KV x1 ... xK, base(c)`

wobei KV eine kategoriale Variable mit C Ausprägungen ist, der die numerischen Werte c=1,2,...,C zuzuordnen sind. Eine der Ausprägungen muss als Standardgruppe gewählt werden. Unterbleibt die Option base(c), so bestimmt STATA automatisch eine Basiskategorie, für die keine Schätzungen ausgewiesen werden.

Wenn jedoch die Ausprägungen geordnet sind, also eine natürliche Reihenfolge vorliegt, wie z.B. bei Größenklassen oder Ratings, d.h. Beurteilungen nach den Kategorien sehr gut, gut, weniger gut, schlecht, dann muss dieser Information Rechnung getragen werden. Während im ersten Fall die Klassenabgrenzung eindeutig ist, liefert der zweite Fall hierfür zumeist keinen Anhaltspunkt. Ähnlich dem nicht beobachtbaren Nutzenmodell bei beobachtbaren endogenen [0,1]-Variablen wird hier von der Vorstellung ausgegangen, dass die Beurteilung eines Zustandes anhand einer nicht beobachtbaren Variablen erfolgt. Die üblicherweise angewandte Methodik ermöglicht es, latente Klassengrenzen zwischen den Ausprägungen zu bestimmen, wenn einem Modell eine ordinale endogene Variable zugrunde liegt.

Ein weiterer wichtiger Fall ist die **Zählvariable**. Gemeint ist eine diskrete Variable, die nur nichtnegative ganze Werte annehmen kann (0,1,2,...). Beispiele hierfür bilden die Zahl der erhaltenen Aufträge, Anrufe, Patente, Arbeitslosigkeitsperioden, Zahl der Unternehmenszusammenbrüche innerhalb eines bestimmten Zeitraums. Aus methodischer Sicht sind diese Beispiele weniger bedeutsam, wenn es sich um erklärende Variablen handelt. Hier ist lediglich darauf zu achten, dass der geschätzte Koeffezient nicht als Differential dy/dx interpretiert werden kann. Sind endogene Variablen Zählvariablen, so ist offensichtlich, dass die Störgröße dann nicht normalverteilt sein kann. Die Annahme einer Poissonverteilung ist hier zwar üblich, aber in den meisten Fällen nicht gerechtfertigt, da bei der Poissonverteilung Erwartungswert und Varianz gleich sein müssen. Das Schätzkommando für STATA heißt

`poisson` $ZV \quad x1 \quad ... \quad xK, base(c)$

ZV ist die Abkürzung für eine Zählvariable, die die Werte der ersten natürlichen Zahlen 0,1,2, ... annimmt. Eine Alternative bildet die negative Binomialverteilung, die flexibler als die Poissonverteilung ist und bei der sich V(ZV)/E(ZV)>1 ergibt. Das heißt, es liegt Überdispersion vor. Für das STATA-Kommando muss lediglich "poisson" durch "nbreg" ersetzt werden.

Ein letzter, hier angesprochener und in der empirschen Wirtschaftsforschung sehr wichtiger Fall ist der der **begrenzt abhängigen Variablen**. Dies bedeutet, es liegt eine Begrenzung des Wertebereiches vor. Innerhalb dieser Grenzen kann die Variable jedoch jeden Wert annehmen. Die Begrenzung kann nach beiden Seiten oder nur nach einer Seite vorliegen. Beispiele sind die Arbeitszeit pro Tag oder der in Anspruch genommene Kredit innerhalb eines vorgegebenen Kreditrahmens. Die Gründe für einen beschränkten Wertebereich können sehr unterschiedlich sein: natürliche Grenzen bei der Länge eines Arbeitstages, beobachtungsbedingte oder institutionell bedingt festgelegte Grenzen wie Einkommen aus der Einkommensteuerstatistik. Im letzten Fall ist erst ab einem bestimmten Einkommen, von Sonderfällen abgesehen, Einkommenssteuer zu zahlen, so dass nicht alle Einkommen erfasst werden.

Angenommen, die Daten der Beschäftigtenstatistik sollen zur Analyse der Einkommen in Abhängigkeit eines sozioökonomischen Merkmals X, z.B. des Alters, verwendet werden. Die für die Erhebung benutzte Datei der Kranken- und Rentenversicherung im intergrierten Meldeverfahren der Sozialversicherung umfasst aber nur versicherte Arbeitnehmer. Neben Beamten, Selbstständigen, mithelfenden Familienangehörigen und geringfügig Beschäftigten sind auch Personen ab einem bestimmten Einkommen nicht mehr versicherungspflichtig. Nur bis zur Höhe der Beitragsbemessungsgrenze besteht eine Zwangsversicherung. Es gibt also eine Ober- und Untergrenze (c_2, c_1) der Versicherungsbeiträge und Einkommen.

Bei der begrenzt abhängigen Variablen „Einkommen (y)" sind allgemein zwei Fälle zu unterscheiden:

3.6 Modelle mit diskreten und zensierten Variablen

- Es werden nur Personen berücksichtigt, für die gilt: $c_1 \leq y \leq c_2$ (abgeschnittene Stichprobe)
- Auch Personen, für die $y < c_1$ oder $y > c_2$ gilt, sollen durch ergänzende Befragungen in die Analyse einbezogen werden, wobei das Einkommen aufgrund häufig verweigerter Angabe oder fehlerhafter Angabe in diesen Bereichen nicht exakt erfragt wird, sondern nur die Angabe gemacht werden soll, ob das Einkommen oberhalb von c_2 oder unterhalb von c_1 liegt (zensierte Stichprobe).

Bei einer zensierten Stichprobe führt, falls für die zensierten Angaben $y = c_1$ oder $y = c_2$ verwendet wird, eine KQ-Schätzung zu verzerrten Schätzungen. Die folgende Graphik macht das Schätzproblem deutlich.

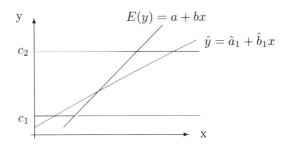

Selbst wenn im Mittel der wahre Zusammenhang, z.B. zwischen Einkommen (y) und Alter (x), linearer Natur wäre, würde nicht $\hat{y} = \hat{a} + \hat{b}x$, sondern $\hat{y} = \hat{a}_1 + \hat{b}_1 x$ ermittelt.

Es könnte argumentiert werden, dieser Effekt sei allein auf die zensierten Angaben zurückzuführen. Die Beschränkung bei der Schätzung auf Angaben aus der abgeschnittenen Stichprobe löse das Problem und habe zudem den Vorteil, auf zusätzliche Erhebungen verzichten zu können. Dies ist insoweit richtig, als sich die Aussagen nur auf die abgeschnittene Stichprobe beziehen. Sollen die Aussagen jedoch für die Gesamtbevölkerung Gültigkeit besitzen, so ist auch hier mit Verzerrungen zu rechnen, selbst wenn nur im Wertebereich $c_1 \leq y \leq c_2$ argumentiert wird. Der Grund liegt in einer systematischen und nicht zufälligen Selektion der Personen, die der abgeschnittenen Stichprobe angehören. Wenn es Merkmale gibt, z.B. das Geschlecht und die Ausbildung, die sowohl dafür ausschlaggebend sind, dass eine Person mit geringer Wahrscheinlichkeit in der Stichprobe auftaucht, als auch dass das Einkommen niedrig ist, sind KQ-Schätzungen, gemessen an den Zusammenhängen in der Grundgesamtheit verzerrt.

Die Ökonometrie hat Verfahren – nichtlineare ML-Schätzungen - entwickelt, die sowohl das Problem zensierter (censored) wie auch das Problem abgeschnittener (truncated) Stichproben lösen. Ökonometrische Programmpakete wie LIMDEP, SHAZAM oder STATA bieten Schätzverfahren dieser Art üblicherweise unter dem Namen TOBIT an. Der Name ist analog zum Begriff PROBIT und zu Ehren von James Tobin(1958) gewählt worden, der als erster Verfahren dieser Art präsentiert und zensierte Daten im Regressionszusammenhang analysiert hat. Erwähnenswert ist, dass Probitmodelle ein Spezialfall der Tobitmodelle sind. Wenn in einer zensierten Stichprobe alle Beobachtungswerte der endogenen Variablen den Wert Eins erhalten, wenn sie nicht zensiert sind, und andernfalls den Wert Null

$$D(y) = \begin{cases} 1, \text{ wenn } c_1 \leq y \leq c_2 \\ 0 \text{ sonst} \end{cases}$$

und ansonsten die gleichen Determinanten wie im Tobitmodell verwendet werden, folgt ein Probitmodell. Tobitschätzungen mit SHAZAM erhält man mit

TOBIT y $x1$ ... xK

Bei STATA heißt der entsprechende Befehl

tobit y $x1$ ... xK, ll(0)

In beiden Fällen ist y eine zensierte Variable. Wenn keine Option über die untere Zensierungsgrenze angegeben wird, d.h. ll(0) weggelassen wird, dann spezifiziert STATA automatisch den kleinsten beobachteten Wert. Falls das Modell rechtszensiert ist, lautet die Option: $ul(\cdot)$, wobei an der Stelle · ein entsprechender Wert anzugeben ist.

Beispiel: Unbezahlte Überstunden 2002

Im SOEP wird unter anderem nach den unbezahlten Überstunden (UESTU) gefragt. Bei den meisten Beschäftigten ist der entsprechende Monatswert Null. Soll also untersucht werden, von welchen Merkmalen UESTU abhängt, dann liegt ein typisches Tobitproblem vor. Mit den Daten des Jahres 2002 wird folgende Spezifikation für alle Beschäftigten geschätzt und der OLS-Schätzung gegenübergestellt

. tobit UESTU AZEIT LOHN SECJOB, ll(0)
. regress UESTU AZEIT LOHN SECJOB

wobei AZEIT - wöchentliche Normalarbeitszeit, LOHN-Stundenlohn, SECJOB - wöchentliche Arbeitszeit im Zweitjob.

UESTU	Tobit			OLS		
	Coef.	Std. Err.	t	Coef.	Std. Err.	t
AZEIT	0,3101	0,0275	11,26	0,0279	0,0028	9,85
LOHN	0,4450	0,0174	25,51	0,0849	0,0026	33,18
SECJOB	0,1236	0,0902	1,37	0,0259	0,0132	1,96
KONSTANTE	-32,3467	1,3097	-24,70	-1,6770	0,1090	-15,38
_se	10,6298	0,2707				
Pseudo-r^2	0,074					
LRT	963,53					
R^2				0,112		
N	9768			9768		
$F(3; 9764)$				412,05		

Obs. summary: 8672 left-censored observations at UESTU<=0
1096 uncensored observations ⋄

Wenn die Untersuchung auf die Gruppe derjenigen beschränkt werden soll, für die UESTU>0 gilt, also ein "truncated"-Problem vorliegt, dann sollte auch hier von der OLS-Schätzung abgewichen werden. Verschiedene methodische Alternativen sind entwickelt worden. Das am häufigsten in der empirischen Wirtschaftsforschung angewandte Verfahren geht auf Heckman (1979) zurück (Heckit-Schätzung). Die Regressoren werden um eine künstliche Variable ergänzt, die als Mills-Ratio bezeichnet wird, das Symbol λ erhält und auf der Annahme einer normalverteilten Störgröße basiert. STATA ermittelt die Heckit-Schätzung mit Hilfe von

```
heckman y  x1  ...  xK, select (z1  ...  zL) twostep
```

Die Variablen z1,...,zL sind die Bestimmungsgrößen für die Wahrscheinlichkeit, dass eine Beobachtung in der Stichprobe vorhanden ist. Übt die Variable λ einen statistisch signifikanten Einfluss auf y aus, so bedeutet dies, eine OLS-Schätzung würde zu einem statistisch abgesicherten Stichprobenauswahlfehler (sample selection bias) führen und die Einflüsse der eigentlichen Regressoren auf y verzerrt wiedergeben.

Beispiel: Unbezahlte Überstunden (Fortsetzung)

Mit dem gleichen Datensatz wie im letzten Beispiel wird die abgeschnittene Schätzung (Heckit-Schätzung) ermittelt, und zwar aufgrund von

```
heckman UESTU AZEIT LOHN SECJOB if UESTU>0,
select(MANAGER SEX ALTER LOHN )twostep
```

Das Ergebnis in der nachstehenden Tabelle zeigt, dass der Stichprobenauswahlfehler bei der gewählten Spezifikation für die UESTU- und die Selektionsgleichung statistisch nicht gesichert ist. Also aus dieser Sicht kann auf den Heckit-Ansatz verzichtet werden und die OLS-Schätzung gilt als angemessen. Bisweilen wird aber argumentiert, dass selbst bei insignifikantem λ-Einfluss der Heckit-Ansatz zu präferieren ist, falls die Koeffizientenschätzungen nach Heckit und OLS deutlich voneinander abweichen, insbesondere dann wenn die Determinanten der Selektionsgleichung weitgehend mit denen der eigentlich interessierenden Gleichung übereinstimmen. Der nichtlineare Zusammenhang zwischen den x-Regressoren und λ ruft möglicherweise die Insignifikanz hervor. Das ist hier allerdings nicht der Fall. ⋄

note: two-step estimate of rho = -1,0263983 is being	truncated to -1
Heckman selection model – two-step estimates	Number of obs = 1143
(regression model with sample selection)	Censored obs = 47
	Uncensored obs = 1096
	Wald chi2(4) 90,33
	Prob > chi2 = 0,0000

	Coef.	Std. Err.	z	P>|z|
UESTU				
AZEIT	0,1596	0,0222	7,19	0,000
LOHN	0,1065	0,0203	5,25	0,000
SECJOB	0,1926	0,0774	2,49	0,013
Konstante	-2,1700	0,944	-2,30	0,021
select				
MANAGER	0,1922	0,1508	1,27	0,203
SEX	0,1143	0,1567	0,73	0,466
ALTER	-0,0043	0,0068	-0,64	0,524
LOHN	-0,0114	0,0046	-2,51	0,012
KONSTANTE	1,9894	0,3963	5,02	0,000
mills				
lambda	-5,4818	7,6608	-0,72	0,474
rho	-1,0000			
sigma	5,4818			
lambda	-5,4818	7,6608		

Literaturhinweise:
Nichtstetige Variablen besitzen vor allem in der Mikroökonometrie große Bedeutung. Hierfür sind als Lehrbücher besonders Maddala (1983) und Ronning (1991) zu empfehlen. Aber auch allgemeine Ökonometrielehrbücher wie Davidson/MacKinnon (2004, Chapter 11), Greene (2003, Chapter 7, 21+22), Griffiths, Hill und Judge (1993), Moosmüller (2004, Kapitel 2.4), Stock/Watson (2002, Chapter 9), Studenmund (2000, Chapter 7+13), Wooldridge (2003, Chapter 7+17) oder Winker (1997, Kapitel 9) gehen in der Zwischenzeit mehr oder weniger ausführlich auf diese Thematik ein. Am ausgeprägtesten lässt sich dies bei Greene (2003) feststellen, der auch die neueren Entwicklungen berücksichtigt. Hierzu existiert ansonsten eine Reihe von Übersichtsbeiträgen, so z.B. Hübler (2003).

3.7 Dynamische Modelle

Ein zentrales Anliegen ökonomischer empirischer Analyse ist, Entwicklungen aufzuzeigen und zu erklären. Zeitreihendaten bilden daher die traditionelle Grundlage ökonometrischer Untersuchungen. Wirkungen von Maßnahmen und Verhaltensweisen treten jedoch nicht unmittelbar und immer mit der gleichen Intensität ein, sondern orientieren sich an früheren Erfahrungen und brauchen eine mehr oder weniger lange Zeit, bis sie die gewünschten Resultate zeigen. Staatliche Ausgabenprogramme müssen beschlossen und gesetzlich verabschiedet werden, die Vorgabe und Durchführung von Aufträgen benötigt Zeit, die Entscheidung, ob und in welchem Umfang daraus private Investitionen folgen, ob die Preise erhöht werden, wird nicht spontan gefällt. Nicht zuletzt hängen die Entscheidungen davon ab, ob das Verhalten bei ähnlichen Situationen in der Vergangenheit erfolgreich war, wie die gegenwärtige Situation verglichen mit der früheren eingeschätzt wird, welche Reaktionen von anderen Marktteilnehmern erwartet werden.

Dies Beispiel macht klar, dass eine Modellierung ökonomischer Verhaltensweisen Verzögerungen (Lags) und Veränderungen berücksichtigen muss. In ökonometrischen Ansätzen kann dies in vielfältiger Weise erfolgen:

- Lags in den exogenen Variablen
- Lags in den endogenen Variablen
- Abhängigkeiten zwischen Störgrößen aufeinander folgender Perioden
- Veränderungen in den Parametern.

Einzelne dynamische Elemente wie Autokorrelation und Strukturbruch sind bereits in den voranstehenden Abschnitten 2.4.5, 2.4.6 und 3.2 behandelt worden, ohne allerdings den Aspekt der Dynamik in den Vordergrund zu stellen. Vielmehr ging es darum zu testen, ob die Bedingungen des klassischen Regressionsmodells erfüllt sind und wie bei Abweichungen zu verfahren ist.

3.7.1 Verzögerte exogene Variablen

Verzögerte Wirkungen und Erwartungen, die sich an vergangenen Entwicklungen orientieren, sind die zentralen Begründungen, exogene Variablen verzögert zu modellieren. Im einfachsten Fall mit nur einer erklärenden Variablen, aber verschiedenen Lags lässt sich allgemein

$$y_t = \sum_{\tau=0}^{T^*} b_\tau x_{t-\tau} + u_t \qquad t = 1, ..., T$$

schreiben. Ein Spezifikationsproblem besteht darin festzulegen, wie viele Perioden rückwirkend Effekte zu erfassen sind, wie groß T^* ist. Zu wenige Lags bedeuten, die verbleibende Restwirkung geht in die Störgröße ein. Zu viele Lags bergen die Gefahr in sich, dass aufgrund von Abhängigkeiten zwischen den Werten zeitlich aufeinanderfolgender Variablen keine statistisch signifikanten Einflüsse ausgewiesen werden. Außerdem kann der Umfang der verfügbaren Daten restringierend wirken. Stehen z.B. nur für 10 Perioden Werte zur Verfügung und soll das obige homogene Modell geschätzt werden, dann können maximal vier Lags modelliert werden. Um fünf Parameter schätzen zu können, werden mindestens 5 Beobachtungen (Perioden) benötigt und vier weitere Beobachtungen, zumindest für x, um die Lags auch für die erste Periode einbeziehen zu können. Für reale empirische Untersuchungen sollte jedoch die Zahl der für die Schätzungen verfügbaren Beobachtungen die Zahl der zu schätzenden Parameter deutlich übersteigen, um stabile Schätzergebnisse zu erhalten, um eine genügend große Anzahl an Freiheitsgraden zu haben. Nicht zuletzt hängt die Zahl verfügbarer Beobachtungen von der Periodizität ab. Wenn Monatsdaten verwendet werden, dann stehen mehr Beobachtungen zur Verfügung als bei Jahresdaten. Selbst wenn lange Zeitreihen nicht das Problem sind, also z.B. ein Datensatz 100 Jahreswerte enthält, dann ist es im Allgemeinen nicht angebracht, alle verfügbaren Beobachtungen zur Schätzung eines Modells zu verwenden, da sich das Verhalten zumindest langfristig verändert (vgl. Kapitel 2.4.6). Bei kurzer Periodizität sind Saisoneinflüsse zu beachten. Formal lassen sich zur Bestimmung der optimalen Laglänge einfache Signifikanztests heranziehen. Einzubeziehen sind danach so viele Lags, wie sich signifikante verzögerte, direkt aufeinander folgende Periodeneffekte ausmachen lassen. Ein anderes Vorgehen orientiert sich an Informationskriterien. Hierbei handelt es sich um Indikatoren, die etwas über die Prognosegüte des Modells aussagen. Je kleiner die (nach ML) geschätzte Störgrößenvarianz ist, um so besser ist die Prognosegüte. Da jedoch diese Varianz ($\hat{\sigma}^2_{ML}$) durch Hinzunahme weiterer Erklärungsgrößen – hier weiterer Lags – nicht sinken kann, sind die zu verwendenden Indikatoren gegenüber $\hat{\sigma}^2_{ML}$ zu korrigieren. Drei der wichtigsten Informationsmaße sind

- Endgültiger Vorhersagefehler

$$FPE = \hat{\sigma}^2_{ML,T^*} \cdot \frac{T + T^*}{T - T^*}$$

- Akaike Informationskriterium

$$AIC = \ln \hat{\sigma}^2_{ML,T^*} + \frac{2T^*}{T}$$

- Bayessches Informationskriterium nach Schwarz

$$SC = \ln \hat{\sigma}^2_{ML,T^*} + \frac{T^* \ln T}{T},$$

wobei T die Zahl der Perioden ist, die bei der Schätzung verwendet werden, und T^* die Zahl der verwendeten Lags. T^* ist so zu wählen, dass das Informationskriterium minimal wird. Das Schwarz-Kriterium ist asymptotisch effizient, führt bei unendlicher Zahl der Beobachtungen zur Wahl des „wahren" Modells. FPE und AIC überschätzen die optimale Laglänge häufig.

Beispiel: Sparfunktion mit verzögertem Einkommen als Determinanten 1960-1994

Anhand von Quartalsdaten 1960.1–1994.4 für die BR Deutschland (altes Bundesgebiet) werden Sparfunktionen in Abhängigkeit vom verfügbaren Einkommen Y^v privater Haushalte in Mrd. DM geschätzt. Da Einkommen zumindest in einzelnen Sektoren und Berufen Saisonschwankungen unterliegen und die Verhaltensanpassungen beim Sparen

3.7 Dynamische Modelle

S an veränderte Einkommen gewissen Verzögerungen unterliegen, erscheint es a priori sinnvoll, sowohl verzögerte Y^v als auch Saisoneinflüsse zu modellieren. Die Schätzungen erfolgen mit SHAZAM. Danach werden zunächst Saisondummies erzeugt durch

genr S1=seas(4)
genr S2=lag(S1)
genr S3=lag(S1,2)
genr S4=lag(S1,3)

Im Datensatz ist das Sparvolumen mit X12 und das verfügbare Einkommen mit X7 bezeichnet. Die verzögerten Einkommenswerte erhält man durch

genr $X7M1$=lag(X7)
$\vdots$
genr $X7M8$=lag(X7,8)

wobei hier maximal Verzögerungen von acht Perioden (L=8) gebildet werden. Da durch die Lag- und die Saisondummyvariablenbildung bei L=8 verzögerte Werte bis zu acht Beobachtungen nicht verfügbar sind, kann die Schätzung erst ab dem neunten Beobachtungswert erfolgen. Das wird durch die erste der folgenden Befehlszeilen bewirkt.

```
smpl 9 140

|_OLS x12 x7 x7m4 x7m8 / ANOVA

REQUIRED MEMORY IS PAR=     28 CURRENT PAR=     2000
 OLS ESTIMATION
      132 OBSERVATIONS    DEPENDENT VARIABLE= X12
...NOTE..SAMPLE RANGE SET TO:     9,    140

 R-SQUARE =    0.0374    R-SQUARE ADJUSTED =   0.0149
 VARIANCE OF THE ESTIMATE-SIGMA**2 =    1.8552
 STANDARD ERROR OF THE ESTIMATE-SIGMA =    1.3621
 SUM OF SQUARED ERRORS-SSE=    237.46
 MEAN OF DEPENDENT VARIABLE =    12.464
 LOG OF THE LIKELIHOOD FUNCTION = -226.056

MODEL SELECTION TESTS - SEE JUDGE ET AL. (1985,P.242)
  AKAIKE (1969) FINAL PREDICTION ERROR - FPE =       1.9114
  SCHWARZ (1978) CRITERION - SC =                    2.0858
  AKAIKE (1974) INFORMATION CRITERION - AIC =        1.9114


                 ANALYSIS OF VARIANCE - FROM MEAN
                    SS          MS           F
REGRESSION        9.2338      3.0779       1.659
ERROR           237.46        1.8552      P-VALUE
```

```
TOTAL              246.70            1.8832            0.179


VARIABLE    ESTIMATED    STANDARD     T-RATIO
  NAME      COEFFICIENT   ERROR       128 DF      P-VALUE
X7          0.30752E-01  0.6421E-01   0.4789       0.633
X7M4        0.10034      0.9874E-01   1.016        0.311
X7M8       -0.13753      0.6857E-01  -2.006        0.047
CONSTANT    12.299       0.2409      51.05         0.000
```

Dies ist der originäre SHAZAM-Output, verkürzt um einige Elemente, die hier ohne Bedeutung sind. Auf gleiche Weise wurden weitere Spezifikationen mit unterschiedlichen Laglängen und bei Berücksichtigung der Saisondummies geschätzt. Eine der vier Saison-Dummy-Variablen ist zu unterdrücken, da andernfalls die Designmatrix singulär wird. Gemessen an den Informationskriterien (minimales FPE, SC und AIC), die man bei SHAZAM durch die Option ANOVA erhält, ist die ausgewiesene Spezifikation vorzuziehen. Angemerkt sei, dass SHAZAM bei diesem Befehl noch weitere Selektionskriterien angibt. Nur Verzögerungen von mindestens einem Jahr haben statistisch eine gewisse Wirkung. Signifikant ist der Lag von 8 Perioden, also von zwei Jahren. ⋄

3.7.2 Verzögerte endogene Variablen

Die Aufnahme verzögerter endogener Variablen als Bestimmungsgrund der gegenwärtigen endogenen Variablen bedeutet, die Entwicklung einer Variablen wird aus sich selbst heraus erklärt. Man spricht von einem **autoregressiven Prozess p-ter Ordnung** (AR(p)-Prozess). Im einfachsten Fall lautet der Ansatz

$$y_t = \theta_0 + \sum_{\tau=1}^{p} \theta_\tau y_{t-\tau} + u_t.$$

Auch hier ist die optimale Laglänge zu bestimmen. Nach den gleichen Informationskriterien wie unter 3.7.1 kann vorgegangen werden. Es gibt aber auch noch ein anderes Verfahren – vgl. weiter unter. Wichtigste Begründung für die Modellierung autoregressiver Prozesse ist die Orientierung am Verhalten in der Vergangenheit. Wer sich an ein Konsumniveau gewöhnt hat, wird zumindest kurzfristig davon nicht so schnell nach unten abweichen, selbst wenn sich die Voraussetzungen deutlich verschlechtert haben (Habit-Persistenz-Theorie). Im endogenen Variablenwert der Vorperiode ist alle Information vergangener Werte enthalten, so dass einiges dafür spricht, nur einen autoregressiven Prozess erster Ordnung (AR(1)-Prozess) anzunehmen

$$y_t = \theta_0 + \theta_1 y_{t-1} + u_t.$$

Die Analogie zur Autokorrelation erster Ordnung – vgl. Kapitel 2.4.5 - ist offensichtlich. Üblicherweise wird davon ausgegangen, dass $|\theta_1| < 1$ gilt. Zu Abweichungen vgl. Kapitel 3.7.5. Auch wenn in y_{t-1} die gesamte vergangene Entwicklung steckt, besitzt eine explizite Modellierung in Form eines AR(p)-Prozesses Vorteile. Anhand der Koeffizienten

3.7 Dynamische Modelle

$\theta_1, \theta_2, \ldots, \theta_p$ lässt sich erkennen, wie schnell Einflüsse aus der Vergangenheit abnehmen. Dies ist zwar auch schon über einen AR(1)-Prozess möglich, wenn Stationarität angenommen wird

$$E(y) := E(y_t) = E(y_{t-1}) = \ldots = E(y_{t-\tau})$$
$$V(y) := V(y_t) = V(y_{t-1}) = \ldots = V(y_{t-\tau}),$$

aber nur in einer speziellen Form. Denn es folgt

$$E(y) = \frac{\theta_0}{1-\theta_1}$$
$$V(y) = \frac{\sigma^2}{1-\theta_1^2},$$

wobei $V(u) = \sigma^2$, und daraus als Autokorrelationsfunktion

$$\rho_\tau = \frac{(y_t, y_{t-\tau})}{V(y)} = \theta_1^\tau. \qquad \tau = 1, 2, \ldots$$

Bei dieser Modellierung nimmt der Einfluss fallend ab. Ist der Autokorrelationskoeffizient z.B. $\theta_1 = 0,5$, dann folgt als Autokorrelationsfunktionsmuster

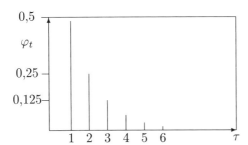

Wird ein AR(1)-Modell mit Hilfe der KQ-Methode geschätzt, dann folgen, soweit die Störgröße den klassischen Regressionsbedingungen genügt, zwar verzerrte, aber konsistente Schätzer, denn die verzögerten y_t als Regressoren hängen nur von Störgrößen des gleichen Lags und weiter zurückliegender Lags ab ($y_{t-\tau} = f(u_{t-\tau}, u_{t-\tau-1}, \ldots)$), so dass $y_{t-\tau}$ und u_t nicht korreliert sind. Entsprechendes gilt auch bei einem stationären AR(p)-Modell. Als Schätzung für den Erwartungswert von y folgt dann

$$\hat{E}(y) = \hat{\mu} = \frac{\hat{\theta}_0}{1 - \sum_{\tau=1}^p \hat{\theta}_\tau}.$$

Beim AR(p)-Prozess gibt es neben der Autokorrelationsfunktion noch eine partielle Autokorrelationsfunktion, die hilfreich für die Bestimmung der Ordnung eines AR-Prozesses ist. Bei einem AR-Prozess wird θ_p als p-ter partieller Autokorrelationskoeffizient bezeichnet. Er gibt analog der üblichen Interpretation von Regressionskoeffizienten im linearen Regressionsmodell die Korrelation zwischen y_t und y_{t-p} nach Kontrolle der Einflüsse $y_{t-1}, y_{t-2}, \ldots, y_{t-p+1}$, d.h. nach Eliminierung dieser Effekte auf y_t und y_{t-p}, wieder. Die Folge der partiellen Autokorrelationskoeffizienten, wenn jeweils ein weiterer Lag hinzugefügt wird

$$y_t = \theta_0^1 + \theta_1^1 y_{t-1} + u_1$$
$$y_t = \theta_0^2 + \theta_1^2 y_{t-1} + \theta_2^2 y_{t-2} + u_2$$
$$\vdots$$
$$y_t = \theta_0^p + \theta_1^p y_{t-1} + \theta_2^p y_{t-2} + \ldots + \theta_p^p y_{t-p} + u_p,$$

d.h. $\theta_1^1, \theta_2^2, \ldots, \theta_p^p$, nennt man partielle Autokorrelationsfunktion. Ist AR(p) der wahre Prozess, dann muss $\theta_k^k = 0$ sein, falls k>p, aber $\theta_k^k \neq 0$, falls k=p. Da die wahre partielle Autokorrelation nicht bekannt ist, muss auf Schätzungen zurückgegriffen werden. Getestet wird unter Verwendung von $\hat{\theta}_k^k$, wobei k=1,2,...,

$$H_0 : \theta_k^k = 0 \quad gegen \quad H_1 : \theta_k^k \neq 0.$$

Die Teststatistik lautet

$$T_k = \frac{\hat{\theta}_k^k}{\sqrt{\frac{1}{T}}}$$

und ist asymptotisch standardnormalverteilt, da $\hat{\theta}_k^k$ asymptotisch normalverteilt ist mit dem Erwartungswert Null und der Varianz $\frac{1}{T}$ für große Stichproben. Gewählt wird der AR(p)-Prozess, bei dem p so groß ist, dass $\forall$ k, wobei $k = 1, 2, \ldots, p, H_0$ abgelehnt wird, aber für $p+1$ nicht mehr. Das Vorgehen entspricht einem vorwärts gerichtetem Selektionsverfahren.

Bisher wurden verzögerte endogene Variablen mit der Orientierung an der Vergangenheit motiviert. Ein etwas anderer Ansatz geht von der Vorstellung aus, dass die Entwicklung der endogenen Variablen von einer Zielgröße oder einer gewünschten Größe (y^*) wie den optimalen Lagerbestand beeinflusst wird. War in der Vorperiode der tatsächliche Wert größer als gewünscht ($y_{t-1} > y^*$), so erfolgt eine Anpassung nach unten und im umgekehrten Fall nach oben. Nun könnte

$$y_t - y_{t-1} = y_t^* - y_{t-1}$$

entsprechen. In vielen Fällen spricht mehr für eine langsame, d.h. nur **partielle Anpassung**. Zu starke Änderungen des eigenen Verhaltens können Reaktionen bei Konkurrenten hervorrufen, die dazu führen, dass sich die eigenen Ziele nicht realisieren lassen. Wenn nur

$$y_t - y_{t-1} = \gamma(y_t^* - y_{t-1}) \quad 0 < \gamma < 1$$

3.7 Dynamische Modelle

angepasst wird und

$$y_t^* = a + bx_t + u_t$$

die Zielfunktion ist, dann kann nach Substitution

$$y_t = \gamma a + \gamma b x_t + (1-\gamma) y_{t-1} + \epsilon_t$$

mit $\epsilon_t = \gamma u_t$ geschrieben werden. Es liegt also ein Modell mit verzögerter endogener Variablen als Regressor vor.

Beispiel: Konsumfunktion mit Habit-Persistence-Hypothese 1962-1994

Verwendet werden für die Konsumfunktionsschätzungen Jahresdaten von 1962-1994 für die BR Deutschland. Da hier nur auf das Gebiet der alten Bundesrepublik abgestellt wird, erscheint eine Berücksichtigung einer Dummy-Variablen ab der deutschen Vereinigung nicht zwingend zu sein. Es können sich aber durchaus durch das größere Wirtschaftsgebiet auch Auswirkungen auf den alten Teil ergeben haben, so dass hier die Dummy-Variable EINHEIT in Voruntersuchungen zunächst einbezogen wurde. Es zeigte sich jedoch kein signifikanter Einfluss. Nach der Habit-Persistenz-Hypothese orientiert sich der Konsum (C) einer Periode unter anderem auch an dem vergangenen Konsum. Die Schätzung erfolgt mit SHAZAM. Erzeugt werden zunächst nachfolgende Variablen

```
genr EINHEIT=dum(JAHR-1989)
genr NIFm1=lag(NIF)
genr NIFm2=lag(NIF,2)
genr NIFm3=lag(NIF,3)
genr NIFm4=lag(NIF,4)
genr Cm1=lag(C)
```

wobei NIF - Nettoinlandsprodukt zu Faktorkosten, .mτ - Lag von τ Perioden, τ=1, ... , 4. Als Output für SHAZAM mit der Spezifikation, die als zweite Zeile wiedergegeben ist, erhält man

```
smpl 2 33
|_OLS C Cm1 NIF  / ANOVA

 REQUIRED MEMORY IS PAR=       13 CURRENT PAR=     2000
  OLS ESTIMATION
       32 OBSERVATIONS    DEPENDENT VARIABLE= C
 ...NOTE..SAMPLE RANGE SET TO:       2,      33

  R-SQUARE =   0.9976     R-SQUARE ADJUSTED =   0.9974
 VARIANCE OF THE ESTIMATE-SIGMA**2 =   61.632
 STANDARD ERROR OF THE ESTIMATE-SIGMA =   7.8506
 SUM OF SQUARED ERRORS-SSE=    1787.3
 MEAN OF DEPENDENT VARIABLE =    485.87
 LOG OF THE LIKELIHOOD FUNCTION = -109.770
```

```
MODEL SELECTION TESTS - SEE JUDGE ET AL. (1985,P.242)
  AKAIKE (1969) FINAL PREDICTION ERROR - FPE =      67.410
  SCHWARZ (1978) CRITERION - SC =                   77.297
  AKAIKE (1974) INFORMATION CRITERION - AIC =       67.373

                     ANALYSIS OF VARIANCE - FROM MEAN
                       SS            MS           F
  REGRESSION       0.73698E+06   0.36849E+06   5978.868
  ERROR               1787.3        61.632     P-VALUE
  TOTAL            0.73877E+06     23831.        0.000

  VARIABLE     ESTIMATED     STANDARD    T-RATIO
    NAME      COEFFICIENT     ERROR      29 DF     P-VALUE
  CM1           0.72459      0.4850E-01   14.94     0.000
  NIF           0.27145      0.3867E-01    7.020    0.000
  CONSTANT    -39.693          6.470      -6.135    0.000
```

Als weitere Spezifikationen wurden noch

```
OLS C Cm1 NIF NIFm1 NIFm2 / ANOVA
OLS C Cm1 NIF NIFm1 NIFm2 NIFm3 / ANOVA
OLS C Cm1 NIF NIFm1 NIFm2 NIFm3 NIFm4 / ANOVA
```

geschätzt, aber aufgrund des Schwarz-Kriteriums nicht gegenüber der ausgewiesenen Schätzung präferiert. Zur gleichen Entscheidung führt der T_k-Test. Für die ausgewiesene Schätzung ergibt sich: $T_k = 0,72459 \cdot \sqrt{32} = 4{,}10$. Demgegenüber führten die anderen drei Modelle in der angegebenen Reihenfolge zu T_k-Werten von 1,00; $-0{,}60$; 1,29. Das heißt, Modelle mit einer verzögerten endogenen Variablen von mehr als einem einperiodischen Lag sind abzulehnen. Gegen das ausgewiesene Modell lassen sich aber immer noch verschiedene Einwände vorbringen:

- Die Identitätsgleichung Y=I+C, die im Kapitel 3.3.3 über Mehrgleichungsmodelle einbezogen wurde, ist hier außer Acht gelassen.
- Der erwartete reale Zins bzw. der Realwert der Kassenhaltung sollte als weiterer Regressor aufgenommen werden.
- Die Einbeziehung einer Trendvariablen erscheint angebracht.
- OLS-Schätzungen führen bei verzögerten endogenen Variablen als Regressoren zu verzerrten Schätzung, die sogar inkonsistent sind, wenn Autokorrelation vorliegt.
- Die Stationariät ist nicht überprüft.

Weitergehende Untersuchungen zeigen, dass eine Trendvariable vernachlässigt werden kann und dass keine Autokorrelation erster Ordnung vorliegt. Zu einer unverzerrten Schätzung führen Instrumentalvariablenansätze – vgl. Abschnitt 3.3.3. Eine Möglichkeit besteht darin, die verzögerte endogene Variable Cm1 durch eine entsprechende Variable mit höherem Lag zu ersetzen, z.B. Cm2. Der T_k-Test und die Informationskriterien präferieren einen solchen Ansatz. ⋄

3.7 Dynamische Modelle

Eine alternative Formulierung eines dynamischen Modells, die **Fehlerkorrekturmodell** (ECM) genannt wird, lässt eine ökonomisch interessante Interpretation zu. Notiert wird, ausgehend vom Modell der partiellen Anpassung,

$$\Delta y_t = \gamma a + \gamma b \Delta x_t - \gamma [y_{t-1} - bx_{t-1}] + \epsilon_t,$$

wobei der vorletzte Ausdruck in eckigen Klammern Fehlerkorrekturterm heißt. Der Gedanke ist, dass Wirtschaftssubjekte langfristig das Gleichgewicht $y = bx$ anstreben. Liegt ein Ungleichgewicht vor (z.B. $y_{t-1} > bx_{t-1}$), dann muss y_t gegenüber y_{t-1} nach unten verändert werden. Der Parameter γ drückt aus, wie schnell die Anpassung erfolgt. Das ECM ist eine Mischung aus kurzfristiger (Δx_t) und langfristiger ($y_{t-1} - bx_{t-1}$) Anpassung, ein Modell, das sowohl Veränderungs- als auch Niveaugrößen als Determinanten enthält. Das Problem bei der Schätzung dieses Modells ist die Unbeobachtbarkeit des EC-Terms. Soweit nur der Spezialfall aus dem Ansatz der partiellen Anpassung – wie hier entwickelt – verwendet wird, lässt sich das ECM direkt in der alternativen Formulierung schätzen. Es kann aber auch zweistufig vorgegangen werden. Zunächst ist die Langfristbeziehung

$$y_t = bx_t + \nu_t$$

zu schätzen, um den EC-Term durch seine Schätzung ersetzen zu können ($\hat{\nu}_{t-1}$ statt $y_{t-1} - bx_{t-1}$). In der zweiten Stufe lassen sich die Parameter des ECM ermitteln.

Beispiel: Konsumfunktion 1962-1994 (Fortsetzung)

Die gesamtwirtschaftliche Konsumfunktion für Deutschland 1962-1994 wird zweistufig als Fehlerkorrekturmodell mit Hilfe von SHAZAM geschätzt

```
|_smpl 2 33
| genr dC=C-Cm1
| genr dNIF=NIF-NIFm1
|_ols Cm1 NIFm1 / RESID=ud

 REQUIRED MEMORY IS PAR=        15 CURRENT PAR=     2000
 OLS ESTIMATION
      32 OBSERVATIONS    DEPENDENT VARIABLE= CM1
...NOTE..SAMPLE RANGE SET TO:      2,     33

 R-SQUARE =    0.9765    R-SQUARE ADJUSTED =     0.9757

 VARIABLE    ESTIMATED   STANDARD    T-RATIO
   NAME     COEFFICIENT    ERROR     30 DF    P-VALUE
 NIFM1       0.83237    0.2356E-01    35.32    0.000
 CONSTANT   -87.522       16.21      -5.398    0.000
```

```
|_ols dC dNIF ud

REQUIRED MEMORY IS PAR=      15 CURRENT PAR=     2000
  OLS ESTIMATION
       32 OBSERVATIONS      DEPENDENT VARIABLE= DC
...NOTE..SAMPLE RANGE SET TO:       2,      33

 R-SQUARE =    0.5363     R-SQUARE ADJUSTED =    0.5044

  VARIABLE    ESTIMATED    STANDARD    T-RATIO
    NAME     COEFFICIENT    ERROR       29 DF    P-VALUE
  DNIF         0.36813    0.7778E-01    4.733    0.000
  UD          -0.27674    0.8555E-01   -3.235    0.003
  CONSTANT    10.472       2.515        4.164    0.000
```

Es zeigt sich das erwartete Verhalten, da der Koeffizient von UD sigifikant negativ ist. Weicht das langfristige Verhalten nach oben ab, d.h. liegt der gleichgewichtige Konsum der Vorperiode über dem durch das verfügbare Einkommen bestimmten, so besteht eine Tendenz zur Verminderung von C in der laufenden Periode. Demgegenüber führt eine kurzfristige Erhöhung der Einkommensänderung ($+\Delta$DNIF) zu einem vermehrten Verbrauch. Im Übrigen wird dies Muster durch Hinzufügen einer Trendvariablen verstärkt, ein hier nicht ausgewiesenes Ergebnis. ⋄

3.7.3 Verzögerte Störgrößen

Da Störgrößen häufig durch unbeobachtete Einflüsse als Ergänzung zu den beobachteten Bestimmungsgrößen, den exogenen Variablen, eines Modells motiviert werden, ist es naheliegend auch für diese Größen verzögerte Wirkungen auf die endogene Variable zuzulassen. Wenn aus theoretischer Sicht keine systematische Erklärung für die Entwicklung der endogenen Variablen existiert, kann argumentiert werden, y_t werde allein über einen Zufallsprozess gesteuert, der sich durch

$$y_t = \alpha_0 + \sum_{\tau=1}^{q} \alpha_\tau u_{t-\tau} + u_t$$

formulieren lässt. In diesem Fall wird von einem "moving average"- **Prozess q-ter Ordnung** (MA(q)-Prozess) gesprochen. Bei q=1 entspricht dies der Autokorrelation erster Ordnung für die Störgrößen.

Kurzfristige Bewegungen auf dem Renten- und Aktienmarkt oder bei den Wechselkursen werden häufig als gewichteter Prozess vergangener und gegenwärtiger Zufallseinflüsse beschrieben. Für u_t nimmt man die Bedingungen der Störgrößen im klassischen linearen Regressionsmodell an ($u \sim N(0, \sigma^2)$). Hier wird meist von weißem Rauschen gesprochen. Die Größen $\alpha_0, \alpha_1, \ldots, \alpha_q$ sind unbekannte Parameter. Bei Annahme der

3.7 Dynamische Modelle

Unkorreliertheit der Störgrößen folgt

$$E(y_t) = \alpha_0$$
$$V(y_t) = E[(y_t - \alpha_0)^2] = \sigma^2 \left(1 + \sum_{\tau=1}^{q} \alpha_\tau^2\right).$$

Eine andere Motivation zur Einführung eines MA-Prozesses ist, einen AR(1)-Prozess durch wiederholtes Einsetzen umzuformulieren, wobei $|\theta_1| < 1$ angenommen wird,

$$y_t = \theta_0 + \theta_1 y_{t-1} + u_t = \theta_0 + \theta_1[\theta_0 + \theta_1 y_{t-2} + u_{t-1}] + u_t$$
$$= \ldots = \sum_{\tau=0}^{\infty} \theta_0 \theta_1^\tau + \sum_{\tau=0}^{\infty} \theta_1^\tau u_{t-\tau} =: \alpha_0 + \sum_{\tau=1}^{\infty} \alpha_\tau u_{t-\tau} + u_t.$$

Dieser Ausdruck entspricht einem $MA(\infty)$-Prozess. Ebenso ist ein MA(1)-Prozess überführbar in einen $AR(\infty)$-Prozess

$$y_t = \alpha_0 + \alpha_1 u_{t-1} + u_t = \alpha_0 + \alpha_1[y_{t-1} - \alpha_0 - \alpha_1 u_{t-2} - u_{t-1}] + u_t$$
$$= \ldots = \alpha_0 - \sum_{\tau=1}^{\infty} \alpha_0 \alpha_1^\tau - \sum_{\tau=1}^{\infty} \alpha_1^\tau u_{t-\tau} + u_t,$$

wenn $|\alpha_1| < 1$. MA- und AR-Prozesse sind also ineinander überführbar, so dass die Schätzung auf eine Art des Prozesses beschränkt bleiben kann. Das Problem besteht dann aber darin, für die eine Form unendlich viele Koeffizienten zu haben, die sich nicht direkt schätzen lassen.

Auch beim MA(1)-Prozess kann eine Autokorrelationsfunktion angegeben werden. Aus $E(y) = \alpha_0, V(y) = \sigma^2(1 + \alpha_1^2)$ und in Verbindung damit

$$\text{Cov}(y_t, y_{t-\tau}) = \begin{cases} \alpha_1 \sigma^2 & \text{für } \tau = 1 \\ 0 & \text{für } \tau > 1 \end{cases}$$

folgt

$$\rho_\tau = \frac{\text{Cov}(y_t, y_{t-\tau})}{V(y)} = \begin{cases} \dfrac{\alpha_1}{1 + \alpha_1^2} & \text{für } \tau = 1 \\ 0 & \text{für } \tau > 1. \end{cases}$$

Im Unterschied zu stationären AR(1)-Prozessen, die in ihrer Wirkung langsam abklingen, und zwar um so weniger, je größer θ_1 ist, haben MA(1)-Prozesse nur ein Gedächtnis von einer Periode. Nach zwei und mehr Perioden besteht keine Autokorrelation mehr. Diese Eigenschaft lässt sich nutzen, um anhand empirischer Autokorrelationskoeffizienten zu prüfen, ob ein MA-Prozess vorliegt und gegebenfalls welcher, denn für einen

$MA(q)$-Prozess gilt

$$\rho_\tau = \begin{cases} \dfrac{\sum\limits_{\tau'=0}^{q-\tau} \alpha_{\tau'}\alpha_{\tau'+\tau}}{\sum\limits_{\tau'=0}^{q} \alpha_{\tau'}^2} & \text{für } \tau = 0,1,2,\ldots,q \\ \\ 0 & \text{für } \tau > q. \end{cases}$$

Die Ordnung der MA-Prozesse korrespondiert somit mit dem Maximum von τ, für das von Null verschiedene Autokorrelationen vorliegen. Zur Überprüfung der Hypothese

$$H_0 : \rho_\tau = 0 \quad gegen \quad H_1 : \rho_\tau \neq 0$$

für $\tau = 0,1,\ldots,q$ und damit zur Bestimmung der Ordnung eines MA-Prozesses kann das asymptotische Intervall für $\mu_\tau^* = \frac{1}{2}\ln\frac{1+\rho_\tau}{1-\rho_\tau}$ verwendet werden, d.h. für den Erwartungswert von $\hat{\mu}_\tau^* = \frac{1}{2}\ln\frac{1+r_\tau}{1-r_\tau}$, wobei $\hat{\mu}_\tau^* \overset{a}{\sim} N(\mu_\tau^*, \frac{1}{T-3})$.
Unter H_0 gilt grob für das 95%-Intervall

$$\hat{\mu}_\tau^* - \frac{2}{\sqrt{T-3}} < \mu_\tau^* < \hat{\mu}_\tau^* + \frac{2}{\sqrt{T-3}}.$$

Der Ordnungsgrad des MA-Prozesses, d.h. τ, wird solange erhöht, wie das zweifache Konfidenzintervall für μ_τ^* den Wert Null nicht überdeckt, also H_0 abzulehnen ist. Die Bestimmung des MA-Prozesses auf diesem Weg ist nur asymptotisch gerechtfertigt, wenn der Stichprobenumfang groß ist. Eine Alternative bietet der Ljung-Box-Test. Wenn für $\tau > q$

$$Q = (T+2)T \sum_{\tau'=1}^{\tau} \frac{r_{\tau'}^2}{T-\tau'} > \chi_{\tau-q}^2$$

gilt, dann ist die Angemessenheit eines MA(q)-Prozesses zu verwerfen.

Die Verbindung von einem AR- mit einem MA-Prozess zu einem **ARMA(p,q)-Prozess**

$$y_t = \alpha + \sum_{\tau=1}^{p} \theta_\tau y_{t-\tau} + \sum_{\tau=1}^{q} \alpha_\tau u_{t-\tau} + u_t$$

kann als natürliche Erweiterung angesehen werden. In praktischen Anwendungen wird kaum über einen ARMA(2,2)-Prozess hinausgegangen. Die Bestimmung eines angemessenen ARMA-Prozesses kann mit den gleichen Mitteln wie bei einem reinen AR- oder MA-Prozess erfolgen. Beim Ljung-Box-Test lauten die Freiheitsgrade zur Bestimmung des kritischen Wertes der χ^2-Verteilung dann $\tau-p-q$. Für $\tau > q$ verhält sich ein ARMA-Prozess aufgrund der Eigenschaften des MA-Prozesses ($\rho_\tau = 0$ für $\tau > q$) wie ein reiner

3.7 Dynamische Modelle

AR-Prozess, vorausgesetzt, der ARMA-Prozess ist stationär. Viele beobachtbare ökonomische Zeitreihen sind jedoch nichtstationär. In einigen Fällen kann Stationarität durch Differenzenbildung erster oder höherer Ordnung erreicht werden. Dann sollten nicht ARMA-Modelle der Niveaugrößen, sondern von Veränderungen geschätzt werden. Ein solcher Modelltyp heißt **ARIMA-Modell** (autoregressive-integrated-moving average process). Mit d im ARIMA(p,q,d) wird der Grad der Differenzenbildung angegeben. SHAZAM bietet die Möglichkeit die AR-, MA-Ordnung und den Differenzengrad zu bestimmen

```
ARIMA  Y /  NLAG=  NLAGP=  NDIFF=  PLOTAC  PLOTPAC
```

Vom Nutzer festzulegen ist die Zahl der Autokorrelationslags (NLAG=?), die Zahl der Lags, die bei der Berechnung der partiellen Autokorrelationen berechnet werden sollen (NLAGP=?) sowie die Differenzenordnung (NDIFF=?). Mit Hilfe des voranstehenden Befehls werden dann die Autokorrelationskoeffizienten, die partiellen Autokorrelationskoeffizienten und die Ljung-Box-Teststatistiken einzeln für die vorgegebenen Lags berechnet. Die Optionen PLOTAC und PLOTPAC skizzieren graphisch den Verlauf der beiden Autokorrelationskoeffizienten über die vorgegebenen Lags hinweg. Anhand dieser Ergebnisse kann entschieden werden, welches ARIMA-Modell zu wählen ist. AR-, MA-, ARMA- und ARIMA- Modelle dienen vor allem der Prognose ökonomischer Variablen, für die keine Theorie systematischer Entwicklungen existiert. Wenn die erklärenden Variablen eines ökonometrischen Modells nicht endogen geschätzt werden sollen, ist deren Bestimmung über Zeitreihenmodelle nach einem dieser vier Typen naheliegend. Die Schätzung der Parameter der verschiedenen Zeitreihenmodelle erfolgt im Allgemeinen über die nichtlineare KQ-Methode oder über die ML-Methode. In ökonometrischen Programmpaketen wie SHAZAM oder STATA sind diese Ansätze implementiert. Angenommen, es sei ein ARMA(1,1)-Modell zu präferieren, dann erfolgt die Schätzung durch

```
ARIMA  Y /  NAR=1  NMA=1
```

Ganz ähnlich lauten die Kommandos für STATA.

Typische Anwendungsgebiete von Zeitreihenmodellen sind die empirische Finanzmarktanalyse, die Analyse von Wechselkursen und Zinsen. Hierbei hat sich jedoch herausgestellt, dass längere sichere Phasen durch längere unsichere abgelöst werden. Der Volatilität wird große Aufmerksamkeit geschenkt. Die Varianz der Kursausschläge ist Schwankungen unterworfen. Dieses Phänomen kann mit ARMA-Modellen, die unter anderem Varianzstationarität unterstellen, nicht erfasst werden. **ARCH-Modelle** - autoregressive conditional heteroskedasticity models -, die auf Engle(1982) zurückgehen, sind in diesem Fall angemessen. Die zentrale Annahme ist

$$\sigma_t^2 = \gamma_0 + \gamma_1 u_{t-1}^2.$$

Dieser einfachste Fall eines ARCH(1)-Prozesses kann mit Hilfe eines EGLS-Ansatzes geschätzt werden. In einem ersten Schritt sind aufgrund einer KQ-Schätzung die Residuen zu ermitteln ($\hat{u}_t = y_t - x_t'\hat{\beta}$). Der zweite Schritt dient einer vorläufigen Ermittlung von σ_t^2, indem

$$\hat{u}_t^2 = \gamma_0^{(1)} + \gamma_1^{(1)} \cdot \hat{u}_{t-1}^2 + \epsilon_t^{(1)}$$

nach KQ geschätzt wird. In Verbindung mit $\hat{\sigma}_t^2 = \hat{\hat{u}}_t^2 = \hat{\gamma}_0^{(1)} + \hat{\gamma}_1^{(1)} \cdot \hat{u}_{t-1}^2$ ist im dritten Schritt das transformierte Modell nach KQ zu schätzen

$$(\frac{\hat{u}_t^2}{\hat{\sigma}_t} - 1) = \gamma_0^{(2)}(\frac{1}{\hat{\sigma}_t}) + \gamma_1^{(2)}(\frac{\hat{u}_{t-1}^2}{\hat{\sigma}_t}) + \epsilon_t^{(2)},$$

wobei $\epsilon_t^{(2)} = \epsilon_t^{(1)}/\hat{\sigma}_t$. Der vierte Schritt besteht dann darin, das eigentlich interessierende, im ersten Schritt nur vorläufig bestimmte Modell $y = X\beta + u$ in einer transformierten Version, die den klassischen Bedingungen genügt, erneut nach KQ zu schätzen. Aus

$$(\hat{u}_t \cdot \frac{s_t}{r_t}) = (x_t \cdot r_t)' d_\beta + v_t,$$

wobei $r_t = (\frac{1}{\hat{\sigma}_t} + 2(\frac{\hat{\gamma}_1^{(2)} \hat{u}_t}{\hat{\sigma}_{t+1}})^2)^{1/2}$ und $s_t = \frac{1}{\hat{\sigma}_t} - \frac{\hat{\gamma}_1^{(2)}}{\hat{\sigma}_{t+1}}(\frac{\hat{u}_{t+1}^2}{\hat{\sigma}_{t+1}} - 1)$,

wird $\hat{d}_\beta$ ermittelt. Die endgültige Schätzung für β lautet dann

$$\hat{\hat{\beta}} = \hat{\beta} + \hat{d}_\beta.$$

Verallgemeinerungen der ARCH-Modelle sind analog denen der ARMA-Modelle möglich. Es wird dann von **GARCH-Modellen** (generalized ARCH models) gesprochen. Der einfachste Fall ist das GARCH(1,1)-Modell. Bei Anwendungen werden GARCH-Modelle höherer Ordnung kaum herangezogen. Die Schätzung erfolgt üblicherweise mit Hilfe der ML-Methode.

Beispiel: Konsumfunktion 1962-1994 (Fortsetzung)

Zunächst ist zu prüfen, ob ein ARCH-Ansatz vorliegt. Dies geschieht bei SHAZAM dadurch, dass nach der OLS-Schätzung der Befehl

DIAGNOS / HET

eingegeben wird. Die Option HET führt verschiedene Heteroskedastietests durch, unter anderem einen Test auf ARCH(1). Für die einfache Konsumfunktion mit Daten für die BR Deutschland 1962-1994 ergibt dies:

```
|_ols C NIF

    REQUIRED MEMORY IS PAR=      15 CURRENT PAR=      2000
    OLS ESTIMATION
           33 OBSERVATIONS    DEPENDENT VARIABLE= C
```

3.7 Dynamische Modelle

```
...NOTE..SAMPLE RANGE SET TO:      1,      33

R-SQUARE =   0.9804     R-SQUARE ADJUSTED =    0.9797


VARIABLE    ESTIMATED   STANDARD    T-RATIO
  NAME      COEFFICIENT   ERROR      31 DF     P-VALUE
NIF          0.83763    0.2130E-01   39.33     0.000
CONSTANT    -90.681       14.99      -6.048    0.000

|_DIAGNOS / HET

HETEROSKEDASTICITY TESTS
                          CHI-SQUARE      D.F.     P-VALUE
                         TEST STATISTIC

E**2 ON LAG(E**2) ARCH TEST:    14.021       1      0.00018


|_HET C NIF / ARCH=1
...NOTE..SAMPLE RANGE SET TO:      1,      33
        33 OBSERVATIONS

REQUIRED MEMORY IS PAR=     18 CURRENT PAR=    2000
  ARCH      HETEROSKEDASTICITY MODEL     33 OBSERVATIONS
            ANALYTIC DERIVATIVES

  QUASI-NEWTON METHOD USING BFGS UPDATE FORMULA

SQUARED CORR. COEF. BETWEEN OBSERVED AND PREDICTED    0.98035

ASY. COVARIANCE MATRIX OF PARAMETER ESTIMATES IS ESTIMATED USING
THE INFORMATION MATRIX

LOG OF THE LIKELIHOOD FUNCTION = -139.055

                              ASYMPTOTIC
VARIABLE    ESTIMATED   STANDARD    T-RATIO
  NAME      COEFFICIENT   ERROR     --------     P-VALUE
            MEAN EQUATION:
NIF          0.87184    0.6553E-02   133.0      0.000
CONSTANT    -115.09       4.143     -27.78      0.000
            VARIANCE EQUATION:
ALPHA_       19.130      13.05       1.466      0.143 0.26
ALPHA_        1.4179     0.4392      3.228      0.001 0.52
DELTA_        7.5859     6.726       1.128      0.259 0.20
```

Der diagnostische Test auf einen ARCH(1)-Prozess ($\sigma_t^2 = \gamma_0 + \gamma_1 u_{t-1}^2$) zeigt, dass die Hypothese $H_0 : \gamma_1 = 0$ abzulehnen ist. Bei der Schätzung des ARCH(1)-Modells sind zunächst die Ergebnisse der Konsumfunktion wiedergegeben. Die marginale Konsumneigung c_1, d.h. der Koeffizient zu NIF, liegt über der entsprechenden OLS-Schätzung. Im zweiten Teil der Schätzung sind die ermittelten Werte für γ_0 und γ_1 aus der Störgrößenvarianzfunktion dargestellt. Sie entsprechen den beiden ausgewiesenen ALPHA-Werten. Dabei muss beachtet werden, dass der zweite ALPHA-Wert, der für $\hat{\gamma}_1$ steht, größer als Eins ist, so dass keine Stationarität vorliegt. Dies wird in dem ausführlichen SHAZAM-Output auch angezeigt, ist hier allerdings genauso wie andere Teile des Outputs unterdrückt worden. Der Wert DELTA=7,5859 bezeichnet die Anfangsstichprobenschätzung für die Standardabweichung von u. ◇

Soll ein GARCH(1,1)-Prozess geschätzt werden, so ist anstelle der ARCH-Option im obigen Beispiel

```
HET C NIF / GARCH=1
```

zu schreiben.

3.7.4 Mehrgleichungsmodelle mit verzögerten Variablen

Bisher blieben dynamische Mehrgleichungsmodelle unberücksichtigt. Das unter 3.3.3 erörterte, hier leicht modifizierte Havelmoo-Modell

$$Y_t = C_t + I_t + G_t$$
$$C_t = c_0 + c_1 Y_{t-1}$$
$$I_t = b_0 + b_1(Y_{t-1} - Y_{t-2})$$

beschreibt einen solchen Ansatz, wobei C-Konsum, Y-Einkommen, I-Investitionen, G-Staatsausgaben. Durch Einsetzen der zweiten und dritten Gleichung in die erste folgt die reduzierte Form eines autoregressiven Modells

$$\begin{aligned} Y_t &= (b_0 + c_0) + (b_1 + c_1)Y_{t-1} - b_1 Y_{t-2} + G_t \\ &=: d_0 + d_1 Y_{t-1} + d_2 Y_{t-2} + G_t. \end{aligned}$$

Auf diesem Weg lassen sich die in der ökonomischen Analyse interessierenden **Multiplikatoren** untersuchen. Unterschieden werden direkte, einperiodische Wirkungen, die durch einmalige Veränderungen exogener Variablen induziert werden – **impact multiplier** –, Gesamtwirkungen einer einmaligen Anpassung exogener Variablen – **interim multiplier** – und Gesamtwirkungen von dauerhaft eingetretenen Veränderungen einer exogenen Variablen ab einer bestimmten Periode – **totaler langfristiger** oder **kumulativer Multiplikator**. Der Anstoßmultiplikator der Veränderung von G_t um eine Einheit ist Eins

$$\Delta Y_t = (b_1 + c_1)\Delta Y_{t-1} - b_2 \Delta Y_{t-2} + \Delta G_t.$$

3.7 Dynamische Modelle

Der Koeffizient jeder exogenen Variablen aus der reduzierten Form entspricht dem Impact-Multiplikator dieser Variablen. Die dynamischen Multiplikatoren lassen sich nicht sofort angeben. Erst nach wiederholter Substitution ist hier etwas zu erkennen. So erhält man z.B. nach zweimaligem Einsetzen

$$Y_t = d_0[1 + \sum_{\tau=1}^{2}(d_1 + d_2)^\tau] + d_1^3 Y_{t-3} + 3d_1^2 d_2 Y_{t-4} + 3d_1 d_2^2 Y_{t-5} + d_2^3 Y_{t-6}$$
$$+ G_t + d_1 G_{t-1} + (d_2 + d_1^2)G_{t-2} + 2d_1 d_2 G_{t-3} + d_2^2 G_{t-4}.$$

Eine einmalige Änderung von G um eine Einheit hat nach τ Perioden noch folgende Wirkung auf Y_t

$$\tau = 4: \quad dY_t/dG_{t-4} = d_2^2$$
$$\tau = 3: \quad dY_t/dG_{t-3} = 2d_1 d_2$$
$$\tau = 2: \quad dY_t/dG_{t-2} = d_1^2 + d_2$$
$$\tau = 1: \quad dY_t/dG_{t-1} = d_1.$$

Diese Angaben entsprechen den Interim-Multiplikatoren. Als totaler Multiplikator folgt

$$1 + d_1 + d_1^2 + d_2 + 2d_1 d_2 + d_2^2 = \sum_{\tau=0}^{2}(d_1 + d_2)^\tau,$$

die Gesamtwirkung auf Y von Periode $t-4$ bis Periode t, wenn in $t-4$ eine Änderung von G um eine Einheit eintritt, die bis t beibehalten wird.

Wesentliche Kritik an der Modellierung simultaner Gleichungssysteme ist von Sims (1980) geübt worden. Die Schätzung struktureller Modelle ist nur möglich, wenn Restriktionen auferlegt werden, um das Modell identifizieren zu können. Diese meist in Form von Nullrestriktionen vorgenommenen Beschränkungen sind im Allgemeinen nicht theoriegeleitet, sondern erfolgen ad hoc, so dass gar keine Strukturmodelle geschätzt werden. Sims plädiert daher vielmehr dafür, nur autoregressive Mehrgleichungsmodelle, **vektorautoregressive Modelle**, zu schätzen, da das Hauptanliegen dynamischer makroökonomischer Zeitreihenmodelle die Prognose ist. Bei Modellen dieser Art wird angenommen, dass alle Variablen endogen sind. Der einfachste Fall ist ein Zweigleichungsmodell. Ein inhaltliches Beispiel liefert die Konsumfunktion

$$C_t = \alpha_0 + \alpha_1 Y_t + \alpha_2 C_{t-1} + u_{1t},$$

die sowohl keynesianischen Charakter besitzt (Y_t), als auch die Habit-Persistence-Hypothese (C_{t-1}) berücksichtigt. In Erweiterung kann jetzt das Einkommen modelliert werden durch

$$Y_t = \beta_0 + \beta_1 Y_{t-1} + \beta_2 C_{t-1} + u_{2t}.$$

Dies beinhaltet, dass das Einkommen der Vorperiode auch für das laufende Einkommen bedeutsam ist, dass aber zusätzlich erhöhter oder sinkender Konsum sich auf die Produktion und damit auf die nachfolgenden Einkommen auswirkt. Die aus diesen beiden strukturellen Gleichungen resultierende reduzierte Form führt zu

$$C_t = \pi_{01} + \pi_{11}C_{t-1} + \pi_{21}Y_{t-1} + v_{1t}$$
$$Y_t = \pi_{02} + \pi_{12}C_{t-1} + \pi_{22}Y_{t-1} + v_{2t}$$

oder in Vektorschreibweise zu

$$y_t = \pi_0 + \Pi_1 y_{t-1} + v_t,$$

wobei $y_t = (C_t, Y_t)'$, $\pi_0 = (\pi_{01}, \pi_{02})'$, $v_t = (v_{1t}, v_{2t})'$. Es liegt ein VAR(1)-Modell vor. Um dies Modell konsistent schätzen zu können, wird davon ausgegangen, dass die Störgrößen der reduzierten Form v_1 und v_2 unkorreliert sind und dass der VAR(1)-Prozess stationär ist, insbesondere dass $E(y_t) = 0$ und dass sich $\text{Cov}(y_t)$ im Zeitablauf nicht ändert. Dies bedeutet in der Praxis, dass die Zeitreihen keinen Trend aufweisen und dass die Varianzen im Zeitablauf unverändert bleiben. Bei Gültigkeit dieser Annahmen liefert die KQ-Methode konsistente und approximativ normalverteilte Schätzer bei großen Stichproben. Das VAR(1)-Modell kann verallgemeinert werden, wenn nicht nur Lags von einer Periode zugelassen sind.

Ob kausal jede Größe von jeder abhängt, ist keineswegs sicher. Unter Umständen besteht nur Kausalität in eine Richtung, die statistisch jedoch in beiden Richtungen zum Tragen kommen kann. Von **Granger-Kausalität** wird gesprochen, wenn eine Variable y_{1t} von den laufenden und zurückliegenden Werten einer anderen Variablen y_{2t} beeinflusst wird. In dem Beispiel der Konsum- und Einkommensfunktion heißt C nicht grangerkausal bezüglich Y, dann und nur dann, wenn $\pi_{12} = 0$, während Y nicht grangerkausal bezüglich C heißt, wenn $\pi_{21} = 0$. Die Granger-Kausalität kann durch einfache t-Tests und im Falle von VAR-Modellen höherer Ordnung durch F-Tests überprüft werden. Das Konzept der Granger-Kausalität ist im Prinzip nur für Prognosen relevant und weniger inhaltlich. Zwar sollte die Kausalität üblicherweise nur von vergangenen Werten auf gegenwärtige und zukünftige bestehen. Das für wirtschaftliche Handlungen wichtige Konzept der Erwartungen macht jedoch klar, dass sich zukünftig erwartete Werte auch auf gegenwärtige Entscheidungen auswirken. Wenn erwartete, prognostizierte Werte und später tatsächlich eingetretene Werte stark korrelieren, ist eine Kausalität von $y_{1,t+1}$ auf $y_{2,t}$ durchaus möglich, so dass daraus auch ein statistischer Zusammenhang folgt.

Beispiel: Konsumfunktion 1962-1994 (Fortsetzung)

Geschätzt wird die Konsumfunktion (C) in Abhängigkeit vom Nettoinlandsprodukt zu Faktorkosten (BIP-Abschreibungen-indirekte Steuern) für die BR Deutschland über die Periode 1962-1994 mit Hilfe von STATA. Da Jahresdaten vorliegen, muss dies bei STATA zunächst angezeigt werden mit "tsset JAHR, yearly". Anschließend wird das einfachste vektorautoregressive Modell, bestehend aus den beiden Variablen Konsum (C) und Nettoinlandsprodukt zu Faktorkosten (NIF), mit jeweils nur einem einperiodischen Lag spezifiziert.

3.7 Dynamische Modelle

```
. tsset JAHR, yearly
      time variable:   JAHR, 1962 to 1994
. var C NIF, lags(1)

Vector autoregression

Sample:    1963     1994

--------------------------------------------------------
               |    Coef.    Std. Err.     z     P>|z|
---------------+----------------------------------------
C
C        L1 |   .7145115    .0775693    9.21    0.000
NIF      L1 |   .2929114    .0653379    4.48    0.000
_cons       |  -43.44526    9.671933   -4.49    0.000
---------------+----------------------------------------
NIF
C        L1 |  -.0237686    .1829831   -0.13    0.897
NIF      L1 |   1.067674    .1541296    6.93    0.000
_cons       |  -12.47638    22.81572   -0.55    0.584
--------------------------------------------------------
```

Der Test auf Granger-Kausalität (z-Werte= asymptotische t-Werte) zeigt, dass zwar NIF_{t-1} einen Einfluss auf C_t hat (z=4,48), aber nicht umgekehrt C_{t-1} auf NIF_t wirkt (z=-0,13). ◊

3.7.5 Dynamische Modelle mit nichtstationären Variablen

Stochastischer und deterministischer Trend. Die bisher betrachteten dynamischen Modelle gehen explizit oder implizit von der Annahme stationärer Zeitreihen aus. Gemeint ist damit, dass sich Erwartungswerte, Varianzen und Kovarianzen im Zeitablauf nicht verändern. Genau heißen Variablen, die diese Bedingungen erfüllen, **schwach stationär**. Viele ökonomische Variablen weisen jedoch ein anderes dynamisches Verhalten auf. Zwei besonders wichtige Fälle lassen sich schnell formulieren:

(i) Random-Walk-Prozesse

Ist in einem AR(1)-Prozess (vgl. Kapitel 3.7.2)

$$y_t = \theta_0 + \theta_1 y_{t-1} + u_t$$

der Koeffizient θ_1 gleich Eins, so wird von einem Random-Walk-Prozess gesprochen

$$y_t = \theta_0 + y_{t-1} + u_t,$$

mit $u_t \sim (0, \sigma^2)$. Durch wiederholtes Einsetzen folgt

$$y_t = y_0 + \theta_0 t + \sum_{t'=1}^{t} u_{t'},$$

und damit für die Varianz

$$V(y_t) = t\sigma^2.$$

Die Varianz konvergiert für $t \to \infty$ gegen keinen endlichen Wert. Im Modell mit $\theta_0 \neq 0$ ist auch der Erwartungswert trendbehaftet. Für $y_0 = 0$ gilt

$$E(y_t) = \theta_0 t.$$

(ii) Modell mit Trend

Entwickelt sich eine Variable in Abhängigkeit von der Zeit, weist sie einen linearen Trend t und einen Drift a auf

$$y_t = a + bt + u_t,$$

so folgt hier eine konstante Varianz

$$V(y_t) = \sigma^2$$

und für $a = 0$ ein trendabhängiger Erwartungswert von

$$E(y_t) = bt.$$

Der Unterschied dieser beiden Ansätze liegt darin, dass im ersten Fall der Trend **stochastisch** und im zweiten Fall **deterministisch** ist. Dies hat keine Auswirkungen auf den Erwartungswert, wohl aber auf die Varianz. Inhaltlich ausgedrückt bedeutet der Unterschied, dass sich stochastische Änderungen dauerhaft auswirken (langes Gedächtnis), während der deterministische Trend nur kurzfristig wirkt (kurzes Gedächtnis). Bei Differenzbildung ist der Trend im zweiten Fall verschwunden

$$\Delta y_t = y_t - y_{t-1} = b + \Delta u_t.$$

Sonst haben die beiden Trendmodelle ganz verschiedene Konsequenzen. Orientieren sich Wirtschaftssubjekte in ihrem Verhalten stark an realisierten Werten der Vergangenheit, dann wirken einmalige Schocks lange weiter. Sind die Marktteilnehmer dagegen mehr an einer kontinuierlichen Entwicklung interessiert, dann werden plötzlich auftretende, exogen bedingte Ereignisse, die in u_t erfasst sind, zwar nicht ignoriert. Aber wenn die Wirtschaftssubjekte erkennen, dass die Änderung nicht dauerhaft ist, werden sie diese bei ihren zukünftigen Plänen und Verhaltensweisen nicht weiter berücksichtigen. Zwar geht u_t in y_t ein. In Periode $t+1$ bleibt von dem Schock nichts mehr übrig.

Scheinregression. Die Bedeutung der beiden Modelltypen im zuvor diskutierten Abschnitt liegt darin, dass Variablen mit Trend Scheinzusammenhänge erzeugen und dass sich ökonomische Variablen, insbesondere makroökonomische Variablen, sehr häufig gleichförmig, d.h. in die gleiche Richtung, entwickeln. Granger und Newbold (1974) sprechen von "spurious regression", wenn

$$y_t = a_0 + a_1 t + u_1$$
$$x_t = b_0 + b_1 t + u_2$$

gilt und der Zusammenhang

$$y_t = c_1 x_t + u_3$$

betrachtet wird. Hier ergeben sich ein sonst wünschenswertes hohes Bestimmtheitsmaß und hohe t-Werte für die Schätzfunktion von c_1, obwohl inhaltlich überhaupt kein Zusammenhang zwischen x und y bestehen muss. Ein derartiges Phänomen, sehr hohe R^2- und t-Werte, das auch über andere Drittvariablen erzeugt werden kann, wenn auch nicht so offensichtlich, ist damit ein verdächtiges Symptom nichtkausaler Beziehungen. Häufig genannte Beispiele sind die hohen Korrelationen zwischen Zahl der Geburten und Zahl der Störche, zwischen Umfang importierter Bananen und Zahl der Krebstoten – vgl. auch Kapitel 1.3.1. Oder der bekannte Statistiker Yule hat herausgefunden, dass zwischen der Todesrate und dem Anteil der Eheschließungen, die in England und Wales durch die Kirchen von England in den Jahren 1866 und 1911 geschlossen wurden, eine Korrelation von +0,95 bestand. Plosser und Schwerdt (1978) ermitteln zwischen Nominaleinkommen in den USA und der Zahl der Sonnenflecken (jeweils ausgedrückt durch die logarithmierten Größen) einen ebenso hohen Korrelationskoeffizienten ($r = 0,91$). In keinem dieser Fälle wird man auf kausale Beziehungen schließen, obwohl statistisch ein starker Zusammenhang vorhanden ist. Nun bestehen nicht nur derart offensichtlich „unsinnige" Beziehungen, sondern es ergeben sich genauso zwischen den makroökonomischen Variablen Bruttosozialprodukt, Industrieproduktion, Beschäftigung, Preise und Löhne vielfach sehr starke statistische Interdependenzen, die sich einerseits theoretisch erklären lassen, aber andererseits auch auf einen gemeinsamen Trend zurückgeführt werden können. Unter den wesentlichen makroökonomischen Variablen lässt sich meist nur für die gesamtwirtschaftliche Arbeitslosenquote kein "random walk" aufzeigen. In Simulationsstudien, in denen künstlich zwei unabhängige Random-Walk-Prozesse erzeugt werden, wird in drei Viertel aller Fälle die These der Unabhängigkeit zwischen diesen beiden Prozessen abgelehnt.

Ein weiteres Indiz für das gleichzeitige Auftreten von Random-Walk-Prozessen sind neben einem sehr hohen R^2 und hohen t-Werten sehr niedrige Durbin-Watson-Werte, die auf positive Autokorrelation erster Ordnung hindeuten. Ein naheliegender Versuch, dieses Problem zu beseitigen, besteht darin, erste Differenzen zu bilden und die Koeffizienten des so transformierten Modells zu schätzen, d.h. im Zweivariablenmodell

$$\Delta y_t = \beta_0 + \beta_1 \Delta x_t + \Delta u_t,$$

wobei bei einfacher Differenzenbildung β_0 verschwinden müsste. Der Grundgedanke kann aber auch sein, dass ein inhomogener Zusammenhang der Veränderungsgrößen besteht. Simulationsstudien zeigen für Differenzenmodelle, die nur Scheinkorrelationen aufweisen, keine signifikant größere Ablehnung der Nullhypothese H_0: $\beta_1 = 0$ als es der vorgegebenen Irrtumswahrscheinlichkeit entspricht. Gleiches gilt bei einem Fehlerkorrekturmodell – vgl. Kapitel 3.7.2. Es folgen keine signifikant von Null verschiedenen t-Werte und auch R^2 ist sehr niedrig. Der Gedanke der Differenzenbildung zur Erzeugung stationärer Prozesse wird bereits bei den ARIMA-Modellen verfolgt (vgl. Kapitel 3.7.3). Ob durch Differenzenbildung erster oder auch höherer Ordnung die Stationaritätseigenschaft herbeigeführt wird, ist jedoch keineswegs sicher.

Test auf Stationarität. Aus der Analyse der Modelle mit stochastischem und deterministischem Trend lässt sich leicht eine Methode zum Testen auf Stationarität formulieren. Ausgangsmodell bildet

$$y_t = \theta_0 + \theta_1 y_{t-1} + bt + u_t.$$

Die beiden Trendmodelle sind hierin enthalten. Differenzenstationär ist das Modell, wenn $\theta_1 = 1$ und b=0. Naheliegend zur Überprüfung dieser Hypothese ist ein allgemeiner F-Test. Um dem üblichen Vorgehen bei einem F-Test zu folgen, nämlich dass unter H_0 der Koeffizientenvektor der Nullvektor ist, wird das Modell leicht umformuliert

$$\Delta y_t = \theta_0 + (\theta_1 - 1) y_{t-1} + bt + u_t.$$

Um auch die Möglichkeit eines autoregressiven Prozesses nicht nur erster, sondern auch höherer Ordnung zuzulassen, wird der Ansatz häufig noch um den Term $\sum_{\tau=1}^{p} \tilde{\theta}_\tau \Delta y_{t-\tau}$ erweitert. Die Teststatistik für die gemeinsame Hypothese $H_0 : \theta_1 = 1$ und $b = 0$ entspricht der eines üblichen F-Tests

$$TS = \frac{(\hat{u}'_R \hat{u}_R - \hat{u}'_U \hat{u}_U)/2}{\hat{u}'_U \hat{u}_U /(T-3)},$$

wobei $\hat{u}'_R \hat{u}_R$ die Residuenquadratsumme des restringierten Modells ist, d.h. unter H_0. Die Größe 2 entspricht hier der Zahl der Restriktionen und $\hat{u}'_U \hat{u}_U$ ist die Residuenquadratsumme des unrestringierten Modells, wenn der Term $\sum_{\tau=1}^{p} \theta_\tau \Delta y_{t-\tau}$ nicht mit einbezogen ist. Andernfalls lauten die Nennerfreiheitsgrade nicht $T-3$, sondern $T-3-p$. Das Problem ist, dass unter H_0 die kritischen Werte von TS keiner üblichen F-Verteilung entstammen. Dickey und Fuller (1981) haben die kritischen Werte von TS ermittelt. Für $\alpha = 0,05$ und ausgewählte Stichprobengrößen T lauten sie

T	kritische Werte bei H_0 (F^*)	kritische Werte für F_T^2
25	7,24	3,39
50	6,73	3,18
100	6,49	3,09
∞	6,25	3,00

3.7 Dynamische Modelle

Bei Verwendung der kritischen Werte der F-Verteilung wird H_0 zu früh abgelehnt, wenn auch etwas später als bei den exakten kritischen Werten der F-Verteilung, denn nicht F_T^2, sondern F_{T-3}^2 bzw. F_{T-3-p}^2 sind die richtigen Werte. Soll nicht auf einen stochastischen Trend, sondern einen deterministischen Trend getestet werden, so lautet H_0 nicht $\theta_1 = 1$ und $b = 0$, sondern $|\theta_1| < 1$ und $b \neq 0$.

Wird von vornherein nur ein Modell ohne deterministischen Trend mit Drift θ_0 betrachtet

$$y_t = \theta_0 + \theta_1 y_{t-1} + u_t,$$

dann stellen Dickey und Fuller auf einen t-Test ab. Zu prüfen ist

$$H_0 : \theta_1 = 1 \quad gegen \quad H_1 : \theta_1 < 1.$$

Wenn $\theta_1 = 1$ Gültigkeit besitzt, dann hat der AR(1)-Prozess eine Einheitswurzel (unit root), y ist nichtstationär, während y unter H_1 stationär ist.

Alternativ lässt sich formulieren

$$\Delta y_t = \theta_0 + \delta y_{t-1} + u_t,$$

wobei $\delta = \theta_1 - 1$. Zu testen ist

$$H_0 : \delta = 0 \quad gegen \quad H_1 : \delta < 0.$$

Es liegt ein einseitiger Test vor. Die Teststatistik entspricht der des üblichen t-Tests. Aber wie beim voranstehenden Test, bei dem die Teststatistik unter H_0 keiner F-Verteilung folgt, ist sie hier unter H_0 nicht t-verteilt. Dickey und Fuller (1979) liefern die richtigen kritischen Werte (t^*), die negativ sind und kleiner als die entsprechenden Werte der t-Verteilung (t_N) ausfallen, so dass H_0 später abgelehnt wird. Für ausgewählte Stichprobenumfänge und $\alpha=0{,}05$ gilt

T	kritische Werte für t^*	kritische Werte für t_N
50	-3,67	-1,68
100	- 3,37	-1,66
200	-3,37	-1,65

Da dieses Vorgehen lediglich auf AR(1)-Prozesse abstellt, besteht der Wunsch, auch für höhere AR-Prozesse einen analogen Test durchzuführen. Zu diesem Zweck wird ein erweiterter Dickey-Fuller-Test (augmented Dickey-Fuller (ADF) test) formuliert. Ausgangspunkt bildet

$$\Delta y_t = \theta_0 + \delta y_{t-1} + \sum_{\tau=1}^{p} \tilde{\theta}_\tau \Delta y_{t-\tau} + u_t.$$

Durch die zusätzlichen Summationsglieder ist ein AR(p)-Prozess zugelassen. Die Bestimmung der Laglänge p erfolgt wie in Kapitel 3.7.1 beschrieben. Die Hypothesenformulierung bleibt unverändert gegenüber dem Test bei einem AR(1)-Prozess. Soll das Modell einen deterministischen Trend unter H_0 und unter H_1 enthalten, dann bildet

$$\Delta y_t = \theta_0 + bt + \delta y_{t-1} + \sum_{\tau=1}^{p} \tilde{\theta}_\tau y_{t-\tau} + u_t$$

die Grundlage für den ADF-Test. In beiden Fällen ist die Teststatistik

$$t = \frac{\hat{\delta}}{\hat{\sigma}_{\hat{\delta}}}$$

mit dem kritischen Dickey-Fuller-Wert zu vergleichen, um die Testentscheidung für $H_0: \delta = 0$ oder für $H_1: \delta < 0$ zu treffen. Bei großen Stichprobenumfängen lauten die kritischen Werte

Modell	kritische DF-Werte $\alpha = 0{,}1$	kritische DF-Werte $\alpha = 0{,}05$	kritische DF-Werte $\alpha = 0{,}01$
mit Drift	-2,57	-2,86	-3,43
mit Drift + Trend	-3,12	-3,41	-3,96

Ob eine Variable Y einem Random Walk folgt, also nichtstationär ist, prüft SHAZAM mit dem Dickey-Fuller-Test. Der allgemeine Befehl lautet

COINT Y / NLAG=p

Der Wert p für die Anzahl der Lags in $\sum_{\tau=1}^{p} \tilde{\theta}_\tau \Delta y_{t-\tau}$ ist vom Anwender festzulegen. Unterbleibt die Option NLAG=p, wird p von SHAZAM automatisch bestimmt. Soweit p>0, wird ein augmented Dickey-Fuller-Test (ADF-Test) durchgeführt.

Bei STATA ist als Kommando zu schreiben

dfuller Y, noconstant lags(p) trend

Unterbleiben die Optionen noconstant und trend, wird eine inhomogene Regression ohne Trend spezifiziert. Auch hier ist p vom Anwender festzulegen.

Beispiel: Konsum 1962-1994 (Fortsetzung)

Geprüft wird mit Hilfe von STATA, ob der gesamtwirtschaftliche Konsum C in der BR Deutschland im Zeitraum 1962-1994 einen nichtstationären Verlauf aufweist, genauer gesagt, ob ein "random walk" vorliegt. Erneut muss zunächst STATA angezeigt werden, dass Jahresdaten Verwendung finden.

```
. tsset JAHR, yearly
. dfuller  C, lag(4) trend

Augmented Dickey-Fuller test for unit root        Number of obs =    28

                            ---------- Interpolated Dickey-Fuller ---------
                Test          1% Critical      5% Critical     10% Critical
             Statistic           Value            Value            Value
------------------------------------------------------------------------------
 Z(t)         -0.375            -4.352           -3.588           -3.233
------------------------------------------------------------------------------
* MacKinnon approximate p-value for Z(t) = 0.9887
```

STATA weist neben den kritischen Dickey-Fuller-Werten auch das von MacKinnon (1991) ermittelte empirische Signifikanzniveau aus. Die Nullhypothese, dass die Entwicklung des Konsums im Zeitablauf einem Random Walk folgt, kann aufgrund des ADF-Tests nicht abgelehnt werden. ⋄

Kointegration. Scheinregressionen treten auf, wenn sowohl die endogene Variable als auch die exogenen Variablen nichtstationär sind. Eine Überprüfung lässt sich für jede Variable mit dem voranstehenden Testverfahren durchführen. Wie soll dann aber bei Nichtablehnung von H_0, d. h. bei Random-Walk-Prozessen, verfahren werden? In einigen Fällen gibt es Lösungsmöglichkeiten. Dies ist der Fall, wenn y und x durch den gleichen Grad an Differenzenbildung stationär werden. Führt z.B. bereits die einfache Differenzenbildung zu stationären Zeitreihen, dann sind y und x integriert vom Grade eins. Die Lösung des Problems liefert das Ergebnis, dass dann nicht zwangsläufig

$$y_t - c_1 x_t = u_t$$

auch vom Grade eins (I(1)) integriert sein muss. Falls $u_t \sim I(0)$, also stationär ist, dann heißen y und x kointegriert und c_1 ist der Kointegrationsparameter. In diesen Fällen liefert der KQ-Schätzer eine konsistente Schätzung für c_1 und somit für das langfristige Gleichgewicht im Fehlerkorrekturmodell – vgl. Kapitel 3.7.2. Wenn jedoch u_t nichtstationär ist, so führt dies zu den diskutierten Scheinregressionen für die Langfristbeziehung. Die Frage, ob y_t und x_t kointegriert sind, kann leicht mit Hilfe eines Tests auf Stationarität der Störgröße, analog dem Vorgehen zum Testen auf Stationarität beliebiger Variablen, beantwortet werden. Die aufgrund der KQ-Schätzung ermittelten Residuen $\hat{u}_t = y_t - \hat{c}_1 x_t$ bilden die Grundlage für die künstliche Regression

$$\hat{u}_t = \rho \hat{u}_{t-1} + \varepsilon_t.$$

Wenn $|\rho| < 1$ gilt, ist $\hat{u}$ stationär. Der Test auf $H_0 : \rho = 1$ erfolgt über

$$\Delta \hat{u}_t = (\rho - 1)\hat{u}_{t-1} + \varepsilon_t =: \rho^* \hat{u}_{t-1} + \epsilon.$$

Die kritischen Werte bei H_0 entsprechen den Dickey-Fuller-Werten beim Test auf Stationarität. Wenn bei einem einseitigen t-Test $t \leq t^*$ gilt, dann wird die Nullhypothese – keine Kointegration – abgelehnt. Die Teststatistik ist $\hat{\rho}^*/\hat{\sigma}_{\hat{\rho}^*}$. Es wird im Prinzip keine

Implementierung dieses Tests benötigt. Wenn dies trotz allem in Programmpaketen wie SHAZAM oder STATA der Fall ist, dann liegt der Vorteil in der Angabe der jeweils benötigten kritischen Werte. Die Bedeutung dieses Tests besteht darin, dass bei Ablehnung von H_0 trotz nichtstationärer Zeitreihen nicht das Problem der Scheinkorrelation zu fürchten ist. Eine Schätzung des Modells der ersten Differenzen führt zwar häufig zum Ziel, stellt aber nur auf die Kurzfristbeziehung und nicht auf die möglicherweise viel mehr interessierende Langfristbeziehung ab. Beide Beziehungen sind im Fehlerkorrekturmodell vereinigt, so dass die Schätzung dieses Modells vorzuziehen ist.

Implementiert ist der Test auf Kointegration bei SHAZAM durch

COINT Y / NLAG=p TYPE=RESD

Beispiel: Konsumfunktion 1962-1994 (Fortsetzung)

Der folgende SHAZAM-Output zur Prüfung, ob der gesamtwirtschaftliche Konsum und das Nettoinlandsprodukt zu Faktorkosten kointegriert sind, zeigt, dass H_0 : "keine Kointegration" nicht abzulehnen ist. Dies Ergebnis besitzt sowohl bei dem Modell mit als auch bei dem ohne Trend Gültigkeit.

```
|_COINT C NIF / TYPE=RESD
...NOTE..SAMPLE RANGE SET TO:     1,    33

REQUIRED MEMORY IS PAR=      17 CURRENT PAR=      2000
...NOTE..TEST LAG ORDER AUTOMATICALLY SET

COINTEGRATING REGRESSION - CONSTANT, NO TREND    NO.OBS =    33
REGRESSAND : C

 R-SQUARE = 0.9804        DURBIN-WATSON = 0.5440

 DICKEY-FULLER TESTS ON RESIDUALS - NO.LAGS =  0   M =  2

                       TEST       ASY. CRITICAL
                    STATISTIC     VALUE 10%
---------------------------------------------------------------
 NO CONSTANT, NO TREND
         T-TEST    -2.1811        -3.04
---------------------------------------------------------------

COINTEGRATING REGRESSION - CONSTANT, TREND      NO.OBS =    33
REGRESSAND : C

 R-SQUARE = 0.9921        DURBIN-WATSON = 0.8444

 DICKEY-FULLER TESTS ON RESIDUALS - NO.LAGS =  0   M =  2

                       TEST       ASY. CRITICAL
                    STATISTIC     VALUE 10%
```

```
        -----------------------------------------------------------------
        NO CONSTANT, NO TREND
                T-TEST         -2.5321       -3.50
        -----------------------------------------------------------------
```

Literaturhinweise:
Dynamische Modelle sind zentraler Gegenstand der Zeitreihenanalyse. Aus diesem Bereich ist z.B. Enders (2004), Hamilton (1994) oder Harvey (1990) als weiterführende Literaturquelle zu empfehlen. Gängige Ökonometrielehrbücher wie Davidson/MacKinnon (2004, Chapter 13+14), Greene (2003, Chapter 19+20), Griffiths, Hill und Judge (1993, Chapter 20+21), Hackl (2004, Kapitel 13+14, 17-19, 22), Stock/Watson (2002, Chapter 12-14), Studenmund (2000, Chapter 12), Thomas (1997, Chapter 11, 13-15), Wooldridge (2003, 10, 11, 18) und Winker (1997, Kapitel 10) enthalten entsprechende Abschnitte.

3.8 Paneldatenmodelle

Dynamische Aspekte der empirischen Wirtschaftsforschung haben sich im voranstehenden Kapitel im Wesentlichen auf aggregierte Zeitreihendaten beschränkt. Aber auch individuelles Verhalten ist Änderungen im Zeitablauf unterworfen. Zu deren Analyse könnten Zeitreihen individueller Charakteristika von einzelnen Personen herangezogen werden. Verallgemeinernde Aussagen auf dieser Ebene lassen sich dann jedoch kaum treffen. Daher bietet es sich an, für eine größere Anzahl von Personen, Haushalten oder auch Betrieben die gleichen Merkmale, soweit sie zeitlichen Änderungen unterworfen sind, über verschiedene Perioden hinweg zu erfassen. Bei einer solchen Kombination aus Querschnitts- und Zeitreihendimension der Daten wird von Paneldaten gesprochen – vgl. Abschnitt 1.4.2. Gegenüber reinen Querschnittsdaten und gegenüber aggregierten Zeitreihendaten hat dieser Datentyp verschiedene Vorteile:

- Die größere Zahl der Beobachtungen erhöht die statistische Effizienz und ermöglicht die Aufgliederung in Untergruppen.
- Es kann zwischen Kohorten-, Alters- und Periodeneffekten unterschieden werden.
- Intra- und interindividuelle Effekte lassen sich getrennt ermitteln.
- Zeitinvariante unbeobachtete Heterogenität kann eliminiert und erfasst werden. Es ist damit möglich, zwischen Wirkungen der Zustandsabhängigkeit und denen von nicht erfassten individuellen Charakteristika zu trennen.
- Kausale Effekte wirtschafts- und unternehmenspolitischer Maßnahmen sind besser herauszuarbeiten.

Zweifellos ist die Erhebung von Paneldaten mit hohen Kosten verbunden. Insofern ist stets vorher zu überlegen, ob sich dieser Datentyp lohnt. Bisweilen führt die höhere statistische Effizienz, die sich in hohen t-Werten äußert, dazu, dass nur noch Einflüsse mit hoher statistischer Signifikanz ausgemacht werden. Als neues Problem, das im Zusammenhang mit Paneldaten steht, tauchen Datenausfälle (attrition) auf. Konsequenz sind ungleichgewichtige Stichprobenumfänge (unbalanced panel) in verschiedenen Perioden auf.

3.8.1 Gepoolte Schätzungen

Wenn nur die individuellen Querschnittsdaten über mehrere Perioden zusammengefasst werden, d.h. gepoolt werden, und ansonsten die gleichen Methoden zur Schätzung der Parameter wie bei einfachen Querschnittsdaten herangezogen werden, spielt es keine Rolle, ob unabhängige Querschnitte über die Zeit oder wiederholte Erhebungen mit den gleichen Beobachtungsträgern verwendet werden. Es wird einfach

$$y = \begin{pmatrix} y_1 \\ \vdots \\ y_T \end{pmatrix} = \begin{pmatrix} x_1' \\ \vdots \\ x_T' \end{pmatrix} \begin{pmatrix} \beta_1 \\ \vdots \\ \beta_K \end{pmatrix} + \begin{pmatrix} u_1 \\ \vdots \\ u_T \end{pmatrix} = X\beta + u$$

gebildet, wobei y_t ein $n \times 1$ Vektor ist und t=1, ...,T. X_t bezeichnet die Designmatrix der Ordnung $n \times K$. Falls in jeder Periode die gleichen Beobachtungsträger eingehen,

3.8 Paneldatenmodelle

führt die alternative Anordnung der Daten

$$y = \begin{pmatrix} y_1 \\ \vdots \\ y_n \end{pmatrix} = \begin{pmatrix} x'_1 \\ \vdots \\ x'_n \end{pmatrix} \begin{pmatrix} \beta_1 \\ \vdots \\ \beta_K \end{pmatrix} + \begin{pmatrix} u_1 \\ \vdots \\ u_n \end{pmatrix} = X\beta + u,$$

wobei $y_i = (y_{i1}, ..., y_{iT})'$, $X_i \sim T \times K$ und $i = 1, ..., n$, bei OLS-Schätzung zum gleichen Ergebnis. Vor dem Hintergrund des Abschnitts über Mehrgleichungsmodelle – vgl. Kapitel 3.3 – ist es jedoch naheliegend, ein Modell scheinbar unverbundener Regressionsgleichungen zu schätzen, da Autokorrelation aufgrund des Zeitreihencharakters der Daten und Heteroskedastie aufgrund der Querschnittsdimension naheliegende Phänomene darstellen.

Bei Panelbeobachtungen auf Mikrodatenbasis steht üblicherweise eine große Anzahl an Individuen (i=1,...,n) und eine vergleichsweise geringe Anzahl an Perioden (t=1,...,T) zur Verfügung. Dies hat den Nachteil, dass asymptotische Betrachtungen in der Zeitdimension ohne großen Aussagewert sind. Vorteilhaft ist, dass sich die unbeobachteten Zeiteinflüsse schnell durch Aufnahme von Jahres-, Quartals- oder Monatsdummies

$$D_t = \begin{cases} 1, \text{ wenn Beobachtung aus Periode t} \\ 0 \text{ sonst} \end{cases}$$

erfassen lassen, wobei eine Periode als Basisperiode zu definieren ist, wie im Abschnitt über qualitative Variablen beschrieben - vgl. Kapitel 3.6.1. Es werden dementsprechend T-1 Dummies gebildet, deren Koeffizienten den Unterschied zum Einfluss der Basisperiode auf die Outputvariable y messen. Der Basisperiodeneffekt drückt sich im absoluten Glied aus. Sind diese Koeffizientenschätzungen nicht signifikant von Null verschieden, so bedeutet dies, es lässt sich kein abweichender Zeiteffekt gegenüber der Basisperiode ausmachen. Selbstverständlich kann auch auf Gleichheit der Periodeneinflüsse von zwei Nichtbasisperioden getestet werden. Ob es überhaupt statistisch signifikante unbeobachtete Zeiteffekte gibt, lässt sich mit Hilfe eines konventionellen F-Tests prüfen - vgl. Kapitel 2.3.4, wobei lediglich die Zahl der Freiheitsgrade anzupassen ist. Zu vergleichen ist die Residuenquadratsumme des Modells mit Zeitdummies (unrestringiertes Modell) mit der des Modells ohne Zeitdummies (restringiertes Modell).

Wenn ein Regressor oder der Regressand bei Paneldaten eine monetäre Größe ist, muss deflationiert werden, um zwischen monetären und realen Einflüssen trennen zu können. Angenommen, es liegt eine übliche semilogarithmische Einkommensfunktion

$$lnY = X\beta + D\gamma + u$$

vor, wobei

$$D = \begin{pmatrix} 1 \\ \vdots \\ 1 \\ & 1 \\ & \vdots \\ & 1 \\ & & \ddots \\ & & & 1 \\ & & & \vdots \\ & & & 1 \end{pmatrix},$$

wenn der ersten Form der Datenanordnung gefolgt wird. In diesem Fall müssten alle Beobachtungen des Regressanden durch einen geeigneten Preisindex P_T einer Periode T geteilt werden. Dies ist hier jedoch überflüssig, da es sich um eine lineare Transformation handelt – vgl. Abschnitt 2.2.3. Aufgrund der semilogarithmischen Modellierung gilt

$$ln(Y_t/P_T) = lnY_t - lnP_T.$$

Ist T die Basisperiode, so wird lnP_T dem Periodeneffekt T, also dem absoluten Glied, zugeschlagen. Die Koeffizienten der echten Rgeressoren ändern sich dementsprechend nicht, wenn von den nominellen zu den realen Einkommen übergegangen wird.

Statt die Daten der verschiedenen Perioden zu poolen und dann gemeinsam zu schätzen, können auch getrennte Schätzungen für die einzelnen Perioden vorgenommen werden, um dann die geschätzten Koeffizienten der echten Regressoren miteinander zu vergleichen. Auf den Unterschied zu den Interaktionsmodellen, bei denen neben den reinen Effekten solche von Interaktionen – hier zwischen Zeitdummies und den echten Regressoren ($D_t x_{ikt}$) – gebildet werden, sei nochmals aufmerksam gemacht – vgl. Kapitel 3.6.1. Soweit der Regressor eine (0;1)-Variable z ist, läuft der Vergleich aus zwei Querschnittsschätzungen

$$y_t = \beta_{0t} + x_t'\beta_t + \alpha_t z_t + u_t \qquad t = 1,2$$

auf einen Differenz-von-Differenzen-Schätzer (DiD) hinaus, der bei der Evaluation von Interventionsmaßnahmen von Bedeutung ist – vgl. Kapitel 2.6.1 –

$$\Delta\alpha = \hat{\alpha}_2 - \hat{\alpha}_1.$$

Um zu testen, ob die Differenz der beiden Koeffizienten statistisch gesichert ist, bedarf es des Standardfehlers der Differenz dieser beiden Schätzfunktionen. Die Berechnung ist bei getrennter Schätzung der Regressionen für die beiden Perioden 1 und 2 etwas schwieriger (Amemiya 1985, S. 34), da von unterschiedlichen Störgrößenvarianzen ausgegangen wird. Falls jedoch die Hypothese $H_0 : \sigma_1^2 = \sigma_2^2$ nicht abzulehnen ist, reicht das Interaktionsmodell für die gepoolten Daten der beiden Perioden

$$y_{it} = \beta_{01} + x'_{it}\beta_1 + \alpha_1 z_{it} + D_{i2}x'_{it}\tilde{\beta}_1 + \tilde{\beta}_0 D_{i2} + \tilde{\alpha} D_{i2} z_{it} + u_{it}$$

wobei t=1,2; i=1,...,n und

$$D_2 = \begin{cases} 1, \text{ wenn Beobachtung aus Periode t=2} \\ 0, \text{ wenn Beobachtung aus Periode t=1} \end{cases}$$

Für t=1 folgt

$$y_{i1} = \beta_{01} + x'_{i1}\beta_1 + \alpha_1 z_{i1} + u_{i1}$$

und für t=2

$$\begin{aligned} y_{i2} &= (\beta_{01} + \tilde{\beta}_0) + x'_{i2}(\beta_1 + \tilde{\beta}_1) + (\alpha_1 + \tilde{\alpha})z_{i2} + u_{i2} \\ &= \beta_{02} + x'_{i2}\beta_2 + \alpha_2 z_{i2} + u_{i2}. \end{aligned}$$

Das heißt

$$\tilde{\alpha} = \alpha_2 - \alpha_1.$$

Somit ist der Standardfehler der Schätzfunktion von $\tilde{\alpha}$ gleich $\sigma_{\hat{\alpha}_2-\hat{\alpha}_1}$. Daraus folgt, wenn

$$|t| = |\frac{\hat{\tilde{\alpha}}}{\hat{\sigma}_{\hat{\tilde{\alpha}}}}| > t_{n-2(K+1);1-\alpha/2},$$

dass die Nullhypothese $H_0 : \alpha_1 = \alpha_2$ unter der Annahme $\sigma_1^2 = \sigma_2^2$ abzulehnen ist.

3.8.2 Zeitinvariante unbeobachtete individuelle Heterogenität

Auf den zentralen Punkt der meisten Paneldatenanalysen, die unbeobachtete individuelle Heterogenität, wurde bisher nicht eingegangen. Überlicherweise können nicht alle wirksamen Einflüsse einer zu erklärenden Variablen explizit in Regressionsmodellen aufgenommen werden, sei es, weil man nicht alle Einflüsse kennt, oder sei es, weil sich die Einflüsse nicht oder nur schwer erfassen lassen. Bei Vorliegen von Paneldaten kann diesem Problem begegnet werden, wenn sich die unterdrückten Variablen, deren Werte zwischen den Individuen schwanken, im Zeitablauf nicht ändern, also zeitinvariant sind. In diesem Fall wird das Modell wie folgt spezifiziert

$$y_{it} = x'_{it}\beta + \alpha_i + \epsilon_{it},$$

wobei α_i die gesamte unbeobachtete Heterogenität eines Individuums zusammenfasst. Der Störterm ϵ_{it} soll weiterhin den klassischen Regressionsbedingungen genügen. Und das Modell heißt "fixed effects model - FEM", falls zugelassen wird, dass die Regressoren x_{ikt} und α_i miteinander korrelieren. Bei einer solchen Konstellation kann α_i nicht einfach dem Störterm zugerechnet werden und dann nach OLS geschätzt werden. Ein solches Vorgehen hätte inkonsistente Schätzungen zur Folge – vgl. Kapitel 3.3.3.

Wird jedoch angenommen, dass α_i und alle x_{ikt} unkorreliert sind, dann kann

$$u_{it} = \alpha_i + \epsilon_{it}$$

gebildet werden. Man spricht in diesem Fall von einem "random effects model - REM". Für die praktische Handhabung ist eine Annahme über die Verteilung von α_i notwendig. Im Allgemeinen wird

$$\alpha_i \sim N(0, \sigma_\alpha^2)$$

zugrunde gelegt. Auch hier ist jedoch eine einfache OLS-Schätzung nicht angebracht. Sie vernachlässigt die positive serielle Korrelation des Störterms u_{it}. Durch einfache Transformation lässt sich aber eine Rückführung auf einen klassischen Fehlerterm erreichen, und zwar durch

$$u_{it} - \delta \bar{u}_i,$$

wobei $\delta = 1 - [\sigma_\epsilon^2/(\sigma_\epsilon^2 + T\sigma_\alpha^2)]^{1/2}$. Für das gesamte gepoolte Modell heißt dies

$$y_{it} - \delta \bar{y}_i = \beta_0(1-\delta) + \beta_1(x_{i1t} - \delta \bar{x}_{i1}) + ... + \beta_K(x_{iKt} - \delta \bar{x}_{iK}) + u_{it} - \delta \bar{u}_i.$$

Da δ unbekannt ist, bedarf es einer Schätzung für σ_α^2 und σ_ϵ^2. Verschiedene Möglichkeiten sind hierfür entwickelt worden. Falls sich $\hat{\sigma}_\epsilon^2$ bestimmen lässt – vgl. hierzu später -, kann

$$\hat{\sigma}_\alpha^2 = \frac{1}{n-K} \sum_{i=1}^{n} \hat{\bar{u}}_i^2 - \frac{1}{T}\hat{\sigma}_\epsilon^2$$

gebildet werden. Die durchschnittlichen Residuen $\hat{\bar{u}}$ sind über das sogenannte Between-Modell

$$\bar{y}_i = \sum_{k=1}^{K} \bar{x}_{ik}\beta_k + \bar{u}_i$$

3.8 Paneldatenmodelle

zu ermitteln, in dem aus der OLS-Schätzung $\hat{\hat{u}}_i = \bar{y}_i - \sum_{k=1}^{K} \bar{x}_{ik}\hat{\beta}_k$ berechnet wird.

Die OLS-Schätzungen des transformierten Modells entsprechen den REM- Schätzungen ($\hat{\beta}^{RE}$) und sind EGLS-Schätzer - vgl. Kapitel 3.2. Im Gegensatz zur Schätzung des gepoolten Ausgangsmodells wird hier den nichtklassischen Bedingungen des Störterms u_{it} Rechnung getragen. Ob unbeobachtete individuelle Heterogenität vorliegt, kann mit Hilfe verschiedener Tests geprüft werden. Eine Möglichkeit besteht darin,

$$H_0: \sigma_\alpha^2 = 0 \quad gegen \quad H_1: \sigma_\alpha^2 \neq 0$$

zu testen. Als Teststatistik ist

$$TS = \frac{\sum_{i=1}^{n}\sum_{t=1}^{T-1}\sum_{s=t+1}^{T} \hat{u}_{it}\hat{u}_{is}}{[\sum_{i=1}^{n}(\sum_{t=1}^{T-1}\sum_{s=t+1}^{T})\hat{u}_{it}\hat{u}_{is})^2]^{1/2}} \stackrel{a}{\sim} N(0;1)$$

heranzuziehen. Wenn $|TS| > z_{1-\frac{\alpha}{2}}$, muss H_0 abgelehnt werden. Dann liegt unbeobachtete individuelle Heterogenität vor.

Soll ein FEM geschätzt werden, so kann in traditioneller Sichtweise α_i als individuenspezifisches absolutes Glied spezifiziert werden. Ein naheliegendes Vorgehen ist, analog dem bei unbeobachteten Zeiteffekten Dummy-Variablen zu bilden, also das Ausgangsmodell um n-1 Dummy-Variablen zu ergänzen (Dummy-Variablen-Modell). Schon bei einer nicht allzu großen Anzahl an Individuen erweist sich ein solcher Vorschlag jedoch als sehr unpraktisch, da zu viele Parameter, gemessen an der Zahl der Beobachtungen, zu schätzen sind. Das übliche Vorgehen eliminiert den Individualeffekt. Das geschieht einerseits durch einfache Differenzenbildung

$$\Delta y_{it} = y_{it} - y_{i,t-1} = (x_{it} - x_{i,t-1})'\beta + (u_{it} - u_{i,t-1}) = \Delta x'_{it}\beta + \Delta u_{it}$$

und andererseits durch Differenzenbildung zwischen Individual- und Durchschnittswert

$$y_{it}^W = y_{it} - \bar{y}_i = (x_{it} - \bar{x}_i)'\beta + (u_{it} - \bar{u}_i) =: x_{it}^{W'}\beta + u_{it}^W.$$

Letztere Transformation, welche auch als Within-Transformation bezeichnet wird, beschreibt die Differenz zwischen gepooltem und Between-Modell. Der OLS-Schätzer hiervon heißt Fixed-effects- ($\hat{\beta}^{FE}$) oder Within-Schätzer ($\hat{\beta}^W$), der bei strikter Exogenität der erklärenden Variablen unverzerrt ist. Der Nachteil sowohl des erste Differenzen- als auch des Within-Schätzers ist, dass zeitinvariante Regressoren neben α_i ebenfalls entfernt werden. Falls ϵ_{it} nicht den klassischen Bedingungen genügt, ist der Within-Schätzer nicht effizient. Da für das Within-Modell

$$u_{it} - \bar{u}_i = \epsilon_{it} - \bar{\epsilon}_i$$

gilt, können die Within-Residuen zur Schätzung der Störgrößenvarianz σ_ϵ^2 herangezogen werden. Ein gewisses Problem stellt die Anzahl der Freiheitsgrade dar, die üblicherweise als Zahl der Beobachtungen minus Anzahl der geschätzten Parameter berechnet wird.

Das wäre demnach $nT - K$. Wird dagegen das Dummy-Variablen-Modell zur Schätzung herangezogen, das zum gleichen Ergebnis bei OLS-Parameterschätzungen führt, dann wäre auf $nT - K - (n-1)$ zu schließen. Letztere Form wird allgemein bevorzugt, so dass

$$\hat{\sigma}_\epsilon^2 = \frac{1}{nT - K - (n-1)} \sum_{i=1}^n \sum_{t=1}^T (\hat{u}_{it}^W)^2.$$

Hierauf ist bei Anwendungen zu achten, da verschiedene Computerprogramme mit $nT - K$ als Zahl der Freiheitsgrade rechnen.

Ist man an den Individualeffekten selbst interessiert, so können diese unter Verwendung des Within-Schätzers $\hat{\beta}^W$ berechnet werden

$$\hat{\alpha}_i = (\bar{y}_i - \bar{y}) - (\bar{x}_i - \bar{x})' \hat{\beta}^W.$$

Ob überhaupt Individualeffekte existieren, lässt sich wiederum wie bei einem Test auf Zeiteffekte – vgl. Kapitel 3.8.1 – durch einen F-Test bestimmen

$$F = \frac{\hat{u}'\hat{u} - \hat{u}_W'\hat{u}_W}{\hat{u}_W'\hat{u}_W} \cdot \frac{nT - K - (n-1)}{n-1} \sim F_{nT-K-(n-1)}^{n-1}.$$

Das gepoolte (restringierte) Modell mit $\hat{u}'\hat{u}$ ist gegen das Dummy-Variablen-Modell (Within-Modell - unrestringiert) mit $\hat{u}_W'\hat{u}_W$ zu testen.

Für den Fall eines Zweiperiodenpanels (t=1,2) stimmen der erste Differenzen- und der Within-Schätzer überein, denn

$$y_{it} - \frac{y_{it} + y_{i,t-1}}{2} = \frac{y_{it} - y_{i,t-1}}{2} = \frac{1}{2}\Delta y_{it}.$$

Der konstante Faktor 1/2 ändert nichts an der Koeffizientenschätzung der echten Regressoren – vgl. Abschnitt 2.2.3. Für T>2 weichen die beiden Schätzungen voneinander ab. Welcher ist vorzuziehen? Der Within-Schätzer sollte präferiert werden, da in ihn mehr Information eingeht. Stellt man allerdings Autokorrelation (erster Ordnung) fest, dann führt die (erste) Differenzenbildung die klassischen Störgrößenbedingungen herbei. Dies ist bei der Within-Transformation nicht der Fall.

Ob ein Random- oder ein Fixed-effects-Modell vorzuziehen ist, lässt sich mit einem Hausman-Test prüfen. Die Teststatistik vergleicht den Within-Schätzer (FE-Schätzer) mit dem RE-Schätzer

$$(\hat{\beta}^{FE} - \hat{\beta}^{RE})'[V(\hat{\beta}^{FE}) - V(\hat{\beta}^{RE})]^{-1}(\hat{\beta}^{FE} - \hat{\beta}^{RE}) \sim \chi_{K-1}^2.$$

Übersteigt die Teststatistik den kritischen Wert der χ^2-Verteilung, dann ist die Nullhypothese, dass x_i und α_i unkorreliert sind, abzulehnen. Alternativ kann das RE-Modell um den FE-Teil erweitert werden

$$y_{it} - \hat{\delta}\bar{y}_i = (1-\hat{\delta})\beta_1 + \sum_{k=2}^{K}(x_{ikt} - \hat{\delta}\bar{x}_{ik})\beta_k + \sum_{k=2}^{K}(x_{ikt} - \bar{x}_{ik})\tilde{\beta}_k + \omega_{it}$$

und zu testen ist mit einem konventionellen F-Test, ob $H_0 : \tilde{\beta}_2 = \tilde{\beta}_3 = ... = \tilde{\beta}_K = 0$. Die F-Teststatistik vergleicht die Residuenquadratsumme aus dem RE-Schätzer (restringiertes Modell - R) mit der des erweiterten Modells (unrestringiertes Modell - U). Wenn

$$F = \frac{\hat{u}'_R \hat{u}_R - \hat{u}'_U \hat{u}_U}{\hat{u}'_U \hat{u}_U} \cdot \frac{nT - 2K + 1}{K - 1} > F^{K-1}_{nT-2K+1; 1-\alpha/2},$$

ist H_0 abzulehnen. Dann ist das FE-Modell vorzuziehen. Zu beachten ist, dass beim FE-Modell und beim RE-Modell klassische Bedingungen für den Störterm ϵ_{it} unterstellt sind. Andernfalls können bei beiden inkonsistente Schätzer folgen und damit kann der Hausman-Test nicht mehr für die Entscheidung, welches der beiden Modelle vorzuziehen ist, verwendet werden. Wenn H_0 nicht abgelehnt wird, hat der RE-Schätzer nur dann einen eindeutigen Vorteil, falls die Verteilungsannahme über α_i zutrifft ($\alpha_i \sim N(0, \sigma^2_\alpha)$).

Verschiedene statistisch-ökonometrische Computerprogramme haben in der Zwischenzeit Panelschätzer implementiert. Mit SHAZAM kann lediglich für gepoolte Querschnitts-Zeitreihendaten geschätzt werden, wobei Heteroskedastie und Autokorrelation zugelassen sind. STATA hat neben anderen Paneldatenschätzern die drei in der empirischen Wirtschaftsforschung am häufigsten angewandten und oben erläuterten implementiert.

Den RE-Schätzer bekommt man mit Hilfe von

`xtreg y x1 ... xK, re i(.)`,

wobei für das Argument in $i(\cdot)$ die Variable zur Identifizierung der Individuen einzusetzen ist. Ausgewiesen werden neben den Koeffizientenschätzungen, den Standardfehlern, den asymptotischen t-Werten, den Prob.values und den 95%-Konfidenzintervallen auch σ_α (in STATA mit σ_u bezeichnet), σ_ϵ (in STATA mit σ_e bezeichnet). Der Befehl für den Between-Schätzer weicht nur unwesentlich davon ab

`xtreg y x1 ... xK, be`

und der für den FE- bzw. Within-Schätzer lautet

`xtreg y x1 ... xK, fe`

Auch hier erscheinen σ_α und σ_ϵ im STATA-Output. Wenn im FE-Modell zeitinvariante Regressoren, wie z.B. das Geschlecht, auftreten, dann zeigt der STATA-Output für diese Variable "(dropped)" an. Sie ist also bei der Schätzung eliminiert. F-Tests beim Between- und beim Within-Schätzer geben an, ob die Gesamtheit der Regressoren einen statistisch signifikanten Einfluss ausübt. Bei FE-Schätzern ist eine weitere F-Teststatistik am Ende der Outputtabelle zu finden. An deren Größe ist abzulesen, ob Individualeffekte wirksam sind. Als kritischer Wert ist $F_{nT-K-(n-1);1-\alpha}^{n-1}$ aus der F-Tabelle abzulesen. Wenn $F > F_{nT-K-(n-1);1-\alpha}^{n-1}$, dann ist H_0, dass keine Individualeffekte vorliegen, abzulehnen. Eine Alternative bietet der Breusch-Pagan-Test (1980) für ein RE-Modell. Die Teststatistik erhält man im Anschluss an den RE-Befehl bei STATA mit Hilfe von

```
xttest0
```

Die Teststatistik ist χ^2-verteilt. Für die Entscheidung, ob das FE- oder das RE-Modell vorzuziehen ist, dient, wie oben ausgeführt, der Hausman-Test. Der STATA-Befehl hierfür ist nach dem Schätzbefehl für das RE- und das FE-Modell hinzuzufügen

```
hausman . new_random_effects
```

Um diesen Befehl ausführen zu können, muss vor dem Schätzbefehl des RE-Modells der folgende Speicherbefehl eingefügt werden

```
estimates store new_random_effects
```

Ausgedruckt werden beim Hausman-Test neben der χ^2-Teststatistik und dem Prob.value die Differenz der Koeffizientenschätzung für die einzelnen Regressoren und der jeweilige Standardfehler.

Beispiel: Einkommensfunktion für Männer BR Deutschland 1991-2001

Auf Basis des SOEP werden die logarithmierten Stundenlöhne (lnY) für erwerbstätige Männer (SEX==1) in Abhängigkeit von der Schulbildung (S), ausgedrückt in Jahren, der Berufserfahrung (EXP=Alter-S-6), EXPSQ=EXP^2 und der Betriebszugehörigkeitsdauer (TEN) geschätzt. Zum Vergleich wird zunächst die OLS-Schätzung präsentiert. Es folgen die RE-, FE- und BE-Schätzung. Zudem werden die Ergebnisse des Breusch-Pagan-Tests auf Individualeffekte (xttest0) sowie des Hausman-Tests (hausman) auf Unabhängigkeit der Regressoren und der Störgröße ausgewiesen.

```
. estimates store new_random_effects

. regress lnY S EXP EXPSQ TEN if sex==1

      Source |       SS       df       MS              Number of obs =   27233
-------------+------------------------------           F(  4, 27228) = 5215.58
       Model |  3428.36911     4  857.092278           Prob > F      =  0.0000
    Residual |  4474.46035 27228  .164333052           R-squared     =  0.4338
-------------+------------------------------           Adj R-squared =  0.4337
       Total |  7902.82946 27232  .290203785           Root MSE      =  .40538


         lnY |      Coef.   Std. Err.      t    P>|t|     [95% Conf. Interval]
-------------+----------------------------------------------------------------
           S |   .0756548   .0012087    62.59   0.000     .0732858    .0780238
         EXP |   .0920772   .0008818   104.42   0.000     .0903487    .0938056
```

```
       EXPSQ |  -.0015217    .0000171   -88.92   0.000    -.0015553   -.0014882
         TEN |   .0054926    .0003263    16.83   0.000     .004853     .0061321
       _cons |   .7285975    .0153616    47.43   0.000    .6984879     .758707
------------------------------------------------------------------------------

. xtreg lnY S EXP EXPSQ TEN if sex==1, re i(persno)

Random-effects GLS regression                   Number of obs      =     27233
Group variable (i): persno                      Number of groups   =      7346

R-sq:  within  = 0.3418                         Obs per group: min =         1
       between = 0.4378                                        avg =       3.7
       overall = 0.3919                                        max =        11

Random effects u_i ~ Gaussian                   Wald chi2(4)       =  15000.49
corr(u_i, X)       = 0 (assumed)                Prob > chi2        =    0.0000

------------------------------------------------------------------------------
         lnY |      Coef.   Std. Err.      z    P>|z|     [95% Conf. Interval]
-------------+----------------------------------------------------------------
           S |   .0518536    .0015409    33.65   0.000     .0488334    .0548738
         EXP |   .1026132     .00109     94.14   0.000     .1004769    .1047495
       EXPSQ |  -.0015115    .0000212   -71.15   0.000    -.0015531   -.0014699
         TEN |   .0051072    .000424     12.04   0.000     .0042761    .0059383
       _cons |   .6761947    .0203157    33.28   0.000     .6363766    .7160127
-------------+----------------------------------------------------------------
     sigma_u |  .38301982
     sigma_e |  .22447019
         rho |  .74434726   (fraction of variance due to u_i)
------------------------------------------------------------------------------

. xttest0

Breusch and Pagan Lagrangian multiplier test for random effects:

        lnY[persno,t] = Xb + u[persno] + e[persno,t]

        Estimated results:
                     |       Var      sd = sqrt(Var)
                ---------+-----------------------------
                 lnY |    .2902038       .5387057
                   e |    .0503869       .2244702
                   u |    .1467042       .3830198

        Test:  Var(u) = 0
                           chi2(1) =   16535.33
                       Prob > chi2 =     0.0000
```

```
. xtreg lnY S EXP EXPSQ TEN if sex==1, fe

Fixed-effects (within) regression              Number of obs      =     27233
Group variable (i): persno                     Number of groups   =      7346

R-sq:  within  = 0.3802                        Obs per group: min =         1
       between = 0.3470                                       avg =       3.7
       overall = 0.3056                                       max =        11

                                               F(4,19883)         =   3049.42
corr(u_i, Xb)  = -0.6598                       Prob > F           =    0.0000

------------------------------------------------------------------------------
         lnY |      Coef.   Std. Err.      t    P>|t|    [95% Conf. Interval]
-------------+----------------------------------------------------------------
           S |   .0464509   .0019718    23.56   0.000     .042586    .0503158
         EXP |   .1198333    .001386    86.46   0.000    .1171166    .1225499
       EXPSQ |  -.0013879   .0000264   -52.56   0.000   -.0014396   -.0013361
         TEN |   .0026744   .0005244     5.10   0.000    .0016464    .0037023
       _cons |   .3032436   .0274534    11.05   0.000    .2494327    .3570545
-------------+----------------------------------------------------------------
     sigma_u |  .58575468
     sigma_e |  .22447019
         rho |  .87195057   (fraction of variance due to u_i)
------------------------------------------------------------------------------
F test that all u_i=0:    F(7345, 19883) =    9.38       Prob > F = 0.0000


. hausman . new_random_effects

                 ---- Coefficients ----
              |      (b)          (B)            (b-B)     sqrt(diag(V_b-V_B))
              |       .      new_random~s     Difference          S.E.
--------------+---------------------------------------------------------------
           S  |    .0464509      .072324       -.0258731         .0017101
         EXP  |    .1198333      .0798497       .0399836         .0011962
       EXPSQ  |   -.0013879     -.0013933       5.37e-06         .0000224
         TEN  |    .0026744      .0120852      -.0094109         .0004503
------------------------------------------------------------------------------
                    b = consistent under Ho and Ha; obtained from regress
       B = inconsistent under Ha, efficient under Ho; obtained from xtreg

   Test:  Ho:  difference in coefficients not systematic

                  chi2(4) = (b-B)'[(V_b-V_B)^(-1)](b-B)
                          =     5694.19
                Prob>chi2 =     0.0000
```

3.8 Paneldatenmodelle

```
. xtreg lnY S EXP EXPSQ TEN if sex==1, be

Between regression (regression on group means)   Number of obs    =    27233
Group variable (i): persno                       Number of groups =     7346

R-sq:  within  = 0.2562                          Obs per group: min =      1
       between = 0.4793                                         avg =    3.7
       overall = 0.4321                                         max =     11

                                                 F(4,7341)        =  1689.51
sd(u_i + avg(e_i.))=  .4148577                   Prob > F         =   0.0000

------------------------------------------------------------------------------
         lnY |      Coef.   Std. Err.      t    P>|t|     [95% Conf. Interval]
-------------+----------------------------------------------------------------
           S |    .073612   .0022295    33.02   0.000     .0692416    .0779825
         EXP |   .0954395   .0016276    58.64   0.000      .092249    .0986301
       EXPSQ |  -.0016036    .000032   -50.18   0.000    -.0016663    -.001541
         TEN |   .0085351   .0006455    13.22   0.000     .0072697    .0098005
       _cons |   .6574583   .0279676    23.51   0.000     .6026338    .7122827
------------------------------------------------------------------------------
```

Es zeigt sich, dass die vier Schätzer (OLS-, RE-, FE- und BE-Schätzer) relativ nah beieinander liegen. Eine Ausnahme bilden die Koeffizientenschätzungen für die Betriebszugehörigkeitsdauer (TEN). Hier fällt die FE-Schätzung deutlich niedriger und die BE-Schätzung erheblich größer als beim OLS- und RE-Schätzer aus. Durchgängig sind jedoch alle Einflüsse statistisch gesichert. Der Breusch-Pagan-Test zeigt eindeutig die Existenz von unbeobachteten Individualeffekten an. Der Hausman-Test signalisiert die Ablehnung der Nullhypothese. Die Regressoren und die unbeobachteten Individualeffekte sind also korreliert. Dies bedeutet der FE-Schätzer ist gegenüber dem RE-Schätzer vorzuziehen, falls nicht noch weitere Defekte, speziell Spezifikationsfehler vorhanden sind. ◊

Literaturhinweise:
Zur Paneldatenanalyse existiert eine Vielzahl an Zeitschriftenartikeln, aber auch Monographien und Sammelwerke wie Baltagi (1995, 2002), Hsiao (2003), Matyas (1992), Wooldridge (2002) sind vorhanden, die sich gut zum weiterführenden Studium eignen. Von den bereits mehrfach empfohlenen allgemeinen Ökonometrielehrbüchern ist für die Paneldatenanalyse auf Greene (2003, Chapter 13), Stock/Watson (2002, Chapter 8) oder Wooldridge (2003, Chapter 13+14) zu verweisen. Übersichtsbeiträge finden sich unter anderem bei Arellano/Honore (2001), Hübler (1990a) und Lechner (2002).

3.9 Datenprobleme

Bereits im Kapitel 1.4 wurde auf Daten und deren Messung eingegangen. Konsequenzen für die Schätzungen, wenn keine metrischen Variablen vorliegen, sind in Kapitel 2.2.2 und Kapitel 2.2.3 erörtert worden. Aber auch bei kontinuierlichen Variablen können einzelne oder alle Beobachtungen Besonderheiten aufweisen, die es bei der empirischen Analyse zu beachten gilt. Im folgenden werden fünf Problembereiche erörtert:

- Bei allen oder nur bei einzelnen Variablen liegen die Informationen lediglich in aggregierter oder gruppierter Form vor.
- Zwischen Beobachtungen verschiedener erklärender Variablen besteht ein starker statistischer Zusammenhang.
- Spezielle Beobachtungen weichen in der Größenordnung von den sonst vorliegenden Werten einer Variablen deutlich ab.
- Variablen sind fehlerhaft gemessen.
- Einzelne Werte stehen nicht zur Verfügung.

Die Frage ist, wie man mit diesen Phänomenen umgeht. Können mögliche Konsequenzen vernachlässigt werden oder muss das Schätzverfahren angepasst werden oder ist nur Vorsicht bei der Interpretation der Ergebnisse geboten oder sollen einzelne Beobachtungen bei der Analyse unberücksichtigt bleiben? Bevor dies entschieden werden kann, muss zunächst, soweit das Phänomen nicht offensichtlich ist, festgestellt werden, ob und in welchem Ausmaß ein Datenproblem vorhanden ist.

3.9.1 Gruppierte Daten

Aus Datenschutzgründen liegen bisweilen keine Einzelbeobachtungen vor, sondern nur Aggregate. Eine Zusammenfassung von Information erfolgt meist in räumlicher oder sektoraler Hinsicht. Ausgewiesen wird dann ein summierter Wert oder ein Durchschnittswert der Einzelbeobachtungen. Selbst wenn die Angaben jedes Betriebes bekannt sind, kann der Einfluss von aggregierten Einheiten auf disaggregierte Größen inhaltlich von Interesse sein. Inwiefern richten sich z.B. einzelne Betriebe in ihrem Investitionsverhalten an der gesamten Branche aus? Orientieren sich Jugendliche in ihrem Konsumverhalten an ihrer Peergroup? Der Verwendung von gruppierten Beobachtungen kann aber auch aus methodischer Sicht von Vorteil sein. Sie dienen häufig als Instrumentalvariablen – vgl. Kapitel 3.3.3. Wenn Regressoren mit der Störgröße korrelieren, also eine Bedingung des klassischen Regressionsmodells verletzt ist, dann führt die Methode der kleinsten Quadrate zu inkonsistenten Schätzungen. Eine Möglichkeit, dem zu begegnen, besteht in der Nutzung von Instrumentalvariablen, die mit den eigentlich interessierenden Größen stark und mit der Störgröße nicht korrelieren. Von Durchschnitts- statt Individualwerten ist zu erhoffen, dass sie diese Erwartungen erfüllen.

Zunächst wird der Fall betrachtet, dass alle Variablen des Regressionsmodells nur als gruppierte Werte eingehen. So können Betriebsdaten unter dem Blickwinkel der Beschäftigten als aggregierte Werte angesehen werden. Gegeben sei folgendes Gruppenmodell (Durchschnittsmodell)

$$\bar{y}_g = \bar{X}_g \bar{\beta} + \bar{u}_g,$$

3.9 Datenprobleme

wobei g=1,...,G den Index für die Gruppen beschreibt und die Durchschnittswerte aus

$$\bar{y}_g = \frac{1}{n_g}\iota' y_g \quad \bar{x}_{gk} = \frac{1}{n_g}\iota' x_{gk}$$

gebildet werden, n_g entspricht der Gruppenhäufigkeit. Es sollte klar sein, dass das Durchschnittsmodell zu weniger effizienten Schätzungen als das Individualdatenmodell führt, da mit der Aggregation der Daten ein Informationsverlust verbunden ist.

Um das Durchschnittsmodell schätzen zu können, wird von G>K ausgegangen, wobei K die Zahl der Regressoren ist. Unter Berücksichtigung von

$$\bar{u}_g = \frac{1}{n_g}(u_{g1} + ... + u_{gn_g}),$$

und bei Gültigkeit der klassischen Regressionsbedingungen für alle individuellen Störgrößen, d.h. $u_i \sim N(0;\sigma^2)$, erhält man

$$\bar{u}_g \sim N(0; \frac{\sigma^2}{n_g}),$$

da eine Summe normalverteilter Zufallsvariablen auch normalverteilt ist, $E(\bar{u}) = E(u)$ und $V(\bar{u}) = V(u)/n$. Eine Annahme des klassischen Regressionsmodells ist damit für $\bar{u}$ verletzt. Die Störgröße $\bar{u}_g$ weist Heteroskedastie auf, außer n_g ist für alle g gleich, d.h. jede Gruppe besitzt die gleiche Anzahl an Beobachtungen. Zwar sind auch bei ungleicher Gruppengröße OLS-Schätzer für $\bar{\beta}$ unverzerrt. Vorzuziehen ist jedoch ein GLS-Schätzer. Im Gegensatz zu den in Kapitel 3.2 betrachteten Modellen ist hier die gruppenspezifische Störgrößenvarianz bis auf den konstanten Faktor σ^2 bekannt. Somit lässt sich der OLS-Schätzer auf das transformierte Modell

$$\sqrt{n_g}\bar{y}_g = \bar{\beta}_0\sqrt{n_g} + \bar{\beta}_1\sqrt{n_g}\bar{x}_{g1} + ... + \bar{\beta}_K\sqrt{n_g}\bar{x}_{gK} + \sqrt{n_g}\bar{u}_g$$

anwenden und entspricht dem GLS-Schätzer. Ob die voranstehende Gleichung noch durch σ geteilt wird, was wegen $\sigma_g^2 = \sigma^2/n_g$ notwendig wäre, oder nicht, hat keine Auswirkungen auf die Parameterschätzungen der echten Regressoren.

$$V(\frac{\sqrt{n_g}}{\sigma}\bar{u}_g) = 1 \quad und \quad V(\sqrt{n_g}\bar{u}_g) = \sigma^2$$

genügen den klassischen Bedingungen. Je stärker die Werte innerhalb einer Gruppe streuen, je mehr Werte üblicherweise in einer Gruppe zusammengefasst sind, um so größer ist der Informationsverlust, um so weniger effizient ist die GLS-Schätzung des Durchschnittsmodells gegenüber der OLS-Schätzung des Individualdatenmodells

$$V(\hat{\bar{\beta}}_k) > V(\hat{\beta}_k).$$

Anzumerken bleibt, dass das Between-Modell – vgl. Kapitel 3.8.2 – ein Spezialfall des hier diskutierten Durchschnittsmodells datstellt. Dort wird nach Individuen über die Zeit gruppiert. Insofern ist Vorsicht bei der Verwendung des Between-Modells anstelle des gepoolten oder des Within-Modells angebracht, soweit nach OLS geschätzt wird. Die Parameterschätzungen weisen eine geringere Effizienz auf.

Bei SHAZAM kann die OLS-Schätzung des transformierten Modells, also die GLS-Schätzung, mit Hilfe von

```
OLS ȳ x̄1 ... x̄K / weight = OBSER
```

durchgeführt werden, wobei die Gewichtungsvariable – hier mit OBSER bezeichnet – für jeden Beobachtungsträger i die Häufigkeit angibt, die in der Stichprobe für die Gruppe auftaucht, in der sich i befindet. Ganz analog ist das Vorgehen bei STATA

```
regress ȳ x̄1 ... x̄K [aweight = OBSER]
```

Ein Phänomen, dass sich im Vergleich zwischen Individualdaten- und Gruppenmodell beobachten lässt, ist das meist deutlich höhere Bestimmtheitsmaß bei Verwendung der Durchschnittswerte.

Häufiger als ein Modell nur aus Durchschnittswerten zu schätzen, nutzt die empirische Wirtschaftsforschung Spezifikationen, in denen die Individualwerte einer Variablen in Abhängigkeit sowohl von mikro- als auch von makroökonomischen Determinanten erklärt werden. Meist kommt dann allerdings einfach die OLS-Methode zur Anwendung. In solchen Fällen ist a priori nicht klar, wie die Störgröße modelliert werden soll, als gruppierte oder als individuelle oder als gemischte Größe, bestehend aus beiden Elementen. Wie beim RE-Paneldatenmodell – vgl. Kapitel 3.8.2 – kann mit Hilfe eines Breusch-Pagan-Tests geprüft werden, ob unbeobachtete Gruppierungseinflüsse wirksam sind, nur dass neben der Dimension „Individuum" jetzt nicht die Zeit als zweite Dimension auftritt, sondern ein anderes Gruppierungsmerkmal, z.B. die Regionszugehörigkeit. Wird die Nullhypothese (H_0: kein unbeobachteter Regioneneinfluss) verworfen, dann ist ein EGLS-Schätzer oder zumindest ein heteroskedastierobuster White-Schätzer oder besser noch ein Newey-West-Schätzer – vgl. Kapitel 3.2 – zu präferieren. Im letzteren Fall kann dem Umstand Rechnung getragen werden, dass innerhalb der Gruppe die Störgrößen korreliert sind. Moulton (1985, 1990) hat für verschiedene empirische Beispiele überzeugend demonstriert, dass die OLS-Schätzer die Standardabweichungen für die Koeffizientenschätzfunktionen zum Teil erheblich unterschätzen. Es werden also Einflüsse als statistisch signifikant ausgewiesen, die inhaltlich für den Regressanden ohne Bedeutung sind.

SHAZAM und STATA können mit der Gewichtungsoption "weight= OBSER" bzw. "[aweight= OBSER]", jetzt für das Individualdaten- statt das Durchschnittsmodell, und unter Einbeziehung der Dummyvariablen für die Gruppen (G1,...,GL) die gewichtete Schätzung durchführen. Also bei STATA

```
regress y x1 ... xK G1 ... GL [aweight= OBSER]
```

statt der reinen OLS-Schätzung

```
regress y x1 ... xK G1 ... GL
```

3.9.2 Multikollinearität

Das Phänomen starker statistischer Abhängigkeit der Regressoren untereinander wird in der Ökonometrie unter dem Begriff „Multikollinearität" oder kürzer nur „Kollinearität" abgehandelt. Wie der Name schon zum Ausdruck bringt, geht es um lineare Zusammenhänge, die nicht in jedem Fall sofort zu erkennen sind, aber doch statistisch negative Konsequenzen nach sich ziehen. Ein Spezialfall, und zwar der der vollständigen Kollinearität, wurde bereits implizit im Kapitel 3.6.1 angesprochen. Die „Dummy-Variablenfalle" ist dabei zu beachten. Im Sinne des Kollinearitätsbegriffes bewirkt die Modellierung einer Dummy-Variablen, bei der beide Ausprägungen in Form von (0;1)-Variablen getrennt neben einem absoluten Glied erfasst werden, dass die Designmatrix X singulär und damit die Inverse von X'X nicht zu bilden ist. Bisweilen lässt sich der vollständige lineare Zusammenhang zwischen Regressoren nicht sofort zu erkennen. Schon bei der Regression

$$lnY = \beta_0 + \beta_1 S + \beta_2 EX + \beta_3 EXSQ + \beta_4 ALTER + u$$

muss man einen Moment überlegen, warum Computerprogramme die Variable S eliminieren, wenn lnY- logarithmiertes Einkommen, S- Zahl der Schuljahre, EX-(potentielle) Berufserfahrung, EXSQ=EX*EX bedeuten. Die Definition von EX=ALTER-S-6 ist hierfür verantwortlich.

Häufiger tritt allerdings in der Praxis unvollständige Multikollinearität auf. Diese Form hat zur Konsequenz, dass

- die Varianzen der Koeffizientenschätzfunktionen vergrößert werden;
- die Koeffizientenschätzungen bisweilen das falsche Vorzeichen erhalten.

Die wichtigsten Maße zur Bestimmung des Multikollinearitätgrades sind:

(1) Determinante der Korrelationsmatrix $|R|$
In R sind alle einfachen Korrelationskoeffizienten der echten Regressoren enthalten

$$R = \begin{pmatrix} r_{22} & \cdots & r_{2K} \\ \vdots & & \vdots \\ r_{K2} & \cdots & r_{KK} \end{pmatrix}.$$

Dies Maß ist normiert

$$0 \leq |R| \leq 1.$$

Wird die Untergrenze erreicht, liegt vollständige Multikollineariät vor. Bei |R|=1 sind die Regressoren linear unabhängig.

(2) Varianzinflationsfaktor VIF
Hierbei handelt es sich um das k-te Hauptdiagonalelement der Inversen von R

$$VIF_k = R_{kk}^{-1}.$$

Dieser Indikator lässt sich über das Bestimmtheitsmaß der Hilfsregression

$$x_k = X_{-k}\beta_{-k} + \nu$$

ermitteln, wobei X_{-k} die Designmatrix X aus dem Grundmodell $y = X\beta + u$ nach Streichen der k-ten Spalte entspricht. Danach gilt

$$R_k^2 = 1 - \frac{\hat{\nu}'\hat{\nu}}{x^{*'}x^*} = 1 - \frac{1}{VIF_k},$$

wobei $x^* = x - \bar{x}$. Der Begriff „Varianzinflationsfaktor" rührt daher, dass die Varianz der Koeffizientenschätzung für x_k mit steigendem VIF_k zunimmt, inflationiert wird, da

$$V(\hat{\beta}_k) = \sigma^2 \cdot \frac{1}{(x_{ik} - \bar{x}_k)'(x_{ik} - \bar{x}_k)} \cdot VIF_k.$$

Wenn $VIF_k > 10$, dann wird dies im Sinne negativer Konsequenzen von Multikollinearität als kritisch angesehen. Zur Interpretation ist besser $1 - R_k^2$ als VIF_k geeignet. Wenn $R_k^2 = 1$, liegt vollständige lineare Abhängigkeit von x_k in Bezug auf X_{-k} vor. Der Regressor hat keinen eigenständigen Erklärungsbeitrag. Demgegenüber bedeutet $R_k^2 = 0$, dass x_k linear unabhängig von den restlichen Regressoren ist. Nicht zu erkennen ist aufgrund von VIF_k oder R_k^2, ob ein Modell gleichzeitig mehrere Kollinearitätsbeziehungen aufweist.

(3) Konditionszahl $\kappa(X)$

Mit dieser Zahl wird das Verhältnis von maximalem zu minimalem Eigenwert λ angegeben

$$\kappa(X) = \sqrt{\frac{\lambda_{max}}{\lambda_{min}}}.$$

Wird $(\lambda_{max}/\lambda_k)^{1/2}$ gebildet, k=1,...,K, so spricht man von einem Konditionsindex. Wenn |X'X|=0, ist mindestens einer der Eigenwerte λ_k gleich Null, da $|X'X| = \Pi_{k=1}^K \lambda_k$. Als Daumenregel für einen kritischen Wert lässt sich

$$\sqrt{\frac{\lambda_{max}}{\lambda_k}} > 30$$

angeben. Eine Verbindung zwischen Eigenwerten und der Varianz der Koeffizientenschätzfunktion ergibt

$$V(\hat{\beta}_k) = \sigma^2 \sum_{k'=1}^{K} \lambda_{k'}^{-1} g_{kk'}^2,$$

wobei $g_{kk'}$ dem zu λ_k gehörenden Eigenvektor entspricht. Wieviel die einzelnen Eigenwerte zur Varianz beitragen, wird durch

$$\phi_{kk'} = \frac{\lambda_k^{-1} g_{kk}^2}{\sum_{k'=1}^{K} \lambda_{k'}^{-1} g_{kk}^2}$$

zum Ausdruck gebracht. Schätzungen werden als „degraded" bezeichnet, wenn mehr als 50% der Varianz von zwei oder mehr Koeffizientenschätzfunktionen mit einem einzigen hohen Konditionsindex verbunden sind (Belsley/Kuh/Welsch 1980, S.153).

3.9 Datenprobleme

SHAZAM bestimmt den Multikollinearitätsgrad über die Eigenwerte. Anhand des Befehls für die Hauptkomponentenanalyse

```
PC x1 ... xK / PCOLLIN
```

werden die Eigenwerte ausgewiesen. Daneben werden Konditionszahlen und Konditionsindizes angegeben, die allerdings etwas abweichend von der hier vorgestellten Form definiert sind. Soweit die Option „PCOLLIN" aufgeführt ist, zeigt der SHAZAM-Output auch die Varianzzerlegung der Koeffizientenschätzung an.

Bei STATA erhält man die Varianzinflationsfaktoren VIF, wenn nach dem OLS-Schätzbefehl VIF eingegeben wird

```
regress y x1 ... xK
VIF
```

Auch STATA bietet die Möglichkeit, die Eigenwerte zu bestimmen

```
matrix accum A = x1 ... xK
matrix B=A'*A
matrix symeigen X lambda = B
matrix list lambda
matrix list X
scalar CI12=sqrt(lambda[1,1]/lambda[1,2])
⋮
scalar CI1K=sqrt(lambda[1,1]/lambda[1,K]
```

wobei X der Matrix der Eigenvektoren, lambda dem Vektor der Eigenwerte entspricht, lambda[1,1] der maximale Eigenwert ist und CI12 ... CI1K die Konditionsindizes sind.

Mit SPSS können sowohl die VIF-Werte als auch die Eigenwerte, Konditionsindizes und Varianzanteile der Koeffizientenschätzungen bestimmt werden. In dem Modul REGRESSION LINEAR ist STATISTIKEN anzuklicken, um dort dann das Feld KOLLINEARITÄTSDIAGNOSE mit einem Haken zu versehen.

Es gibt verschiedene Versuche, Multikollinearität und die daraus folgenden negativen Konsequenzen zu beseitigen oder zumindest abzumildern. In den meisten Fällen bleibt das vorgeschlagene Vorgehen jedoch unbefriedigend. Zu finden sind folgende Vorschläge:

- Variablenunterdrückung
  Variablen, die von Multikollinearität betroffen sind, sollen einfach unterdrückt werden. Falls sie jedoch substanziell für den Regressanden von Bedeutung sind, führt ein solches Vorgehen zur Fehlspezifikation.
- Variablentransformation
  Anliegen ist, Regressoren so zu verändern, dass letztlich kein Zusammenhang mehr mit anderen Regressoren existiert. Hier besteht entweder die Gefahr, dass nicht mehr das gemessen wird, was eigentlich interessiert, oder die Transformation bewirkt nichts. Ein beliebtes Verfahren bei Zeitreihendaten ist, die erklärenden Variablen von häufig vorhandenen Trendeinflüssen zu bereinigen oder den Trend explizit als Determinante aufzunehmen. Es lässt sich jedoch zeigen, dass es keine Rolle spielt, ob der Trend als explizite Variable aufgenommen wird oder die Modellvariablen vom Trendeinfluss bereinigt werden.

Eine naheliegende Variante zur Beseitigung des vorliegenden Multikollinearitätsproblems besteht bei Zeitreihen in der Differenzenbildung. Dabei können jedoch die klassischen Annahmen des Regressionsmodells zerstört werden. Es kommt zu Autokorrelation der Störgrößen. Außerdem reagieren Differenzen sehr viel sensibler auf Datenänderungen als Niveaugrößen. Ähnliche Probleme treten auf, wenn die ursprüngliche Regressionsgleichung durch einen Regressor geteilt wird, der nachweislich Multikollinearität erzeugt. In diesem Fall entsteht Heteroskedastie.

- Verwendung eines verzerrten Schätzers mit kleiner Varianz
  Damit kann die zentrale negative Konsequenz von Multikollinearität beseitigt werden. Ansonsten sollten verzerrte Schätzer jedoch unterbleiben, außer der Verzerrungsgrad ist nur gering.

- Verwendung zusätzlicher Information
  Zu denken ist hier an zusätzliche Beobachtungen, an die Nutzung von Parameterschätzungen aus anderen Stichproben oder an die Verwendung von a priori Kenntnissen über Parameterwerte. Diese Möglichkeiten sind zweifellos positiver als die voranstehenden zu beurteilen. Ob sie zum Erfolg führen, kann jedoch auch nicht mit Sicherheit gesagt werden. Werden z.B. externe Schätzergebnisse herangezogen, so mildert dies ein bestehendes Multikollinearitätsproblem nur dann ab, wenn die dazugehörigen Varianzen ($V(\hat{\hat{b}}_k)$) kleiner sind als die der ursprünglichen Koeffizientenschätzfunktion der von Multikollinearität betroffenen Regressoren ($V(\hat{b}_k)$).

A priori Kenntnisse lassen sich durch Nebenbedingungen einbeziehen. Ein Effizienzgewinn ergibt sich nur dann, wenn es sich um eine lineare Bedingung handelt, die exakt erfüllt ist. Hiervon kann jedoch häufig nicht ausgegangen werden.

3.9.3 Regressionsdiagnostik: Einflussreiche Beobachtungen und Ausreißer

Es geht um den Einfluss einer Beobachtung oder einzelner Beobachtungen insbesondere auf $\hat{\beta}$, $\hat{y}$, $\hat{u}$, $\hat{V}(\hat{\beta})$, $V(\hat{y}_i)$ und R^2. Zu fragen ist, ob die Modellspezifikation Einfluss auf die Bedeutung einer Beobachtung hat. Wie wirken verschiedene Beobachtungen zusammen? Gibt es einflussreiche Beobachtungen und Ausreißer? Ziel einer solchen Regressionsdiagnostik ist, Kodierungsfehler und korrekte, aber extreme Beobachtungswerte aufzudecken. Dies ist meist nicht durch einfache Introspektion oder durch elementare deskriptive Analysen möglich. Ungewöhnliche Daten sind nicht zwangsläufig schlechte Daten, aber man muss wissen, ob ein Schätzergebnis durch die Vielzahl vergleichsweise unbedeutender Werte zustande kommt oder ob einige wenige das Gesamtergebnis entscheidend prägen.

Mit Hilfe von Plots, Indikatoren und Tests lassen sich Erkenntnisse über die anstehenden Fragen gewinnen. Die nachfolgenden Grafiken beschreiben verschiedene Situationen, in denen ungewöhnliche Beobachtungen auftreten.

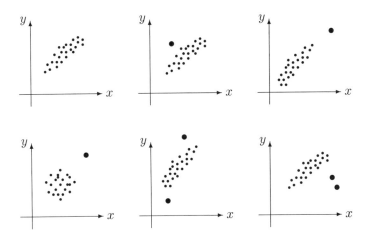

Soweit einzelne Beobachtungspunkte von der üblichen Punktwolke stark abweichen, kann dies deutliche Auswirkungen auf das Schätzergebnis haben, muss aber nicht. Die zweite Abbildung in der oberen Zeile weist zwar eine y-Beobachtung aus, die nicht innerhalb der Punktwolke liegt. Da sich der x-Wert jedoch in der Nähe von $\bar{x}$ befindet, wird der Steigungskoeffizient einer einfachen Regression y=a+bx+u durch diesen Wert nicht im besonderen Maße berührt, wohl aber das absolute Glied. Zu trennen ist zwischen Datenkonstellationen, bei denen die y-Werte und die x-Werte außerhalb des normalen Wertebereichs liegen, ob nur eine oder mehrere Beobachtungen ein außergewöhnliches Muster aufweisen.

Eine Prüfung durch Augenschein, ob eine einflussreiche Beobachtung vorliegt, ist nicht immer verlässlich. Daher sind verschiedene Indikatoren zur Aufdeckung solcher Größen entwickelt worden. Ausgangspunkt bildet $C = X(X'X)^{-1}X$. Diese Matrix wird hier als Projektions- oder Hatmatrix H bezeichnet. Sie überführt die beobachteten y-Werte in die geschätzten y-Werte

$$\begin{pmatrix} \hat{y}_1 \\ \vdots \\ \hat{y}_i \\ \vdots \\ \hat{y}_n \end{pmatrix} = \begin{pmatrix} c_{11} & \cdots & c_{1n} \\ \vdots & & \vdots \\ c_{n1} & \cdots & c_{nn} \end{pmatrix} \begin{pmatrix} y_1 \\ \vdots \\ y_j \\ \vdots \\ y_n \end{pmatrix}$$

Die Elemente der Hatmatrix c_{ij} geben an, welchen Einfluss eine Beobachtung (y_j) auf die Projektion einer anderen Beobachtung $(\hat{y}_i)$ hat. Damit sollen sensitive Datenpunkte ermittelt werden. Die C-Matrix dient der Identifikation von "high leverages". Es geht darum festzustellen, welche Beobachtung einflussreich ist und welche nicht. Da die Projektionsmatrix idempotent (C=CC) ist, gilt

$$c_{ii} = x_i'(X'X)^{-1}x_i = \sum_{j=1}^n c_{ij}^2 = c_{ii}^2 + \sum_{j=2}^n c_{ij}^2.$$

Für verschiedene Programmpakete sind unterschiedliche Aufrufe zum Anzeigen der c_{ii}-Punkte, der Leverages, notwendig

SHAZAM:

HT

STATA:

LEVERAGE

SPSS:

LEVER

Bei SPSS sind die c_{ii}-Werte auf den Bereich $[-\frac{1}{n}, 1-\frac{1}{n}]$ zentriert. Ansonsten gilt

$$0 \leq c_{ii} \leq 1.$$

Große Leverages (große c_{ii}) sind ein Indiz

- für einflussreiche Beobachtungen hinsichtlich $\hat{y}_i$ ($\hat{y}_i = c_{ii} y_i + \sum_{j \neq i} c_{ij} y_j$), $V(\hat{y}_i)$, $\hat{\beta}$
- für Ausreißer bezüglich x, d. h. $(x_i - \bar{x})$ ist groß.

Fasst man X und y in einer Matrix zusammen $\tilde{X} = (X\!:\!y)$, so ergibt sich

$$\begin{aligned}\tilde{C} = C + \tilde{C}_y &= C + (I-C)\,y\,[y'\,(I-C)\,y]^{-1}\,y'\,(I-C) \\ &= C + \frac{(I-C)\,y\,y'\,(I-C)}{y'\,(I-C)\,y} = C + \frac{\hat{u}\,\hat{u}'}{\hat{u}'\hat{u}}.\end{aligned}$$

Für ein Diagonalelement von $\tilde{C}$ folgt

$$\tilde{c}_{ii} = e_i'\,\tilde{C}\,e_i = e_i'\,C\,e_i + \frac{e_i'\,\hat{u}\,\hat{u}'\,e_i}{\hat{u}'\,\hat{u}} = c_{ii} + \frac{\hat{u}_i^2}{\hat{u}'\hat{u}}.$$

In $\tilde{c}_{ii}$ sind einerseits Leverages (c_{ii}) und andererseits Residuen ($\hat{u}_i = y_i - \hat{y}_i$), die Ausreißer bezüglich y beschreiben, enthalten. Große $\tilde{c}_{ii}$ können also auf große Leverages (Typ 1: Indiz für eine wichtige, einflussreiche Beobachtung), Ausreißer (Typ 2: Indiz für inadäquate Verteilungsannahmen) oder beides zurückzuführen sein. Eine Trennung der beiden Effekte ist auf diesem Weg nicht möglich.

Zur Regressionsdiagnostik dienen neben den c_{ii}-Werten auch die Residuen. Die in der Regressionsanalyse üblicherweise verwendeten OLS-Residuen sind, definiert als Differenz aus y und $\hat{y}$, hierfür jedoch wenig geeignet. Erstens hängen sie voneinander ab. Und zweitens ist es bei verschiedenen Diagnostikverfahren angebracht, mit skalenfreien Residuen zu arbeiten. In der Literatur finden sich unter anderem folgende Residuenarten:

3.9 Datenprobleme

(i) OLS-Residuen
$$y = X\hat{\beta} = \hat{u}$$

(ii) Standardisierte Residuen (internally studentized residuals)
$$\frac{\hat{u}_i}{s(1-c_{ii})^{1/2}} = \hat{u}_{si}$$
wobei $\hat{\sigma}^2 = s^2 = \hat{u}'\hat{u}/(n-K)$

(iii) Extern studentisierte Residuen (externally studentized residuals)
$$\frac{\hat{u}_i}{s(i)(1-c_{ii})^{1/2}} = \hat{u}_i^* \sim t_{n-K-1}$$
wobei $s^2(i) = y'_{(i)}(I - C_{(i)})y_{(i)}/(n-1-K)$

Es handelt sich bei $s^2(i)$ um die geschätzte Varianz der Störgrößen unter Vernachlässigung der i-ten Beobachtung. Ausgewiesen werden diese Werte bei den Programmpaketen SHAZAM, STATA und SPSS

SHAZAM:

RSTU(DENT)

STATA:

restu(dent)

SPSS:

SRESID

Der Teil in runden Klammern kann weggelassen werden. Da der Erwartungswert von $\hat{u}$ Null ist, entspricht $\hat{u}_i/[\sigma(1-c_{ii})^{1/2}]$ der standardisierten Form der Residuen, die auch als studentisierte Residuen bezeichnet werden. Für praktische Zwecke sind diese jedoch nicht geeignet, denn σ ist unbekannt. Bei der Schätzung von σ^2 steht man vor der Frage, ob die i-te Beobachtung mit in die Berechnung (Schätzung) von σ^2 eingehen soll. In der Form (ii) ist dies der Fall, während in (iii) Beobachtung i bei der Schätzung von σ^2 unberücksichtigt bleibt. Für $\hat{u}^*$ spricht: Unter Annahme der Normalverteilung der Störgrößen folgt, dass $\hat{u}^*$ annähernd t-verteilt ist mit n-1-K Freiheitsgraden, während $\frac{1}{n-K}\hat{u}_s^2$ betaverteilt ist. Außerdem ist $\hat{u}^*$ eine monotone Transformation von $\hat{u}_s$

$$\hat{u}_i^* = \hat{u}_{si}\sqrt{\frac{n-1-K}{n-K-\hat{u}_{si}^2}}.$$

Es ist also jederzeit eine Überführung möglich. Die extern studentisierten Residuen dienen der Aufdeckung von Ausreißern. Für $\hat{u}_i^{*2}$ gegen unendlich geht $\hat{u}_{si}^2$ gegen n-K. Dies zeigt, dass $\hat{u}^*$ große Abweichungen deutlicher hervorhebt als $\hat{u}_s$. Obwohl die

$\hat{u}^*$ gewisse Vorteile aufweisen, bleibt wie bei den OLS-Residuen die Abhängigkeit der Residuen untereinander bestehen. Um unkorrelierte Residuen zu erhalten, bedarf es einer Dimensionsreduktion. In der Literatur werden zwei Vorschläge gemacht, rekursive und BLUS-Residuen (Judge u.a. 1985, S.172).

Aufgrund der berechneten Residuen, gleich welcher Art, ist nicht immer sofort zu erkennen, ob es sich um eine ungewöhnliche Beobachtung handelt. Ob Auswirkungen einzelner Beobachtungen auf die verschiedenen Regressionsergebnisse folgen, kann durch entsprechende Indikatoren aufgedeckt werden, die sich mit Hilfe von SHAZAM, STATA oder SPSS ermitteln lassen.

- Koeffizienten
  Unter Verwendung von

  $$\hat{\beta} - \hat{\beta}_{(i)} = (X'X)^{-1} x_i \hat{u}_i / (1 - c_{ii})$$
  $$\hat{\beta}_k - \hat{\beta}_{k(i)} = x_{ki}^+ \hat{u}_i / (1 - c_{ii})$$
  $$\hat{V}(\hat{\beta}_k) = \hat{\sigma}^2 \sum_{i=1}^{n} x_{ki}^{+2} = s^2(i) \sum_{i=1}^{n} x_{ki}^{+2}$$

  lässt sich als Indikator

  $$\frac{\hat{\beta}_k - \hat{\beta}_{k(i)}}{s(i)[(X'X)^{-1}_{kk}]^{1/2}} = \frac{x_{ki}^+}{(\sum_i x_{ki}^{+2})^{1/2}} \cdot \frac{\hat{u}_i}{s(i)(1 - c_{ii})}$$

  ermitteln, wobei x^+ ein Element aus $X^+ = (X'X)^{-1} X'$ ist. Damit kommt der Einfluss einer Beobachtung i auf den Koeffizientenschätzvektor zum Ausdruck. SHAZAM bestimmt diesen durch

  DFBETAS

  Je größer die ausgewiesenen Werte sind, um so stärker ist der Einfluss von i.

- Vorhersagewerte
  Die normalen Vorhersagewerte erhält man bei SHAZAM durch

  OLS y x1 ... xK /PREDICT=

  Vom Benutzer ist nach PREDICT= eine Abkürzung zu wählen, z.B yd. In Verbindung mit den extern studentisierten y-Werten

  $$\hat{y}_{i(i)} = x_i' \hat{\beta}_{(i)}$$

  ist

  $$y_{i(i)} = x_i'(\hat{\beta} - \hat{\beta}_{(i)}) = \frac{c_{ii}}{1 - c_{ii}} \hat{u}_i = \text{POTENTIAL} \cdot \hat{u}_i$$

  zu bilden. Mit SHAZAM wird dies durch

3.9 Datenprobleme

DFFIT

erfasst. Außerdem erhält man mit

DFFITS

$$\frac{x_i'(\hat{\beta} - \hat{\beta}_{(i)})}{s(i)c_{ii}^{1/2}} = \text{POTENTIAL}^{1/2} \frac{\hat{u}_i}{s(i)(1-c_{ii})^{1/2}}.$$

- Kovarianzen und Varianzen

$$\frac{det(s^2(i)(X_{(i)}'X_{(i)})^{-1})}{det(s^2(X'X)^{-1})} = \frac{s^{2K}(i)}{s^{2K}} \cdot \frac{1}{1-c_{ii}}$$

SHAZAM erzeugt diesen Ausdruck über

COVRAT

- Multiples Bestimmtheitsmaß
  In Analogie zum üblichen Bestimmtheitsmaß

$$R^2 = 1 - \frac{\hat{u}'\hat{u}}{y^{*\prime}y^*} = 1 - \frac{\sum(y_i - \hat{y}_i)^2}{\sum(y_i - \bar{y})^2}$$

kann ein auf Wold (1982) zurückgehendes Maß

$$Q^2 = 1 - \frac{\sum(y_i - \hat{y}_{i(i)})^2}{\sum(y_i - \bar{y}_{(i)})^2} = 1 - \frac{\text{PRESS}}{\sum(y_i - \bar{y}_{(i)})^2}$$

definiert werden, d.h. die proportionale Fehlerreduktion von PRESS, wobei $\bar{y}_{(i)}$ das arithmetische Mittel ohne die Beobachtung i ist. R^2 und Q^2 lassen sich miteinander vergleichen. Wie Quan (1988) zeigt, gilt $plim(Q^2 - R^2) = 0$. Q^2 reagiert in endlichen Stichproben sensitiv auf Ausreißer der Designmatrix. Ist ein Beobachtungspunkt weit vom Zentrum von X entfernt, so geht $Q^2 \to -\infty$. Wenn Ausreißer entfernt werden, folgt $Q^2 \to R^2$. Programmpakete weisen Q^2 nicht durch einen einfachen Befehl aus, sind aber leicht zu berechnen.

Insgesamt wird Regressionsdiagnostik bei SHAZAM durch Optionen zu den OLS-Schätzungen ermittelt

OLS y x1 ...xK / INFLUENCE DFBETAS HATDIAG=

(1) Wenn nur INFLUENCE angegeben wird, erhält man als Output:

n   RESIDUAL   RSTUDENT   HT   COVRAT   DFFITS   DFFIT

Mit RESIDUAL sind die OLS-Residuen gemeint. Die restlichen Acronyme wurden bereits erläutert.

(2) Durch die zusätzliche Option DFBETAS erweitert sich der Output beobachtungsweise jeweils um DFBETAS für alle Variablen einschließlich Konstante. Diese Angaben erfolgen am Ende.

(3) Vom Benutzer ist ein Symbol nach HATDIAG = zu wählen, z.B. H. Damit werden die c_{ii}-(HT-)Elemente gespeichert.

STATA bietet vergleichbare Möglichkeiten der Regressionsdiagnostik. Nach dem OLS-Befehl können in Verbindung mit dem Vorhersagebefehl unter anderem folgende Optionen eingegeben werden

```
regress y x1 ... xK
dfbeta
predict UD, residuals
predict INTSTUD, rstandard
predict EXSTU, rstudent
predict COVR, covratio
predict DFI, dfits
predict HEBEL, leverage
```

Die in Großbuchstaben eingesetzten Symbole sind frei vom Anwender wählbar. Anstelle der ausgeschriebenen Optionen reicht es die Kurzform der unterstrichenen Buchstaben anzugeben. Dabei bedeuten r - (übliche OLS-)Residuen, rsta - standardisierte Residuen (internally studentized residuals), rstu - studentisierte Residuen (externally studentized residuals), cov - Kovarianzverhältnis, dfb - Koeffizienteneinfluss einzelner Beobachtungen, df - entspricht DFFITS bei SHAZAM, l - leverage, d.h. Diagonalelemente der Hatmatrix.

Bei SPSS können nach Aufschalten und Wahl des Moduls „REGRESSION" sowie des Untermoduls „LINEAR" und des dortigen Anklickens „SPEICHERN" die gleichen Indikatoren zur Regressionsdiagnostik durch Setzen von entsprechenden Haken bestimmt werden.

Bisher sind bei der Regressionsdiagnostik nur die Einflüsse einzelner Beobachtungen auf verschiedene Größen untersucht worden. Diese können sich ändern, wenn die Modellspezifikation variiert. Insofern ist es interessant festzustellen, wie sich die LEVERAGES ändern, wenn eine Variable hinzugefügt oder entfernt wird. Es gilt:

$$c_{ii} = c_{ii(k)} + \frac{\hat{w}_{ki}^2}{\hat{w}_k' \hat{w}_k}$$

wobei $c_{ii(k)}$ den Leverage ohne die k-te Determinante erfasst und der zweite Term die Änderung des i-ten Hauptdiagonalelementes von C angibt, wenn die k-te Variable hinzugefügt wird. Diese Beziehung lässt sich auch in Vektorschreibweise für alle i zusammenfassen. Dabei wird deutlich, dass zusätzliche Regressoren den Leverage nicht

3.9 Datenprobleme

senken können:

$$y = x_k \beta_k + X_{(k)} \beta_{(k)} + u$$
$$y = X_{(k)} \alpha + \varepsilon \to \hat{\varepsilon}$$
$$x_k = X_{(k)} \gamma + w_k \to \hat{w}_k$$
$$\hat{\varepsilon} = \hat{w}_k \beta_k + \bar{\varepsilon}$$
$$(I - C_{(k)})y = (I - C_{(k)})x_k \beta_k + (I - C_{(k)})u.$$

Zu beachten ist $(I - C_{(k)})X_{(k)} = 0$ und $(I - C_{(k)})$ singulär.

Mit Hilfe eines "Mean-shift outlier model"

$$y = X\beta + d_i \delta + \varepsilon,$$

wobei d_i der i-te Einheitsvektor mit

$$d_i = \begin{cases} 1, & \text{wenn } i = j \text{ (Ausreißer)} \\ 0 & \text{sonst,} \end{cases}$$

ist, kann auf Vorliegen eines Ausreißers geprüft werden. Dies ist der Fall, wenn δ signifikant von Null verschieden ist. Auf Signifikanz des Koeffizienten δ lässt sich auch mit Hilfe von $\hat{u}_i^*$ – vgl. (iii) – testen. Die extern studentisierten Residuen sind, wie bereits erwähnt, nahezu t-verteilt mit $n - 1 - K$ Freiheitsgraden.

Üblicherweise wird, wie beschrieben, der Ausreißereffekt einer Beobachtung ausschließlich durch eine Dummy-Variable eingefangen. Wenn dieser nur in einer Periode existiert, keine verzögerten Einflüsse wirksam sind, dann ist dies korrekt. Falls jedoch die verzögerte endogene Variable als Regressor, wie z.B. bei Konsumfunktionen aufgrund der Habit-persistence-Hypothese, zu berücksichtigen ist

$$y_t = \beta_0 + \beta_1 y_{t-1} + \beta_2 x_t + \beta_3 D_t + u_t,$$

wobei mit D_t eine Dummy-Variable für einen Ausreißer in Periode t gemeint ist, dann werden auf diesem Weg Ausreißereffekte nicht vollständig erfasst, denn Ausreißer in $t-1$ pflanzen sich in Periode t über y_{t-1} fort. Um den gesamten Ausreißereffekt zu isolieren, ist zunächst die obige Beziehung, die in zusammgefasster Form durchaus korrekt ist, zu schätzen, um dann $\tilde{y}_{t-1} = y_{t-1} - \hat{\beta}_3 D_{t-1}$ zu bilden sowie $\beta_4 D_{t-1}$ explizit zu berücksichtigen. Dann kann

$$y_t = \beta_0 + \beta_1 \tilde{y}_{t-1} + \beta_2 x_t + \beta_3 D_t + \beta_4 D_{t-1} + u_t,$$

geschätzt werden. Falls nicht nur y_{t-1}, sondern auch y_{t-2} als Regressor modelliert wird, ist entsprechend zu erweitern auf

$$y_t = \beta_0 + \beta_1 \tilde{y}_{t-1} + \beta_2 x_t + \beta_3 D_t + \beta_4 D_{t-1} + \beta_5 y_{t-2} + \beta_6 D_{t-2} + u_t.$$

Als Regel gilt, die Zahl der aufgenommenen verzögerten Ausreißer-Dummies muss der Zahl der verzögerten endogenen Variablen entsprechen. Dieser Ansatz vernachlässigt, dass in $\tilde{y}_{t-1} = y_{t-1} - \hat{\beta}_4 D_{t-1}$ auch noch mögliche weitere Ausreißereffekte enthalten sind ($\tilde{y}_{t-1} = f(\tilde{y}_{t-2}, D_{t-1}, D_{t-2})$), so dass letztlich Ausreißer-Dummies aller zurückliegenden Perioden aufzunehmen wären. Wenn jedoch $0 \leq \beta_1 \leq 1$, dann ist der Ausreißereffekt nach wenigen Perioden vernachlässigbar. Andernfalls müsste

$$y_t = \sum_{\tau'=0}^{\tau} \beta_0 \beta_1^{\tau'} + \beta_1^{\tau} y_{t-\tau} + \sum_{\tau'=0}^{\tau} \beta_2 \beta_1^{\tau'} x_{t-\tau'} + \sum_{\tau'=0}^{\tau} \beta_3 \beta_1^{\tau'} D_{t-\tau'} + \sum_{\tau'=0}^{\tau} u_{t-\tau'}$$

$$= \tilde{\beta}_0 + \tilde{\beta}_1 y_{t-\tau} + \sum_{\tau'=0}^{\tau} \tilde{\beta}_{2\tau'} x_{t-\tau'} + \sum_{\tau'=0}^{\tau} \tilde{\beta}_{3\tau'} D_{t-\tau'} + \tilde{u}_t$$

modelliert werden. Hierbei ist zu testen oder durch entsprechende Indikatoren – vgl. Kapitel 3.7.1 – festzulegen, wieweit zurückliegend die Wirksamkeit von D reicht. Zu erwähnen bleibt, dass sich dies Modell nicht nur bei einem Ausreißer, sondern auch allgemein bei einem [0;1]-Regressor anwenden lässt.

Eine erweiterte, von Hadi (1992) und Hadi/Son (1994) entwickelte Methode zur gleichzeitigen Identifizierung von Ausreißern in mehreren Regressoren ist in STATA verfügbar. Nach Laden des Moduls kann durch Eingabe von

```
hadimvo x1 ... xK', generate(OUT)
```

die neue Variable OUT – der Name wird vom Anwender festgelegt – erzeugt und dann als künstlicher Regressor benutzt werden. Ob die Matrix $X = (x_1...x_{K'})$ Ausreißer enthält, wird über die Mahalanobis-Distanz ermittelt

$$d_{MAHAL} = \sqrt{(x_i - c)'V^{-1}(x_i - c)},$$

wobei intuitiv $\hat{c} = \bar{x}$ zugrunde gelegt wird und $\hat{V}$ der Stichprobenkovarianzmatrix entspricht. In diesem Fall versagt jedoch die Mahalanobis-Distanz zum Aufdecken von Ausreißern, denn $\bar{x}$ und Stichprobenkovarianz reagieren sensitiv auf die Existenz von Ausreißern. Die Methode stellt darauf ab, die Menge der Beobachtungen in ausreißerfreie und in extreme Beobachtungen zu unterteilen. Dies geschieht, indem zunächst die extern studentisierten Residuen ($\hat{u}_i^*$) berechnet und der Größe nach geordnet werden. Als Untermenge X_b werden die Beobachtungen ausgewählt, die mit hoher Wahrscheinlichkeit ausreißerfrei sind, also kleine $\hat{u}_i^*$ haben, wobei als Restriktion zu beachten ist, dass X_b vom vollen Rang sein muss. Vom Nutzer ist a priori festzulegen, welche Variablen als ausreißerfrei betrachtet ($x_{K'+1}, ..., x_K$) und bei welchen Extremwerte vermutet werden ($x_1, ..., x_{K'}$).

3.9.4 Fehler in den Variablen

Fehlerarten. Die Gründe und Wirkungen fehlerbehafteter Beobachtungen und Variablen können sehr unterschiedlich ausfallen. In den Kapiteln 1.3.6, 1.4.1 und 3.9.3 wurde bereits auf mögliche Fehlertypen und Effekte eingegangen, ausgedrückt durch einflussreiche Beobachtungen und Ausreißer, die unter anderem durch fehlerhafte Daten bedingt sein können. Bei der Art der Fehler ist zu trennen zwischen

(1) Operationalisierungsfehler
Variablen, die aus theoretischer Sicht in der ökonomischen Analyse zu berücksichtigen wären, lassen sich für empirische Studien nicht erfassen. Es können lediglich Proxy-Variablen verwendet werden, die das eigentliche Konstrukt nur unzureichend abbilden. Beispiele sind die krude Erfassung durch Dummy-Variablen oder die ersatzweise Nutzung von Instrumentalvariablen.

(2) Messfehler
Die Instrumente sind ungenau, beim Messvorgang treten Fehler auf. Unverständliche Fragen und bewusst falsche Antworten, bedingt durch den individuellen Grad der Selbstdarstellung oder die Antizipation sozial gewünschter Ergebnisse, können für fehlerhafte Angaben verantwortlich sein.

(3) Aufbereitungsfehler
Übertragungs-, Rundungs- oder Aggregationsfehler bilden hier die Hauptquellen. Kommastellen werden falsch gesetzt oder zu viele bzw. zu wenige Nullen sind eingegeben worden.

Übertragungsfehler lassen sich aufdecken, wenn geprüft wird, ob einzelne Beobachtungen in einem plausiblen Wertebereich liegen. Hierfür können externe Angaben aus anderen Erhebungen oder Mittelwerte und Streuungen aus der vorliegenden Stichprobe herangezogen werden. Ein Vergleich mit Werten von anderen erhobenen Variablen kann nützlich sein, wenn aus Erfahrung eine mit gewissen Schwankungen zugelassene Relation existiert, so z.B. zwischen Umsatz und Beschäftigtenzahl. In jedem Einzelfall muss aber, soweit keine Rückfragen bei den Interviewten möglich sind, auch die Möglichkeit von einmaligen ungewöhnlichen, aber korrekten Werten in Erwägung gezogen werden.

Liegen Rundungsfehler vor, weil aus Bequemlichkeit oder Unwissen heraus nicht die genauen Werte in einen Fragebogen eingetragen wurden, so ist dies durch einen kurzen Blick in die Originaldaten schnell zu erkennen, obwohl man im Einzelfall nicht sicher sein kann, ob bei einem gegebenen glatten Wert tatsächlich eine Rundung vorliegt oder ob es sich um einen exakten Wert handelt. Die Frage bleibt, wie mit diesem Wissen umzugehen ist. Sollen glatte Beobachtungen bei den Auswertungen unterdrückt oder korrigiert werden oder muss man sich nicht weiter um dieses Problem kümmern? Eine allgemeingültige Antwort darauf gibt es nicht. Rundungsfehler bedeuten, dass einzelne Werte gehäuft auftreten. Dieses Heaping-Phänomen ist unter anderem von Torellini und Trivellato (1993) methodisch angegangen worden. Ob sich Auswirkungen bei den Schätzungen ergeben, kann z.B. dadurch untersucht werden, dass einer beobachteten Variablen x ein Zufallsfehler innerhalb eines Intervalls zugeordnet wird und dann ein Vergleich der Schätzungen mit beobachteten und korrigierten Werten erfolgt (Hübler/Meyer 2001, S. 304). Angenommen, es handele sich um eine Einkommensvariable, bei der gehäuft Werte auf 100 gerundet auftreten. Dann ist es sinnvoll, den Zufallsfehler z im Wertebereich [-50;+50] anzusiedeln, eine Gleich- oder Normalverteilung anzunehmen und aus dieser z zu ziehen. Die korrigierte Variable x, mit x^k bezeichnet, wird dann über

$$x^k = \begin{cases} x + z, & \text{wenn I=0} \\ x & \text{sonst} \end{cases}$$

gebildet, wobei der Indikator $I = x/100 - int(x/100)$ enspricht und mit $int(\cdot)$ eine Integervariable gemeint ist, also im Beispiel die Vorkommazahl von x/100. Die Nachkommazahl wird abgeschnitten.

Auf einer anderen Ebene ist die Unterscheidung zwischen systematischen und zufälligen Fehlern anzusiedeln. Aus ökonometrischer Sicht stand in der Vergangenheit die Beschäftigung mit zufälligen Fehlern im Mittelpunkt. Der Grund wird schnell klar, wenn man sich zunächst den scheinbar wichtigeren Fall systematischer Fehler ansieht.

Angenommen, es wird zwischen der wahren Designmatrix Z und der Beobachtungsmatrix X unterschieden. Die beiden Matrizen sowie der Zusammenhang zwischen diesen, verknüpft über die Matrix A, seien bekannt

$$Z = XA^{-1},$$

dann kann über die Schätzung des Beobachtungsmodells

$$y = X\beta + u$$

auf den Koeffizientenvektor des wahren Modells

$$y = Z\alpha + \tilde{u}$$

geschlossen werden

$$\begin{aligned}\hat{\alpha} &= (Z'Z)^{-1}Z'y \\ &= (A'^{-1}X'XA^{-1})^{-1}A'^{-1}X'y \\ &= A(X'X)^{-1}A'A'^{-1}X'y = A\hat{\beta}.\end{aligned}$$

Systematische Fehler stellen also nicht das zentrale Problem beim Schätzen dar. Bei zufälligen Fehlern wird es schon schwieriger. Die mit * versehenen Variablen mögen die wahren Werte enthalten, während durch Variablen ohne * Beobachtungswerte zum Ausdruck bringen. Dann folgt im Fall von Fehlern in der endogenen und den exogenen Variablen

$$\begin{aligned} y_i^* &= \beta_0 + \beta_1 x_i^* + \varepsilon_i \\ y_i &= y_i^* + w_i \\ x_i &= x_i^* + v_i \\ y_i &= \beta_0 + \beta_1 x_i + \varepsilon_i + w_i - \beta_1 v_i =: \beta_0 + \beta_1 x_i + u_i. \end{aligned}$$

Die Störgröße ε soll den Annahmen des klassischen Regressionsmodells genügen. Für die zufälligen Messfehler v und w, die unabhängig voneinander seien ($E(vw) = E(v) \cdot E(w)$), soll gelten: $E(v) = 0$, $E(w) = 0$, $E(\varepsilon v) = 0$, $E(\varepsilon w) = 0$. Weiterhin wird unterstellt, dass v und w stochastisch unabhängig von den wahren Werten sind und dass $E(v^2) = \sigma_v^2$, $E(w^2) = \sigma_w^2$. Aufgrund dieser Annahmen sind die u_i und x_i nicht mehr unabhängig voneinander. Eine Annahme des klassischen Regressionsmodells ist verletzt. Daraus folgen negative Konsequenzen für die OLS-Schätzung.

3.9 Datenprobleme

OLS-Schätzung bei Fehlern in den Variablen. Die Folgen einer OLS-Schätzung hängen davon ab, welcher Art die Zufallsfehler sind. Demonstriert wird dies anhand eines einfachen Zweivariablenmodells.

a) Fehler bei der abhängigen Variablen

$$y_i^* = \beta_0 + \beta_1 x_i + \varepsilon_i$$
$$y_i = y_i^* + w_i$$
$$y_i = \beta_0 + \beta_1 x_i + \varepsilon_i + w_i$$
$$V(\hat{\beta}_1) = \frac{1}{\sum (x_i - \overline{x})^2} \cdot (\sigma_\varepsilon^2 + \sigma_w^2)$$

Die um die Komponente σ_w^2 erweiterte Varianz von $\hat{\beta}_1$ gegenüber dem klassischen Fall bewirkt möglicherweise insignifikante Koeffizientenschätzer. Insofern können statistisch nicht gesicherte Einflüsse ein Hinweis auf mögliche Fehler in der endogenen Variablen y sein. Ein solcher Schluss ist allerdings nicht zwingend. Konsistenz und Erwartungstreue bleiben erhalten.

b) Fehler bei der unabhängigen Variablen

$$y_i = \beta_0 + \beta_1 x_i^* + \varepsilon_i$$
$$x_i = x_i^* + v_i$$
$$y_i = \beta_0 + \beta_1 x_i + \varepsilon_i - \beta_1 v_i$$

Als Konsequenzen daraus ergeben sich:

(i) $u_i = \epsilon_i - \beta_1 v_i$ und x_i sind abhängig voneinander, d.h. $\text{Cov}(u_i x_i) \neq 0$.

(ii) Die Schätzung von β_1 ist nach unten verzerrt und die von β_0 nach oben.

(iii) Die Schätzungen sind inkonsistent.

c) Korrelierte Fehler
Hier soll gelten $x = x^* + v$, $y = y^* + w$ und $y^* = \beta_0 + \beta_1 x^* + \varepsilon$. Zusätzliche Prämissen bilden: $\text{Cov}(\varepsilon, w) = \text{Cov}(\varepsilon, v) = \text{Cov}(x^*, \varepsilon) = 0$, aber $\text{Cov}(x^*, v) \neq 0$, $\text{Cov}(y^*, w) \neq 0$, $\text{Cov}(v, w) \neq 0$. Daraus folgt

$$plim\hat{\beta}_1^{OLS} = \frac{\text{Cov}(x,y)}{V(x)} = \frac{\beta_1(\sigma_{x^*}^2 + \sigma_{x^*v}) + \frac{\sigma_{y^*w}}{\beta_1} + \sigma_{vw}}{\sigma_{x^*}^2 + 2\sigma_{x^*v} + \sigma_v^2}.$$

Die Verzerrungsrichtung ist nicht mehr eindeutig. Selbst für $v = 0$ folgt $plim\hat{\beta}_1^{OLS} \neq \beta_1$.

Die Fälle b) und c) machen deutlich, dass der OLS-Schätzer auf jeden Fall zu ersetzen ist, während im Fall a) die negativen Folgen weniger bedeutsam sind, wenn man bei dem klassischen Schätzverfahren bleibt.

Alternative Schätzmethoden. Verschiedene Ansätze sind entwickelt worden, denen es allen darum geht, die Abhängigkeit zwischen Regressor und Störgröße zu beseitigen. Hierzu gehören Umkehrregressionen, IV-Schätzer und zweistufige KQ-Schätzer.

a) Umkehrregression

Da die Fehler in der endogenen Variablen weniger gravierend sind als bei den exogenen Variablen, erscheint es sinnvoll von Modellen mit fehlerbehafteten exogenen Variablen die Umkehrregression zu bilden und dann auf die Ausgangskoeffizienten zu schließen:

$$x^* = x - v$$
$$y = \beta_0 + \beta_1 x^* = \beta_0 + \beta_1 x - \beta_1 v$$
$$x = -\frac{\beta_0}{\beta_1} + \frac{1}{\beta_1} y + v =: \alpha_0 + \alpha_1 y + v.$$

Eine Erweiterung auf ein multiples Modell ist möglich. Der Hinweis in Kapitel 2.2.4 liefert hierfür einen Anhaltspunkt.

b) Instrumentalvariablen-Schätzer (IV-Schätzer)

Die fehlerbehaftete Variable x wird durch eine andere Variable z ersetzt, die mit x hoch korreliert und mit der Störgröße unkorreliert ist. Bei Zeitreihendaten sind dies häufig verzögerte Variablen, x_{t-1} ist also eine Instrumentalvariable für x_t.

Im Zweivariablenmodell $y_t = \beta_0 + \beta_1 x_t + u_t$ erhält man nach Substitution von x_t durch x_{t-1} als IV-Schätzer

$$\hat{\beta}_1^{IV} = \frac{\sum_t (y_t - \overline{y})(x_{t-1} - \overline{x}_{-1})}{\sum (x_t - \overline{x})(x_{t-1} - \overline{x}_{-1})}.$$

Vorgeschlagen werden noch weitere spezielle IV-Schätzer für das Zweivariablenmodell:

- Wald-Schätzer

Die beiden Variablen sind der Größe nach zu ordnen. Für die untere und die obere Hälfte der Beobachtungen werden jeweils Mittelwerte gebildet ($\overline{x}_1, \overline{x}_2, \overline{y}_1, \overline{y}_2$). Dann lauten die Schätzer

$$\hat{\beta}_1^W = \frac{\overline{y}_2 - \overline{y}_1}{\overline{x}_2 - \overline{x}_1}$$
$$\hat{\beta}_0^W = \overline{y} - \hat{\beta}_1^W \overline{x},$$

die konsistent sind. Als Modifikation des Wald-Ansatzes wurde vorgeschlagen, die Beobachtungen zu dritteln und das mittlere Drittel unberücksichtigt zu lassen. Der zu Wald analoge Schätzer

$$\hat{\beta}_1^B = \frac{\overline{y}_3 - \overline{y}_1}{\overline{x}_3 - \overline{x}_1}$$

ist effizienter.

- Durbin-Schätzer

Zu sortieren ist nach der Größe von x und es sind jeweils die Ranggrößen zuzuordnen. Von dem zentrierten Ausgangsmodell, gewichtet mit der Rangzahl,

$$\sum i(y_i - \overline{y}) = \sum \beta_1 i(x_i - \overline{x}) + \sum i(u_i - \overline{u})$$

ist der Ausdruck unter Vernachlässigung des Störterms nach β_1 aufzulösen

$$\hat{\beta}_1^D = \frac{\sum i(y_i - \overline{y})}{\sum i(x_i - \overline{x})}.$$

c) Zweistufige Methode der kleinsten Quadrate

ML-Schätzer besitzen nur bei Verwendung von a priori Information Plausibilität (Hübler 1989, S. 235ff). Eine Alternative bildet eine zweistufige KQ-Schätzung, die hier für das multiple Modell demonstriert wird. Gegeben sei

$$\begin{aligned} y^* &= X^*\beta \\ y &= y^* + w \\ X &= X^* + V \\ X^* &= Z\Pi + F, \end{aligned}$$

wobei F eine Störgrößenmatrix ist. Daraus folgt durch Einsetzen

$$\begin{aligned} y^* &= (Z\Pi + F)\beta \\ y &= Z\Pi\beta + F\beta + w \\ X &= Z\Pi + F + V. \end{aligned}$$

Unter Verwendung der Definitionen $\tilde{w} := w + F\beta$, $\tilde{V} := V + F$, $E(X^*) = Z\Pi =: \tilde{X}^*$ erhält man

$$y = \tilde{X}^*\beta + F\beta + w = \tilde{X}^*\beta + \tilde{w}.$$

Wegen $X = \tilde{X}^* + \tilde{V} = Z\Pi + \tilde{V}$ lässt sich der OLS-Schätzer für Π notieren als

$$\hat{\Pi} = (Z'Z)^{-1}Z'X.$$

Das Ergebnis dieser ersten Stufe geht unter Ausnutzung von

$$\hat{\tilde{X}}^* = Z\hat{\Pi} = Z(Z'Z)^{-1}Z'X = C_Z X$$

in die zweite Stufe ein

$$\hat{\beta} = (\hat{\tilde{X}}^{*\prime}\hat{\tilde{X}}^*)^{-1}\hat{\tilde{X}}^{*\prime}y = [X'C_Z X]^{-1}X'C_Z y.$$

Das Problem ist, geeignete Z-Variablen zu finden. Eine Möglichkeit bei Querschnittsdaten besteht darin, die Beobachtungen in Gruppen einzuteilen, Mittelwerte zu bilden $(\bar{y}_l, \bar{x}_l)$ und dann mit den Mittelwerten nach OLS zu schätzen – vgl. zur Schätzung mit gruppierten Mittelwerten Kapitel 3.9.1. Diese Methode entspricht der Erweiterung des Wald-Ansatzes auf $l = 1, \ldots, L$ Gruppen. Das Verfahren ist konsistent. Die Effizienz hängt davon ab, wie stark die Gruppenschwerpunkte voneinander abweichen $(\bar{y}_l, \bar{x}_l)$. Die Gruppenbildung lässt sich so herbeiführen, dass zunächst nach OLS geschätzt wird, dann die $\hat{y}$-Werte der Größe nach geordnet werden und schließlich die Einteilung in Gruppen erfolgt.

Zum Test auf Fehler in den Variablen (FiV) ist folgendes Vorgehen für das Zweivariablenmodell geeignet. Die fehlerbehaftete Variable x wird zunächst in linearer Abhängigkeit von der Instrumentalvariablen z beschrieben

$$x_i = x_i^* + v_i = \alpha_0 + \alpha_1 z_i + w_i.$$

Die OLS-Schätzung dieser Beziehung führt zu

$$x_i = \hat{\alpha}_0 + \hat{\alpha}_1 z_i + \hat{w}_i = \hat{x}_i + \hat{w}_i.$$

Wenn das Ergebnis in die eigentlich interessierende Regression $y_i = \beta_0 + \beta_1 x_i + u_i$ eingesetzt wird

$$y_i = \beta_0 + \beta_1 \hat{x}_i + \beta_1 \hat{w}_i + u_i =: \gamma_0 + \gamma_1 \hat{x}_i + \gamma_2 \hat{w}_i + u_i,$$

dann ergibt sich

$$y_i = \gamma_0 + \gamma_1 x_i + (\gamma_2 - \gamma_1)\hat{w}_i + u_i =: \delta_0 + \delta_1 x_i + \delta_2 \hat{w}_i + u_i.$$

Die Hypothese H_0 : keine FiV, die gegen $H_1 : FiV$ zu testen ist, entspricht der äquivalenten Hypothese

$$\delta_2 = 0,$$

die $H_1 : \delta_2 \neq 0$ gegenüberzustellen ist. Mit einem einfachen t-Test kann auf Fehler im Regressor x geprüft werden. Sobald $|t| > t_{n-3, 1-\alpha/2}$, muss H_0 abgelehnt werden.

Der Test ist zwar weder in SHAZAM noch in STATA explizit implementiert. Dies kann jedoch vom Anwender problemlos selbst geleistet werden. STATA bietet aber die Möglichkeit, eine Regression mit Fehlern in den unabhängigen Variablen zu schätzen

```
eivreg y x1 ... xK, reliab(x1 * ... xK **)
```

Das Verfahren „eivreg" ist anwendbar, wenn der Anteil der reliabel gemessenen Werte

$$w_k = 1 - \frac{\text{Fehlervarianz}}{\text{Gesamtvarianz}}$$

(ungefähr) bekannt ist oder sich schätzen lässt. Anstelle der Symbole * und ** sind Anteilswerte, z.B. .7 oder .85, anzugeben. Die fehlerbehaften Variablen werden dann mit den angegebenen Anteilswerten gewichtet. Durch die Gewichtung soll die Unterschätzung der Koeffizienten, die man bei OLS-Schätzung eines Modells mit fehlerbehafteten Regressoren und üblichen Annahmen über die Fehler erhält, korrigiert werden. Der vorher behandelte Fall c) korrelierter Fehler ist hier daher nicht geeignet.

3.9.5 Fehlende Werte

Als ein Extrem von Fehler in den Variablen können komplett fehlende Werte betrachtet werden. Wenn man so will, sind sie auch Ausreißer der besonderen Art. Vor allem bei Paneldaten tritt das Problem fehlender Beobachtungen in sehr vielfältiger Gestalt auf. Durch Fälle mit fehlenden Werten, die sich systematisch von Fällen ohne fehlende Werte unterscheiden, sind die Ergebnisse möglicherweise schwerer interpretierbar. Berechnete Statistiken können, falls nur auf vollständige Fälle zurückgegriffen wird, ungenauer werden, da weniger Information vorliegt, als ursprünglich geplant.

Zu unterscheiden sind folgende Arten von Datenausfällen (vgl. z.B. Verbeek 1991):

- Item non-response
  Eine Person antwortet auf eine oder wenige Fragen zu einem bestimmten Zeitpunkt nicht.

- Wave non-response
  Eine Person verweigert bei einer speziellen Erhebung sämtliche Antworten.

- Conditional item non-response
  Ab einer bestimmte Länge des Fragebogens ist ein Befragter nicht mehr bereit, zu antworten.

- Attrition
  Wenn es sich um Wiederholungsbefragungen (Panelerhebungen) handelt, kann der dauerhafte Ausfall nach einer bestimmten Anzahl von Befragungen (Wellen) eintreten. Nach einer gewissen Anzahl von Befragungen (Wellen) ist der Interviewte nicht mehr bereit, weitere Fragebögen auszufüllen.

- Initial non-response
  Die Bereitschaft zu einem Interview wird bereits bei der ersten Erhebung verweigert und dies ändert sich auch nicht bei späteren Versuchen, ein Interview zu bekommen.

Bei wiederholten Erhebungen wird aus Kostengründen bisweilen darauf verzichtet, in jeder Welle die gleichen Personen zu befragen. Wenn nur ein Pseudo-Panel (Befragung von weitgehend unterschiedlichen Personen in den einzelnen Wellen) oder ein rotierendes Panel (Teile der Befragten in einer Welle werden ausgetauscht) vorliegt, dann kann dies auch wie ein Datenausfall interpretiert werden. Prinzipiell ist es natürlich auch denkbar, dass einzelne Fragen von niemandem beantwortet werden. Die Ursachen für die Nichtbeantwortung von Fragen können sehr vielfältig sein. Möglich ist, dass der Befragte, keine Antwort geben kann, weil der Tatbestand auf ihn nicht zutrifft oder er die Antwort definitiv nicht kennt. Diese Kategorien sollten explizit mit abgefragt werden, um sie von Antwortverweigerungen zu trennen. Es hat sich aufgrund empirischer Untersuchungen gezeigt (Riphahn/ Serfling 2002), dass sich die Gruppe derjenigen, die

die Antwort „weiß nicht" angeben oder ankreuzen, systematisch von den Antwortverweigerern unterscheidet, aber auch nicht in der Nähe derjenigen, die eine Antwort geben, anzusiedeln ist. Die Bereitschaft, Fragen zu beantworten, hängt einerseits vom Thema ab. Je aktueller, je bedeutsamer die Befragung ist, je höher der wissenschaftliche Wert oder das öffentliche Interesse ist, um so weniger stoßen Interviewer auf Ablehnung bei den Befragten. Aber andererseits können auch momentane individuelle Stimmungen und Restriktionen sowie Persönlichkeitsmerkmale den Ausschlag geben, sich einem Interview zu entziehen. Neben nichtmonetärer Belohnung, Fragen zu beantworten – man erhält z.B. die Ergebnisse zugeschickt - können im Einzelfall auch pekuniäre Anreize die Antwortbereitschaft erhöhen. Systematisch scheinen jedoch persönliche Merkmale ebenso wenig Antwortausfälle zu provozieren wie Misstrauen gegenüber Interviewern oder allgemeiner besondere Charakteristika der Interviewer (Riphahn/Serfling 2002). Wohl aber variieren die Non-Response-Raten sehr stark zwischen einzelnen Fragen. Je privater nach subjektiver Einschätzung die erfragte Information ist, um so mehr ist mit Ausfällen zu rechnen. Hierbei kann es zu systematischen Verzerrungen kommen. So ist z.B. bekannt, dass detaillierte Angaben über das Einkommen vor allem von Personen mit sehr niedrigem und sehr hohem Verdienst nicht gemacht werden. Im Allgemeinen sind die Ausfälle bei Vermögensfragen oder Angaben zur Steuer noch höher. Befürchtungen, die Information könnte an Dritte, z.B. das Finanzamt, weitergegeben werden, mag hier den Ausschlag geben. Die Ausfallrate hängt auch von der Komplexität des Erhebungsgegenstandes ab. Je weniger verstanden wird, was mit einer Frage intendiert ist, um so mehr Antworten fehlen. Auch in diesem Fall besteht die Gefahr eines systematischen Ausfalls. Intelligentere, besser ausgebildete Personen werden weniger Probleme haben, eine Antwort zu geben.

Für die empirische Wirtschaftsforschung besteht das Problem darin, mit Datenausfällen umzugehen. Kann einfach auf die fehlende Information verzichtet werden oder ist der Versuch zu unternehmen, ersatzweise diese Werte zu bestimmen? Spielt es eine Rolle, ob einzelne Befragte von vornherein nicht antworten oder bei späteren Erhebungen, sich einem Interview verweigern? Der einfachste Weg und die am häufigsten geübte Praxis ist, fehlende Daten bei der Auswertung zu ignorieren. Wenn über Personen, die keine Angaben machen, auch über andere Kanäle nichts zu erfahren ist, bleibt nur diese Möglichkeit. Wenn jedoch einige Persönlichkeitsmerkmale verfügbar sind, dann kann z.B. mit Probit- oder Logitschätzungen – vgl. Kapitel 3.6.2 – ermittelt werden, ob sich die Gruppe der Antwortenden systematisch von der der Nichtantwortenden unterscheidet

$$A = \begin{cases} 1, \text{ wenn keine Antwort, d.h. wenn } y_i^* < 0 \\ 0 \text{ sonst,} \end{cases}$$

wobei als latentes Modell für die Entscheidung, ob an einer Befragung teilgenommen wird oder nicht, von

$$y_i^* = x_i'\beta + u_i$$

ausgegangen wird. Wenn dies der Fall ist, sollte dem Verfahren bei abgeschnittenen endogenen Variablen – vgl. Kapitel 3.6.3 – gefolgt werden, um für den Stichprobenauswahlfehler, der durch systematische Ausfälle induziert wird, zu kontrollieren.

3.9 Datenprobleme

Soweit kein "unit non-response", sondern nur ein "item non-response" vorliegt, bestehen mehr Möglichkeiten, dem Ausfallproblem zu begegnen. Zu trennen ist zwischen ignorierbarer und nichtignorierbarer Selektion, oder anders ausgedrückt, zwischen zufälligen und systematischen Datenausfällen. Wenn der Regressand y und die Regressoren x der eigentlich interessierenden Beziehung keinen Einfluss auf die Entscheidung A haben, sondern nur andere Determinanten z wirksam sind

$$P(A|z, y, X) = P(A|z),$$

dann ist die Selektion zwischen A=1 und A=0 beim Schätzen des Modells $y = X\beta + u$ ignorierbar. Es kann also im Falle von Paneldaten die Schätzung auf den Satz der Beobachtungen mit vollständigen Daten beschränkt bleiben (balanced panel). Bei unsystematisch auftretenden Ausfällen lässt sich Erwartungstreue für die Methode der vollständigen Werte nachweisen. Nicht eindeutig ist jedoch, ob der mittlere quadratische Vorhersagefehler mit zunehmender Korrelation zwischen den beobachteten und den fehlenden Werten einer Variablen steigt oder fällt (Hübler 1986, S. 144). Zu einem effizienteren Vorgehen führt jedoch die Verwendung aller verfügbaren Informationen (unbalanced panel).

Vor allem zwei Vorschläge finden sich, den Datensatz durch künstliche Ermittlung der fehlenden Werte aufzufüllen:

- Mittelwertmethode
  Die fehlenden Werte x_f werden durch den Mittelwert $\bar{x}_v$, berechnet aus den verfügbaren Beobachtungen x_{vi}, ersetzt.
- Schätzwertsubstitutionsmethode
  Basierend auf den verfügbaren Daten wird die Regression $y_v = X_v \beta_v + u_v$ geschätzt ($\hat{\beta}_v$) und dann werden fehlende y-Werte (y_f) ersetzt durch $X_f \hat{\beta}_v$. Falls Werte bei einem Regressor x_k fehlen, ist eine Umkehrregression mit x_k als Regressanden heranzuziehen.

Wenn nur mit den verfügbaren Beobachtungen bei der Schätzung gearbeitet werden soll, können diese entweder aufgrund der Ausfälle gewichtet werden oder es wird dem oben beschriebenen Verfahren für systematisch fehlende Werte bei vollständigem Ausfall von einzelnen Beobachtungen gefolgt. Eine empirische Studie (Hübler 1986) zeigt, dass zwar keines der Verfahren in jedem Einzelfall überlegen ist, dass aber das Verfahren für systematisch fehlende Werte in der Mehrzahl klar überlegen ist, gemessen durch den mittleren quadratischen Prognosefehler.

Programmpakete gehen das Problem fehlender Werte unterschiedlich an. Entweder es wird ein systemabhängiger fehlender Wert definiert oder dieser wird vom Nutzer festgelegt. Auf dem Datenfile bleibt das Feld frei oder es wird durch · besetzt oder es erscheint z.B. -99999 wie in SHAZAM. Legt der Benutzer den Wert für x_f selbst fest, muss er darauf achten, dass dies kein realisierbarer Wert ist. Wenn fehlende Werte in einer Form kodiert werden, die das Programm nicht erkennt (z.B. -99), dann rechnet es damit wie mit jedem realisierbaren Wert und daraus können ganz erhebliche Schätzfehler folgen. In den meisten Programmpaketen kann dies Problem durch einen einfachen Befehl vermieden werden, so z.B. bei SHAZAM, wenn zuvor ein SKIPIF-Befehl

SKIPIF (xk.EQ.-99)

angegeben oder dem Programm durch

SET MISVALU=-99

mitgeteilt wird, dass diese Werte – hier -99 – jetzt die „missing values - MV" sind. Der SKIPIF-Befehl druckt alle Beobachtungen aus, für die die angegebene Bedingung gilt. Unterbinden lässt sich der Ausdruck durch

SET NOWARNSKIP

Bei systemabhängigen "missing values" wird, solange der SKIPIF-Befehl bestehen bleibt und nicht durch

DELETE SKIP$

aufgehoben wird, bei allen folgenden Kommandos mit der gleichen Zahl an Beobachtungen gearbeitet. Soll der Missing-Value-Befehl nur für das nächste Kommando gelten, dann ist

SET SKIPMISS

einzugeben.

Beispiel: Miete in Deutschland 1998

Zugegriffen wird auf den Public Use File des Mikrozensus 1998 - vgl. Abschnitt 1.4.2. Auf Basis dieser Daten erfolgt eine OLS-Schätzung für die Miete in Abhängigkeit der nachstehenden Determinanten

MIETE = f(Nettoeinkommen, Wohnungsgröße, Baujahr des Gebäudes, Zahl der Personen im Haushalt)

Als Programmpaket dient STATA. Achtet man nicht auf mögliche fehlende Werte und deren Definition, da STATA üblicherweise mit Systemmissings arbeitet, so folgen die Schätzergebnisse im linken Teil der folgenden Tabelle.

```
------------------------------------------------------------------
                    mit Missing Values        ohne Missing Values
------------------------------------------------------------------
      EF462 |    Coef.      t     P>|t|     Coef.      T     P>|t|
------------+-----------------------------------------------------
      EF372 |   1.9344    4.84    0.000    21.3296   19.97   0.000
      EF453 |   8.2875   15.81    0.000     7.3057   54.77   0.000
      EF455 |  39.4286    6.69    0.000    34.2972   17.92   0.000
      EF500 |   4.8450    0.42    0.672    18.2880    6.47   0.000
      _cons | 165.4845    3.54    0.000   -86.4697   -6.71   0.000
------------+-----------------------------------------------------
      Rsq   |           0.0318                      0.3826
      N     |           12912                        9079
------------------------------------------------------------------
```

Variablenliste: EF462 - Monatsmiete in Klassen, gemessen durch Klassenobergrenze (20, wenn Miete von 1–20 DM pro Monat; ... 4000, wenn Miete von 3401–4000 DM); EF372 – Nettomonatseinkommen

3.9 Datenprobleme

(18 Einkommensklassen: 1, wenn <300 DM; ..., 18, wenn 7500 und mehr DM); EF453 - Wohnfläche in m^2 (1, wenn 0-10 m^2, 11, wenn 11 m^2,..., 160, wenn 160 m^2, 165, wenn 161-165 m^2, ..., 400, wenn 351-400 m^2); EF455 - Baujahr des Hauses in Klassen (1, wenn vor 1901; 2, wenn 1901-1918, ..., 8, wenn 1994-1995; 9, wenn 1996 oder später); EF500 - Zahl der Personen im Haushalt (1 – 9).

Die Ergebnisse erscheinen auf den ersten Blick gar nicht unplausibel außer vielleicht, dass die Zahl der Personen im Haushalt keinen Einfluss auf die Höhe der Miete hat, aber dieser Einfluss könnte bereits durch die Wohnfläche im Wesentlichen berücksichtigt sein.

Werden jedoch durch if-Befehle fehlende Werte ausgeschlossen, die beim Nettoeinkommen und beim Baujahr des Hauses mit 99 kodiert sind, während bei der Wohnfläche 999 und bei der Miete 9999 als Missing Values definiert sind, dann folgen die Ergebnisse im rechten Teil der Tabelle. Die erheblichen Unterschiede zwischen den beiden Schätzergebnissen sind augenfällig. Dies gilt im Übrigen auch für die nicht ausgewiesenen BETA-Werte – vgl. Abschnitt 2.2.3. ⋄

Sollen fehlende Werte nicht einfach unterdrückt werden, so lässt sich problemlos die Mittelwertmethode zum Ersetzen fehlender Werte implementieren. Angenommen Beobachtung 5 fehlt und soll ersetzt werden, dann ist bei SHAZAM z.B. für n=100 und wenn sich die Daten auf dem File „daten" befinden,

```
smpl 1 4 6 100
READ(daten) y x
STAT X MEAN=xq
smpl 5 5
genr x=xq
smpl 1 100
PRINT y x
```

zu schreiben. Aber auch die anderen Substitutionsverfahren lassen sich leicht implementieren.

STATA erkennt fehlende Werte anhand freier Felder oder einem Punkt an der entsprechenden Stelle (.) als System-Missings. Erzeugt werden MV durch arithmetische Operationen, wenn in diese fehlende Werte eingehen oder wenn eine Operation ausgeführt wird, die nicht definiert ist, z.B. wenn durch Null geteilt wird. Vom Benutzer können ab STATA 8 noch weitere Arten von MV erzeugt werden. Hierfür stehen die Symole .a bis .z zur Verfügung. Sinn machen verschiedene Arten von MV, wenn z.B., wie oben erörtert, zwischen den Kategorien „weiß nicht" und „trifft nicht zu" getrennt werden soll. Mit dem "impute"-Befehl können fehlende Werte mit Hilfe der Schätzwertsubstitutionsmethode ersetzt werden

```
impute xf x1 ... xJ, generate(XFN)
```

Die Variablenliste x_1 bis x_J ist diejenige, auf der die Berechnungen von xf basieren. Sie darf keine fehlenden Werte enthalten. Erzeugt wird für x_f eine neue Variable XFN – der Name ist vom Anwender festzulegen -, die die fehlenden Werte ersetzt hat.

SPSS kann zur Schätzung fehlender Werte neben der Schätzwertsubstitutionsmethode auf Basis von einfachen Regressionen auch die EM-Methode anwenden. Bei diesem Verfahren werden Mittelwerte, Kovarianzen und Korrelationen geschätzt und fehlende Werte durch diese abgeleiteten Werte ersetzt. Bezüglich der Verteilung der Daten können verschiedene Annahmen gemacht werden, wie z.B. Normal- und t-Verteilung. Diese Prozedur kann nur angewandt werden, wenn "Missing Value Analysis" installiert ist.

Beispiel: Phillipskurve Italien 1960-2000

Die Inflationsrate (c12) wird in Abhängigkeit von der Arbeitslosenquote (c10), dem Lohn (c11) und der Verschuldung (c13) geschätzt. Untersucht werden sollen verschiedene Datenprobleme - Multikollinearität, einflussreiche Beobachtungen, Ausreißer, fehlende Werte. Zunächst wird die OLS-Schätzung für STATA aufgerufen. Es schließt sich der Befehl zur Bestimmung des Multikollonearitätsgrades an.

```
. regress c12 c10 c11 c13

    Source |       SS       df       MS              Number of obs =      40
-----------+------------------------------           F(  3,    36) =   26.20
     Model | 935.223333      3  311.741111           Prob > F      =  0.0000
  Residual | 428.427683     36   11.900769           R-squared     =  0.6858
-----------+------------------------------           Adj R-squared =  0.6596
     Total | 1363.65102     39  34.9654107           Root MSE      =  3.4497


------------------------------------------------------------
       c12 |      Coef.   Std. Err.      t    P>|t|
-----------+------------------------------------------------
       c10 |   .9551726   .7663889     1.25   0.221
       c11 |  -.2023484   .0322899    -6.27   0.000
       c13 |  -.0055896   .0013226    -4.23   0.000
     _cons |   34.36054   7.083233     4.85   0.000
------------------------------------------------------------
```

Als Varianzinflationsfaktoren ergeben sich

```
. vif

    Variable |       VIF       1/VIF
-------------+----------------------
         c10 |     11.73    0.085275
         c13 |      9.95    0.100529
         c11 |      1.81    0.551252
-------------+----------------------
    Mean VIF |      7.83
```

Für die Arbeitslosenquote (ALQ – c10) liegt der ermittelte VIF-Wert über dem als Daumenregel angegebenen kritischen Wert von 10. Der bei üblichem Signifikanzniveau nicht von Null verschiedene Koeffizient des Regressors ALQ könnte das Ergebnis von

3.9 Datenprobleme

Multikollinearität sein.

Der nächste Schritt besteht in der Regressionsdiagnostik. Ermittelt werden

```
. predict hebel, l

. predict ex, rstu
```

Die Auflistung der extern studentisierten Residuen, erfasst durch die Variable ex

```
. list ex
```

zeigt – hier nicht wiedergegeben -, dass kein Ausreißer auszumachen ist. Ein vergleichsweise hoher Wert findet sich bei der fortlaufenden Nummer 7. Im Datensatz ist die fortlaufende Nummer durch die Variable „var23" erfasst. Wird eine entsprechende Dummy-Variable D1 gebildet und in die Regression als Outlier-Regressor aufgenommen

```
. gen D1=0

. replace D1=1 if var23==7 (1 real change made)

. regress c12 c10 c11 c13 D1
```

```
      Source |       SS       df       MS              Number of obs =      40
-------------+------------------------------           F(  4,    35) =   21.91
       Model |  974.433311     4  243.608328           Prob > F      =  0.0000
    Residual |  389.217705    35  11.1205058           R-squared     =  0.7146
-------------+------------------------------           Adj R-squared =  0.6820
       Total |  1363.65102    39  34.9654107           Root MSE      =  3.3347

         c12 |      Coef.   Std. Err.       t     P>|t|
-------------+----------------------------------------
         c10 |   .9921795   .7411013     1.34    0.189
         c11 |  -.1962676    .031381    -6.25    0.000
         c13 |  -.0057071    .00128     -4.46    0.000
          D1 |  -6.445116   3.432375    -1.88    0.069
       _cons |   33.65853   6.857292     4.91    0.000
```

dann zeigt sich als t-Wert von D1 -1.88. Die anderen Schätzungen und deren t-Werte werden durch Hinzunahme von D1 nur vergleichsweise wenig tangiert.

Beachtet werden sollte, dass bei den bisherigen Schätzungen nur 40 Beobachtungen eingehen, obwohl Zeitreihen von 1960-2000 berücksichtigt werden. Es fehlt jedoch für die Inflationsrate (c12) der Wert für 1960. Der soll durch Imputation mit Hilfe der Schätzwertsubstitutionsmethode ersetzt werden

```
impute c12 c2 c3 c6 c7, generate(C12N)
  2.44% (1) observations imputed

. regress C12N c10 c11 c13 D1
```

Source	SS	df	MS				
				Number of obs	=		41
				F(4, 36)	=		22.54
Model	980.416498	4	245.104124	Prob > F	=		0.0000
Residual	391.532438	36	10.8759011	R-squared	=		0.7146
				Adj R-squared	=		0.6829
Total	1371.94894	40	34.2987234	Root MSE	=		3.2979

C12N	Coef.	Std. Err.	t	P>|t|
c10	1.056985	.7193173	1.47	0.150
c11	-.1912505	.029066	-6.58	0.000
c13	-.005799	.0012501	-4.64	0.000
D1	-6.567341	3.384061	-1.94	0.060
_cons	32.71694	6.46703	5.06	0.000

Es zeigt sich, dass durch die Hinzunahme der Beobachtung des Jahres 1960 mit dem imputierten Wert für die Inflationsrate (C12N) die t-Werte durchgängig etwas höher als im Falle der reduzierten Stichprobe liegen. ◇

Literaturhinweise:
Aus dem Bereich der Datenprobleme wird in gängigen Lehrbüchern ausführlich auf Multikollinearität eingegangen, so z.B. bei Hübler (1989, Kapitel 7), Kennedy (1996, Chapter 11) oder Studenmund (2000, Chapter 8). Graphische Möglichkeiten zum Aufdecken von Ausreißern und Messfehlern beschreibt Moosmüller (2004, Abschnitt 1.3.2). Zu den anderen Bereichen finden sich Ausführungen bei Greene (2003) oder Wooldridge (2003, Chapter 9). Ein Standardwerk zur Regressionsdiagnostik ist Belsley, Kuh und Welsch (1980).

Literaturverzeichnis

Amemiya, T. (1981): Qualitative Response Models: A Survey, Journal of Economic Literature 19, 1483-1536.

Amemiya, T. (1985): Advanced Econometrics, Oxford: Basil Blackwell.

Arellano, M. und B. Honore (2001): Panel Data Models: Some Recent Developments, in: J.J. Heckman and E. Leamer (eds.), Handbook of Econometrics, Vol. 5, Amsterdam: Elsevier, 3229-3296.

Ashenfelter, O. (1978): Estimating the Effect of Training Programs on Earnings, Review of Economics & Statistics 6, 47-57.

Backhaus, K., Erichson, B., Plinke, W. und R. Weiber (2000): Multivariate Analysemethoden, 9. Auflage, Berlin: Springer.

Baltagi, B.H. (1998): Econometrics, New York: Springer.

Baltagi, B.H. (1995): Econometric Analysis of Panel Data, New York: John Wiley & Sons.

Baltagi, B.H. (2003): Recent Developments in Econometrics of Panel Data, Vol I and II, Cheltenham: Elgar Reference Collection.

Bamberg, G. und F. Baur (2002): Statistik, München: Oldenbourg.

Bell, D.N.F., Gaj, A., Hart, R.A., Hübler, O. und W. Schwerdt (2001): Unpaid Work in the Workplace: A Comparison of Germany and the UK, Anglo-German Foundation for the Study of Industrial Society, London.

Belsley, D.A. (1991): Conditioning Diagnostics. Collinearity and Weak Data in Regression, John Wiley & Sons.

Belsley, D.A., Kuh, E. und R.E. Welsch (1980): Regression Diagnostics, New York: John Wiley.

Berndt, E. (1991): The Practice of Econometrics, Reading (Mass.): Addison-Wesley.

Blaug, M. (1976): The Empirical Status of Human Capital Theory: A Slightly Jaundiced Survey, Journal of Economic Literature 14, 827-855.

Bound, J., Brown, C., Duncan, G.J. und W.L. Rodgers (1994): Evidence on the Validity of Cross-sectional and Longitudinal Labor Market Data, Journal of Labor Economics 12, 345-368.

Breusch, T.S. und A.R. Pagan (1979): A Simple Test for Heteroscedasticity and Random Coefficient Variation, Econometrica 47, 1287-1294.

Breusch, T.S. und A.R. Pagan (1980): The Lagrange Multiplier Test and its Application to the Model Specification in Econometrics, Review of Economic Studies 47, 239-253.

Bühl, A. und P. Zöfel (2005): SPSS 12, Einführung in die moderne Datenanalyse unter Windows, München: Pearson Studium.

Bühner, M. (2003): Einführung in die Test- und Fragebogenkonstruktion, München: Pearson-Studium.

Büning, H. und G. Trenkler (1994): Nichtparametrische statistische Methoden, Berlin: Walter de Gruyter.

Chow, G.C. (1983): Econometrics, New York: McGraw-Hill.

Cook, R.D. und S. Weisberg (1999): Applied Regression Including Computing and Graphics, New York: John Wiley & Sons.

Cooley, T.F. und S.F. LeRoy (1981): Identification and Estimation of Money Demand, American Economic Review 71, 825-844.

Darnell, A.C.: A Dictionary of Econometrics, Hants: Edward Elgar.

Davidon, W.C. (1959): Variable Metric Method for Minimization, AEC Research and Development Report, ANL-5990.

Davidson, R. und J.G. MacKinnon (1993): Estimation and Inference in Econometrics, New York: Oxford University Press.

Davidson, R. und J.G. MacKinnon (2004): Econometric Theory and Methods, New York: Oxford University Press.

Dickey, D. und W. Fuller (1979): Distribution of the Estimators for Autoregressive Time Series With a Unit Root, Journal of the American Statistical Association 74, 427-431.

Dickey, D. und W. Fuller (1981): Likelihood Ratio Tests for Autoregressive Time Series with a Unit Root, Econometrica 49, 1057-1072.

Edgeworth, F.Y. (1887): On Observations Relating to Several Quantities, Hermathena 6, 279-285.

Enders, W. (2004): Applied Econometric Analysis, New York: John Wiley & Sons.

Engle, R.F. (1982): Autoregressive Conditional Heteroskedasticity with Estimates of the Variance of United Kingdom Inflation, Econometrica 50, 987-1007.

Fahrmeir, L., Hamerle, A. und G. Tutz (1996): Multivariate statistische Verfahren, 2. Aufl., Berlin: Walter de Gruyter.

Fahrmeir, L., Künstler, R., Pigeot, I. und G. Tutz (2003): Statistik. Der Weg zur Datenanalyse, Berlin: Springer.

Fletcher, R. und M.J.D. Powell (1963): A Rapidly Convergent Descent Method of Minimization, The Computer Journal 6, 163-169.

Franz, W. (2003): Arbeitsökonomik, 5. Aufl., Berlin: Springer.

Franz, W., Ramser, H.J. und M. Stadler (2003): Empirische Wirtschaftsforschung, Tübingen: Mohr Siebeck.

Friedman, M. (1992): Do Old Fallicies Ever Die? Journal of Economic Literature 30, 2129-2132.

Frohn, J. (1995): Grundausbildung in Ökonometrie, 2. Aufl., Berlin: Walter de Gruyter.

Goldberger, A. (1968): The Interpretation and Estimation of Cobb-Douglas Functions, Econometrica 35, 464-472.

Frölich, M. (2003): Programme Evaluation and Treatment Choice, Berlin: Springer.

Granger, C.W.J. und P. Newbold (1974): Spurious Regressions in Econometrics, Journal of Econometrics 2, 111-120.

Greene, W.H. (2003): Econometric Analysis, 5th ed., Upper Saddle River: Prentice Hall.

Griffiths, W., Hill, R. C. und G.G. Judge (1993): Learning and Understanding Econometrics, New York: John Wiley & Sons.

Hackl, P. (2004): Einführung in die Ökonometrie, München: Pearson Studium.

Hadi, A.S. (1992): Identifying Multiple Outliers in Multivariate Data, Journal of the Royal Statistical Society B 54, 761-771.

Hadi, A.S. und M.S. Son (1998): Detection of Unusual Observations in Regressions and Multivariate Data, in: A. Ullah and D.E.A. Giles (eds.), Handbook of Applied Economic Statistics, New York: Marcel Dekker, 441-463.

Härdle, W. (1990): Applied Nonparametric Regression, Cambridge: University Press.

Hahn, J. und J. Hausman (2002): A New Specification Test for the Validity of Instrumental Variables, Econometrica 70, 163-189.

Hamermesh, D.S. (1999): The Art of Labormetrics, NBER Working Paper 6927.

Hamermesh, D.S. (1999): LEEping into the Future of Labor Economics: The Research Potential of Linking Employer and Employee Data, Labour Economics 6, 25-41.

Hamermesh, D.S. und J.E. Biddle (1994): Beauty and the Labor Market, American Economic Review 84, 1174-1194.

Hamilton, J.D. (1994): Time Series Analysis, Princeton: University Press.

Hansen, G. (1993): Quantitative Wirtschaftsforschung, München: Vahlen.

Hansen, L.P. und J.J. Heckman (1996): The Empirical Foundations of Calibration, Journal of Economic Perspectives 10, 87-104.

Harvey, A. (1990): The Econometric Analysis of Time Series, New York: Philip Allan.

Hastie, T.J. und R.J. Tibshirani (1986): Generalized Additive Models, Statistical Science 1, 297-310.

Hastie, T.J. und R.J. Tibshirani (1997): Generalized Additive Models, London: Chapman and Hall.

Hayo, B. (1997): Alternative methodologische Ansätze in der Ökonometrie: Eine Einführung, Allgemeines Statistisches Archiv 81, 266-289.

Heckman, J.J. (1979): Sample Selection Bias as a Specification Error, Econometrica 47, 153-161.

Heckman, J.J. und S. Polachek (1974): Empirical Evidence on the Functional Form of the Earnings-Schooling Relationship, Journal of the American Statistical Association 69, 350-354.

Hendry, D.F. (1980): Econometrics – Alchemy or Science? Economica 47, 387-406.

Hendry, D.F. (1995): Dynamic Econometrics, Oxford: University Press.

Hill, R.C., Griffiths, W.E. und G.G. Judge (1997): Undergraduate Econometrics, New York: John Wiley.

Horowitz, J.L. (1998): Semiparametric Methods in Econometrics, Berlin: Springer.

Hsiao, C. (2003): Analysis of Panel Data, Cambridge: University Press.

Huber, P.J. (1980): Robust Statistics, New York Wiley.

Hübler, O. (1984): Zur empirischen Überprüfung alternativer Theorien der Verteilung von Arbeitseinkommen – Ökonometrische Ein- und Mehrgleichungsmodelle, in: L. Bellmann, K. Gerlach, O. Hübler (Hrsg.), Lohnstruktur in der Bundesrepublik Deutschland. Zur Theorie und Empirie der Arbeitseinkommen, Frankfurt a.M.: Campus, 1-191.

Hübler, O. (1989): Ökonometrie, Stuttgart: Gustav Fischer.

Hübler, O. (1990): Messung von Diskriminierung durch direkte und inverse Regression, Allgemeines Statstisches Archiv 74, 315-335.

Hübler, O. (1990a): Lineare Paneldatenmodelle mit alternativer Störgrößenstruktur, in: G. Nakhaeizadeh und K.-H. Vollmer (Hersg.), Neuere Entwicklungen in der Angewandten Ökonometrie, Heidelberg: Physica-Verlag, 65-99.

Hübler, O. (1997): Der Arbeitsmarkt-Monitor des IAB, in: R. Hujer, U. Rendtel und G. Wagner (Hrsg.), Wirtschafts- und sozialwissenschaftliche Panel-Studien, Göttingen: Vandenhoeck & Ruprecht, 149-167.

Hübler, O. (2001): Evaluation of Policy Interventions: Measurement and Problems, Allgemeines Statistisches Archiv 85, 103-126.

Hübler, O. (2002): Euro-Effekte in der Statistik, wisu – das wirtschaftsstudium 31, 203-206.

Hübler, O. (2003): Neuere Entwicklungen in der Mikroökonometrie, in: W. Franz, H.J. Ramser und M. Stadler (Hrsg.), Empirische Wirtschaftsforschung. Methoden und Anwendungen, Tübingen: Mohr Siebeck, 1-35.

Hübler, O. und W. Meyer (2001): Industrial Relations and the Wage Differentials within Firms, Schmollers Jahrbuch 121, 285-312.

Huff, D. (1973): How to Lie with Statistics, New York: Norton.

Hujer, R. und R. Cremer (1978): Methoden der empirischen Wirtschaftsforschung, München: Vahlen.

Jaeckel, L.A. (1972): Estimating Regression Coefficients by Minimizing the Dispersion of the Residuals, Annals of Mathematical Statistics 42, 1328-1338.

Jarque, C.M. und A.K. Bera (1980): Efficient Tests for Normality, Heteroskedasticity, and Serial Independence of Regression Residuals, Economics Letters 6, 255-259.

Johnson, N.L., Kotz, S. und A.W. Kemp (1992): Univariate Discrete Distributions, 2nd ed., New York: John Wiley.

Johnston, J. und J. DiNardo (1997): Econometric Methods, 4th ed., New York: McGraw-Hill.

Judge, G.G., Griffiths, W.E., Hill, R.C., Lütkepohl, H., T.C. Lee (1985): The Theory and Practice of Econometrics, 2nd ed., New York: John Wiley.

Johnson, N.L., Kotz, S. und A.W. Kemp (1992): Univariate Discrete Distributions, 2nd ed., New York: John Wiley & Sons.

Kennedy, P. (1998): A Guide to Econometrics, Oxford: Blackwell.

Koenker, R. und G. Basset (1978): Regression Quantiles, Econometrica 46, 33-50.

Kohler,U. und F. Kreuter (2001): Datenanalyse mit Stata, München: Oldenbourg.

Koop, G. (2000): Analysis of Economic Data, New York: John Wiley & Sons.

Koopmans, T.C. (1947): Measurement without Theory, Review of Economics & Statistics 24, 161-172.

Krämer, W. (2000): So lügt man mit Statistik, München: Piper.

Krämer, W. (1994): So überzeugt man mit Statistik, Frankfurt a.M.: Campus.

Krug, W., Nourney, M. und J. Schmidt (1994): Wirtschafts- und Sozialstatistik. Gewinnung von Daten, München: Oldenbourg.

Leamer, E.E. (1978): Specification Searches: Ad Hoc Inference with Nonexperimental Data, New York: John Wiley.

Leamer, E.E. (1983): Model Choice and Specification Analysis, in: Z. Griliches and M.D. Intriligator (eds.), Handbook of Econometrics, Vol.1, Amsterdam: North-Holland, 285-330.

Leamer, E.E. (1985): Sensitivity Analyses Would Help, American Economic Review 75, 308-313.

Lechner, M. (2002): Eine Übersicht über gängige Modelle der Panelökonometrie und ihre kausale Interpretation, Allgemeines Statistisches Archiv 86, 125-143.

Lechner, M. (2003): Mikroökonometrische Evaluation arbeitsmarktpolitischer Maßnahmen, in: W. Franz, H.J. Ramser und M. Stadler (Hrsg.), Empirische Wirtschaftsforschung. Methoden und Anwendungen, Tübingen: Mohr Siebeck, 183-206.

Lippe, P. v.d. (1996): Wirtschaftsstatistik, 6. Aufl., Stuttgart: Gustav Fischer.

MacKinnon, J.G. (1991): Critical Values for Cointegration Tests, in: R.F. Engle and C.W.J. Granger (eds.), Long-run Economic Relationships, Oxford: University Press, 267-276.

Maddala, G.S. (1983): Limited-dependent and Qualitative Variables in Econometrics, Cambridge: University Press.

Maddala, G.S. (1988): Introduction to Econometrics, New York: MacMillan.

Matyas, L. und P. Sevestre (1992): The Econometrics of Panel Data, Dordrecht: Kluwer.

McAleer, M., Pagan, A.R. und I. Visco (1986): A Further Result on the Signs of Restricted Least Squares, Journal of Econometrics 32, 287-290.

Menges, G. (1975): Weiche Modelle in Ökonometrie und Statistik, Statistische Hefte 16, 144-156.

Mincer, J. (1974): Schooling, Experience and Earnings, New York: Columbia University Press.

Mittelhammer, R.C., Judge, G.G. und D.J. Miller (2000): Econometric Foundations, Cambridge: University Press.

Moosmüller, G. (2004): Methoden der empirischen Wirtschaftsforschung, München: Pearson Studium.

Mosler, K. und F. Schmid (2005): Beschreibende Statistik und Wirtschaftsstatistik, Springer: Berlin.

Moulton, B.R. (1986): Random Group Effects and the Precision of Regression Estimates, Journal of Econometrics 32, 385-397.

Moulton, B.R. (1990): An Illustration of a Pitfall in Estimating the Effects of Aggregate Variables on Micro Units, Review of Economics and Statistics 72, 334-338.

Newey, W.K. und K.D. West (1987): A Simple, Positive Semi-Definite, Heteroskedasticity and Autocorrelation Consistent Covariance Matrix, Econometrica 55, 703-708.

Opp, K.-D. (1970): Methodologie der Sozialwissenschaften, Reinbek: Rowohlt.

Pagan, A.R. (1998): On Calibration, in: A. Ullah and D.E.A. Giles (eds.), Handbook of Applied Statistics, New York: Marcel Dekker, 605-618.

Pagan, A. und A. Ullah (1999): Nonparametrics, Cambridge: University Press.

Pearson, E.S. und H.O. Hartley (1972): Biometrika Tables for Statisticians, Vol. II, Cambridge: University Press.

Plosser, C.I. und G.W. Schwerdt (1978): Money, Income and Sunspots: Measuring Economic Relationships and the Effects of Differencing, Journal of Monetary Economics 4, 637-660.

Quah, D.T. (1993): Galton's Fallacy and Test of the Convergence Hypothesis, Scandinavian Journal of Economics 95, 427-443.

Rao, C.R. und H. Toutenburg (1995): Linear Models. Least Squares and Alternatives, New York: Springer.

Riphahn, R.T. und O. Serfling(2002): Item Non-Response on Income and Wealth Questions, IZA DP No. 573.

Ronning, G. (1991): Mikroökonometrie, Berlin: Springer.

Rosenbaum, P.R. und D.B. Rubin (1983): The Central Role of the Propensity Score in Observational Studies for Causal Effects, Biometrika 70, 41-50.

Rousseeuw, P.J. (1984): Least Median of Squares Regression, Journal of the American Statistical Association 79, 871-888.

Samuelson, P.A., Koopmans, T.C. und J.R.N. Stone (1954): Report of the Evaluative Committee for Econometrics, Econometrica 22, 141-146.

Schenker, N. und I.F. Gentleman (2001): On Judging the Significance of Differences by Examining the Overlap Between Confidence Intervals, The American Statistician 55, 182-186.

Schneeweiß, H. (1990): Ökonometrie, 4. Aufl., Heidelberg: Physica.

Schnell, R., Hill, P.B. und E. Esser (1995): Methoden der empirischen Sozialforschung, München: Oldenbourg.

Schlicht, E. (1977): Grundlagen der ökonomischen Analyse, Reinbek: Rowohlt.

Shapiro, S.S. und M.B. Wilk (1965): An Analysis of Variance Test for Normality (complete samples), Biometrika 52, 591-611.

Sims, C.A. (1980): Macroeconomics and Reality, Econometrica 48, 1-47.

Spanos, A. (1999): Probability Theory and Statistical Inference, Cambridge: University Press.

Stock, J.H. und M.W. Watson (2002): Introduction to Econometrics, Boston: Addison Wesley.

Studenmund, A.H. (2001): Using Econometrics. A Practical Guide, 4th ed., Boston: Addison Wesley Longman.

Summers, L.H. (1991): The Scientific Illusion in Empirical Macroeconomics, Scandinavian Journal of Economics 93, 129-148.

Thadewald, T. und H. Büning (2004): Jarque-Bera Test and its Competitors for Testing Normality – A Power Comparison, Diskussionsbeiträge des Fachbereichs Wirtschaftswissenschaft der Freien Universität Berlin, Nr. 2004/9.

Thomas, R.L. (1997): Modern Econometrics. An Introduction, London: Pearson Education.

Tobin, J. (1958): Estimation of Relationships for Limited Dependent Variables, Econometrica 26, 24-36.

Torelli, N. und U. Trivellato (1993): Modelling Inaccuracies in Job-search Duration Data, Journal of Econometrics 59, 187-211.

Venables, W.N. und B.D. Ripley (1994): Modern Applied Statistics with S-Plus, New York: Springer.

Verbeek, M.(1991): The Design of Panel Surveys and the Treatment of Missing Observations, Dissertation Katholike Universiteit Brabant.

Verbeek, M. (2000): A Guide to Modern Econometrics, New York: John Wiley & Sons.

Vogelvang, B. (2005): Econometrics. Theory and Applications with EViews, Harlow: Pearson Addison Wesley.

Voss, W. (1997): Praktische Statistik mit SPSS, München: Carl Hanser.

Weisberg, S. (2005): Applied Linear Regression, 3rd ed., New York: John Wiley & Sons.

Winker, P. (1997): Empirische Wirtschaftsforschung, Berlin: Springer.

White, H. (1980): A Heteroskedasticity-consistent Covariance Matrix Estimator and a Direct Test for Heteroskedasticity, Econometrica 48, 817-838.

Whistler, D., White, K.J., Wong, S.D. und D. Bates (o.J.): SHAZAM - User's Reference Manual, Version 10, Vancouver: Northwest Econometrics.

Woll, A. (1987): Allgemeine Volkswirtschaftslehre, 9. Aufl., München: Vahlen.

Wooldridge, J.M. (2003): Introductory Econometrics. A Modern Approach, 2nd ed., South-Western College Publishing.

Wooldridge, J.M. (2002): Econometric Analysis of Cross Section and Panel Data, Cambridge/Mass.: MIT Press.

Zellner, A. (1962): An Efficient Method of Estimating Seemingly Unrelated Regressions and Tests for Aggregation Bias, Journal of the American Statistical Association 57, 348-368.

Index

Absicherung, statistische 152
absolutes Glied 104
Abzählkriterium 190
Aggregation 19f
   -sfehler 35
Änderung 141
   absolute 141
   proportionale 141
Anpassungsgüte 119, 139
Antwortverweigerung 302
Arbeitsangebot 16, 196
Arbeitslosigkeit 227, 306
Arbeitsmarktmonitor 45
ARCH-Modell 253
ARIMA-Prozess 253
Ashenfelter's dip 162
Attrition 268, 301
Auspartialisieren 76, 93
Ausreißer 49, 123, 206, 286ff, 293
Auswertung 12ff
   deskriptiv 12ff
   graphisch 12f, 48, 60
   induktiv 14
   tabellarisch 13, 49
Autokorrelation 127, 173, 269
   erster Ordnung 127, 174, 177
   negative 128
   positive 128
   -sfunktion 245
      partielle 246
   -skoeffizient 174
autoregressiver Prozess 244
Backfitting-Algorithmus 223
Beobachtungen, einflussreiche 286ff
Bereinigung 142
Bernoulliverteilung 86
Bestandsgröße 24
Bestimmtheitsmaß 139, 144, 145, 152, 177, 199, 291
   korrigiertes 152
   partielles 142
   System- 199
   totales 139
Betriebspanel 48
Beziehung 18ff
   Definitions- 21f
   fragile 159
   institutionelle 21f
   Kurzfrist- 266
   Langfrist- 266
   robuste 159
   technologische 19ff
   Verhaltens- 18f
Bias 83, 95
   Simultanitäts- 188
BLUE 97, 183
Box-Cox-Transformation 212
CES-Funktion 211
CIA 163
Cobb-Douglas-Funktion 25, 151
Counterfactual 162
Daten 37ff
   -analyse 5, 148
   -anforderung 37
   -aufbereitung 48
   -ausfall 268, 301, 303
   -eingabe 9ff, 54f, 61f
   experimentelle 42f
   fehlerbehafte 49
   -gewinnung 41
   gruppierte 280ff
   importierte 55f, 62f
   Linked-employer-employee- 48f
   Panel- 45, 47, 268ff, 300f
   -quellen 47
   Querschnitts- 45
   simulierte 42f
   -transformation 48, 203

Zähl- 235
Zeitdauer- 47
Zeitreihen- 45, 173
Definition 1f
   -sgleichung 21
degraded 284
Deutsche Einheit 49
dffits 291
Differenzenbildung 76, 286
Dimensionalität, Fluch der 223
Drift 260, 264
Dummy-Variable 79, 81
   -nfalle 226, 283
Effekt 162
   Alters- 268
   Basisperioden- 269
   kausaler 163, 268
   Kohorten- 268
   Perioden- 268
   Zeit- 269
Effektivität 150
Effizienz 97f, 268
Eigenvektor 284
Eigenwert 284
Einfachheitspostulat 17
Einheitswurzel 263
Einkommen 44, 110, 112, 196
   -sdynamik 115
   -selastizität 77
   -sfunktion 70, 85, 121, 175, 177, 269
   -sunterschiede 80
Einzelgleichungsschätzung 181
Elastizität 77, 78
   Einkommens- 77
   Nachfrage- 151
   Produktions- 19, 151
Ellipse 108f
empirische Sozialforschung 4
Erhebungsart 44
Erwartungstreue 94
Erwartungswert 122
Eurostat 50
Evaluation 150
Experiment 42, 164
   natürliches 164
   soziales 164
Fehleinschätzung 161

fehlende Werte 11f, 86, 301ff
Fehler 31, 34
   Aggregations- 35
   Aufbereitungs- 295
   in den Variablen 294ff
   Kodierungs- 49, 286
   -korrekturmodell 249, 262
   Mess- 34, 47, 173, 295
   Methoden- 35
   mittlerer 165
   mittlerer quadratischer 95
   Modell- 33
   Operationalisierungs- 295
   Prognose- 167
   Rundungs- 295
   Schätz- 165
   systematischer 150, 296
   Theorie- 32, 151
   Übertragungs- 295
   Vorhersage- 242
   Zufalls- 31, 32, 165, 296
Fehlspezifikation 285
Form 187
   reduzierte 187
   strukturelle 187
Formatierung 10
Funktionstyp 26
   falscher 33f
   linearer 26f
   nichtlinearer 26, 29
GARCH-Modell 254
Gedächtnis 260
   kurzes 260
   langes 260
Genauigkeitsanalyse 166
General-to-Specific-Ansatz 8
Geschlecht 79, 110, 113, 229
Glättungslinien 221
Gleichung 2. Grades 107f, 109
Granger-Kausalität 258
Grundphilosophien 7ff
Habit-Persistence-Theorie 244, 247, 258, 293
hard core 150
Hatmatrix 287
Hauptkomponentenanalyse 285
Heaping-Phänomen 295

Heterogenität 161, 163, 172, 268, 271, 273
Heteroskedastie 124, 172, 174, 254, 269, 281, 286
heteroskedastierobust 176, 282
Homoskedastie 124
Hypothesenfindung 22ff
Idempotenz 287
Identifikation 189
iid 68
Indeterminiertheitsbereich 129
Indexzahlen 24, 52f
Indikator 13, 51
    -funktion 217
Inflation 179, 185, 199, 227, 306
Informationskriterium 242
    Akaike- 242
    Bayessches 242
Interview 44
Invarianz 140
Jensensche Ungleichung 31
Kausalität 112, 148, 149f, 151, 162, 258
Kern 216
    Biweight- 218
    Dreiecks- 218
    Epanechnikov- 218
    Gauß- 218
    Parzen- 218
    Rechteck- 218
    -schätzer 216ff
Knoten 215
Kodierungsfehler 286
Koeffizient 84
    BETA- 84, 86, 114, 144, 305
    -envergleich 134
    Korrelations- 85
    Variations- 88
Kointegration 265ff
Kollinearität 283ff
    unvollständige 283
    vollständige 283
Kommentar 59
Konditionsindex 284
Konfidenzintervall 104, 107, 131
Konsistenz 95
Konstrukt 39

Konsumfunktion 91, 116, 129, 135, 138, 247, 249, 254, 258, 264, 266
Kontrollgruppe 161, 163, 228
Korrelationsmatrix 283
Kovarianzmatrix 111, 198
kritischer Wert 104
Lags 23, 241
Leverage 287
Linearität 95
Lohn 36, 199, 308
Lohnstückkosten 38
LOWESS 222
Lucas-Kritik 161
MAD 209
MAE 167
Mahalanobis-Distanz 282
Manager 234
Manipulationsmöglichkeiten 14ff
MAPF 167
MA-Prozess 250
Maßzahlen 49
Matching-Verfahren 164
Matrixoperation 58f, 64f
measurement without theory 2, 8, 148
Mengeneffekt 46
Methode
    BHHH- 214
    der kleinsten Quadrate 69
    dreistufige 197f
    EM- 306
    KQ- 67
    LAD- 204
    Mittelwert- 303, 305
    -nfehler 35
    nichtlineare KQ- 253
    nichtparametrische 202
    OLS- 79
    RLS- 209
    Schätzwertsubstitutions- 303, 305
    zweistufige 193
Messniveau 167
Miete 304
Mikrozensus 304
Mills-Ratio 239
missing values 86
Modell 16ff
    additives 215ff

-annahme 31
ARCH- 253
ARIMA- 253
Between- 272, 282
-bildung 148
Dreivariablen- 142, 143, 159
Dummy-Variablen- 273
dynamisches 241ff
Fehlerkorrektur- 249, 262
Fixed-Effects- 272
GARCH- 254
Gauß-Newton- 212
Havelmoo- 187, 256
homogenes 73, 85, 226, 242
inhomogenes 69, 140, 233
Interaktions- 270
lineares 67
Logit- 233
Mean-Shift-Outlier- 293
Mehrgleichungs- 181ff 256
multiples 71ff, 111
nichtlineares 211ff
Nutzen- 231
ökonometrisches 67
ökonomisches 67
Probit- 232
Random-Effects- 272
Referenz- 171
restringiertes 115, 136, 262, 269, 275
semilogarithmisches 82
-spezifikation 16ff
Tobit- 237
unrestringiertes 6, 115, 136, 262, 269, 275
VAR(1)- 258
vektorautoregressives 257
verallgemeinertes lineares 172, 177
weiches 150
Within- 273, 283
Moment 86
  drittes standardisiertes 86
Monte-Carlo-Experiment 98
MQPF 166f
Multikollinearität 160, 283ff
Multiplikatoreffekt 161, 256ff
  Anstoß- 256
  Impact- 256

kumulativer 256
totaler 256
multivariate Verfahren 4
Nachfragefunktion 46
Nichtlinearität 78, 211
Normalgleichungen 69, 72, 137
Normalplot 119
Nullrestriktion 190
Objektivität 37
Operationalisierung 40
Optimierung, numerische 213
p-Wert 107
Parametrisierung 152
Peeling 203
Phillipskurve 125, 179, 306
Polynom 211
POTENTIAL 290
Preiseffekt 46
Preisindex 51f
PRESS 291
Prob.value 107
Prognose 5, 151, 164ff, 253
  ex ante 164
  ex post 164, 193
  -fehler 166, 168, 303
  -güte 166
  ideale 167
  -intervall 165
  quasi ex ante 164
  Status-Quo- 167
Programmpakete 11, 54ff
Projektionsmatrix 287
protective belt 150
Proxy 149
Prozess 244
  ARIMA- 253
  ARMA- 252
  autoregressiver 244
  MA(1)- 251
  Moving-Average- 250
  Random-Walk- 259
Prüfgröße 104
Pseudo-Panel 301
Pseudo-R^2 233
Public Use File 48, 304
Q-Q-Plot 119
Random-Walk-Prozess 259

Rangkriterium 191
Reliabilität 37, 39
Regressand 67
Regression 67
    fallacy 93
    Hilfs- 75, 283
    homogene 86, 226
    inhomogene 140
    inverse 76
    Schein- 261, 265
    -sdiagnostik 286ff
    -ssplines 219ff
    stückweise 214
    Umkehr- 90ff, 298
Regressionsgleichung 181
    scheinbar unverbundene 181, 182, 269
    simultane 181, 187
    unverbundene 181
Regressionsmodell 67ff
    Gauß-Newton- 212
    klassisches 67ff, 233
    multiples 71ff, 74, 111, 139
    nichtlineares 211ff
    Modellannahmen 67f
    ökonometrisches 67
    ökonomisches 67
Regressionskoeffizient 80, 144
    partieller 75
    standardisierter 84
Regressionsquantil 205
Regressoren 67, 115
    qualitative 113
    unechte 71
Residuen 70
    BLUS- 290
    OLS- 289
    standardisierte 289
    studentisierte 289
RMSE 167, 169 0
Saison 50f, 242
    -bereinigung 50
    -Dummies 243
    -einflüsse 242
Scatter-Plot 123
Schätzer 97
    Cochrane-Orcutt- 178
    Differenz-von-Differenzen- 163, 270
    Durbin- 298
    EGLS- 175, 184, 282
    Five-Quantile- 205
    Gastwirth- 205
    GLS- 174, 189, 281
    Heckit- 239
    Huber- 208ff
    indirekter KQ- 192
    Instrumentalvariablen- 298
    Kern- 216ff
    L- 204
    LAD- 204f
    LMS- 209
    M- 204
    Nadaraya-Watson-Kern- 218
    Newey-West- 178, 282
    nichtlinearer KQ- 253
    OLS- 69, 97ff, 174, 297
    Prais-Winsten- 178
    Quantils- 205
    R- 204, 210
    RLS- 209
    robuster 203ff
    Rousseeuw- 209
    Trimmed- 204, 206
    Tukey- 205
    verzerrter 286
    Wald- 98ff, 298
    White- 176, 178, 282
    Within- 273
    zweistufiger 192, 299
Schätzeigenschaften 93ff
Schätzfehler 165
Schätzfunktion 96
Scheineinfluss 18, 261
Schiefe 87, 119, 122
Scientific Use File 48
Selektionsverzerrung 163
Sensitivitätsanalyse 8, 158ff
Shazam 54ff
Signifikanzniveau 107
    empirisches 107, 116, 130
Simulation 43, 98, 120
soft modelling 150, 151
Software 54ff

Sozio-oekonomisches Panel 48, 85, 115, 121, 175, 238
Sparfunktion 71, 106, 206, 242
Splines 215, 219ff
Stabilitätskontrolle 130ff
Standardgruppe 228
Stata 61ff
stationär 259
    nicht- 259
    schwach 259
Statistiknoten 113f
statistischer Zwilling 164
Statistisches Bundesamt 47
Stichprobenauswahlfehler 239, 302
Störgröße 30ff, 67f
    nichtnormalverteilte 202ff
    -nkovarianzmatrix 173
    -nvarianz 123, 132
    verzögerte 249
Streudiagramm 29
Strukturbruch 50, 131, 136, 214
strukturelle Form 187, 190
Studentenbefragung 124
Substitutionseffekt 161
SURE 182, 197
Systemmissings 10
Taylorreihe 82, 211
technischer Fortschritt 40
technologische Beziehung 19
Teilnehmer-Nichtteilnehmer-Vergleich 163
Tendenzanalyse 166
Test 104ff, 273
    ADF- 263
    Anpassungs- 29
    auf Fehler in den Variablen 300
    χ^2- 119, 185, 195, 198
    Chow- 136
    Diagonalitäts- 185
    Dickey-Fuller- 263
    Durbin-Watson- 127f, 202, 261
    einseitiger 106
    Exogenitäts- 194
    F- 133, 136, 137, 194, 261, 269, 274, 275
    Goldfeld-Quandt- 125
    Hausman- 194, 274, 276
    Heterogenitäts- 273

    Homoskedastie- 134, 254
    Jarque-Bera- 120
    Kolmogorov-Smirnov- 29, 119
    Likelihhood-Ratio- 239
    linksseitiger 106
    Ljung-Box- 252
    Momente- 119f
    Normalverteilungs- 119
    Plausibilitäts- 151
    rechtseitiger 106
    Sensitivitäts- 159
    Shapiro-Wilk- 119
    Signifikanz- 115
    Sniff- 152
    Spezifikations- 148, 198
    Stationaritäts- 262
    -statistik 104, 115
    Strukturbruch- 136
    Überidentifikationsrestriktions- 194
    zweiseitiger 105
Theilscher Ungleichheitskoeffizient 167
Theorie 149, 151
    fehlerbehaftete 151
Transformation 88, 140, 174, 175, 177, 285
    Box-Cox- 203
    Daten- 203
Translog-Funktion 28
Treatment 162
Trend 50, 150, 259ff, 285
    deterministischer 259
    stochastischer 259
t-Wert 105, 111
Überdispersion 236
Überidentifikation 192
Überstunden 13, 229, 238
Umbenennung 211f
Unabhängigkeit 106
Ungleichheitskoeffizient 167
unit root 263
Unkorreliertheit 122, 143
Unverzertheit 94
Validität 37, 39
Variablen 22
    abgeschnittene 237
    ausgeschlossene 190
    begrenzt abhängige 236

diskrete 225
Dummy- 79, 81, 225ff
gemeinsam abhängige 187
-generierung 56f, 63
Hilfs- 193
Instrumental- 193, 280, 298
Interaktions- 229
kardinale 22
Kontroll- 159
logarithmierte 77, 81, 211
-messung 22
multinomiale 235
nichtstationäre 259
nominale 22
ordinale 22
Proxy- 149
qualitative 22, 79, 225ff, 230ff
Schein- 71, 110, 115
standardisierte 83, 84
transformierte 56, 63, 83, 84, 87, 285
-unterdrückung 123, 285
verzögerte 23, 241ff, 244, 256, 293
vorherbestimmte 187
Zähl- 235
zensierte 225, 235, 237
zentrale 159
zweifelhafte 159
Varianz 96, 116
-analyse 116
-inflationsfaktor 283
-schätzfunktion 96
-zerlegung 285
vektorautoregressiv 8, 257
Verhaltensgleichung 18
Vertrauensintervall 104
Verteilung 86
Bernoulli- 86, 87
bivariate Normal- 93
χ^2- 185, 195, 198
F- 110, 115f, 136, 137, 139, 157, 262, 274
Gleich- 98
negative Binomial- 236
Normal- 68, 171, 198, 206
Poisson- 236
t- 105, 111, 144, 152, 233, 289

Standardnormal- 134, 246, 273
Vorher-Nachher-Vergleich 162
Vorzeichenwechsel 160
Vorzieheffekt 161
weißes Rauschen 250
Wirtschaftsforschungsinstitute 169
Wachstumsrate 25f, 82
Wirtschaftspolitik 5, 150, 161
Wohnraum 42, 73, 145, 153
Wölbungsmaß 120, 122
Zeitdauereffekte 161
zeitinvariant 271
Zensierung 235ff
Zustandsabhängigkeit 268
Zweivariablenmodell 69, 72, 74, 85, 88, 90, 93, 104, 130, 133, 134, 135, 139, 165, 168, 182, 185, 187, 193, 297